米国刑事判例の動向 IX

合衆国最高裁判所判決

「第5修正関係」── 二重危険禁止条項

堤 和通 編著

日本比較法研究所
研究叢書
136

中央大学出版部

装幀　道吉　剛

はしがき

1　渥美東洋編『米国刑事判例の動向Ⅰ』（以下，『動向Ⅰ』）は1970年代初めに中央大学大学院で始まり比較法研究所の共同研究として現在まで続く「米国刑事法研究会」がアメリカ合衆国憲法第5修正に関する裁判例の研究成果を取りまとめたものであった。本書はそのうち二重危険禁止に関する裁判例を扱う，『動向Ⅰ』の続編である。

2　『米国刑事判例の動向Ⅰ』では，1978年が二重危険禁止にとって重要な年であったと記され複数の裁判例が紹介されている（同書248頁）。バークス（Burks v. United States, 437 U.S. 1 (1978)。同書23事件（中野目善則担当）），サナブリア（Sanabria v. United States, 437 U.S. 54 (1978)。同書26事件（中野目善則担当）），スコット（United States v. Scott, 437 U.S. 82 (1978)。同書27事件（中野目善則担当））はその裁判例の一部である。1971年に合衆国法典18編3731条が改正され，公訴棄却に対する政府側上訴に関するそれまでの制限がなくなったことを受けた重要な裁判例が相次ぐ中，1977年にはマーチン・リネン・サプライ（United States v. Martin Linen Supply Co., 430 U.S. 564 (1977)）が証拠不十分であるために有罪評決は法律問題として維持できないとする裁判所の判断は二重危険禁止条項上，無罪である旨を判示し，翌1978年以降も同旨の判断が下される。District Courtの判断を公訴棄却と解して再度の公判を求める政府側の主張を容れたCourt of Appealsの判断につき，District Courtの判断は二重危険禁止条項上は無罪判断に当たるとして破棄した事例（サブナリア）や，有罪判決に対する上訴での破棄を扱った，後述事例（バークス）はその例である。他方，公訴棄却については，1975年のジェンキンスが公訴棄却の理由を問わず政府上訴は禁止されるとしていたのに対し，上記スコットはジェンキンスを変更し，罪責の有無の認定の付託無しに公判の中断を求めた被告人の申立てを認容した判断に対する政府上訴を合憲としていた。本書所収の1事件はスコットの判旨を明確にし，これがマーチン・リネン・サプライ等を変更するものではなく，二重危険禁止条項上の無罪に証拠不十分であるとの裁判所の結論が含まれることをスコットが判示していることを確認している。

何が二重危険禁止条項上の無罪に当たるのかが問われた本書所収の裁判例のうち，3事件はミストライアル後の訴追が遮断されないとするものであるが，一部の訴因について全員一致の無罪判断に至る一方で，他の訴因については全員一致の判断に至らず，評決不能の報告がなされた事例で，この報告を受けて陪審説示があらためてなされ評議が続いた後，評決不能の報告がさらになされたのを受けミストライアルが宣言されている。ミストライアル後の訴追が遮断されないとの最高裁の結論にとって，最初の無罪判断があった訴因を含め評議が続いていたという理解が重要な位置を占めるものと思われる。

無罪判断はそれがひどく誤った理由によるものであれその後の公判が禁止されるという長きにわたるとの先例（Fong Foo v. United States, 369 U.S. 141 (1962)）に始まり，1978年にはサナブリアで確認されている。本書所収の2事件と4事件はこれを継承する判断である。

6事件，7事件はバークスに関する事例である。バークスは，有罪判決が証拠不十分で破棄された場合には，二重危険禁止条項により再度の公判は阻止されるので，上訴裁判所が選択できる唯一の選択肢は無罪判決を命じることであるとし，新たな公判を申し立てた被告人については証拠不十分を理由とする「無罪判決の言渡しを受ける権利を放棄していることを示唆する限度で，先例を変更（している）」（中野目善則『二重危険の法理』87頁，中央大学出版部，2015年）。6事件では，評釈者が述べるように，証拠不十分を理由としない有罪判決の破棄の場合に再度の公判を許容する点でバークスに一致し，7事件では，上訴裁判所が公判裁判所の全証拠による証明の十分性の評価には判断を下していないと法廷意見が解していると考えられ，ここでの結論もバークスに一致する。

二重危険禁止条項は「同一の犯行」を理由に生命又は四肢を2度の危険に置くことを禁止する。同一犯行か否かを決める基準として長きにわたって用いられてきているのがブロックバーガー・テストである。これは，罰則規定を比較して，それぞれの規定が他方の規定では要件とされていない別の要素の立証を要件としているか否か」(Blockburger v. United States, 284 U.S. 299 (1932)) を問うもので，これが肯定されれば同一犯行でなく，否定されれば同一犯行とされる。後者は，一方で要件とされる要素が他方の要件にすべて含まれるために，両罪は大小関係にあると称される。これは数罪の併合罪処理の可否を問う事例で示されたものが，その後のブラウン (Brown v. Ohio, 432 U.S. 161 (1977)) で後訴遮断の基準として採用されている。『動向Ⅰ』の32事件 (Illinois v. Vitale, 447 U.S. 410 (1980)。中野目善則担当) はこの流れに沿ったものであるが，そこでの判示，結論を手掛かりにして，ブロックバーガー・テストと異なる後訴遮断の基準を提示したのが本書の9事件 (*Grady*) である。9事件では二重危険禁止の法理で多く引用されるグリーンでのブラックマン裁判官の説明 (Green v. United States, 355 U.S. 184, 187-188 (1957)) に依拠しながら，後訴遮断の新たな基準が示されている。しかし，ほどなく，共謀罪に関連する後訴遮断が問われた10事件で先例としての位置づけが問われるような理由づけがみられ，11事件では9事件は変更されている。

争点阻止効の重要先例はアッシュである。『動向Ⅰ』では，アッシュが二重危険禁止条項の内容とした争点阻止効について非相互的な阻止効が二重危険禁止条項に含まれないとした35事件 (Standefer v. United States, 447 U.S. 10 (1980)。松岡武彦担当) の紹介がある。ここでは，争点阻止効への消極的な姿勢が指摘されている。本書所収の14事件では「法の変化」(change of law) が争点を争う当事者のインセンティヴを相当大きく変える場合には，争点阻止効の原則が衡平な法運用を促進しないであろうとして，争点を取り上げる例外が許容される旨の判示が見られる。15事件と16事件では争点阻止効が陪審が何を決めたのかに照準を合わせた法原則であることが示される。

二重処罰については，刑罰の概念から説く数件の裁判例がある。17 事件では合衆国に対する不正請求行為を理由とする刑事訴追の後に，同じ行為を理由とする制裁金が科された事例で，その事例の事情（一つ一つは小規模ながら多数に及ぶ不正請求）を指摘し，レア・ケイスとして，損害補塡の目標と合理的な関連性がない制裁金の処分が求められた場合に，政府が損害の説明を行い，裁判所が損害の救済として政府が請求できる限度（刑罰に至らない限度）を決することを被告が要求できると判示されている。後述するように，この判断は 22 事件で変更される。この他に刑罰の概念が論じられたものに 18 事件と 20 事件がある。18 事件では，州法に基づく危険薬物の所持と保管に対する税について，税としては各種の異例な要素を調合したもので，標準的な課税とかけ離れているために刑罰に相当すると結論づけられている。20 事件では，非刑事の対物没収に関して，刑事訴追後の没収が遮断されないとしてきた先例がある中で，18 事件と 20 事件がそうした先例を変更したという理解のもと，没収を重ねた場合に二重処罰になると結論付けた Court of Appeals の判断が破棄されている。18 事件はその後の 22 事件で変更された。22 事件は金融監督局による制裁金が科された後の刑事訴追の可否を問うものであった。Court of Appeals は 18 事件の基準を適用して損害と制裁金の不均衡がなく，制裁金は刑罰に当たらないので二重処罰の問題はないとしたのに対し，合衆国最高裁判所は 18 事件の基準を否定したうえで，それ以前からの先例にしたがって結論を導き出している。

量刑については，『動向Ｉ』にあるように，量刑不当を理由とする検察官上訴は二重危険禁止違反でないこと（29 事件。ディ・フランチェスコ（中野目善則担当）），死刑量刑手続に二重危険禁止条項が適用されること（30 事件。バリントン（中野目善則担当））が判示された後の時期を本書は扱う。そのうち死刑量刑に関しては，25 事件では公判段階で認定された唯一の加重事由が証拠不十分とされた場合の再度の死刑量刑の可否が問われ，バリントンの理論構成が死刑についての無罪判断に求められることがあらためて明確にされている。本書の 24 事件と 27 事件はバリントンの判断後の事例で，24 事件ではディ・フランチェスコの射程が明確にされ，27 事件では，死刑の無い事案で累犯加重における前科の認定に合理的疑いを容れない程度の証明を要する量刑にバリントンの射程が及ばないことが示されている。本書の 28 事件は再度の死刑量刑が二重危険禁止に違反しないとされた事例であるが，これは，第 1 に，最初の死刑量刑で陪審が評決不能に終わっていることと，第 2 に，バリントン，並びに『動向 I』のラムジィ（31 事件。Arizona v. Rumsey, 467 U.S. 203 (1984)（中野目善則担当））が死刑量刑に二重危険禁止の要求が及ぶことを判示した後に，加重事由に関するアプレンディ（Apprendi v. New Jersey, 530 U.S. 466 (2000)）とリング（Ring v. Arizona, 536 U.S. 584 (2002). 椎橋隆幸編『米国刑事判例の動向 V』37 事件（小木曽綾担当）参照）の裁判例があることに着目できる。前者の評決不能では加重事由の有無に関する陪審の認定はなく，そうすると，バリントンがいう無罪判断はないことになる。後者については，リングが死刑選択の要件である加重事由は犯罪成立要件と同じようにはたらくとして，第 6 修正の陪審審理の権利保障が及ぶとした趣旨を，第 5 修正の二重危険禁止上の無罪判断の概念に結び付けている。

二重主権の法理については，『動向 I』の 42 事件（瀬川憲悟担当）がナバホ部族の部族裁判所が有罪判決を言渡した後の連邦法上の刑事訴追の可否が問われたのに対し，部族と連邦政府の別々の主権による訴追は同一の犯行に対するものにならないとし，二重主権の法理を適用している。本書には，部族の主権にかかわる事例として 30 事件と 33 事件を挙げることができる。30 事件は部族裁判所に訴追された部族構成員でないインディアンに対する連邦裁判所における訴追の可否が，33 事件ではインディアン刑事裁判所での訴追後の連邦裁判所における訴追の可否がそれぞれ問われている。いずれも二重危険禁止に当たらないとの結論に至っている。30 事件では，部族の主権は部族構成員でないインディアンに対する訴追権限に及ばないとする従前の裁判例（『動向 I』の 42 事件の他，Duro v. Reina, 495 U.S. 676, (1990)）後に，非構成員たるインディアンに対する訴追権限を付与する明文規定が議会立法で定められたという経緯をどのように評価するかが問われる。部族の固有の権限に対して合衆国議会が制約を課し，またその制約を外す立法がなされることが，二重主権の法理の前提にある，部族には合衆国政府と独立の主権があるということと両立するのかが問われるからである。33 事件では，合衆国内務省の行政命令に基礎を置くインディアン刑事裁判所における，部族条例違反に対する訴追に二重主権法理が及ぶかが問われた。インディアン刑事裁判所における訴追では，裁判所を設置する行政命令が部族条例を同化しているという理解に立つ反対意見と異なり，法廷意見はこれを論点としない。法廷意見はそのうえで，部族条例違反は合衆国政府とは別の主権が定める法令違反であるとして結論を導いている。

二重危険禁止の保護の性格を権利放棄のコンテクストで論じたものとして，34 事件は答弁合意の解釈と，問題の訴追について二重危険禁止の保護がはたらかないという解釈の可否が問われている。後者の問いは『動向 I』のスコット（27 事件）を先例として検討されている。35 事件では，有罪答弁に当たって，公訴事実に対する任意かつ事態を弁えた被告人の自認が認められるときに，公訴事実に係る二重危険禁止違反の主張が有罪答弁の有効性を間接的に争うことが例外的に許容される場合に当たるかが問われている。二重危険禁止の保護がこの例外に当たれば，任意の有罪答弁により自動的に保護が失われるものではないという評価を受けることとなる。

最後に，二重危険禁止違反がある場合の救済を扱う判断が示されていて，38 事件では，選択刑の（うち一つの）言渡しと執行があったときの（選択刑のもう一つ）別の刑の科刑の可否が問われた先例と区別し，『動向 I』の 40 事件（中野目善則担当）を引用して二重処罰禁止の趣旨に適う救済について検討が加えられる。

3　H.L.A. Hart は法の第 2 次ルールとして定立と確認のルールを説いた。金員を要求する強盗の命令と法との違いに法の「永続性（standing）」があるとの Hart の指摘は説得的である。法実証主義から説かれる法の永続性は第 2 次ルールの在り方に淵源があると解される。第 2 次ルールに関連し，米国の憲法学では，憲法上の原理原則が「手続を法源とする」(Harry H. Wellington,

Interpreting the Constitution : the Supremc Court and the Process of Adjudication, p. 79, Yale University Press (1990)）ことが論じられる。この手続とは，当事者が論争を行うダイナミックな裁判過程のことである。同様のことが，裁判過程論ではフラーにより，また，法理学上はルゥエリンにより論じられてきた。裁判過程とは，当事者に「証明と理由となる主張」(proofs and reasoned arguments (Kenneth I. Winston, ed., The Principles of Social Order : selected essays of Lon L. Fuller, p. 96, Duke University Press (1981))）を行う機会を提供するものであり，事実の主張がその当事者の立場を支える理由となるのは原理との適合性に依る。法的リーズニングの核心にあるものとしてルゥエリンが指摘する賢慮とは社会状況，社会構造を前提にしたときの事実関係のパターンではたらく価値を見出すことをいう（see. Karl N. Llewellyn, The Common Law Tradition : Deciding Appeals, Little, Brown and Company (1960)）。『動向Ⅰ』にはじまる本叢書が「事実の概要」から始まり「判旨・法廷意見」,「個別意見」に至るまで，簡にして要であることを期しつつ，論旨の運び（リーズニング）を追うのはこのような法形成の実相に近づくものであると考えている。比較法研究という点で，判示事項についての判旨を正確に捉えるのが重要なのはいうまでもないが，わたしたちの共同研究でリーズニングの読み込みに注力する意義は，一つには，近代法の場合には，日本では日本国憲法が社会契約論を基礎に据えることを明示するように，法解釈はもちろん法政策の検討でも，社会契約論の参照を要すると考えられることに見出される。国民の信託を受けた統治部門に求められることが何であるかは，不断に問われる問いであり，社会契約が反映する原理的要求からの考察が求められる問いである。社会契約論の制約下にある法概念を把握するうえで，法的リーズニングの在り方を理解することが肝要である。もう一つ，比較法研究により関連する意義は，各法制の相対化に求められる。各法制の異同は政治的傾向や法文化から説明されることがある。このような説明の有用性は別途検討を要するが，裁判例でのリーズニングを立ち入って読むことで，どのような価値にどの程度の重みを置こうとするのかを把握することができ，そのような理解を，多くの事例で付される，法廷意見に劣らず説得的な反対意見から深めることができるのは，各法制の相対化に有力な手掛かりとなる。

4　本書刊行にあたり今一度，『動向Ⅰ』の渥美東洋先生の「はしがき」を思い起こしておきたい。

「一国の判例は一定期間継続して諸判断に接していなければ，その内容，意図を知ることはできない。さらに判例に横たわるトレンドというか基本的な態度を探ろうとしたり，そこでのある争点に関する『構成』を把握するには，ある争点をめぐる諸判断の一連の流れに接しているだけでなく，米国のアカデミックの世界の人々のこの争点をめぐる議論や研究やコメントに予め相当な理解をもっていなければならない。」（ｉ頁）。

本書刊行にあたり，中央大学法学部の柳川重規教授と三明翔准教授から貴重な助言とお力添えを得た。日本比較法研究所と中央大学出版部に大変お世話になったことを記して謝意を表したい。

令和６年７月

米国刑事法研究会を代表して

堤　和通

米国刑事判例の動向 IX

目　　　次

はしがき

I　前の無罪

Ⅱ　有罪判決の破棄

Ⅲ　同一犯行の概念

Ⅳ　争点阻止効

V　二重処罰

Ⅵ 量　　刑

Ⅷ 権　利　性

Ⅸ 救　　　済

I　前の無罪

1. Smalis v. Pennsylvania, 476 U.S. 140 (1986)

公判裁判所の証拠不十分を理由とする公訴棄却の判断が二重危険禁止条項上の無罪判決にあたり，政府上訴は阻止されると判示した事例。

《事実の概要》

レストランと複数のアパートが入ったビルにおいて，居住者２名が不審火により死亡した。この火災に関し，当該ビルを所有する申請人ら夫妻が，殺人罪(criminal homicide)，無謀な危険状態をもたらし大惨事を引き起こしたことなどの罪で起訴された。申請人はbench trialを選択し，検察側の主尋問が終了した段階で，ペンシルヴェニア州刑事訴訟規則1124(a)(1)にしたがって証拠不十分の抗弁（demurrer）をした[1)]。公判裁判所は，申請人の抗弁を容れ，「州の証拠が証明し得るすべての合理的な推論とともにあらゆる事実を検討した結果，被告人のいずれかが放火した，またはその原因となったことにつき，合理的な疑いを超えて有罪と結論づけるのに十分な証拠があるとはいえない」と判示した。

この公判裁判所の判断に対し，政府がペンシルヴェニア州上級裁判所に審査(review）を求めたが，陪審は，二重危険禁止条項により上訴が阻止されるとして却下（quash）した。ペンシルヴェニア州上級裁判所は，裁判官全員出席の法廷で審査を認め，陪審の判断を支持した。上級裁判所は，第１に，証拠不十分の判断が，二重危険禁止条項の趣旨に照らし，無罪判決にあたること，第２に，公判裁判所が証拠不十分の判断をすると，再度の公判（second trial）に

---

1) ペンシルヴェニア州刑事訴訟規則1124条の関連部分は以下のように規定している。「証拠の十分性に対する異議申立につき，(a)被告人は，(1)州の主尋問によって提出された証拠に対する異議申立によって，起訴された一つまたは複数の犯罪の有罪判決を支持する証拠の十分性に異議を申し立てることができる。」「(b)証拠に対する抗弁は，抗弁について判断する目的以外に，事実または推論を認めるものであってはならない。抗弁が認められない場合，被告人は証拠を提出し，刑事手続を進めることができる。」

付され得る場合に政府上訴が阻止されるだけでなく，破棄差戻すと，被告犯罪構成事実の存否を解決する何らかの手続をさらに行わなければならなくなる場合にも，政府上訴が阻止されるという法理を展開した。そして，申請人の抗弁を認めた公判裁判所の判断を破棄すると，さらなる公判手続が必要となるため，政府の上訴は許されないと結論づけた。

政府はペンシルヴェニア州最高裁に上訴し，同裁判所は原判断を破棄した[2)]。州最高裁は，形式がどのようなものであれ，被告犯罪構成事実の一部または全部の存否を正しかろうとなかろうと実際に被告人に有利なかたちで解決した裁判官の判断のみが無罪判決にあたると述べ，申請人による証拠不十分の抗弁にかかる公判裁判所の判断は無罪判決に含まれない旨判示した。そこでは，証拠不十分の判断は，事実認定の問題ではなく法律上の問題であるとして，証拠不十分の抗弁を容れる判断は無罪判決と機能的に同等のものではないことを理由に，政府上訴が許されるとされた。州最高裁は本件を州上級裁判所に差し戻し，合衆国最高裁がサーシオレイライを認容した。

《判旨・法廷意見》

破棄

1．ホワイト裁判官執筆の法廷意見（全員一致）

二重危険について検討するために，政府側の主尋問終了時に被告人が抗弁をすることは，「事実に関して有罪か無辜かということとは関係のない理由で公訴棄却（dismissal）を求めることを選択した」と判示した点でペンシルヴェニア州最高裁は誤っている。本件で被告人が求めているのは，法律問題として，政府側の証拠は被告人が犯罪事実について有罪であることを十分に証明していないという判断であり，このような判断は二重危険禁止条項上の無罪判決にあたる。

政府は，政府上訴を棄却した後に申請人の bench trial を再開することは「危

2）　本事案は，同じ二重危険の問題が関わる Commonwealth v. Zoller, 318 Pa. Super. 402, 465 A. 2d 16 (1983) と併合して審理された。

険が継続している」といえるため，なお上訴が許されると主張するが，無罪判決は，１度目の危険を終結させる。したがって，本件公判が陪審による審理であろうと裁判官による審理であろうと，無罪判決が下された後に，被告人に有罪か無辜かの事実認定手続を課すことは二重危険禁止条項に違反する。

無罪判決後，政府が上訴に成功し，二重危険禁止条項に違反する手続に至る場合，上訴それ自体は適切な目的を有しない。そのような上訴を許すことは，自己に不利益な手続を終わらせるという被告人の利益を妨げることになる。したがって，二重危険禁止条項により，無罪判決後の政府上訴は，それが再度の公判につながる場合に阻止されるだけでなく，破棄差戻すと，被告犯罪構成事実の存否を解決するための何らかの手続をさらに行わなければならなくなる場合にも阻止されるとしたペンシルヴェニア州上級裁判所の判断が正しい。

よって，当合衆国最高裁は，申請人の抗弁を認めた公判裁判所の判断は，二重危険禁止条項に基づく無罪判決にあたり，これを破棄差戻すとさらなる公判手続がとられることになるため，政府の上訴は阻止されると判断する。

ペンシルヴェニア州最高裁の判決を破棄する。

《解　説》

本件は，合衆国憲法第５修正における二重危険禁止条項との関係で，証拠不十分を理由とする公訴棄却（dismissal）の判断に対し政府上訴が許されるかが問われた事案である。

ペンシルヴェニア州上級裁判所と同州最高裁とで判断を分けたのは，主として先例である *Scott*[3)]の解釈の相違にある。

公訴棄却に対する政府上訴の可否については，*Scott* の前に *Jenkins*[4)]が先例となっていた。*Jenkins* は良心的兵役拒否の申立てに関する事案で，次のよう

---

3)　United States v. Scott, 437 U.S. 82 (1978). 本件の評釈として渥美東洋編『米国刑事判例の動向Ⅰ』261 頁（中野目善則担当）（中央大学出版部，1989 年）。

4)　United States v. Jenkins, 420 U.S. 358 (1975). 本件を解説するものとして中野目善則『二重危険の法理』66 頁（中央大学出版部，2015 年）。

に判示した。「本件では，犯罪構成事実の存否について政府に不利な判断がなされたのか明確ではないが，被告人を放免する判断が下された。二重危険禁止条項の趣旨に照らすと，破棄差戻すと，被告犯罪構成事実の存否を解決するために何らかの手続をさらに行わなければならなくなる場合，政府の上訴は阻止される。」[5]と。

Scott が引用する *Martin Linen Supply Co.* では，何が「無罪判決」を構成するかは，「裁判官の判断が，その名称が何であれ，起訴された犯罪の事実的要素の一部またはすべての存否を，正しいか否かにかかわらず，実際に解決したものであるかどうかを判断しなければならない」[6]ことが示された。その上で *Scott* は，*Jenkins* の基準では，判断が下る前に構成要件に関する事実の点からみて有罪か無辜かということとは関係のない理由から公判を終了させるよう求める場合が含まれることを問題視し，これは「行き過ぎ」だとして変更した[7]。このような，「公判裁判所で有罪または無辜と認定されずに手続の終了を獲得する場合，一つの特定の裁判所で公判を終了してもらう貴重な権利を被告人は奪われていない」[8]ため，二重危険禁止条項の趣旨から外れるとの理解が示されている。二重危険禁止条項の趣旨から外れる場合には政府の上訴が阻止される根拠を欠くため，こうしたケースを除外するために，政府の上訴が阻止されるのは，判断の形式を問わず，「『裁判官が被告犯罪構成事実の全部または一部の存否について，正しかろうとなかろうと，実際に解決した判断』[9]に限る」[10]とする基準が出されるに至ったのである。

Jenkins の基準が広きに過ぎたために変更されたという事実は，必ずしも *Jenkins* の理解が完全に否定されたわけではないことを示している。すなわち，

5）*Id.* at 370.

6）United States v. Martin Linen Supply Co., 430 U.S. 564, at 571 (1977).

7）See *Scott*, at 86–87.

8）See *id.*, at 98–99.

9）Martin Linen Supply Co., at 571.

10）*Scott*, at 97.

Jenkins の基準と *Scott* の基準とを比較したときに，重なりあう部分がある。「構成要件に関する事実の点からみて有罪か無辜かということと無関係」ではない理由に基づく判断は，「破棄差戻すと，被告犯罪構成事実の存否について，何らかの手続をさらに行わなければならなくなる」。*Scott* もこれを否定する趣旨ではない。その意味で，*Jenkins* は *Martin Linen Supply Co.* 及びこれを引用する *Scott* を通じて，なお先例性を失っていないと考える余地がある[11]。

では，本件公訴棄却の判断は，*Scott* の基準に照らすと，構成要件に関する事実の点からみて有罪か無辜かということと関係のない理由といえるか。本事案で公訴棄却の理由となっているのは，証拠不十分との公判裁判所の判断である。起訴前の遅滞があったために不利益が生じたという理由――これは「構成要件に関する事実の点からみて有罪か無辜かということ」とは必ずしも関係のある理由とはいえない[12]――であった *Scott* と異なり，証拠不十分を理由とする判断は，「政府が有罪を立証していないとする判断」[13]に他ならず，これは「構成要件に関する事実の点からみて有罪か無辜かということとは無関係」なものではない。

証拠不十分の判断の法的性質については *Burks* が[14]先例となる。*Burks* は，

---

11) See *Scott*, at 99. See *also*, Smalis v. Pennsylvania, 476 U.S. 140 (1986) [footnote9].

12) もっとも，本事案で法廷意見を執筆するホワイト裁判官が *Scott* において参加していたブレナン裁判官の反対意見は，構成要件に関する事実の観点からなされる判断か法律上の観点からなされる判断かにより抗弁間の区別をすることはできないと指摘する。いずれの抗弁もその成否を判断するには公判に提出された証拠に法律上の基準を適用しなければならないと述べている。*Scott* における判断理由は，法律問題か事実認定の問題かで分ける法廷意見に対し，反対意見はそれを乗り越える説明をする必要があったが，少なくとも証拠不十分を理由とする判断については，それが事実の観点からなされる判断と無関係でないことにつき合衆国最高裁で見解が一致している。本事案の法廷意見も，注の中で，証拠不十分の抗弁の検討にあたって裁判所が検討すべき事項として法律上の問題と事実認定の問題があるという範囲では州最高裁の判示を認めつつも，その分類は公判裁判官が意図してコントロールできるものではないと述べている。See *Smalis* [footnote5].

13) Martin Linen Supply Co., at 572.

14) Burks v. United States, 437 U.S. 1 (1978). 本件の評釈として渥美東洋編『米国刑

精神障害の抗弁を行った被告人に一審が有罪の評決を出し，これに被告人が上訴したところ，二審では政府は抗弁への効果的な反駁をしていないとして破棄差戻した事案で，上訴審が一審の有罪評決を証拠不十分で破棄した場合に被告人を再度の公判に付すことができるかが問われた。合衆国最高裁は，公判で提出された証拠が有罪の判断を支えるには不十分であるとの判断は，「構成要件の事実に関する要素の全部または一部の存否を，実際に解決した判断」にあたり，無罪判決にあたる旨判示した[15)]。

もっとも，再度の公判と上訴はイコールではない。本件で証拠不十分を理由とする公訴棄却が二重危険禁止条項上の無罪にあたることを踏まえても，二重危険禁止条項は再度の公判を阻止するものであり，政府の上訴それ自体に向けられたものではない[16)]。そこで，無罪を構成する証拠不十分を理由とした公訴棄却の判断は，二重危険禁止条項により政府上訴が阻止される場合にあたると考えてよいかが問題となる。

Wilson では，無罪判決に対する政府の上訴は，上訴により再度の公判を開く必要が生じる場合でなければ阻止されないことが示された[17)]。

Martin Linen Supply Co. では，*Wilson* を確認し，「政府上訴が成功し，無罪判決が破棄差戻されると，再度の公判，あるいは少なくとも『被告犯罪構成事実の存否を解決するための何らかのさらなる手続』[18)]が必要となる」[19)]場合は，二重危険禁止条項が適用され得る旨判示された。ここでは *Jenkins* の文言が引用されているが，*Scott* は，*Jenkins* が「事実上有罪か無辜かに無関係」な理由に基づいて被告人の公訴棄却の申立てが成功した場合に，政府による上訴を阻止するとした限りにおいて，*Jenkins* を覆したものだと事後的に説明されてい

事判例の動向 I』248 頁（中野目善則担当）（中央大学出版部，1989 年）。

15）　See *id.*, at 10–11.

16）　United States v. Wilson, 420 U.S. 332, at 342 (1975).

17）　See *id.*, at 352–353.

18）　Jenkins, at 370.

19）　Martin Linen Supply Co., at 570.

る[20)]。*Smalis* における合衆国最高裁の理解によれば，*Scott* は，二重危険禁止条項上の無罪判決に対し上訴することが許されるのはいかなる場合かという問題については判断していない[21)]。*Smalis* は，二重危険禁止条項上の無罪に対し政府上訴が許されない場合の判断のケースとして名を連ねたものと位置づけられる。

Burks では，二重危険禁止条項は，検察側が最初の公判で提出しなかった証拠を提出するもう一つ別の機会を検察側に与える目的で再度の公判を開くことを禁じており，これが再度の公判を禁ずる中心的な目的であると述べられた[22)]。この理解は本事案にも通ずる。事実，*Burks* の法廷意見も，本事案と同様に裁判官全員一致（*Burks* ではブラックマン裁判官は審理に加わっていない）で出された。証拠不十分の判断で破棄された後の再度の公判は，政府は有罪立証の公正な機会を１度与えられたのだから許されないとする理解は，合衆国最高裁の裁判官が共通して有しているものと理解できる。また，証拠不十分と判断したのが一審か二審かで結論に違いをみとめることは妥当でないため[23)]，一審において証拠不十分を理由とする公訴棄却の判断が出された本事案にも *Burks* の判示の趣旨が及ぶ。本事案は，証拠不十分の判断と二重危険禁止条項の関係について *Burks* を踏襲した判断と位置づけられる。

州最高裁は，証拠不十分の抗弁を容れるかを決する際の裁判所の判断事項は，このような証拠に基づくと被告人が有罪なのか無辜なのかという事実上の問題ではなく，合理的な疑いを超えて被告人が有罪であるとの結論を是認できるだけの証拠が十分であるか否かという法律上の問題だと区別する。証拠不十分の抗弁に対する裁判所の判断は，事実認定の問題ではなく，法律上の問題だと分類するのである。確かに，危険発生後の裁判所の判断に対する政府上訴の可否をめぐっては，陪審が有罪評決を出した後に裁判官が手続的理由に基づい

20） Smalis, at 211-212, footnote 9.
21） *Ibid.*
22） *Burks*, at 11.
23） *Ibid.*

て無罪判決を出し，これに対する政府上訴の可否が問われた *Wilson* を皮切りに，*Jenkins*，*Scott* と，事実認定の問題か法律上の問題かで区別し，法律上の問題による場合は，上訴審による判断が加えられる機会を政府に与えようとする方向での動きがあったことは否定できない[24)]。本事案は，証拠不十分の判断が，二重危険禁止条項の趣旨に照らし，無罪にあたることは先例上明確に示されているとし，上述のような明確に区別するアプローチに連なるものかは明らかでない。

Wilson では，陪審が有罪の評決を出したものの手続的理由があることを理由に下された無罪判決に対する政府上訴について，破棄差戻後，有罪の評決を再度述べれば足り，再度の公判を開く必要はないため，二重危険禁止条項に違反しないとされた。無罪に対する政府上訴が認められるのは，政府上訴が成功した後に「再度の公判」が必要にならない場合に限られる。

そして本判決で合衆国最高裁は，*Wilson* を進めて，「無罪判決が下された後に，被告人に有罪か無辜かの事実認定手続を課すことは二重危険禁止条項に違反する」，「無罪判決後の政府上訴は，上訴により再度の公判につながる場合だけでなく，破棄差戻すと，被告犯罪構成事実の存否を解決するための何らかの手続をさらに行わなければならなくなる場合にも阻止される」と判示し，先例の基準を一歩進めたものといえる。とはいえ，本判決も，*Scott* と同様，無罪判決に対する政府上訴が認められる場合についての判断を示すものではないことには留意しなければならない。

少なくとも，上記基準が肯定される場合というのは，*Burks* が懸念したような，「検察側が最初の公判で提出しなかった証拠を提出するもう一つ別の機会を検察側に与える」[25)]ことになり，またその目的のためにさらなる手続がとられることになる。この目的は上訴において正当な目的ではない。

証拠不十分であるとの判断は，政府の提出した証拠では被告人が有罪であることを証明できていないという判断であり，これを破棄差戻すということは，

24）　中野目善則『二重危険の法理』9頁（中央大学出版部，2015年）。
25）　Burks, at 11.

当然ながら，最初の公判と異なる証拠（今度こそ有罪立証に十分な程度の証拠）を提出させることで有罪か無辜かの判断を出すことが目的となる。そうすると，無罪または公訴棄却の判断に関する類型において，少なくとも証拠不十分を理由とする判断については，必然的に一般に政府上訴が阻止される構造になると考えることが可能であるように思われ，本判決は先例を整理し，この一般化を進めることにつながるものとも理解しうる。

（伊藤　徳子）

2. Smith v. Massachusetts, 543 U.S. 462 (2005)

陪審公判中，裁判官が直接下した一訴因についての無罪判決を撤回し審理を続行することは，二重危険条項に反するとされた事例。

《事実の概要》

本件申請人は，マサチューセッツ州サフォーク郡裁判所において，ガールフレンドのいとこを射殺しようとした罪で大陪審起訴され，陪審裁判にかけられた。起訴状には，殺意をもってする武装暴行，危険な武器による傷害，火器の不法所持という3つの訴因があった。「火器」につき，州法によれば銃身の長さが「16インチ未満」であることを証明する必要がある。申請人のガールフレンドも事後従犯として同じ陪審員に裁かれた。

被害者は，申請人が「ピストル」，特に「32口径か38口径のリボルバー」で自分を撃ったと証言し，検察官は，火器に関する他の証拠を提出しなかった。

検察側の立証が終了した時点で，申請人は火器所持訴因の無罪判決を求めた。検察官の釈明の後，公判裁判官は申請人が銃身の長さが16インチ未満の武器を所持していたという「わずかな証拠すらない」という理由で，この申立てを認め，訴訟記録表に記載したが，陪審員にその旨を通知はしなかった。

共同被告人が証人を一人出したのみで主張・立証を終えた後，論告と最終弁論までの間に，検察官は州の先例を引き，銃の種類に関する被害者の証言は，銃身が16インチより短いことを立証するのに十分であると主張し，陪審員の評決が出るまで証拠が十分か否かの判断を延期するよう裁判所に求めた。裁判官はこれに同意し，先の判断を「破棄」し，火器所持の訴因を陪審員に付託すると口頭で発表した。訴訟事件記録にはそれに対応する表記がなされた。

陪審員は3訴因すべてで有罪と評決し，共同被告人の従犯訴因については無罪とした。申請人はその後，追加的な常習火器所持罪の要素について有罪とされ，火器所持罪について10年から12年の禁固刑を受け，他の刑と同時執行された。

州控訴裁判所は，申請人の申立てがあった場合，裁判官は保留することなく判断することが州刑事訴訟規則で義務付けられているため，判決は最終的なものであったという申請人の主張を退け，裁判長の判決訂正が申請人を2度目の訴追や訴訟手続に服させるものではなかったため，二重危険条項は関係ないとし，原判断を支持した。

州最高裁判所は，さらなる上訴を認めなかった。

当裁判所はサーシオレイライを認容した。

《判旨・法廷意見》

原判断破棄・差戻し

1．スキャリーア裁判官執筆の法廷意見

二重危険に対するコモン・ロー上の保護は，歴史的には陪審員が評決を下した罪に対してのみ適用されてきたが，当裁判所は長きに渡り，第5修正の二重危険条項は，陪審員の評決による無罪判決の再審査を禁止するのと同程度に，裁判所の判断による無罪判決の再審査をも禁止している。これは，裁判官が下した無罪判決が，裁判官のみによるものであろうと，今回のように陪審裁判であろうと同様である。

当裁判所先例は，この原則に一つの例外を設けている。陪審員が有罪の評決を下し，裁判官（または上訴裁判所）がその評決を破棄して無罪判決を下した場合，二重危険条項は，陪審員による有罪評決の復活を求める検察側の上訴を妨げるものではない（United States v. Wilson, 420 U.S. 332 (1975)）。しかし，まだ有罪判決を得ていない場合，有罪判決を確保するためのさらなる手続は許されない。

本件で裁判官が申請人の主張を認めたとき，陪審員の評決は存在しなかった。陪審員に火器所持訴因を付託することは，「有罪か無罪かに関わる事実確認手続」をさらに行うことになり，先例は無罪判決後にこれを行うことを禁止している（Smalis v. Pennsylvania, 476 U.S. 140 (1986)）。それゆえ最初の問題は，裁判官の最初の裁定が，実際に無罪判決であったかどうかである。

州刑事訴訟規則25(a)は，「証拠が法律上，有罪判決を維持するに不十分な場合」公判裁判官に無罪判決を下すよう命じている。したがって，この命令は，二重危険に関する先例が一貫して用いてきた無罪判決の定義，「起訴された犯罪の事実的要素の一部またはすべてについて，正しいか否かにかかわらず，実際に解決されたこと」に合致するように思われる。

州政府は，陪審裁判における無罪認定の申立ての許可は純粋に法的判断であり，事実認定機能は陪審に留保されていると主張する。したがって，裁判官も陪審員も，危険の終結をもたらすような事実決定を下していなかったので，3つの訴因のいずれについても，危険は終結していない，と理由づける。しかし，当裁判所は，*Martin Linen* にて，同様の理由付けを否定している。そこでの無罪判決は，検察官がその責任を果たせなかったという実質的な決定である。従って，陪審員が主たる事実認定者である場合でも，陪審員の評決がない場合，裁判官が犯罪の要素を解決することに変わりはない。

これは本件でも同様である。州は，事実上の判断ではなく法的判断として無罪の認定を要求しているが，これは「二重危険に関する法律問題として……われわれを拘束するものではない」(*Smalis*)。重要なのは，州の規則が認めているように，裁判官が「証拠を評価し，有罪判決を維持するには法的に不十分であると判断した」ことである。

次に，二重危険条項により，申請人とその共同被告人が主張・立証を終えた後，その無罪判決を再考することが許されるかどうかという，より難しい問題に目を向けなければならない。

まず重要な点は，本件では州裁判所の判決の最終性を疑う余地を申請人に与えなかったということである。検察官は再考の申し立てをしたり，保留を求めたりせず，自らに有利な根拠を提供できるような手続継続を裁判所に求めたりしていない。裁判所は検察官に「さらなる証拠」があるかと尋ね，検察官は「ありません」と答え，主張・立証を終結させている。裁判所の裁定は，外見上暫定的なものにも見えなかった。州の手続では，裁判所は申請人側の申立てに対する判決を延期することは認められず，検察側がより多くの証拠を提出する権利を留保している間，被告人側が主張・立証を進めるよう要求することも，手続上許されなかった。また，被告人らの主張・立証を進める前に，検察官が再審理の機会を与えるよう提案したところ，裁判所は，申請人の申立てを裁定する時間であるとの理由で却下した。

この一見最終判決に見えるものは，実際に最終判決だったのだろうか？　一般的な問題として，州法は，裁判官が裁判の途中で，州側立証が十分であるかどうかの判断を再考することができると規定している，と当裁判所は考えるし，申請人も反駁していない。州が法令や規則によってこのようなことを行った例は見当たらないが，いくつかの州裁判所は，コモン・ローの問題として，または監督権の行使として，裁判所が指示した無罪判決は署名され，訴訟記録表に記載されるまでは効力を有しないと判示している。

しかしながら，本件裁判当時，州はそのような非最終性の規則を採用していなかった。同州の刑事訴訟規則では，判決や命令の事務的な誤り，または「見落としや不作為から生じた」誤りのみが訂正の対象となると規定されていた。州は，仮決定は再考の対象となるという一般的な命題を支持する判例をいくつか引用している。しかし，この原則が，本件訴訟規則により要求された無罪の認定に適用されることは明らかではない。

控訴裁判所がいうように，公判中の無罪判決は暫定的なものである，という州法の規則を発表することにより，無罪判決の再考が公判段階で行われ，その規則を被告人が知らなかったことが被告人に不利益を与える可能性がない場合には十分であるかもしれない。しかし，本件のように，公判が被告人の主張まで進んだ場合，不利益を与える可能性が生じる。一見棄却されたように見えることで，被告人は黙秘した方がよいのに，棄却されていない罪状に対する弁護を行うよう誘導される可能性がある。多くの司法管轄区では，公判後または控訴審において，証拠不十分性の争いは，たとえ被告人が検察側の主張・立証終了時に無罪を申し立て，裁判所がその申立てを誤って却下した場合でも，公判記録全体に基づいて検討されるという伝統的なルールに今でも従っている。これらの管轄区では，被告人は，有罪評決を支持するのに十分なほど，政府側の立証を補強してしまう危険性をはらんでいる。被告人提出証拠は，「政府の最初のプレゼンテーションにおいて，本来許容されない証拠の基礎を築き，あるいは政府の立件の本質的要素の裏付けを提供することができる」。さらに，すべての管轄区において，1つの訴因に対する無罪の虚偽の保証は，被告人が残りの訴因に対して好ましくない防御を提示するよう誘導する可能性がある。例えば，無罪となった訴因に対する有罪を認めることを伴う防御などである。

二重危険条項の保証が，それを合理的に信頼する人々にとっての潜在的な罠となることは許されない。ある訴因の表向き無条件の公判中棄却後，被告人による証拠提出まで裁判が進んだ場合，証拠の十分性に関する公判中判決に明示的に適用される既存の規則や判例の権威によって，再審理の可能性が明白に確立されていない限り，無罪判決は確定したものと扱われなければならない。この要件は，ここでは満たされていない。州側は，裁判時に存在した州の手続の下で，無罪判決の申立てに対する裁判の裁定が自動的に，あるいは推定的に，最終的なものでなかったことを示すことができなかった。せいぜい，州側提出の証拠が法律問題として十分であったため，その判決が誤っていたことを示したに過ぎない。しかし，二重危険条項それ自体が，法律上の誤りを正す方法を残しておかなければならないという主張は，法律上明らかに間違っている判決前の無罪判決には適用されないという，十分に確立されたルールと対立するものである。

州は，もし二重危険条項が再審議を認めないのであれば，たとえ誤った表現に起因するものであっても，速やかに修正されたものであっても，直接判決の申立てに対するすべての誤りは是正されないことになると主張する。我々はそうは考えない。二重危険の原則は，たとえ陪審員によって下されたものであっても，無罪判決の発表における真の誤りを直ちに是正することを妨げるとは考えられていない。そしてもちろん，州は，裁判の途中で無罪判決を確定しないようにすることで，反対意見が裁判の過程で「避けられない」と考える「偶然の」法律上の誤りから，自らを守ることができる。

検察官が，思慮に欠けた無罪判決から保護されないわけではない。州は，評決後まで検討を延期する選択肢を含め，裁判官に「保留中の無罪申し立てを慎重に検討する最大限の機会」を認める手続規則を作成することができ，また実際にそうしている。さらに，検察官は，裁判所が判決を下す前，あるいは少なくとも審理が進行する前に，その法的誤りを修正するよう裁判所を説得することができる。実際，本件の検察官は，最終弁論前の15分間の休廷中に得た法的権限に基づいて，無罪判決を再考するよう判事を説得した。もし彼が無罪申立ての際に短期間の審理継続を求めていれば，この問題は申請人が訴訟を進める前に満足のいく形で解決できたはずである。

マサチューセッツ州控訴裁判所の判決を破棄し，本件をこの意見と矛盾しない更なる手続のために差し戻す。

2．ギンズバーグ裁判官執筆の反対意見，レーンクィスト首席裁判官及びケネディ，ブレイヤー各裁判官参加

二重危険条項は，起訴された訴因のすべてではなく，1つ以上の訴因について無罪を主張する申立てを認容した当否を，裁判官が公判の途中で再考することを，州に禁じているか？

我々は全員一致でノーと答える。州は，立法，司法規則，コモン・ローの決定，または監督権の行使によって，このような再考を規定することができる。州控訴裁判所によれば，州は判例法を通じてこのような規定を設けている。

それにもかかわらず，「証拠の十分性に関する公判中判決に明示的に適用される既存の規則や判例によって，再考の可否が明白に確立されていなかった」ため，本件公判裁判所はその場での誤りに拘束される，と多数意見は主張する。さもなくば，「二重危険条項の保証は，それを合理的に信頼する者にとって潜在的な罠となる」と。

裁判が展開される間は，被告人には，適時に，十分な情報を与えられた上で，州の訴追に応じる機会が与えられなければならない，という点には同意する。二重危険の問題ではなく，適正手続の問題として，である。しかしながら，本件で示された事実では，州控訴裁判所が観察したように，申請人は裁判の誤りによる不利益を全く被らなかった。

公判裁判官は，州側の主張・立証終了時に，せっかちな行動により誤りを犯した。検察官の異議申し立てを短く切り上げ，3件の訴因の1つである火器不法所持について，「無罪判断が要件付けられる」との申立てを認容した。この判断は訴訟記録書には記載されたが，陪審には伝達されなかった。

公判裁判官は検察官の主張した州最高裁の判決に依拠して誤りをその日のうちに訂正し，最初の判決を撤回して申立てを却下した。最終弁論と陪審員への説示の前であった。公判廷の新しい判決は，訴訟記録書に記載され，申請人は事件再開を申し立てず，陪審はすべての訴因で有罪判決を下した。

申請人は，本件は *Smalis* の下にあると主張するが，これには同意できない。*Smalis* で当裁判所は，原判断破棄は差戻しとさらなる手続を伴うため，二重危険条項は，無罪の申立てを認めた裁判の控訴審での再審理を禁じている，と判示した。（中間上訴を含む）上訴は，事件を公判裁判所から上訴審に移すものであり，必然的に，控訴された争点について公判裁判所が最終的な判決を下したことを示すものである。一方，申立てを認めるという最初の判断に対する再検討は，その事件や争点が公判裁判所から離脱する前に行われる。公判裁判官は必然的に時折誤りを犯すものであるため，裁判の実際的な緊急性から，公判中途の判断再考は歴史的に行われてきた。これとは対照的に，政府は従来，刑事事件のどの段階においても，公判裁判官が弁護側を支持する判決を下したとしても，上訴することができない。当裁判所は長い間，上訴と，判決が下される前の公判廷における継続的な手続との区別を認めてきた。

また，州刑事訴訟規則25(a)が，申立てに対する即時裁定を指示しているのは明らかであるが，再考については何も述べていない。州控訴裁判所は，規則25(a)の意味を，公判中判決が誤っていた場合，その誤りを修復する裁判の能力を超えるものではないと判断した。問題の保留ではなく即時判決を要求していることにより，控訴裁判所は「被告人が休廷するか証拠を提出するかを決定する前に，被告人が起訴された犯罪のあらゆる要素について，州が証拠を提出するよう主張する権利が保護される」と述べた。この保護は被告人に与えられており，「無罪認定の要件付け」の申立てがなされ，それが認められる前に提出された州の証拠は，事実上，火器所持罪のすべての要素を証明するのに十分であったと述べ，規則25(a)はそれ以上のことを意味しないと控訴裁判所は指摘した。陪審員は裁判を中断することなく着席したままであり，被告人は州の立証に反論する機会を保持したため，同裁判所は，規則25(a)も二重危険条項も，火器所持罪に関する誤った裁判中途の判決を確定的なものとして凍結するものではないと結論づけた。私は，州控訴裁判所以上に，規則25(a)や州実務に関するマサチューセッツ州の判決法を理解しているふりをするつもりはない。

要するに，申請人は，陪審員への付託の前に，自分の弁護機会を完全に与えられた，一回きりの切れ目のない公判手続に晒されたのである。このような状況において，裁判長の一時的な過失に基づき，検察官に対し，州側の主張を述べる完全かつ公平な機会を1度も与えない，とすべきではない。

《解　説》

1．合衆国では伝統的に，英国コモン・ロー由来の二重危険禁止法理を採用する。政府が被告人を訴追し，有罪の危険に晒すことを1度は許すが，被告人が「前の有罪，前の無罪」等の抗弁を行い，それが認められれば既に「危険」が生じているので陪審審理という trial——公判あるいは「試練」——を2度は許さない，すなわち再度の有罪認定の機会を与えない，とする。これは政策レヴェルではなく憲法第5修正が定めるところにより，再度の訴追を許すと，無実の者であっても有罪とされる危険を高め，被告人は困惑，出費，不安といった安全でない状況を強いられるから，との理由付けが説得的なものとされている[1]。

---

1) Green v. United States, 335 U.S. 184 (1957). なお，『米国刑事判例の動向Ｉ』(1989, 以下本稿中『Ｉ』) 267頁（中野目善則解説），中野目「合衆国憲法第五修正の二重危険禁止条項に関する最近の動向」法学新報103巻10号37頁，および中野目『二

事実認定が陪審に付託されてしまえば，陪審の判断に理由は要らないので，その判断の合理不合理は判断できない。しかも，「冷たい記録」によって証拠に直に接した事実認定者の審理を覆すことによる誤判の危険が払拭できないため，無罪判決に上訴を許せば再度の危険を生じさせる，として陪審の無罪判決にはほぼ絶対の終局性が与えられてきた[2)]。本来は陪審審理由来の法理ではあるが，現在合衆国では陪審審理と裁判官審理双方に適用されるもの，とされている[3)]。

2．本件で問題となった「危険の発生」は，州政府，被告人双方が認める裁判官の公判中途での明らかな誤りをきっかけとする。回転式「拳銃」で射撃された，という（州側の証人である）被害者の証言があるにもかかわらず，刑法上の構成要件にあたる，射撃に用いた火器の銃身長が 16 インチ以下であることの証明が一切されていない，と判断して，被告人側が提出した公判打ち切りと（事件を陪審に付託せず）無罪判決を下す申立てを認容してしまい，訴訟記録に綴った。その後別訴因の審理を経て，陪審に付託する前に，検察官の異議を入れて，先の無罪判決を撤回し，この訴因を陪審に付託することが「二重の危険」となるか否かがほぼ唯一の争点である。

本件で法廷意見が依拠している先例は *Smalis*[4)] である。これは，裁判官審理の公判中途で，裁判官が証拠不十分を理由とする被告人の異議を許容したが，この被告人が求めた判断は形式的には公訴棄却かもしれないが「有罪か無罪かという最終的な問題に関連する判決」であるため，当裁判所先例によれば州側の上訴も再審理も許容されない，とした全員一致の判断である。そこでは，「陪審員による審理であれ，裁判官によるものであれ，有罪か無罪かに関わる

重危険の法理』（2015）89 頁参照。

2） United States v. Ball, 163 U.S. 662 (1896), Kepner v. United States, 195 U.S. 100 (1904).

3） United States v. Martin Linen Supply Co., 430 U.S. 564 (1977). なお，『I』269 頁（中野目解説）参照。

4） Smalis v. Pennsylvania, 476 U.S. 140 (1986). 本書 3 頁以下の解説を参照。

事実認定手続を無罪判決後の被告人に課すことは，二重の危険に反する」としたRamsey[5]を引いている。死刑が科されうる謀殺罪の量刑公判で，裁判官が刑の加重事由の解釈を誤り，「金銭的利益を得た」加重事由に値するのは「契約殺人」のみである，と判断したため，加重事由がなく「死刑相当ではない」と判断した。後の上訴手続でこの誤りが判明し，再度の量刑手続により死刑が宣告されたが，合衆国最高裁は「死刑相当部分については既に無罪の判断が下っている」としてこの量刑判断を破棄した事案である。

判断がたとえ誤っていたとしても，裁判官が「証拠を評価し，有罪判決を維持するには法的に不十分であると判断した」以上，先例にいう無罪の定義に合致するし，それが仮のものであるとの理解は裁判官にも当事者にもなく，一旦無罪としたものを仮のものとすることは，特に審理が被告人側主張の段階まで進んでしまった場合に被告人に予断や不利益を与える可能性が高いことをも理由として挙げている。

Smalis，*Ramsey*と本件で判決に加わったのはレーンクィスト，スティーブンス，オコナーの3名であるが，*Ramsey*と本件ではレーンクィスト首席裁判官が反対意見に回り，「新たな」6名は3対3に割れた。反対意見は，本件は同一の公判廷内で起きた中間審理を扱っているため，移審が行われた*Smalis*には依拠できないとし，判決が誤りのあった当日中に訂正され，陪審員にも正式に伝達されておらず，ために被告人は本件で一切不利益を被っていないため区別されるべきとする。その他，州規則上裁判官が判断を訂正できないとする規定の不存在や，そもそも裁判官が過ちを起こした場合にこれを訂正できない事態による悪影響などを理由として，本件では，検察官及びコミュニティが「有罪の者を処罰することを主張する機会」を奪われているため，二重危険条項の目的にかなわない，と主張する。

3．本件での公判裁判官の過ちは，我が国の感覚からすると相当に迂闊なものである。実際に起こることは考えにくく，仮に起こったとしても比較的早期

---

5) Arizona v. Rumsey, 467 U.S. 203 (1984).

に訂正されるであろうし，中間の直接判決制度がない以上比較は難しいが，「無罪判決」に至ることは極めて稀であろう。またその場合，その理由が判決中に記されるため上訴審で法令解釈の誤りとしてほぼ確実に訂正されるレベルのものであろう。

もっとも，合衆国最高裁判例を紐解けば，およそまともとは思えない理由での「無罪」判断が再訴を遮断してきた例[6)]もあり，*Smalis* や *Ramsey*，あるいは別途紹介する *Evans*[7)]での誤りも本件と同様程度には酷いものだが，1度「正しかろうと誤っていようと」「有罪か無罪かに関しての実体を持つ判断」であれば危険は発生する，と判断し，その先例を尊重する以上は，本件もその範囲から大きく逸脱するものではないと思われる。無罪判決となれば検察官がそれを争う機会は失われるが，そのリスクを承知の上でこの前提を維持している。それほどまでに彼らの感覚では「無罪判決」は重い。

検察官の立場から見れば，法律の解釈につき，弁護人がおかしな理屈を持ち出し，即時裁定を求められる裁判官がそれに乗ってしまった場合――まさに本件のような場合――に，当意即妙に対応して裁判を無罪とされないための手腕――法廷意見がいうような短時間の審理継続申立をして裁定に持ち込ませず，少なくとも被告人立証にまで進まないよう何らかの対抗措置を発動する等――を発揮しろ，と言われるのは流石に酷であろう。後に思いつくことが，その場で思いつけるとは限らない。仮に弁護人の主張がおかしなものであっても，それにより心証が動くかどうかはともかく，その主張をしたこと自体で責や不利益を負うわけでないことを考えると，弁護人が「十分な弁護をしているというアピールも兼ねて，何でも打てる手段は打ってみる」態度に出ることも十分予

6)　Fong Foo v. United States, 369 U.S. 141 (1962). 裁判官が連邦検察官の訴訟中の行為に立腹し，証人の信用性欠如を理由として陪審員に被告人を無罪とするよう命じ，陪審員はこれを実行した事件。最高裁は裁判官の誤りを認めつつ，判決によって事件は終結したとして再審査を禁じた。この事件を先例とした Sanabria v. United States, 437 U.S. 54 (1978) につき，『I』257 頁（中野目解説）参照。

7)　Evans v. Michigan, 568 U.S. 313 (2013). 本書 34 頁以下を参照。

測されうる。反対意見がいうように，裁判官の過ちにより，検察官の貴重な一度の立証機会が失われてしまった，と見ることも不可能ではないと思われる。

他方で，法廷意見が認識し，主張するように，そういった不合理を防ぐ手立てがあること，すなわち，中間裁定を最終的なものにしないような規則，州裁判官が仮に過ちを犯しても，合理的な時間内に通常の検察官ならば裁判官を説得できる機会を設け，それが安易に最終的な判断にならず，第5修正の発動を招かないよう，規則を作成し，公表し，整備することができること，それにもかかわらず州はそのような規則の整備をしてこなかったこと，には留意せねばならない。裁判官の過誤や，（弁護側の）濫主張の弊害が仮にあるとすれば，それに適した防止策を，先例と憲法の趣旨に抵触しない形で整備せよ，というメッセージと理解するなら，法廷意見の結論もある程度は説得的に思える。もっとも，そのような趣旨の規定を設けるとして，それが被告人の防御権を害さず，かつ，先例にも抵触しないようなものとするためには，相当熟慮の上での規則制定が求められるものと思われ，その意味では法廷意見の課した要求は相当に重いし，そもそも二重危険条項という憲法規定とその結果を，立法措置により回避できるか，という大きな問題は完全には解決されていない，とする反対意見の含意を無視すべきではないように思われる。

（松田　龍彦）

3. Blueford v. Arkansas, 566 U.S. 599 (2012)

訴追された犯罪に含まれる罪のうちいずれか一つで有罪にするか，すべての犯罪について無罪とするかの verdict form が示された陪審審理において，正式な評決前に，起訴に含まれる罪につき陪審が全員一致で否定したとの報告がなされたとしても，その後陪審の評議が再開継続され，評決不能によりミストライアルが宣言された場合には，二重危険禁止条項はその後の起訴を遮断しないとされた事例。

《事実の概要》

申請人ブルーフォードは，知人の 1 歳の息子が重篤な傷害を負い，死に至った件について，アーカンソー州政府により死刑相当の謀殺罪で起訴された。公判において州は，申請人が故意に被害者に傷害を負わせ，周囲の状況からみても人が死亡するのももっともであるという状況で，死に至らしめたと主張した。これに対し，申請人の弁護人は，被害者が死亡したのは申請人が誤って被害者を地面に落としてしまった結果として生じたものであると主張した。

公判裁判所は，陪審員に対し，死刑相当の謀殺罪（capital murder）には，より軽い罪である第 1 級謀殺（first-degree murder），故殺（manslaughter），及び，過失致死（negligent homicide）の三つの罪が含まれる旨の説示をし，そのうえで，陪審が検討する順序について，重い罪の成立について合理的疑いを認めた場合に，次の軽い罪の成否を検討していくよう説示を行った。

訴追側は論告で陪審に対し，この説示に関し，「死刑相当の謀殺罪を構成しないことについて 12 人全員一致した場合に限り，第 1 級謀殺罪の検討に移行することができる」旨を示した。

公判での当事者の主張の後，公判裁判所は陪審に対し，訴追に含まれる四つの犯罪のうち，いずれか一つについて有罪とするか，すべての犯罪について無罪とするかの verdict form（評決用紙）を示した。その際，「いくつかの犯罪については無罪」という form は示されなかった。

数時間の評議の後，陪審が公判裁判所に対し，評決に至らなかった場合にはどうなるかというメモ（note）を送付したため，公判裁判所はいったん陪審を公判廷に呼び戻し，評決に達することの重要性についての，いわゆるAllen説示を行ったが，その30分後に陪審は評決に達しない旨のnoteを送付した。公判裁判所が再度陪審を呼んだところ，陪審の長は，評議が完全に行き詰っていると述べた。公判裁判所がそれぞれの訴追事実についての評議・採決の開示を求めたところ，死刑相当の謀殺と第1級謀殺については否定する点で全員一致であったが，故殺（manslaughter）については評議が行き詰まり，過失致死（negligent homicide）に関しては採決を取っていない状況であった。その後，再度のAllen説示を行い，評議が継続された。申請人の弁護人は，すでに評決に達した訴因について，陪審の判断を示すことができる別の新たなverdict formを提示するよう求めたが，訴追側はこれに異議を唱えた。公判裁判所は，すでに陪審が説示とverdict formを受けた以上，部分評決を認めるのは方針転換に等しい，として，申請人側の主張を却下し，申請人の弁護人に対し，陪審が結論に至らなければミストライアルになることを示した。

その後，陪審は30分間評議を継続したが，評決に至らず，公判裁判所はミストライアルを宣言し，陪審を解任した。

州政府は申請人を再起訴しようとしたが，申請人は，陪審の長の報告を挙げ，二重危険禁止条項に基づいて，死刑相当謀殺と第1級謀殺については却下するよう申し立てた。公判裁判所はこの申立てを退けた。アーカンソー州Supreme Courtも，中間上訴において，本件は記録上も正式な評決が示されている場合ではなく，陪審の長の報告は無罪の正式な宣言には当たらないため，州の再起訴に対して何らの影響を与えるものではなく，さらに，公判裁判所が申請人による新たなverdict formの求めを却下した点についても誤りは無いとして，公判裁判所の判断を確認した。

合衆国最高裁判所によりサーシオレイライが認容された。

《判旨・法廷意見》

原判断確認

1．ロバーツ首席裁判官執筆の法廷意見

(1)　申請人は，無罪とは実質の問題であり形式の問題ではないから，正式な評決が無くても，陪審の長の報告に，犯罪構成事実についての実質的な解決が示されている以上，無罪を構成すると主張する。

この主張には同意できない。陪審の長の報告は終局的な解決ではない。陪審の長による当初の公判裁判所への報告の時点では陪審の評議は完了しておらず，その後，評議を継続した後に，再度報告した際には，単に評決不能であることを述べたのみで，それぞれの訴因についての採決の結果について言及していない。評議が継続されたという事実は，死刑相当の謀殺罪および第1級謀殺罪についての無罪を構成するのに必要な終局性を否定する。

さらに申請人は，評議の順序についての説示によれば，より重い犯罪事実について全員一致で，かつ確定的に解決しない限り，次の犯罪について検討しないことになっているため，陪審の長の報告が故殺について行き詰っているとしている以上，謀殺罪についてはすでに確定的に解決しているので，陪審が謀殺罪に立ち戻った可能性は否定されると主張する。

しかし，上記説示は，評議の途中の採決について再考することを禁ずるものではなく，より軽い罪について検討した後でも，より重い罪について再検討することができる。上記説示の順序による評議の途中，重い罪から順に評議し，採決を行っていく中で，より軽い罪について陪審の意見が一致しなかった際に，陪審員がより重い罪について再考し，意見を変えることは通常のことであり，禁じられてはいない。陪審制度の目的は，まさに，見解を比較することや，陪審の中で議論を行うことによって意見の一致を得ることにある。一人の陪審員の意見が変われば，それだけで陪審は再度の検討を始めなければならないのである。

それゆえ，陪審が死刑相当の謀殺罪および第1級謀殺罪に立ち戻ることは可能であり，そうである以上，評議終結に先立つ陪審の長の報告は，正式な評決や判決とは完全に区別され，無罪に必要な終局性を欠く。

申請人が依拠する *Green*（Green v. United States, 355 U.S. 184 (1957)）および *Price*（Price v. Georgia, 398 U.S 323(1970)）は，当裁判所が二重危険禁止条項違反と判断した事案である。これらは，重い罪で起訴され，それに含まれる軽い罪で有罪とされた被告人が，重い罪で再起訴された事案であった。申請人は，*Green* および *Price* と本件の違いは，軽い犯罪について有罪とされたか，評議が行き詰まったか，であるとし，二重危険禁止条項において，有罪とされていない被告人のほうがより保護されるべきであるから，この違いは申請人に有利にのみ働く，と主張する。

しかし，この主張は，陪審の評議継続にもかかわらず，陪審の長の報告内容が変わらないとの仮定に基づくものであり，上述のように報告された採決が終局的なものではない以上，不当な主張である。申請人は *Green* と *Price* の陪審の評決が終局的な判断であるという点で異なることを見逃している。本件報告の終局性の欠如は申請人の主張の土台を掘り崩すものである。

⑵ 申請人は，仮に陪審が謀殺罪について無罪としていないとしても，公判裁判所によるミストライアルの宣言は不適法であるため，これらの罪についての再起訴は，なお二重危険禁止条項に違反すると主張する。

「特定の状況がミストライアルを宣言する明白な必要性を示す場合」には同じ犯罪事実について２度目の公判を遮断することなく公判を打ち切ることができること，また，本件のように陪審が評決に達することができないことは，明白な必要性を確立する「古典的な基礎」であると従来から長く考えられてきていることについては申請人も争っていない。それゆえ，故殺および過失致死についての２度目の公判が二重危険の問題を提起しないことは申請人も認めている。しかし，申請人は，陪審が採決をした死刑相当の謀殺罪および第１級謀殺罪については，公判裁判所は部分評決（partial verdict）の form を示すなど，陪審の採決に効果を与える「何らかの措置」をすべきであり，これを行わなかった以上，ミストライアルの必要性を欠くと主張する。

しかし，当裁判所は，公判裁判所に対し，評決不能によるミストライアルの宣言に先立って，陪審に評決に関する新たな選択肢を与えることはおろか，行き詰まりを打破する何らかの手段を検討することを要求していない。ミストライアルの宣言が適法であるためには，健全な裁量権の行使によりミストライアルの明白な必要性が判断されなければならないが，本件にいて陪審に与えられた選択肢は，一つの罪についての有罪か，すべてについて無罪かの二つであり，これは州法も許容しているし，説示は平易な言葉で行われ，verdict form も二つの選択肢から選ぶほかないとするものである。公判裁判所が，「いずれかの罪については無罪」という別の選択肢の提示を拒んだことに裁量の濫用はない。二重危険禁止条項はこのような救済を提供しない。

2．ソトマイヨール裁判官執筆の反対意見 （ギンズバーグ裁判官，ケイガン裁判官参加）

(1) 二重危険禁止条項が，無罪になった後の再度の公判を禁じているのは明らかであるが，このルールの実施に当たって当裁判所は二つの原理を明確にしている。第1は，どのような名目であろうと，犯罪構成事実について解決する陪審の判断があれば，それが正しかろうと正しくなかろうと無罪判決は成立するということであり，第2に，公判裁判官は，被告人の同意または明らかな必要性が無いのに，評議終了前にミストライアルを宣言して被告人が自己に有利に構成されていると考えたであろう裁判体の評決に対する被告人の権利を挫いてはならない，ということである。

アーカンソー州は，古典的な「無罪先行型」ないしは「厳格移行型」を採用する法域であり，アーカンソー州の陪審への説示モデルは，軽い罪の検討に移行する前に，より重い罪について評議を完遂することを要求している。本件で公判裁判官は陪審に対して，「合理的疑い」を全員一致で認定したとき，つまり無罪のときのみ，死刑相当の罪から次の罪に進むよう告げており，州側の論告の内容もこの指示を繰り返すものであった。陪審の長と公判裁判官の会話から，陪審は公判裁判官の説示が，軽い罪の検討に重い罪についての全員一致の無罪があらかじめ必要であるという指示であると理解していたことは疑いが無い。こうした文脈から，陪審の長の公開の法廷における報告は，二重危険禁止条項の目的に照らすと，謀殺罪については無罪判決にあたる。

本件で，陪審は裁判所による説示を聞いたうえで，これに実直に従っているのであって，陪審の採決は実質的な評決であり，裁判体の最終的な結論であるというべきである。

⑵ 当裁判所は *Perez*（United States v. Perez, 22 U.S. 9 Wheat. 579 (1824)）で，ミストライアルの宣言に必要な「明白な必要性」の認定につき，公判裁判所の裁量権は，緊急の状況で，かつ明白な理由がある場合に，最大限の注意を払って行使されなければならない，として，高いハードルを設定し，それ以降これを緩めてきてはいない。

陪審が評決不能となったことは「明白な必要性」を構成する。しかし，無罪先行型の法域においては，陪審が軽い罪の検討にさらに進んだということは，重い罪については無罪との判断をしているのであって評決不能に陥ってはいない。それゆえ，この法域では，二重危険禁止条項は公判裁判官に，評決不能に基づくミストライアルを宣言するのに先立って，被告人による部分評決（partial verdict）の求めに配慮することを要求する。

無罪先行型の法域では一般に重大犯罪について有罪となる可能性が高まるが，さらに，先行した無罪の判断が部分評決にならないとすると，州に証明に失敗した主張について，後の訴追で再度の立証を試みることを許すことになってしまう。二重危険禁止条項はそれを許してはいない。

法廷意見は，当裁判所は公判裁判所に，ミストライアルの宣言に先立って，行き詰まりを打破するための措置を採ることを要求したことはないと述べるが，この無干渉（hands-off）アプローチは *Perez* を見る影も無く希釈してしまうものである。

⑶ 仮に二重危険禁止条項がそのような広いルールまでは強いるものではないとしても，本件では，明白な必要性はおろか，そもそも必要性がない。公判裁判官は陪審の解任に先立って，先の採決がそのままかどうかを聞くべきであり，そのようなささやかな手順さえ踏まなかったことから，本件では裁判官に裁量の濫用があったといわざるを得ない。

公判裁判官は無罪先行型の評議を誤って理解していたと思われ，このような誤った法解釈での運用は裁量の濫用にあたる。

《解　説》

1．本件では，① 正式な評決前に，起訴に含まれる罪のうち一部の罪につき陪審が全員一致で否定したとの報告がされた場合，その部分について「無罪」の裁判がなされたといえるか，② 本件におけるミストライアルの宣言が不適法なものであるか否か，が争われた。

2．陪審の長による報告の終局性

合衆国憲法第5修正の二重危険禁止条項は，1度無罪判決を得た被告人を再び同一事件で訴追することを禁じている。同一の犯罪事実によって何度も訴追を試みることを訴追側に許すと被告人は様々な負担を課されることから，刑事訴追・刑事手続が嫌がらせや，圧政の手段に用いられることがないようにすることが二重危険の禁止の関心である[1)]。

無罪判決に基づく再訴追遮断は二重危険の禁止の中核をなすものであるが，本件では，評議終了前の陪審の長の報告に無罪判決とするのに必要な終局性が認められるかが問題となった。

法廷意見は，陪審員は，より重い犯罪事実について全員一致でかつ確定的に解決しない限り，次の犯罪について検討しないとの説示は受けていたものの，より重い罪につき再検討することはできないという指示を受けていなかった以上，死刑相当の謀殺罪および第1級謀殺罪について再考した可能性があり，陪審長の報告書は，すべての審議の後の陪審員の最終的な立場を反映していない可能性がある，として，死刑相当の謀殺罪および第1級謀殺罪についての無罪を構成するのに必要な終局性が否定されるため，これら二つの訴因について再訴は遮断されないとする。

これに対して，反対意見は，アーカンソー州が「無罪先行型」の法域であ

1)　中野目善則『二重危険の法理』（中央大学出版部，2015年）41頁。

り，その説示モデルにおいても，軽い罪の検討に移行する前に，より重い罪について評議を完遂することを要求し，陪審がこれに誠実に従っている以上，陪審の採決は実質的な評決であり，陪審の長による無罪の報告は最終的な結論であり，終局性を有するとする。

反対意見は，その結論を支えるものとして，第１級謀殺罪の訴因に対する第２級謀殺での有罪判決が上訴審で破棄された場合，第１級謀殺について再起訴をすることは二重の危険に反するとした *Green*（Green v. United States, 355 U.S. 184 (1957)）[2]を挙げている。*Green* は，陪審は重い罪につきなんら言及していなかったにもかかわらず，第１級謀殺につき黙示的に無罪の評決を下したものであるとするのに対して，本件では，陪審の長が死刑相当の謀殺罪および第１級謀殺罪については「全員一致で不成立」であったと明示していることを理由とする。

しかし，法定意見は，本件では評議が継続されている限り，最終的な評決は変わりうるものであり，評議が終結し最終的な評決が下されている *Green* とは事案が異なるとする。

二重危険禁止条項の関心に照らせば，政府の立証の一回性の原則が特に重要である[3]。アーカンソー州のような「無罪先行型」の下で，公判廷で陪審の長が報告していることに鑑みれば，反対意見がいうように，死刑相当の謀殺罪および第１級謀殺罪について，政府側は１度の立証に失敗しているとみることもできるであろう。しかし，法定意見が示すように，評議が継続している以上，その中での一時点での暫定的なものであり，陪審が評議において立ち返って検討することが禁じられていない以上，陪審の判断が可能性を全く否定することはできないであろう。陪審の長の報告に評決や判決と同様の終局性を認めるのは困難なように思われる。

３．ミストライアルの正当性

陪審が評決に達することができなかった場合や，陪審員に予断や偏見を生ず

2） 本件を紹介するものとして，中野目，前掲注 1）89 頁。

3） Green v. United States, 355 U.S. 184 (1957)．中野目，前掲注 1）37 頁。

る事情が生じた場合に，一方当事者からの申し立てや，裁判官の職権により陪審の職務を解く裁判をミストライアルという。公判裁判所がミストライアルを宣言する際には，正当な理由が必要である。正当な理由のないミストライアルを許せば，際限なく裁判が継続することになってしまうからである。そこで，どのような場合にミストライアルを宣言するのが正当かが問題とされる。ミストライアルの宣言が不適法なものであれば二重危険禁止条項により再訴が遮断されることになる。

ミストライアル宣言がどのような場合に正当といえるかにつき，合衆国最高裁判所は *Perez*（United States v. Perez, 22 U.S. 9 Wheat. 579 (1824)）[4]で，ミストライアルを宣言できるのは，ミストライアルの「明白な必要性」があるか，そうしなければ裁判を行って達成しようとする目的が打ち砕かれてしまうと裁判所がすべての事情を考慮して認定することが要件であり，その際，裁判所は健全な裁量を行使しなければならないとした。その後，*Wade*（Wade v. Hunter, 336 U.S. 684, 690 (1949)）で，合衆国最高裁判所は *Perez* の基準を採用したうえで，被告人には自己の裁判を一つの特定の裁判所により完結させてもらう貴重な権利があることを考慮しなければならないと指摘した。*Perez* の「明白な必要性」および *Wade* の「特定の裁判所で公判を完結させてもらう被告人の権利」はミストライアルの正当性が問題となった後の判例で，繰り返し採用されている。

そのうえで，本件と同様，ミストライアルの宣言を下すにあたっての公判裁判所の裁量権の行使が問題となった *Washington*（Arizona v. Washington, 434 U.S. 497, 509 (1978)）[5]では，「明白な必要性」には必要性が高い場合を含み，ミストライアル宣言の明白な必要性の認定と健全な裁量権の行使を示す要因が記録に示されていなくとも，その趣旨が記録から見て取れれば足りるとし，さらに，*Lett*（Renico v. Lett, 559 U.S. 559, U.S. 766 (2010)）では，ミストライアル

4) 本件を紹介するものとして中野目，前掲注 1）49 頁がある。

5) 本件の解説として，渥美東洋編『米国刑事判例の動向 I』（中央大学出版部，1989 年）225 頁（中野目善則担当）がある。

の判断には公判裁判所に広範な裁量権があり，その裁量権の行使について具体的な要件は課されていないとした。

このように，ミストライアルを宣言するにあたっては，明白な必要性が必要であり，先例は被告人の権利を十分に配慮して慎重に判断することを求めているが，一方で，公判裁判所がその判断をするにあたっては広範な裁量権を認めている。陪審が評決不能となったことは明白な必要性を構成するとされているし，本件の事情に鑑みれば，裁量権の逸脱があったとまでいうことはできないであろう。

（麻妻　和人）

4.　Evans v. Michigan, 568 U.S. 313 (2013)

公判裁判官が誤った法的評価により下してしまった直接無罪判決であっても，二重危険条項により再公判は阻止される，とした事例。

《事実の概要》

ミシガン州は申請人を州刑法の「(住居以外の) 不動産に対する放火」で起訴した。州の証拠は申請人が居住者のいない住居を全焼させたことを示していた。州側主張・立証終了後，申請人は，当時の陪審説示集をもとに，起訴された訴因は放火した建造物が住居ではないことが要件となるが，証人供述によれば当該家屋はかつて所有者がいる住居であった，として直接無罪判決を求め，公判裁判所もこれを認めてしまった。

州の控訴を容れ，州控訴裁は，先例によれば「(住居以外の) 不動産に対する放火」は lesser included offense (上位訴因に包含される犯罪) であり，上位訴因不立証は要件とならず，従って議論の余地なく公判裁判所は法解釈を誤って直接無罪判決を下した，として破棄差戻しし，再公判は認められないとする申請人の主張も排斥した。

州最高裁は見解が割れたが，公判裁判所の裁定は二重危険の目的にいう無罪には当たらない，として現判断を確認した。

当裁判所は州裁判所と連邦裁判所の意見の相違を解決するために，サーシオレイライを認容した。

《判旨・法廷意見》

原判断破棄

ソトマイヨール裁判官執筆の法廷意見

この問題を認識してから半世紀にわたり，二重危険禁止条項は，たとえ著しく誤った基礎に基づくもであっても，裁判所の命じた無罪判決は再公判を禁ずる，と判断してきた (Fong Foo v. United States, 369 U.S. 141 (1962))。さらに長く，誤った無罪判決はそれでも無罪判決であるので，被告人を２度の危険に晒すので，憲法に反する再審査を禁じてきた（United States v. Ball, 163 U.S. 662 (1986)）。

当裁判所はこの原理を広範に適用してきた。裁判官が陪審員に無罪評決を下すよう指示しても（*Fong Foo*），あるいは自ら無罪判決を下すことによってその形式を放棄しても（Smith v. Massachusetts, 543 U.S. 462 (2005)），再審理は許されない。誤った証拠排除決定（Sanabria v. United States, 437 U.S. 54 (1978)）によっても，有罪判決を維持するのに十分な証拠の程度についての誤った理解（*Smith*）によっても，有罪の要件を定義する法文の誤った解釈（Arizona v. Rumsey, 467 U.S. 203 (1984)）によっても，これらのすべての状況において，「無罪判決が誤った証拠裁定や支配的な法原則の誤った解釈から生じる可能性があるという事実は，その判断の正確性に影響を与えても，その本質的な性格を変えることはない」（United States v. Scott, 437 U.S. 82 (1978)）からである。

ここで最も重要なことは，我々の先例は無罪判決を，検察官の立証が犯罪に対する刑事責任を確立するには不十分である，とのいかなる判断をも包含するものと定義していることである。それゆえ，無罪判決には，「有罪判決を下すには証拠が不十分であるという裁判所の判決」，「被告人に刑事責任がないことを必然的に立証する事実認定」，およびその他の「有罪か無罪かという最終的な問題に関連する判決」が含まれる（*Scott*）。これらは，一般に公訴棄却または無効審理と呼ばれる，裁判を公判途中で打切る可能性のある手続的判断とは区別される。手続上の棄却には，「事実上の有罪・無罪とは無関係」であるが，起訴状の誤りのような何らかの問題のために，「刑事上の罪はあるが，被告人は処罰されないかもしれないという法的判断」を含む，他の目的に資する判断が含まれる。

双方とも裁判の早期終結をもたらすが，二重危険の観点から双方は異なる，と当裁判所は *Scott* で説明した。法は無罪判決に特別な意味を与え，審理を絶対的に終了させる。これは，「無罪判決後に再公判が許可されると，その無罪判決がいかに誤りであったとしても，圧倒的な優位に立つ政府が被告人を疲弊させ，『無実であっても有罪とされる可能性がある』危険性が，容認できないほど高くなるからである」。また，無罪判決後の再公判は，被告人の手続終結への期待を覆し，さらなる困惑，出費，試練を強いると同時に，「継続的な不安と不安の中で生活することを強いる」ことになるからである（Green v. United States, 355 U.S. 184 (1957)）。対照的に，犯罪について有罪・無罪とは無関係の根拠，すなわち何らかの手続上の理由による打切りには，同様の懸念は生じない。

本件で，公判裁判所が州側提出の証拠を評価し，有罪を維持するには足りないと判断したことは明白である。同裁判所は，「有罪判決を支持するには証拠が不十分な犯罪について，無罪の評決を指示する」ことを裁判所に要件づける規則に基づいて，申請人の主張を認めた。この口頭での判決は，州が提出した証拠を基に下されたことに疑いはなく，この判断は「事実に基づく有罪か無罪かとは無関係な」手続上の理由による棄却ではなく，むしろ州が立証に失敗したという判断であった。当裁判所先例に照らし，申請人は無罪判決を受けている。

下級裁判所の見解は異なり，本件と先例との間に「憲法上意味のある違い」があるとした。先例には，「問題となっている犯罪の事実的要素を立証するために必要な証明に関する証拠上の誤りがある」としながらも，最終的には「起訴された犯罪の事実的要素の充足性に関する解決」に関与している。しかし，裁判所が誤って「無関係な要素を特定し，それのみに基づいて事件を却下」した場合，犯罪を立証するために必要な事実的要素を「解決しておらず，取り上げてさえいない」。その結果，本件は「起訴された犯罪の要素に関する有罪・無罪とは無関係な法律の誤りに基づいて」終了したことになり，無罪判決の定義から外れる，と下級裁判所は理由付けた。

当裁判所はその違いを理解できない。本件は先例と同様に，州が実際には証明する必要のない事実を証明できなかったために無罪判決に至ったという法律上の誤りによる。*Rumsey* では，強盗殺人に関する死刑判決において，州の法定加重要因が金銭的利益のための殺人に限定されていると誤って判断した。従って，州は殺人が金銭的利益のためであったことを証明できなかったと判断し終身刑を言い渡した。州が上訴に成功し，差戻しで死刑判決を得た後，当裁判所は，死刑量刑段階の再公判は二重の危険の侵害であるとした。

本件との差があるとすれば，*Rumsey* では「法令の誤訳」と「解釈の誤り」，本件では「犯罪に無関係な要素を誤って追加した」ことである。当裁判所は，ラベル付けが分析を支配するのではなく，むしろ裁判所の決定の内容が支配することを強調してきた。*Smalis*，*Rumsey* では，法定加重要件の要素，すなわち殺人が他者に委託されたことを追加するという誤りであり，本件では，住居を除外するための「建物またはその他の不動産」という法令の文言の誤った解釈である。この区別は意味があるというにはあまりに微妙であり，控訴裁判所が公判での誤りをどのように表現するかによって被告人の憲法上の権利が左右されるという考え方を否定する。

州最高裁に倣って，州および合衆国は，反対意見と同様に，無罪判決とは「公訴事実の事実要素の一部または全部を，正しいか否かにかかわらず解決すること」であるという *Martin Linen*（United States v. Martin Linen Supply Co., 430 U.S. 564 (1977)）での説明を強調している。この主張は *Martin Linen* をあまりに狭く解しすぎており，その後の先例と矛盾をきたす。そこでの焦点は連邦刑訴規則にいう無罪判決の明確性であり，そこで連邦地裁は連邦政府の証拠を評価し，有罪判決を維持するには不十分と判断した。ここでの当裁判所の判断も犯罪の要素の定義に依拠するものではなかった。「有罪か無罪かという究極的な問題」が試金石であり，特定の要素が解決されたかどうかや，責任阻却の判断が法的に正しかったかどうかではない。

結局のところ，本件も先例に連なるものである。公判裁判所の無罪判決は，有罪か無罪かの問題を，無関係な手続上の理由ではなく，証拠の程度の問題として解決した。この判決は，それが「いかに誤りであったとしても」再訴追を妨げるものであり，したがって，州の控訴も禁止されるべきであった。

州は合衆国の支持を受けて，裁判所の区別を維持すべき理由を他に３つ提示しているがいずれも我々を説得するものではない。

まず始めに州は，犯罪の要素が公判によって解決されない限り，裁判所の判断が「無罪判決」であるかどうかを知る唯一の方法は，裁判所が使用したラベルに頼ることであり，これは裁判の形式に左右されることとなる，と主張する。これには同意しない。先例は，裁判の形式ではなく，むしろそれが実質的な「目的にかなう」か，手続的なものなのかに左右される。公判裁判所が公判途中で，「被告人は起訴前の遅延により不利益を被ったので，無罪とする」と宣言した場合，「無罪判決」というラベルにかかわらず，二重危険条項は再訴追を妨げるものではない。本件で公判裁判所が被告人を無罪としたのは，「無罪」という語を用いたからではなく，州が主張・立証に失敗したとみたからである。

次に，州と合衆国は，無罪の理由が実際の犯罪の要素から切り離されている場合，有罪にするには証拠不十分であるとする再審理不能な命令を，公判裁判所が出す可能性があることを恐れている。無罪判決をもたらす誤りの大きさには限度がない，という懸念があるのであれば，もともとそのように考えてきた，と反応する。そうではなく，先例により公判裁判所が，ある種の無力化として無罪判決を利用しやすくする，との懸念であれば，その前提は否定する。当裁判所は本件でも，他の状況でも，裁判所は職務を誠実に遂行するとの仮定を崩さない。

最後に州は，被告人側が裁判の誤りを誘発したのだから，その誤りが訂正され，州が再審理を認められるべきという。しかし，当裁判所は，「無罪判決のほとんどは弁護側の申立てに起因する」ことを認識しており，「公判途中の申立てで被告人に有利な裁判の誤りが無罪判決につながるたびに，被告人が二重危険の保護を放棄するとすることは，われわれの刑事司法制度が拠って立つ前提を根底から覆すことになり，第５修正によって確立された基本的権利の１つを無効にすることになる」（*Sanabria*）。被告人の説得で裁判所が無効審理を宣言した場合，危険は継続し，再公判が一般的に認められるのは事実である（United States v. Dinitz, 424 U.S. 600 (1976)）。しかしこのような状況では，被告人は再訴追を予期した処分に同意しているのに対し，無罪を主張する場合にはそうではない。

合衆国はこれに関連し，被告人は，自らが1度目の危険を受ける前に，家屋が住居でないことの主張をすることができたのであり，その上で裁判が始まるまで待って，この問題を提起することを選択したのだから，いまさら二重の危険負担違反を主張することはできない，と主張し，*Lee*（Lee v. United States, 432 U.S. 23 (1977)）に依拠するが，この事件での公訴棄却は無効審理に類するものであり，無罪判決ではない。これは，この事件で無罪判決を求める被告人の申立てを別途却下していたことからも明らかである。

合衆国はまた，犯罪の要素を特定することと，起訴状の十分性を判断するために必要な段階は「機能的に類似している」と示唆している。しかし，本件で裁判長が実際に行ったのは，州側の立証が不十分という判決であって，*Lee* で提出された起訴状が不十分であるという判断ではないという事実を無視することはできない。

またこれとは別に，州と合衆国は当裁判所先例を再考するよう求めている。*Smalis* において合衆国が同様の要求をしたとき，我々は再検討を拒否した。本件でも同様である。

第1に，判例を覆すことを正当化するほど，現行の規則が機能不全だと考える理由はない。*Scott* で示された区別は時の試練に耐えており，裁判所は今後も「有罪か無罪かという最終的な問題に関連する裁定と，それ以外の目的に役立つ裁定を区別することに困難をほぼ生じない」と予想される。

第2に，これらの判例の論理は依然として有効である。陪審員による無罪評決が再公判の妨げとなり，その結果，無罪評決につながった可能性のある法律上の誤りについて上訴が禁止されることに疑問の余地はない。裁判長が陪審員に対して，有罪判決を下すためには放火された建造物が住居でないと認めねばならない，と指示していれば，陪審員はそれに従って被告人を無罪とし（Blueford v. Arkansas, 566 U.S. 599 (2012)），そこで終結したであろう。

その前提からすれば，無罪評決を下すのは陪審員であるため，裁判所が陪審員に無罪評決を下すよう裁量権を行使すれば，法律上の誤りにかかわらず，危険もまた終了する，と *Fong Foo* の判示は読める。そしてそこから，*Martin Linen* の結論は不可避である。裁判所が陪審員に無罪判決を言い渡すよう指示するという形式を採用するか，裁判所が自ら無罪判決を言い渡すかに違いはないはずである。これまでの先例はこれらを並行して適用しているに過ぎない。

換言すれば，陪審員による無罪評決は審査対象外であるという定説に反して，その誤りを再審査対象とするか，あるいは，陪審員の指示に従って無罪判決を下した場合と裁判官による無罪判決を区別しない限り，無罪判決の文脈で，先行する法律上の誤りが再審査対象となることはありえない。どちらの選択肢も，時間の経過とともに魅力的ではなくなってきている。従って，我々は *Smith* で述べたことを繰り返す。

最後に，州と合衆国は，この規則が，検察官が陪審員に対して証拠を提出する十分かつ公平な機会を奪う一方で，被告側は裁判を再審理不能にする誤りから「予期せぬ利益を得る」ことになると反論している。

しかし，*Smith* でも述べたように，主権者がこのような事態を防ぐ力を持たないわけではない。公判途中で無罪を認める権限を公判裁判所に与える義務はなく，少なくとも2つの州では，このような慣行を認めていない。連邦を含む多くの管轄では，無罪申立の考慮を陪審員が評決を返す後まで延期することを裁判所に許可または奨励しており，これにより懸念は緩和されている。また，本件のような，刑事法令の裁判所による解釈が証明を左右する事案では，法律上誤った無罪判決を防ぎたいのであれば，義務的な訴訟打切り阻止や中間上訴制度を提供する規定を設けられない理由はない。しかし，公判途中で無罪判決を認める権限を裁判所に与えることを選択した以上，州や国は，誤って無罪判決が下されるリスクも相応に負わなければならない。

当裁判所は，裁判所が（州が）申請人の有罪を証明する十分な証拠を提出できなかったと判断したため，公判は無罪判決にて終結したと判断する。従って，二重危険条項は，彼の犯罪に対する再公判を禁止し，州の上訴を禁止したはずである。ミシガン州最高裁判所の判決を破棄する。

アリト裁判官執筆の反対意見

多数意見は，申請人の弁護士がまやかしの理由で，申請人の審理を評決前に打ち切るよう裁判官を説得することに成功したため，放火罪での再公判が禁じられていると判断した。これは筋が通らない。多数意見の推論に反して，公判裁判官の判決は「起訴された犯罪の事実要素の一部または全部について，正しいか否かにかかわらず，実際に解決されたことを意味する」ものではなかった。

本件で検察側の立証が終了した時点で，弁護人は，検察は起訴された犯罪の「要素」として，「建物が住居でない」ことを証明する必要があり，これを証明できなかったことを理由に，直接無罪判決を求めた。検察官は，起訴された犯罪には建物が住居でないことを証明する必要はないと反論し，検察官は「法令を引いて」「（上司に）相談する」ために「少し時間をください」と要求した。公判裁判官は要求を拒否し，申請人の申し立てを認め，「無罪」の命令を下した。

この判決は明らかに誤りであり，控訴審において弁護人も裁判長が「誤って依頼人が起訴された法令に無関係な要素を追加した」ことを認めた。州控訴裁判所はこの判決が「有罪判決に必要な事実上の要素の被告に有利な解決」を意味しないため，二重の危険の目的における「無罪判決」を構成しないとした。ミシガン州最高裁もこれを支持した。

多数意見は州最高裁の判決を破棄したが，この判示は，二重の危険に対する禁止の本来の理解にも，その禁止の理由にも裏付けられていない。

Smith で当裁判所が説明したように，「二重危険に対するコモン・ロー上の保護は，歴史的に陪審員が評決を下した罪に対してのみ適用される」。その結果，この条項の本来の理解は，起訴された犯罪の存在しない「要素」を検察側が立証できなかったという理由による評決前判決を裁判官が下したとて，被告人が二重危険の目的で無罪とされるという裁判所の結論を強制するものではない。当裁判所先例は二重危険の保護をそのコモン・ローの起源を超えて拡大してきたが，建国当時に適用されていたコモン・ローの原則からどれほど逸脱し

ているかを考えれば，少なくとも，この分野における私たちの決定が，二重の危険に対する憲法の禁止の根本的な目的にかなうようにすべきである。しかし，本日の法廷意見は，二重危険の禁止という憲法の目的を達成できているとはいえない。

二重危険条項は，「あらゆる資源と権力を有する国家が，ある個人を有罪にしようと何度も試み，それによってその個人は困惑し，出費し，あるいは取引に晒され，継続的な不安と不安の中で生活することを余儀なくされることは許されるべきではない，という（Yeager v. United States, 557 U.S. 110 (2009), *Blueford*, *Martin Linen*）。本件のような状況で再公判を認めても，そのような濫用は生じない。本件で再公判を許可することは，検察官が「ある犯罪について個人を有罪にする試みを繰り返す」ことを許可することにはならない。評決前に公判を打ち切ろうとしたのは検察官ではなく，申請人である。従ってこのケースは，「無罪とされたか，少なくとも有罪の問題を公判の事実審理者に提出するよう主張した被告人を，国家が執拗に追及する」光景を呈しているとは言い難い。それどころか，弁護人が裁判官を欺いて誤りを犯させ，依頼人に予期せぬ利益，すなわち明らかに最後までやりたくなかった公判の終結を与えたものである。二重危険条項は，無罪判決による保護という過大な利益を被告人が受けることを本件で要求していない。当裁判所が二重危険の先例で繰り返し強調してきたように，州は「自州の法律に違反した者を有罪にする１度の完全な機会」を得る利益があるが，本日の法廷意見はその機会を奪ってしまっている。

本日，多数意見は，確立された無罪判決の定義を事実上放棄している。「試金石は，特定の要素が解決されたか否かではない」と宣言し，その代わりに裁判の途中打ち切りが「手続上の却下」なのか「実質的な判決」なのかが重要な問題であると宣言している。このような二重危険法理の再定義は，我々の前例，あるいは二重危険条項そのものに忠実ではない。重要な問題は，裁定が「手続的」か「実体的」か（この文脈でこれらの用語が何を意味するかは別として）ではなく，裁定が「犯罪」，つまり被告人が起訴されている要素に関して，被告人の事実上の有罪・無罪に関係するかどうかである。

裁判官が証拠を評価し，起訴された犯罪の実際の要素を満たすのに法的に十分な事実を検察側が立証していないと判断した場合，その判断は，被告人の事実上の無罪に基づくものであるため，どのようなラベルが貼られていたとしても，無罪判決を意味する。しかし，裁判官が犯罪の追加的な「要素」を作り出し，その追加的な「要素」を証明する証拠が不十分であるとする場合，裁判官は，犯罪の実際の要素のいずれについても，被告の「事実上の有罪または無罪」を解決していない。したがって，裁判官がどのように呼ぼうと，その判決は，被告が起訴された犯罪を無罪にするものではない。

このような場合，被告人が訴追された犯罪の事実上の有罪または無罪とは無関係な根拠に基づいて，自分に対する訴訟手続の終了を求めることを故意に選択することによって，被告人に有利な判決を得たならば，政府に再訴を許しても，二重危険条項がいう損害を被ることはない。

法廷意見の理解とは反対に，本件判決は先例に裏付けられていない。法廷意見が依拠した３つの主な判例，*Smalis*，*Smith*，*Rumsey* では，公判裁判官は，検察側が，問題となっている犯罪の実際の要素の１つ以上を証明するのに十分な証拠を提出できなかったと判断している。これらの裁判例はいずれも，裁判官が自ら創作した要素に基づいて，評決前に公判を打ち切ったものではない。

法廷意見がこのような結果に至らざるを得ないのは，陪審員による犯罪要素の誤認に基づく判決前手続打ち切りと，実際には存在しない「要素」が法令に含まれているという裁判官の認識に基づく判決前打ち切りとを区別することは実行不可能であると考えるからであろう。この懸念は大げさである。この判断が問題になるケースもあるだろうが，判決前打ち切りが極めて平易なケースも多数あると思われる。本事例はその好例であり，公判裁判官の裁定が，存在しない犯罪の要素に基づくものであったことに争いはない。

他の良い例が，アイダホ州判例（State v. Korsen, 138 Idaho 706, 69 P. 3d 126 (2003)）である。このケースでは，州法の不法侵入罪は，被告人が敷地所有者から敷地からの退去を要求されるに足る行為をしたことを示す必要がある，と治安判事が誤って判断している。裁判官が，「事実上，追加の法定要素を作り出した」ことに疑問の余地はない。このため，裁判官の「認定は，不法侵入罪の本質的要素のいずれについても（被告に）有利になるよう実際に決定したものではない」として，二重危険が再公判の妨げにはならないとした。

公判裁判官が犯罪の要素を単に誤認したのではなく，全く新しい，存在しない「要素」を作り出したと言えるケースは，誤りが特にひどい場合である。このようなひどい場合に再公判を許可することは適切である。

私は，裁判官の誤った判決前打ち切りによって，空中から「要素」が作り出され，その後，その要素が満たされないと判断されても，二重危険の保護は発動されないと考える。謹んで法廷意見に反対する。

《解　説》

1．1978年の合衆国最高裁は，二重危険条項に関して多くの判断を行った。本件ではそのうち2件，*Sanabria* と *Scott*[1] が引用されている。*Sanabria* は，現地の法に反して複数人で賭博を行うことを禁ずる連邦法違反で起訴された後，連邦地裁は一方の賭博については適用罰条が記載されていないことを理由に証拠を排除し，もう一方の賭博については証拠不十分で無罪判決を下した。連邦控訴裁は一方についてのみ公訴棄却と解して再公判を許容したが，最高裁はこれを破棄した。この連邦法違反は個々の違反を数罪ではなく「一罪」と定義しており，また，一方の賭博に関する証拠排除を公訴棄却と見るのは不正確であり，誤って下された証拠排除であっても，*Martin Linen*[2] のいう犯罪構成事実の全部又は一部の存否につき解決した「無罪」判決である，として再度の公判を禁じたものである。*Scott* は，被告人が公判前及び公判中に，起訴前の遅滞により不利益を受けたとして公訴棄却を求め，連邦地裁はこれを許容し

1）Sanabria v. United States, 437 U.S. 54, United States v. Scott, 437 U.S. 82. これらにつき，『米国刑事判例の動向 I』257頁（中野目善則解説）参照。

2）United States v. Martin Linen Supply Co., 430 U.S. 564 (1977). なお，『米国刑事判例の動向 I』269頁（中野目解説）参照。

た。政府の上訴に対して連邦控訴裁は，当時の合衆国最高裁判例 *Jenkins*[3] に依拠して二重危険禁止違反と判断したが，最高裁はこの先例を変更した。*Green*[4] がいう「再度の公判により，無実の者であっても有罪とされる危険を高め，被告人は困惑，出費，不安といった安全でない状況を強いられる」状況は，再公判に被告人が責を負う場合にまで拡張されるべきではなく，被告人の主張は「仮に構成要件の充足があっても，政府の主張は成り立たない，とする法律上の理由」によるものなので，被告人が有罪か無罪かについて，裁判官又は陪審のいずれにも検討が委ねられておらず，*Martin Linen* のいう無罪の定義，にあたらず，再訴遮断効も発生しない，としたものである。

２．*Scott* の判断は５対４の僅差であったが，本件法廷意見の弁を借りるなら，無罪判断と公訴棄却（あるいは無効審理）とを峻別するこの判断は「歴史の検証に耐えた」ということになるのだろうか。本件にも *Scott* の観点を適用し，「有罪か無罪かの判断」を，「裁判官あるいは陪審」がしているか，と考える限りにおいて，先例である *Smalis*，*Rumsey*，*Smith*[5] と大差はない，という。

本件を先例，特に *Rumsey* と区別すべきとする下級審及び州の理由付けは，*Rumsey* では「審理に入り，検察官立証後に」裁判官が法令を誤って解釈しているが，本件では裁判官が「犯罪に無関係な要素を誤って追加した」ので，「実質的審理に入ることなく」，すなわち，「有罪・無罪とは無関係な判断による」もの，という。しかし，本件も州側主張・立証は終えており，実質的に審理に入っていないとする解釈には少々無理があろう。*Martin Linen* や *Rumsey* を「無罪判決」とする限りにおいて，本件と大差はないものと思われる。裁判官による意図的な無罪判決による法の無力化という懸念も，本件に限らず，前

3） United States v. Jenkins, 420 U.S. 358 (1975).

4） Green v. United States, 335 U.S. 184 (1957).『米国刑事判例の動向Ⅰ』（1989，以下本稿中『Ⅰ』）267 頁（中野目解説）参照。

5） Smalis v. Pennsylvania, 476 U.S. 140 (1986), Arizona v. Rumsey, 467 U.S. 203 (1984), Smith v. Massachusetts, 543 U.S. 462 (2005). 本書３頁以下，及び 19 頁以下の解説を参照。

提とするのは難しかろう。アリト裁判官の反対意見も，本件のような場合には検察官による再訴追権濫用は生じないから，という理由付けでは説得力が不足する（と先例に照らせば理解される）と思われる。

3．もっとも，*Rumsey*，*Smalis*，*Smith*，あるいは *Blueford*[6] と，再三 *Fong Foo* や *Martin Linen* の再考を求める主張が最高裁に届けられてきた。これは，検察官が犯罪者と考える者を訴追し，有罪とする「1度の完全な機会」を享受できたか，という点と，それと見合うはずの「危険が1度に限定される」点が，必ずしも十分にバランスが取れない形で認容されてしまっているのではないか，との疑い，換言すれば，「完全な手続を経て陪審に委ねられた」結果としての無罪と，陪審以外の，直接事実認定に関係しない誤り――検察官の不手際はともかくとして，裁判官の訴訟指揮や法解釈，陪審への説示の誤りや，弁護人の正当な範囲を逸脱した弁護によってもたらされる誤り等――とを区別すべきである，との視点が燻っているものと思われる。

反対意見は言う。本件は「弁護人が裁判官を欺いて」誤りを犯させ，依頼人に無罪判決という「予期せぬ利益を与えた」ものだと。それによって検察官の「機会を奪ってしまった」ものだと。

法廷意見はこれに答えて言う。「無罪判決は，ほぼすべてが被告人側の申し立てに起因する」もので，これをすべて被告人の不利に解すると，第5修正の保護の根本が掘り崩されると。また，「*Smith* でも述べたように」「公判途中で無罪を認める権限を公判裁判所に与える義務はなく」「義務的な訴訟打切り阻止や中間上訴制度を提供する規定」を設けてもよいが，「公判途中に無罪判決を認める権限を裁判所に与える以上，誤って無罪判決が下されるリスクも負わねばならない」と。

弁護人が，「何でも打てる手を打つ」ことにより，これまでの訴訟実務とはおよそかけ離れたおかしな理屈を持ち出し，裁判官がそれに乗ってしまうことは，確かにありうる。その実例がそのまま合衆国最高裁先例である。即時裁定

6） Blueford v. Arkansas, 566 U.S. 599 (2012). 本書24頁以下の解説，及び39頁の法廷意見を参照。

を求められるような制度であれば，その場合に検察官の主張がまともに聞き入れてもらえないリスクは確かに存在する。もっとも，被告人側活動による問題誘発論――誠実義務違反論も，弁護人の法解釈に誠実義務的な，あるいは消耗要件的な規定を設けて被告人を不利に扱うことが妥当かといわれると，そもそも論争主義違反の問題すら出てきかねないことは法廷意見の言うとおりである。むしろ，このような問題――明らかに誤った裁定が出た場合，それを最終のものとして確定させることを防止する必要があること――は認めつつ，中途裁定の最終化を防止する各法域各個の制度によるべきだと考える法廷意見と，直接憲法規定からそのような中途裁定に危険の発生を認めないようにすべきとする反対意見の対立軸がこの問題の最大の関心である。

5対4で意見が伯仲した *Smith* で反対意見を書いたギンズバーグ，これに加わったケネディ，ブレイヤー各裁判官は，本件では何れも賛成に転じた。8年たった本件では8対1。この方向性は，おそらく相当期間覆るまい，と思われる。

仮に，この問題点の再考により，判例変更もしくはそれに類する形での公判途中と終結時の「無罪判決」の区別がなされるべきであったとするなら，それは本件ではなく，*Smith* が最も適切であったろう。こちらも「時の試練に耐えた」のかもしれない。

（松田　龍彦）

5. Martinez v. Illinois, 572 U.S. 833 (2014)

検察官が陪審の宣誓前に，州側は公判に参加するつもりはない旨明言し，冒頭陳述と証人喚問を拒否したとしても，陪審が選ばれ宣誓した時点で二重危険にいう危険は生じており，無罪の指示評決で手続が終結した以上，検察官上訴は二重危険条項により阻止されるとされた事例。

《事実の概要》

申請人は2006年，加重暴行等の罪により大陪審起訴された。公判期日は，検察側の重要証人2名の所在不明を理由に，検察官の申請により3度続行された後，2010年5月17日に指定されたが，同日朝になって当該証人らの所在が再び不明となった。公判裁判官は，陪審の宣誓までは再度の訴追の余地を残した公訴の取下げが可能であると検察官に告げて，陪審の宣誓の実施を遅らせるなどしたが，依然，証人らの所在は判明しなかった。検察官は公判期日のさらなる続行を求める書面を提出したが，公判裁判官は，本件が既に長期間訴訟係属し，当該証人ら以外の検察側証人の尋問中に両名を勾引できる可能性もあるとして検察官の申出を退けた。公判裁判官は，さらに数時間の猶予を与えることを打診したが，検察官が当該証人らの所在が依然不明だと回答したため，陪審の宣誓手続を行うこととした。検察官は公判裁判官に対し，州側は公判に参加するつもりはない旨述べたが，陪審の宣誓手続は行われ，公判が開始された。

検察官は公判中も，州側は公判に参加していない旨述べ，冒頭陳述を拒み，検察側証人の喚問も拒んだ。申請人側が無罪の指示評決を申し立て，公判裁判官は検察官に意見を求めたが，検察官は同様の回答をしたため，申請人の申立を認容した。

検察官は，公判裁判官が公判期日の続行を認めなかったことを違法として上訴した。申請人側は，無罪評決に対する上訴は二重危険条項違反だと主張したが，イリノイ州 Appellate Court は検察官の主張を容れ，公判裁判所の判断を破棄・差し戻した。イリノイ州Supreme Courtも大要次の理由から本件で二重危険は生じないとした。即ち，陪審裁判で二重危険にいう危険（jeopardy）が生ずるのは通常は陪審が選ばれ宣誓が行われた時点だが，危険の発生時期は「固い機械的な」基準で判断されるべきでなく，被告人が「公判の危難と有罪となる可能性」に晒されていたか否かを問うべきである。本件では，陪審が宣誓を行う前から検察官は公判に参加する意思がないと表明していたので，申請人は有罪とされるリスクを負っていたとはいえず，本件で危険は生じていない。したがって本件の無罪の指示評決は真の無罪の判断（acquittal）ではなく，また現に公判裁判官も本件の措置を指して「公訴棄却（dismissal）」と述べている，というものである。合衆国最高裁判所はサーシオレイライを認容した。

《判旨・法廷意見》

破棄・差戻し

法廷意見（パー・キュリアム）

本件では，申請人に二重危険にいう危険（jeopardy）が生じていたか，生じていたとして，申請人を再度公判に付することが二重危険条項により阻止される態様で手続が終結したか，の二点が争点となる。

⑴ 刑事手続に関する法理の中で，二重危険にいう危険は陪審が選ばれ宣誓したときに生ずるというものほど明確な法理はほとんど存在しない。1978年の *Crist*（Crist v. Bretz, 437 U.S. 28 (1978)）が明確に述べた通り，陪審裁判において危険が発生する厳密な時期については，1963年の *Downum*（Downum v. United States, 372 U.S. 734 (1963)）で決着し，陪審が選ばれ宣誓をした時点であることは確立した理解となっている。

ところがイリノイ州Supreme Courtは1975年の *Serfass*（Serfass v. United States, 420 U.S. 377 (1975)）に依拠し，陪審の宣誓は危険発生の有無を判断する一義的な基準ではないことを示唆する。同裁判所によれば，*Serfass* は，危険発生の有無や時期を判断する上で「固い機械的な原則」によるべきでないことを趣旨とする判断であり，危険の発生の有無は，機能的にみて（as functional matter)，被告人が「公判の危難と有罪となる可能性」の下に置かれていたか否かを問うべきだという。

しかし，*Serfass* は危険の発生時期に関しては，他の先例と同様，陪審裁判では陪審が選ばれ宣誓した時点であるという一義的な基準を述べており，むしろ機能的アプロウチを退けている。*Serfass* には，先例が二重危険条項の解釈において「固い機械的な原則」を好ましいものと考えてこなかったと述べている箇所はあるが，それは，危険の発生を前提に，再度の公判が阻止される態様で手続が終結したか否かの解釈において「固い機械的な原則」をとるべきでないとした *Somerville*（Illinois v. Somerville, 410 U.S. 458 (1973)）を引いて述べたものであり，*Serfass* は危険の発生時期に何ら疑いを抱かせる判断ではない。

当裁判所は一貫して，陪審裁判では陪審が宣誓したときに二重危険にいう危険が生ずることを一義的な基準と扱ってきた。特定の事案の状況下で，被告人が有罪となるリスクを真に負っていなかったといえる場合には，危険が生じない場合があるという例外を示唆したことはない。本件では陪審が宣誓をしている以上，申請人は危険の下に置かれていたのである。

⑵ 無罪の判断（acquittal）に対する裁判所の審査は常に刑事被告人を二重危険に晒し，合衆国憲法に反することは，おそらく二重危険の法理論・法実務の歴史上最も基本的な原則である。そして無罪の判断とは，ある犯罪について被告人の刑事責任を立証するのに検察側の証拠が不十分であることを内容とするあらゆる判断を含むと当裁判所の先例は定義してきた（Evans v. Michigan, 568 U.S. 313, 318 (2013)）。

本件では，検察官が有罪立証を拒んだ後，弁護人は無罪の指示評決を申し立て，裁判官がそれを認めている。これは，検察官の立証によっては刑事被告人の有罪を証明できていないという認定にほかならず，典型的な無罪の判断である。イリノイ州 Supreme Court は，公判裁判所が無罪評決を指示した際に，「公訴棄却（dismissal)」と述べていたことも指摘しているが，無罪の判断にあたるか否かはその形式ではなく実質により決まることは当裁判所の先例が強調してきたところである（United States v. Martin Linen Supply *Co.*, 430 U.S. 564,

571 (1977))。申請人は無罪とされた以上，州が申請人を再度公判に付することは許されない。

(3) イリノイ州Supreme Courtの採用した機能的アプロウチが検察官や公衆に不公正を強いることを避ける上で必要だということもできない。本件公判当日，公判裁判所は，検察官が証人を発見する時間を与えるため，繰り返し陪審の宣誓の実施を遅らせており，それまでも幾度も公判期日の続行を認めている。決定的なのは，公判裁判所が陪審の宣誓が行われる前ならば公訴棄却を申し立てることができると検察官に告げていることである。検察官が公訴棄却を請求していれば，申請人を再度訴追することは二重危険条項により妨げられることはなかったはずであり，そうしなかった検察官は，有罪立証に必要な証拠を持たずに公判審理に臨むという賭けに出たのである。

《解　説》

1．合衆国憲法第5修正は二重危険（double jeopardy）を禁止する[1)]。その狙いは実体裁判の終局性の維持だけでなく，訴追を繰り返すことにより被告人に生ずる財政的・心理的不利益，無辜が有罪とされる危険の回避にあると解されている[2)]。再度の訴追が二重の危険として阻止される場合について，コモン・ローでは，当初の手続が有罪・無罪の実体判断で終結した場合に限られると解されていたのに対し，合衆国では，それ以前に手続が終結した場合であっても阻止されることがありうると解されるようになった[3)]。

そうした解釈によると次の問いが生じる。第1に，後の訴追を二重の危険と評価するには当初の手続で「危険」が生じている必要があるところ，それは手

1) 第5修正の二重危険条項は1969年の*Benton*（Benton v. Maryland, 395 U.S. 784 (1969)）において第14修正のデュー・プロセス条項に包摂されることが明らかにされ，連邦・州のいずれにも適用されている。合衆国の二重危険法理の展開については，中野目善則『二重危険の法理』（中央大学出版部，2015年）39頁以下参照。

2) *See, e.g.*, Green v. United States, 355 U.S. 184, 187–88 (1957).

3) 出発点となったのは1824年の*Perez*（United States v. Perez, 22 U.S. 579 (1824)）である。

続のどの時点で発生するのか。第2に，陪審が評決不能に陥った場合など，当初の手続が相当に進んでいたとしても（したがって危険が生じていたとしても）再度の公判を許すべきと考えられる場合もあるところ，当初の手続がいかなる態様で終結した場合に再度の公判が阻止されるのか，である。

本件では，検察側の重要証人の不出頭を理由とする公判期日の続行の申出を退けられた検察官が，陪審の宣誓前に，州側は公判に参加するつもりはない旨明言し，現に冒頭陳述と証人喚問を拒否した結果，裁判官の無罪の指示評決により手続が終結したという場合に，①「危険」は発生していたか，②発生していたとして，手続の終結の態様は再度の公判を阻止するものであったかが争われ[4]，合衆国最高裁はいずれも積極に解した。

2．(1)「危険」の発生時期に関しては1963年の*Downum*（Downum v. United States, 372 U.S. 734 (1963)）がリーディングケースとされる[5]。事案は，陪審が選ばれ宣誓した後，最初の証人尋問が行われる前の時点で，重要証人の不在に気づいた検察官がミストライアル[6]を請求し，裁判官がそれを認容したというものである。*Downum*は，二重危険条項の下，ミストライアルによって陪審の職務を解き新たな公判を開くことが許されるのは例外的な状況に限られ，政府が有罪立証に必要な証拠を持たずに公判審理に臨んだ当該事案では許されないとした。*Downum*は，危険の発生時期について明示的に判示することはなかったが，当該事案での新たな公判が二重危険にあたり許されないとした以上，遅くとも陪審が選ばれ宣誓をした時点で危険が発生したことを前提としていたといえる。

---

4) 本件の紹介・評釈として田中利彦ほか「アメリカ合衆国最高裁判所2013年10月開廷期刑事関係判例概観」比較法学49巻1号（2015年）195頁（小島淳担当）参照。

5) 危険の発生時期については中野目・前掲注1)・45頁以下参照。

6) ミストライアルとディスミッサルは，いずれもわが国の公訴棄却に相当するものであるが，前者は陪審が有罪・無罪の評決を下す前に，陪審をその評決を下す職務から解く裁判をいい，後者はそれ以外のものを指す。渥美東洋編「米国刑事判例の動向Ⅰ」（中央大学出版部，1989年）231頁（中野目善則担当）。

合衆国最高裁として危険の発生時期という概念を明示的に用い，陪審裁判と裁判官裁判のそれぞれについて，危険の発生時期を特定する判示を行ったのは1975年の *Serfass*（Serfass v. United States, 420 U.S. 377 (1975)）である。事案は，公判前の手続において裁判官が事実上，被告人の無罪を認めてディスミッサルにより手続を終結したというものであった[7)]。*Serfass* は，二重危険条項の歴史と文言に照らし，危険が発生するのは，有罪・無罪の実体裁判を行う権限を有する審判者を面前とする手続が開始された時点と解され，陪審裁判では陪審が選ばれ宣誓した時点，裁判官裁判では最初の証人が宣誓した時点であるとした上で，公判前の手続で裁判官は実体裁判を行う権限を有しないので，当該事案で危険は発生していないと論じたのである。

以上の先例は連邦事件であったところ1978年の *Crist*（Crist v. Bretz, 437 U.S. 28 (1978)）は州にも同じ基準が適用されることを明らかにした[8)]。州側は，連邦で採用されている12人の陪審による全員一致評決の要件と同様，陪審裁判での危険の発生時期に関する先例は，連邦法域のみに適用される便宜的な原則にすぎないと主張したのに対し[9)]，*Crist* は，① 二重危険条項は合衆国では，「一つの特定の裁判体によって公判を終了してもらう貴重な権利」の保障を不

---

7) 徴兵拒否罪等で起訴された被告人が，公判前にディスミッサルを申し立てたところ，裁判官がオーラル・アーギュメントを開いた上で，被告人が良心的徴兵拒否者に分類されるべきであったことの一応の証明がされているとして，公判を開くことなくディスミッサルを認めた場合に，それに対する検察官上訴が二重危険となるかが争われた。

8) 事案は，陪審が選ばれ宣誓をした後，最初の証人の宣誓前の段階で，訴因の一つに日時の記載の誤りがあると気づいた検察官が，その補正を申し立てたが認められなかったので，陪審裁判での危険の発生時期を最初の証人の宣誓時と定める州法に基づき，全訴因についてディスミッサルを請求し，訂正した訴因で再度起訴したというもので，当初の手続において危険が生じていたかが争われた。*Crist* の紹介・評釈として，渥美・前掲注6)，253頁（中野目善則担当）。

9) *See,* Apodaca v. Oregon, 406 U.S. 404 (1972) ; Williams v. Florida, 399 U.S. 78 (1970) ; Ballew v. Georgia, 435 U.S. 223 (1978). *Ballew* の紹介・評釈として，渥美東洋編「米国刑事判例の動向Ⅲ」（中央大学出版部，1984年）263頁（中村千春担当）参照。

可欠の内容に含むものと解されるようになった，② このことは，ひとたび一組の陪審が選任された後は，評決を読み上げるという厳粛な責務を果たすまでその職を解かれるべきでないとされてきた伝統に照らすと，「選ばれた陪審を維持する被告人の利益」を保護すべきことを意味する，③ したがって陪審裁判での危険の発生時期を陪審が選ばれ宣誓した時点とする先例の基準は便宜的な線引きではなく，二重危険条項の必須の内容をなし，州にも等しく適用される，と論じた。陪審裁判での危険の発生時期が，裁判官裁判の場合よりも早い陪審の宣誓時点と解される理由として，陪審の伝統に裏づけられる個々の陪審の持つ固有性・非代替性の強さが挙げられており，それまでの先例よりも実質的な理由づけが示された[10)]。

(2)　このように現在では危険の発生時期の理解は確立しているが，危険の発生時期を過ぎても危険が発生しない例外的状況が想定されない訳ではない。そうした例外に言及する合衆国最高裁の先例はないものの，公判裁判所が裁判権を欠いた場合や，被告人が欺罔や買収等により無罪を得た場合などを挙げる見解や下位の裁判所の判断が存在する[11)]。

本件との関係では，本件の原裁判所であるイリノイ州 Supreme Court が 1980 年の *Deems*（People v. Deems, 81 Ill. 2d 384 (Ill. 1980)）で認めた例外が重要となる。*Deems* で被告人は盗品譲受の訴因で起訴されたが，公判当日の手続開始前，検察官は，被告人の罪責は窃盗であり，窃盗の訴因で起訴し直したいと述べ，ディスミッサルを請求した。ところが裁判官はこれを退け，盗品譲受の訴因のまま公判（裁判官裁判）を開始したため，検察官は冒頭陳述も証人喚問も行わず，被告人が自ら証人として宣誓のみ行い，結局無罪が言い渡された。検察官は後日，窃盗の訴因について被告人を起訴したところ，当初の手続

10)　なお陪審裁判と裁判官裁判とで危険の発生時期が区別される理由として，陪審選任手続における被告人の尽力や検察官による不正の虞れを挙げる見解もある。*See*, Peter Westen & Richard Drubel, *Toward a General Theory of Double Jeopardy*, 1978 Sup. CT. Rev. 81, 99, n. 98 (1978).

11)　See, 6 Wayne LaFave et al., *Criminal Procedure* § 25.1 (d) (4th ed. 2015).

において危険が生じていたかが争点となった。*Deems* は，① *Somerville*（Illinois v. Somerville, 410 U.S. 458 (1973)）を引き，危険の発生時期に関する原則は，それが保護する利益が危険に晒されず，その機械的適用が社会の刑事法執行の利益を損なうと思われる場合には，機械的適用を避けるべきとした上で，② 当該検察官は盗品譲受について被告人は無罪であるとの認識から，ディスミッサルを得るためできる限りのことをしたのであって，当該手続は被告人を有罪としようとする試みとはいえず，裁判官が窃盗についての再訴を阻止するためだけに用いた，公判としての実体を持たないものであったこと，③ 先例上，裁判官裁判での危険の発生時期は最初の証人の宣誓時点だとされるが，そこで想定されているのは検察側の証人による宣誓であることなどを指摘し，④ 当該事案で被告人は有罪と認定されるリスクに直面していないので，二重危険にいう危険は生じていない，としたのである。

3．本件のイリノイ州 Supreme Court の多数意見は，本件には *Deems* が適用される旨述べ[12)]，本件でも危険は発生していないと結論づけた。同裁判所は，危険の発生時期は，「固い機械的な」基準で判断されるべきでないというのが *Serfass* と *Somerville* の立場であり，「被告人が有罪と認定されるリスクに直面」していたか否かを問うべきところ，本件検察官は，陪審が宣誓を行う前から州に公判手続に参加する意思がないことを明言し，現に冒頭陳述と証人尋問や証拠の提出をしていないので，申請人はかかるリスクに直面しておらず，危険は発生していないと論じたである。

もっとも，*Deems* と本件では重要な事実に相違があり，*Deems* の適用には疑問も存在する[13)]。第１は，*Deems* では，検察官が公判開始前にディスミッサルを請求したが，裁判官がこれを退けた点である。合衆国では，わが国のような訴因変更制度はなく，補正の程度を超える訴因の変更を行うには，公判が開始され危険が発生する前にディスミッサルを得て起訴し直す必要がある。その

12) *See,* People v. Martinez, 990 N.E. 2d 215, 223 (Ill. 2013).

13) イリノイ州 Supreme Court の多数意見に対し，１名の裁判官の反対意見が付されている。*See,* id., at 227-29 (Burk J., dissenting).

ため，検察官が請求したディスミッサルを裁判所が不当に退け，公判が開始され無罪が下されたような場合は，「検察官や公衆に不公正を強いる」として危険の発生に例外を設ける必要を論ずる余地がある。それに対し，本件のように検察官がディスミッサルを請求していない場合は同様の議論は成り立たない[14]。第2は，*Deems* は裁判官裁判の事案であった点である。裁判官裁判での危険の発生時期は最初の証人の宣誓時とされているが，その趣旨は検察側の最初の証人の取調べが開始されることで，裁判官が被告人にとって「特定の裁判体」となる点にあると解される。したがって検察側証人が喚問されなかったことや被告人が自ら証人として宣誓をしたにすぎないことは，例外を許容する方向に働く事情となりうるのに対し，陪審裁判では，*Crist* の説明に従う限り，同様の議論は成り立ちにくい。

4．イリノイ州 Supreme Court の多数意見は本件で，*Deems* で考慮されていた可能性のある危険の発生時期に例外を設ける必要性や許容性を特に考慮することなく，一般的に，被告人が有罪と認定されるリスクに直面していたか否かを実質的に検討して危険の発生を判断する「機能的アプロウチ」を陪審裁判について用いたということができるが，合衆国最高裁は，これを合衆国最高裁の先例の解釈を誤るものとして明確に退けた。上述の通り先例はかかる立場を示唆したことはなく，陪審裁判での危険の発生時期は陪審が選ばれ宣誓した時点であることが本件で確認されたといえる。

他方で，法廷意見が，限られた場面での例外の余地を明示的に留保している点が注目される。法廷意見は注3において，公判裁判所が裁判権を欠いた場合，被告人が欺罔や買収等により無罪を得た場合，そして *Deems* を引用した上で，検察官が陪審の選任に伴う結果を避けるためディスミッサルを得る機会

14）　イリノイ州 Supreme Court で付された反対意見は，本件検察官がディスミッサルを請求しなかったことに加え，陪審選任手続には参加していたことを挙げ，本件で，検察官は重要証人の確保を期待して一時的な休廷を求めていたにすぎず，*Deems* でのように公判が実体のない外観だけのもの（sham）に至っていたとはいえないと指摘する。*See*, id., at 228–29.

を与えられなかった場合を挙げている。特に法廷意見が，イリノイ州 Supreme Court の機能的アプロウチをとらないことが「検察官や公衆に不公正を強いる」ことにはならないことを敢えて判示していることからすると，*Deems* の事案のように不公正を強いる場合には例外の可能性があることを示唆しているとみる余地もあろうか[15]。

5．手続の終結の態様が再度の公判を阻止するかに関して本件では特に目新しい判断はされていない。先例上，無罪の判断に対する上訴がほぼ絶対的に阻止されることは早くから確立しており[16]，陪審による無罪の判断と裁判官による無罪の判断も区別されていない[17]。本件は，検察官が有罪立証を拒んだため，弁護人が無罪の指示評決を申立て，裁判官がそれを認めており，法廷意見が指摘する通り，本件手続の終結の態様は，検察官の立証が被告人の有罪を証明できていないという裁判官の認定に基づくものにほかならない。本件で危険が発生していると解する以上，これを無罪の判断（aquittal）でないと説明するのは難しいと思われる。なお法廷意見は本件について，政府が有罪立証に必要な証拠を持たずに公判審理に臨んだ場合と評価しているので，前記 *Downum* に従えば，仮に本件で裁判官がディスミッサルやミストライアルを行ったとしても再度の公判は阻止されていたと思われる[18]。

（三明　翔）

15） *See,* Richard Re, *Did the Martinez Sum Rev Apply or Change the Law?*, RE'S JUDICATA (October 31, 2016), at http://richardresjudicata.wordpress.com/2014/06/06/did-themartinez-sum-rev-apply-or-change-the-law/.

16） *See,* Ball v. United States, 163 U.S. 662 (1896).

17） *See, e.g.,* Smith v. Massachusetts, 543 U.S. 462 (2005) (collecting authority).

18） 法廷意見も注 4 で「おそらく（probably）」と留保した上で同様の指摘をしている。

II　有罪判決の破棄

6. Montana v. Hall, 481 U.S. 400 (1987)

近親相姦の罪で有罪判決を受けた被申請人が，これを不服として上訴し，その有罪判決が有罪無罪とは関係のない手続上の瑕疵を理由に破棄された場合には，合衆国憲法第5修正の二重の危険禁止条項は性的暴行の罪での再度の公判を妨げないと判示された事例。

《事実の概要》

被申請人ホールは，元妻の連れ子（犯行当時12歳）に対する性的暴行の罪で略式起訴された。しかし公判4日前にホールは，近親相姦罪は一般的な性的暴行罪よりも具体的な特別法で，州の立法者は近親相姦行為をより重い性的暴行の罪で起訴することを意図していないため，本件はモンタナ州法の近親相姦の罪のみで起訴されるべきであると主張した。公判当日の朝，州District Courtがこのホールの申し立てを認めたので，州はホールを近親相姦の罪で略式起訴した。ホールは陪審裁判で有罪と認定され，10年の拘禁刑（執行猶予5年）を言い渡された。

ホールは，この有罪判決を不服として州Supreme Courtに上訴し，被害者は連れ子であってホール自身の娘ではなかったことから，州の近親相姦罪の文言の意味において近親相姦罪で有罪判決を受けることは認められないなどと争点とは直接関連のない多数の主張を行った。ところが，この主張を検討する過程で，ホールが有罪判決を受けた，連れ子との性交渉に近親相姦罪を適用する州改正法は，問題となった性行為の3カ月後に施行され，当該行為当時は近親相姦罪は連れ子に対する性的暴行に適用できないことが判明した。州がこれを州Supreme Courtに申し立てたところ，同裁判所は，(1)ホールに対する近親相姦罪の有罪判決は，近親相姦を定める州改正法の遡及適用となり，事後法の禁止（モンタナ州憲法第2条31）により無効であること，(2)(a)州の性的暴行罪と近親相姦罪の犯罪構成要素を検討した結果，合衆国憲法第5修正の二重危険禁止条項の趣旨に照らせば，この二つの犯罪は本質的に同一の犯罪であること，および，(b) *Brown v. Ohio*（Brown v. Ohio, 432 U.S. 161, 167, n. 6 (1977)）に依拠し，ホールは暴行が行われた日には存在しない犯罪で有罪判決を受けたことになると指摘し，そのような有罪判決後のリトライアルも二重の危険に晒すことになり，許されないと判示した。

合衆国最高裁判所によりサーシオレイライが認容された。

《判旨・法廷意見》

破棄・差戻し

1．法廷意見（パー・キュリアム）

モンタナ州憲法の事後法の禁止規定によれば，州は本件被申請人ホールを近親相姦の罪で有罪にすることは許されない。しかしながら，州が被申請人を性的暴行の罪で再度公判に付すことは許されないとする理由も見当たらない。一般に，上訴裁判所が公判で提出された証拠が不十分であったことを理由に有罪を破棄した場合には再度の公判は認められない。（Burks v. United States, 437 U.S. 1 (1978)）しかし，本件公判で提出された証拠が不十分であったとする指摘はない。

また，陪審員が近親相姦の罪で被告人を有罪と判断したことは，性的暴行の犯罪を黙示的に無罪にしたことにはならない。性的暴行と近親相姦の両方の罪について起訴された場合にのみ，陪審員が近親相姦の罪で被申請人を有罪と判断したことが性的暴行罪については黙示の無罪判決が下されたものといえる。（Green v. United States, 355 U.S. 184 (1957)）

州は当初，性的暴行罪で被申請人を公判に付すことを意図していたが，被申請人の主張により，州は近親相姦の罪でホールを略式起訴した。このような事情のもとでは，有罪か無罪かとは無関係な理由で被申請人の近親相姦罪についての有罪判決が破棄された後に，被申請人を性的暴行罪で公判に付すことは二重危険禁止条項に違反しない。

モンタナ州 Supreme Court が依拠した主たる連邦の裁判例は，*Brown*（Brown v. Ohio, 432 U.S. 161 (1977)）である。*Brown* では，被告人が，所有者

の同意なく他人の車両を面白半分で乗り回す・joyridingの罪で有罪判決を受け服役した後，自動車窃盗の罪で起訴された事案について，合衆国最高裁判所は，joyridingの罪と自動車窃盗罪は二重危険禁止条項にいう「同一の犯罪行為」を二重に処罰するものであり，リトライアルは許されないと判示した。しかしながら，*Brown* の分析は本件には当てはまらない。*Brown* で被告人は最初の有罪判決について上訴はせず実刑判決に服した。したがって，州が自動車窃盗の罪で再度起訴したことが，同一の犯罪行為に対して再訴追を請求したものと判断されたのである。これに対して，本件では前の有罪判決の破棄を求めて被告人が上訴し，成功した。本件は，上訴裁判所で有罪判決が破棄された後に再度公判に付すことは許されるという原則に合致する。本件では，被申請人が犯行時に存在しない罪で有罪判決を受けたためリトライアルが禁じられたのではなく，実際には起訴状に瑕疵があったことを理由とした有罪判決の破棄の場合には，二重危険条項は再度の公判を認めるのである。モンタナ州裁判所の性的暴行の法解釈によれば，ホールの行為は，彼がその行為に及んだ時点で犯罪行為であったことは明白であり，したがって，州は2度目の略式起訴において単に誤った法令に依拠しただけなのである。合衆国憲法が，起訴状の瑕疵のために有罪判決が破棄された場合，その後の再度の審理を認めていることは明白である。(United States v. Ball, 163 U.S. 662, 672 (1896))

2．ブレナン裁判官は，サーシオレイライを認容すべきでなかったと一部反対する。

3．マーシャル裁判官の反対意見

私は，提示された争点の本質について全体にわたる説明もなく，上訴やサーシオレイライの申請を簡略化したパー・キュリアムの意見で処理するという合衆国最高裁判所が長きにわたって続ける慣行は，当裁判所の意思決定プロセスの公正さと完全性を損なうものと考える。

このような簡略化された判断は，訴訟当事者から争点について審理を受ける公正な機会を奪っている。合衆国最高裁判所規則は，「特別かつ重要な理由がある場合」に人身保護の救済の審理を認めサーシオレイライを認容するが，この十分な重要性を判断するにあたり，必要な事項を超えて争点を論ずるべきではなく，むしろ当裁判所は，申請書や答弁書についてはその枚数制限や「可能な限り短く」という命令によって詳細な議論は含めるべきでないと指示している。そして，合衆国最高裁判所が当該事件について十分に重要であると判断しサーシオレイライを認容した場合，「この後，事件は十分な説明と口頭弁論に付される」と当事者に通知するが，簡略化された判断を下す際には，このような指示を無視し，あたかも本案について十分な説明が行われたかのように事件の判断手続を進める。これは公平でもない。

確かに規則上は，本案に関する簡略化された処理が可能であると明示しているが，上記のような申請書や答弁書の作成に関する当裁判所の指示に則れば，訴訟当事者には，上訴を認めるか否かの議論以上に踏み込めば規則に違反する虞れがあり，かといって，下級裁判所の判断の本質を完全にカバーできなければ審理を受けることなく略式の処理となる虞れがあるという困難なジレンマを強いるものである。

このような略式の手続については，合衆国最高裁判所が下級裁判所の完全なる記録を入手することなく行われることがしばしばあるし，下級裁判所の判断に対して，とりわけその判断が破棄された場合に適切な敬意を払わないことがよくある。下級裁判所の裁判官の判断は，本案に関する十分な説明と全記録の審理を適切に行っているという点でより尊重されるべきなのである。

合衆国最高裁判所のパー・キュリアム判決は，反対意見を持つ同僚の意見に対しても敬意が不十分であり，時には４人もの裁判官の反対を押し切って，あたかも争点が明確であるかのように下される場合がある。全員一致の意見と１人の裁判官が書いた意見とを区別するこの簡略化された判決を，仕事量の増加を避ける目的で用いることは間違っている。このような意見は，合衆国最高裁判所が一つの声で語ることができ，また語らなければならない時法廷全体を代弁するものとはいえないのである。

４．スティーヴンズ裁判官の反対意見

州裁判所の独立性を尊重すべきであるし，また，完全に勧告的となる可能性のある意見は提示しないことが望ましいため，本件法廷意見の簡略化された審理は賢明でないと考える。(Michigan v. Long, 463 U.S. 1032, 1040 (1983))

したがって，合衆国最高裁判所はサーシオレイライを認容すべきではなかった。

《解　説》

1．本件は，近親相姦の罪で受けた有罪判決が上訴裁判所で破棄された場合に，性的暴行の罪で起訴された再度の公判は合衆国憲法第5修正の二重の危険禁止条項によって許されないのかが争われた。合衆国最高裁判所は，前の有罪判決が有罪無罪とは無関係な，手続上の瑕疵が理由で破棄された場合には，二重の危険禁止条項は性的暴行罪で再度被告人が有罪かどうかを審理するため公判を開くことを妨げるものではないと判示した。

2．アメリカ合衆国憲法第5修正は，「同一の犯罪行為（same offense)」について重複して加刑したり累積的に加刑することを禁止している。これは，現実に行われた同一の犯罪行為については，訴追手続による場合であっても，重複，累積処罰であっても，被告人が同一の具体的犯罪行為について再度公判に付されることで2度危険におかれることを禁止するものである。政府に有罪立証の機会を再度認めて刑事裁判手続を被告人に対する迫害や圧政，ハランスメントを加えるために利用させることを許さないためである。

第5修正により再訴が遮断される同一犯罪行為とはどの範囲をいうのかを判断するにあたり，*Blockburger*（Blockburger v. United States, 284 U.S. 299 (1932)）で示された基準（いわゆるブロックバーガ・テスト）が合衆国最高裁判所では長きに渡り採用されてきている[1)]。この基準は，一つの行為（an act or transaction）が二つの異なった刑罰法規に違反する場合，「それぞれの規定が他方の規定では要件とされていない別の事実の立証を要件としているかどうか

1）*Blockburger* の基準ついては，中野目善則『二重の危険の法理』（中央大学出版部，2015年）95頁以下，渥美東洋編『米国刑事判例の動向Ⅰ』（中央大学出版部，1989年）318-347頁［中野目善則担当］の事件解説部分参照。

（一方の規定で要証事実とされてはいない事実を他方の規定が要証事実としているか）」によって「同一の犯罪行為」か否かを決めるとされる，いわゆる「同一証拠の原則」といわれるものである。

合衆国最高裁判所がこの基準を適用する場合にはいくつかのヴァリエーションが存在し，その適用類型の一つに，大小関係にある小さい方の犯罪行為で有罪とされた場合（lesser included offense/ 以下「LIO」という）があり，この場合に大きい方の犯罪行為で被告人を再度公判に付すことは二重危険禁止条項に違反し許されないのかが問題とされる。その重要な先例が，本件でモンタナ州 Supreme Court が依拠した *Brown*（Brown v. Ohio, 432 U.S. 161 (1977)）[2)]である。本件で問題となった近親相姦罪と性的暴行罪は，近親相姦罪が親子等家族関係から未成年者を守るための特別法であるのに対して，性的暴行罪は同意のない性行為から個人を守る一般法と解される点で上記 LIO の典型であり，近親相姦罪が家族関係のある者との性的接触を要証事実とするのに対し，性的暴行罪は同意がないことを要証事実とする。本件州裁判所でも 18 歳未満の連れ子との性的接触をその犯罪事実を認識しながら行う近親相姦罪と，14 歳未満の被害者と 3 歳年上の被申請人との性的接触をその犯罪事実を認識しながら行う性的暴行罪は，一方はそのような行為の特定の事情を禁止するように定義され，他方は指定された種類の行為全般を禁止するように定義されている点で，LIO の類型と認定され，大きい方の性的暴行罪で被告人を再度公判に付すことは二重危険禁止条項に違反し許されないのかが争われた[3)]。

3．本件では，州は当初被申請人を性的暴行の罪で略式起訴したが，被申請人の申し立てが認められ，州は被申請人を近親相姦の罪で略式起訴した。被申請人は近親相姦罪につき有罪判決を受け，被申請人自身がこれを不服として上訴したところ，これを検討する過程で，有罪判決を受けた，連れ子との性交渉

2）　*Brown* については，前掲注 1）中野目 101 頁以下，前掲注 1）渥美 318-347 頁［中野目善則担当］の事件解説部分参照。

3）　See, Callie Woody, A Sargasso Sea : Montana's Statutory Double Jeopardy Protections in the Aftermath of State v. Valenzuela, 84 Montana L.R. 112 (2023).

に近親相姦罪を適用する州改正法は，当該性交行為時には連れ子に対する性的接触に対しては適用されていなかったことが判明し，被申請人に対する近親相姦罪の有罪判決は，近親相姦罪を定める州改正法の遡及適用となり，事後法の禁止（モンタナ州憲法第2条31）により無効とされ，破棄された特異な経緯をたどっている。

法廷意見は，本件被申請人は連れ子との近親相姦の罪で有罪判決を受けたが，その有罪判決が州憲法の事後法の禁止規定に違反するとして破棄された事情のもとには，近親相姦罪と性的暴行罪が二重の危険禁止条項の「同一の犯罪行為」といえるのか否かを判断するまでもなく，二重の危険禁止条項は，州が被申請人を性的暴行罪で再度公判に付すことを禁止するものではないと判示し，本件は州 Supreme Court に差し戻され，さらなる審理が行われることとなった。このような結論に至る理由としては，① 本件で公判で提出された証拠が被告人を有罪とするのに不十分であったとする指摘はなかったこと，② 当初州は性的暴行罪で略式起訴する意図だったが，被申請人の主張が認められ近親相姦罪で起訴しその結果有罪と認定され，この有罪判決を不服として被申請人が上訴し，その有罪判決が破棄されたこと，③ 州 Supreme Court が被申請人の近親相姦罪の有罪判決を破棄したのは，有罪か無罪かとは無関係な，起訴状の瑕疵という手続上の理由によるものであること，④ 陪審員が近親相姦の罪で被告人を有罪と判断したことが，性的暴行の犯罪を黙示的に無罪にしたことにはならないことが挙げられている。

上記 ① について，二重の危険禁止条項の下では，有罪判決に対して被告人が上訴した事例において，上訴裁判所が公判で提出された証拠が不十分であったことを理由に有罪判決を破棄した場合には再度の公判は認められないが，証拠の不十分さ以外のいかなる公判手続上の誤りを理由とする破棄の場合でも，それがたとえ有罪判決の上訴に成功していても，再度の公判は許される。証拠不十分の場合は政府が有罪立証に失敗したという場合であるのに対し，公判手続上の誤りの場合は政府が有罪立証に失敗した場合ではない[4)]。本件は，事実認定の1回性を強調して *Burks*（Burks v. United States, 437 U.S. 1 (1978)）[5)]で示された，証拠不十分という理由以外で有罪判決が破棄された場合は再度公判に付すことは許されるとする原則に合致する。

上記 ② の点で，法廷意見は本件と *Brown*（Brown v. Ohio, 432 U.S. 161 (1977)）を区別している。州は当初被告人を性的暴行罪で起訴しようとしたが，彼の主張が通り近親相姦罪について審理することになった事情においては，関連する性的暴行の罪での再度の公判を妨げるものではない。また，本件では前の有罪判決の破棄を求めて被告人が上訴し，成功した。上記 ① の事情にも鑑みれば，上訴裁判所で有罪判決が破棄された後に再度公判に付すことは許される。

上記 ③ について，本件は，被申請人が犯行当時存在しない罪で有罪判決を受けたからリトライアルが禁じられるのではなくて，実際には起訴状の瑕疵という手続上の理由から前の有罪判決が破棄されたため，実体法上の有罪無罪の審理はなされていないから二重危険禁止条項は再度の公判を禁止しないのである。州法上，州 Supreme Court の性的暴行の解釈では，被申請人が性的暴行に及んだ時点で，被申請人の行為は明らかに犯罪行為であった。したがって，この起訴状の瑕疵について，法廷意見も州が 2 度目の略式起訴において単に誤った法令に依拠したにすぎないと言及している。確かに本件の起訴状の瑕疵とは，上記 ② の事情にも鑑みれば，検察官がわずかに気を配れば発見できたものともいえないし，検察官が自ら招いたものでもない。刑事責任を被告人に問うために，被告人の犯罪行為とされる事実について訴追側に 1 度は立証する機会が与えられるべきである。

4．本件法廷意見は簡略化された審理が認められるパー・キュリアム意見で簡潔に判断されたものと考えられるので，マーシャル裁判官は，このような審理を簡略化する慣行は，合衆国最高裁判所の意思決定プロセスの公正さと完全性を損なうものであり制度自体誤っているとして反対意見を述べている。

---

4)　前掲注 1）中野目 8 頁。

5)　*Burks* については，前掲注 1）渥美 248-251 頁［中野目善則担当］。

また，スティーヴンズ裁判官も，州裁判所の独立性を尊重し，勧告となる意見を提出することは望ましくないとし，ブレナン裁判官と同様に本件はサーシオレイライを認容すべきではなかったと反対意見を付している。なお，スティーヴンズ裁判官のこの結論の前提として，（本件において合衆国最高裁判所には審理すべき管轄権は備わっていたものとスティーヴンズ裁判官も考えていると法廷意見も指摘している。）合衆国法典 28 編 1257 条(3)（28 U. S. C. §1257(3)）に基づいて，リトライアルに関する州 Supreme Court の判断が，主として連邦法に依拠しており，かつ，州法の根拠の妥当性と独立性が判決文から明白ではない場合には，合衆国最高裁判所には州裁判所の判断を審査する権限はあるといえる。

（麻妻　みちる）

7. Lockhart v. Nelson, 488 U.S. 33 (1988)

4件の重罪前科による刑の加重を認める州法の下で被告人が刑を加重されたところ，その後の手続でその前科中の一件は恩赦されていたことが判明したため有罪判決が破棄されたとき，二重危険禁止条項によって，量刑を再び行うことは禁ぜられないと判示された事例。

《事実の概要》

アーカンソー州常習犯罪者法は，B級重罪で有罪とされた被告人には，量刑手続で，4件以上の重罪前科が合理的な疑いを容れない程度まで証明されれば，刑を加重して20年以上40年以下の拘禁刑を科すことができる，と定める。本件で州は，被申請人の重罪4件の前科記録を提出したが，その中の1件は記録後州知事により恩赦されていた。検察側はこの恩赦に気付かず，また弁護人も知らなかったため，前科犯罪を証拠とすることに異議申立てがされなかった。被申請人は反対尋問でこの恩赦を主張したが，恩赦と減刑を取り違えているといわれ納得させられたため，それ以上審理はされなかった。陪審は4件の重罪前科が証明されているとして，加重刑を言い渡した。

数年後，被申請人は連邦District Courtに人身保護請求をし，この刑の加重は，根拠である前科の一つが恩赦されているので無効であると主張した。District Courtはその前科犯罪が実際に恩赦されていると認定して，加重刑を破棄した。これに対し州は，最初の量刑審理に提出しなかったか，提出することが許容されなかった別の前科を用い，被申請人を常習犯罪者として再び量刑審理に付す意思を表明したところ，被申請人はこれは二重危険に当たり禁止されると主張した。District Courtは*Burks*事件に依拠し，最初の量刑審理で提出又は許容されなかった別の前科を根拠に，州が被申請人を強盗の常習犯罪者として再び審理に付すことは，二重危険禁止条項によって禁じられると判示した。Court of Appealsは，アーカンソー州法は恩赦された前科を証拠として許容しないこと，また，その前科を除いた他の証拠は陪審の評決を維持するには不十分であること，を理由にDistrict Courtの判決を確認した。

合衆国最高裁判所はサーシオレイライ申請を認容した。

《判旨・法廷意見》

破棄

1．レンクィスト裁判官執筆の法廷意見

第5修正の二重危険禁止条項は，第14修正を通して州に適用され，「何人も同一の犯罪について，再度危険に晒されることはない」(Benton v. Maryland, 395 U.S. 784 (1969))。これにより再度の訴追は一般に禁じられるものの，直接上訴又は附随的主張（direct appeal or collateral attack）により，判決前の手続上の誤りを理由に有罪判決が破棄された場合には，再訴追が認められることは，*Ball*，*Tateo* 両事件で固まっている（United States v. Ball, 163 U.S. 662 (1896)，United States v. Tateo, 377 U.S. 463 (1896)。*Tateo* では，被告人が公正な裁判を受ける権利と，再審理をすれば有罪が確実な者を処罰するという社会の利益が比較衡量され，手続上の誤りを理由に被告人に刑事罰を免れさせるとそれによる社会の代償は大きく，有罪判決が破棄されると被告人は最早再訴追されなくなることを上訴審が理解していれば，公判又は公判前に生ずる手続上の誤りを防ぐのに熱心となるかどうかは疑わしいため，再訴追を認めることは被告人の利益にもなると判示された（Id. at 466)。

Burks（Burks v. United States, 437 U.S. 1 (1978)）で当裁判所は，二重危険禁止条項は下級裁判所の手続上の誤りを理由に有罪判決を破棄された被告人の再審理を禁じていないという一般原則に例外を認めた。

Burks は，証明不十分を理由とする上訴審による有罪判決の破棄は，被告人に対する訴追の根拠が著しく欠けていたので，公判裁判所は事件を陪審に委ねるよりは無罪判決を下すべきであったという考えに基づく。二重危険禁止条項は，公判で無罪とされた被告人にそれ以後同一犯罪の訴追から絶対に免責されることを保障しているので，上訴審が公判裁判所は無罪判決を下すべきであったと判断した場合の被告人についても同様であるべきである。無罪とすべきだ

といったのが公判裁判所ではなく上訴裁判所であったことで二重危険禁止の効果に影響するものではないからである。

本件の争点は*Burks*と同日に下された*Green*（Green v. Massey, 437 U.S. 19 (1978)）で留保された，裁判所が証拠の許容性を誤って被告人を有罪とした判決を破棄したとき，その証拠を欠くと証明不十分で有罪を維持できない場合，二重危険禁止条項により再審理が認められるか否かである。*Burks*のロジックに照らせば，その答は是である。

証明不十分を理由とする有罪判決の破棄は，二重危険禁止上公判手続の誤りとは根本的に異なることが，*Burks*で指摘されている。前者は，政府が訴追の場で立証に失敗したのであり，後者は，被告人が有罪であるか無罪であるかには関係がなく，公判手続上の誤りがその理由である。

本件が*Burks*にいう手続上の誤りを理由とする破棄の場合であることは明らかである。上訴裁判所が二重危険禁止条項の下で再審理の是否を決定する際，公判裁判所で許容されたすべての証拠を考慮しなければならないというのが*Burks*の判決理由であり，上訴裁判所の大多数がこれに賛同している*Burks*のいう一般原則の例外の根拠は，証明不十分を理由とする有罪判決の破棄は，恰も公判裁判所がすべての証拠に接したうえで無罪判決を下したものとして扱われなければならないということである。この場合，公判裁判所は，公判で証拠として許容された全証拠量をはかって，証明が充分か否かを評価すべきなのであるから，上訴裁判所も審査に当り検討した全証拠量によって評価すべきことになる。

本件では，量刑手続で恩赦の事実が証拠に提出されていれば，公判裁判所は訴追側に被告人が常習犯罪者である事実を裏付ける別の前科を提示する機会を与えたであろう。当裁判所の判決はその証拠を公判裁判所が誤まって排除していた場合に到達する結果と同一の結論を示したに過ぎない。よってCourt of Appealsの判断を破棄する。

2．マーシャル裁判官による少数意見（ブレナン，ブラックマン両裁判官参加）

⑴ 二重危険禁止条項の目的が，犯罪行為の訴追を受けそれに有罪判決が下る危険に個人を再度晒さないように保障することにあることは，*Green*（Green v. United States, 355 U.S. 184, 187 (1957)）で明らかにされた。当裁判所は *Burks* でこの原理に従って，公判での訴追側の証明が不十分である場合には二重危険禁止条項により再審理は認められないと判示した。

Burks が採用した原則は訴追側に公正な立証の機会を与える回数を重視するという考えに基づいている。伝統的に再審理が禁じられていない，判決の破棄理由となる公判手続上の誤りが認定された場合とは異なり，証明不十分を理由に有罪が破棄された場合は，政府は機会を与えられながら立証に失敗したのである。

本件は一見するところ複雑であるが，実際は *Burks* のいう証明不十分の原理が規律する事例である。なぜなら訴追側が行った 4 件の前科の立証は，アーカンソー州恩赦法によれば手続のいずれの段階においても不十分であったからである。多数意見は本件を公判手続上の誤りと捉え，証拠の許容性に関する認定が不適切であったとして，再審理を行う裁判所が問題の証拠を許容又は排除することによって証拠の十分性を判断するという間違いを犯している。

District Court が述べたようにアーカンソー州判例法によれば，恩赦された有罪判決には刑の加重に当たっては証明力は全くない（See 641 F. Supp. 174, 183 (ED Ark. 1986)）。District Court が引用したのは *Duncan*（Duncan v. State 254 Ark. 449, 451 (1973)）であるが，ダンカンで引用された *Garland*（Ex Parte Garland, 4 Wall. 333 (1867)）で当裁判所は次のように述べた。「恩赦は犯罪に対する刑罰と罪の双方に及ぶ。恩赦は刑罰を免除し，罪の存在を消滅させ，その結果，法律上その犯罪者は恰も罪を犯さなかった無辜とされる」。

アーカンソー州が被申請人の恩赦の主張を公判終了後長く調査しなかったことで，訴追側の立証の失敗が *Burks* の下で手続上の誤りに変わるものではない。Arkansas 州法によれば，「訴追者は刑の加重を求めるときには，前の有罪判決が有効なことを示す重大な負担を負う」。被申請人の恩赦の確認が遅れたからといって，前科が恩赦によって抹消された時点で，加重事由が失われるという事実に変更はない。

アーカンソー州は被申請人の４件の前科を立証する公正な機会を１度与えられたのであるから，二重危険禁止条項により，最初の手続で収集されなかった４件めの前科の証明を補完する新たな量刑審理に申請人を付してはならない。

(2)　仮に本件を *Burks* で規律される証明不十分の事例ではないとみても，私は多数意見に賛同することはできない。再審理を行う裁判所が二重危険禁止の目的上，証明が十分か否かを評価するに当たり，かつて許容されたすべての証拠を対象とすべきか，又は正当に許容された証拠だけでよいのかというのは錯綜した問題であり，二重危険禁止条項に関する当裁判所の先例を慎重に検討しなければならない。

法廷意見はこの問題をすでに決着のついたものとして処理しており，再審理が *Burks* に照らして二重危険禁止条項の下で認められるか否かを決定する際には，上訴裁判所は公判裁判所で許容されたすべての証拠を審理しなければならないとしている。*Burks* はそのようなことを言ってはいない。*Burks* の争点は一旦証明が十分でないと認定されれば被告人の再審理が禁じられるかどうかであり，そこでの法廷意見は再審理は禁じられると判断した。*Burks* は，本件のような陪審に示された証拠の一つが後に不許容とされた事例で上訴裁判所が証明が十分か否かを評価するのにはどのような方法によるのかという独特な問題については結論を示さず，留保した。仮に *Burks* がこの問題につき結論や論理的な決着をつけていたなら，*Burks* と同日に下された *Green* で法廷意見が結論を差し控えることはなかったはずである。

私はこの反対意見で，上訴裁判所が公判で州が示した証拠の一部に許容性がないと決定した事例で，多数意見が示した被告人の利益と社会の利益という競合する二つのものの調整を図るのにはどのような原則がよいかについて結論を下すつもりはない。被告人の利益はどの点からみても重要である，だが，社会の利益も多くの様々な問題に関係している。最も重大なのは再審理に付すことによって被告人を有罪の危険に晒すということである。この衡量に当たっては，審理が紛糾している事件で検察側が被告人の有罪を立証する証拠の提出を渋りがちであるかどうかを調べればよい。もし渋るのであれば，その残りの証拠は明らかに不十分なものであるとして，再審理を認めて得られる社会の利益はほとんどないといってよい。また別の方策としては，問題となっている証拠が許容されない理由を調べればよい。その信憑性に疑問があって許容されなかった場合には，証明の十分性につき判断する際にその証拠を加えるのはおかしい。反対に，他の社会的な考慮に由来する証拠法上許容性が問題とされた証拠を二重危険禁止上の証明の十分性の有無を検討するときに審理対象としても，それは合法である。

多数意見は以上のような被告人と社会の利益を可能な限り調整するような原則を明確にすべきであったと考える。

《解　説》

1．二重危険禁止条項の目的は，同一の犯罪を理由に被告人に社会的，経済的，精神的負担を強いつつ，国家が有罪判決を得るのを禁ずるところにあると*Green*[1]でいわれ，その後の*Benton*[2]で第14修正を通して州にも適用されることとなった。

この両事件での争点は，一審が有罪判決を下し被告人が上訴審で証明不十分を理由に有罪判決が破棄された場合に被告人を再度訴追しうるか否かであった。これについては*Ball*[3]で起訴状の瑕疵を理由に上訴し公判裁判所の有罪判決が破棄された被告人に対する再度の公判は二重危険禁止条項により禁じられないとされ，その後の一連の判決では，明確な区別は明らかにされないまでも，救済策の一つとして被告人が求めた再度の公判は認められるという立場を合衆国最高裁判所は採ってきた[4]。

---

1) Green v. United States, 355 U.S. 184, 187 (1957).
2) Benton v. Maryland, 395 U.S. 784 (1969).
3) United States v. Ball, 163 U.S. 662 (1896).
4) 渥美東洋編「米国刑事判例の動向Ｉ」（中央大学出版部，1989年）23事件-27事件（中野目善則担当）。

Burks 事件[5)]で，最高裁判所はそれまでの判例を変更し，上訴裁判所が有罪を破棄した場合を証明の不十分と公判手続上の誤りの場合とに明確に区別し，訴追側の証明が不十分であったために破棄された場合には再度の公判は二重危険禁止条項により禁じられるが，手続上の違反が関連する場合には再度の公判が許されると判示した。本件ではこの *Burks* の解釈及び適用が問題となる。

Burks で示された証明の十分性（factual sufficiency of evidence）がなければ二重危険禁止が働くという点については全く異論はない。問題は公判裁判所が証拠の許容性を誤ったとの理由で上訴裁判所で有罪が破棄された場合に再度の公判が認められるか否かであるが，最高裁はこの点の判断を留保してきた。法廷意見は，被告人には一審で提出された 4 件以外にも前科があり，訴追側が問題の前科が恩赦されていることに気付いていれば別の前科を示して常習犯罪に有罪判決が下ったであろうとし，上訴裁判所は公判裁判所の全証拠による証明の十分さの評価には判断を下していないので，許容性の点を正して，新たに許容性ある証拠を入れて，上訴裁判所が考慮に入れた全証拠量と同量の証拠により再審理できるはずだという。これに対し少数意見は，恩赦されたことは犯罪がなかったも同然と捉え，証拠の許容性の問題ではなく，許容された証拠に証明力が全くないために証拠不十分とされたとの前提に立った。

2．英米の裁判制度は公判を中心とし，それと前後する捜査と上訴ははっきりと区別されており，捜査段階から上訴まで犯罪の訴追・処罰という一貫した関心でつながっている大陸型とは大きく異なっている[6)]。英米における上訴は公判における手続上の誤りを正すために行われ，訴追側は証明のチャンスを 1 度与えられ，不公正な方法で証拠が排除された場合を除いて，立証に失敗した場合，つまり無罪判決の場合には政府上訴は許されず，立証失敗に当たると公判裁判所がみるべきだとして上訴裁判所が有罪判決を破棄した場合も，再度の

---

5)　Burks v. United States, 437 U.S. 1 (1978).

6)　渥美東洋「いわゆる余罪と二重危険の禁止の原則」比較法雑誌 17 巻 4 号。この点で田口守一「刑事裁判の拘束力」（成文堂，1980 年）69-210 頁は，英米と大陸の裁判の構造について区別を十分にされていないようである。

公判は許されないことになる。公判裁判所の行った証拠の許容性についての判断の誤りが有罪破棄の理由ではなく，訴追側がその点について誤ったため，結局は証明不十分となったとき，訴追側に再度の立証の機会が与えられたといえるか否かが本件における中心の争点である。

被告人が公判で，その証拠となった前科は恩赦されていることが明白でありながら，その主張を抑えた場合には異なった結論も予想されないわけではない。今後，諸事情をより一層区別したうえでの判断が下される可能性も残っている。

本件には3人の裁判官が反対しており，1978年来[7] 1回の手続で訴追を完了し，被告人の種々の負担を限定するという傾向にある最高裁判所の今後の判決が注目されよう。

（山内　香幸）

---

7) パークスを筆頭に二重危険禁止につき多数の判決が下された年である。前掲注4）参照。

Ⅲ　同一犯行の概念

8. United States v. Woodward, 469 U.S. 105 (1985)

一つの行為が二つの刑罰法規に違反する場合において，双方の規定で処罰しても，立法者の意思に照らして禁止されないとして，二重危険禁止法理に反しないとした事例。

《事実の概要》

被告人とその妻は，ロサンゼルス国際空港の税関を通過する際，5000 ドルを超える現金等を国内に持ち込もうとしていないかを尋ねる質問票を渡された。被告人は「いいえ」の回答欄にチェックを入れた。被告人夫妻に対する調査が必要と判断した税関職員は，夫妻を別室に案内した。被告人は税関職員に対し，自分たちは国内に 2 万ドルの現金を持ち込もうとしていたと説明した。

被告人は，合衆国の係官に対し虚偽の報告をし（1001 条違反），かつ，合衆国に 5000 ドル以上の現金等を持ち込もうとしていることについて報告をしなかった（1058 条及び 1101 条違反）として起訴された。虚偽申告罪（1001 条違反）の訴因も，持込現金不報告罪（1058 条及び 1101 条違反）の訴因も，5000 ドルを超える現金等を国内に持ち込もうとしていないかを尋ねる質問票に「いいえ」と回答した行為を基礎としていた。陪審は両訴因について被告人を有罪とした。

第 9 巡回区 Court of Appeals は，被告人の行為は虚偽申告罪（1001 条）と持込現金不報告罪（1058 条及び 1101 条）の双方で処罰の対象になるものではないと判示した。同裁判所は「それぞれの刑罰法規が，他方の刑罰法規では要求されていない事実の証明を要求するものであるか」というブロックバーガー・テストを用いて，虚偽報告罪は持込現金不報告罪に包摂される犯罪であるとした。別言するならば，持込現金不報告罪違反はすべて，必然的に，虚偽報告罪を内包するというのである。同裁判所によると，義務づけられている報告を意図的に行わないということは，1001 条で禁止されている秘匿行為の一形態ということになる。同裁判所は，合衆国議会の意図は，被告人と同じ立場に置かれた者について，持込現金不報告罪のみで処罰することにあると思料されるため，虚偽報告罪での有罪部分は破棄されなければならないと判示した。

《判旨・法廷意見》

現判断を一部破棄

Per Curiam

合衆国議会の意図が重畳的処罰を許容するものか否かを判断するに当たり，第9巡回区 Court of Appeals がブロックバーガー・テストの適用を誤ったのは明白である。なぜなら，持込現金不報告罪の立証は，必ずしも虚偽報告罪の立証を含むものではないからである。1001条が禁止する重要事実の非開示は，当該重要事実が偽計を用いて秘匿した場合に限定される。これに対して，偽計を用いることなく，意図的に持込現金の報告をしないということは起こり得る。例えば，アメリカ合衆国に入国し税関を通過する旅行者が，質問されれば正しく回答しようと準備していたものの，5000ドルを超える現金の持ち込みについて一切質問をされなかったとしよう。この場合でも，この旅行者は，持ち込み現金の報告をせず意図的にアメリカ合衆国に現金を持ち込んだとして，1058条違反で有罪となり得る。しかしながら，偽計を用いて重要事実を秘匿したわけではないので，この旅行者の行為が1001条違反に問われることはない。

1001条と1058条・1100条のどこを見ても，この二つの異なる犯罪について別々に処罰することを合衆国議会が認める意図を有していないことを示す証拠はない。持込現金不報告規定を制定する際，合衆国議会が1001条を意識していたのは間違いないが，合衆国議会が両規定を同時に適用できないとは一切示唆していない。したがって，同一の行為について重ねて処罰することになる，二つの異なる犯罪を創出したことに合衆国議会が全く気づいていなかったと考えることはできない。

1001条と1058条・1101条の両方で処罰するというのが合衆国議会の意図であることは，虚偽報告罪と持込現金不報告罪の目的がそれぞれ別個のものであるという事実からも裏づけられる。持込現金不報告規定は，捜査，税務調査，行政調査で利用価値の高い記録を作成することに狙いがある。これに対して，虚偽報告規定は，合衆国政府の各部局やその職員が果たす公的機能を，偽計手段から生じる悪用から保護することを狙いとしている。

合衆国議会の意図は，被告人の行為を 1001 条と 1058 条・1101 条の双方で処罰することにある。したがって，1001 条違反の部分について破棄した第 9 巡回区 Court of Appeals の判断は，その部分に関して破棄すべきである。

《解　説》

被告人は，空港の税関で手渡された質問票に「いいえ」と回答したという 1 個の行為について，虚偽報告罪と持込現金不報告罪という二つの刑罰法規に違反するとして起訴された。したがって，本件は 1 個の行為が複数の刑罰法規に触れる場合にあたり，二重危険禁止の観点から，犯罪の 1 個性判断が問題となる。

この問題を規律するのが，ブロックバーガー・テストである。すなわち，「同一の行為が異なる二つの刑罰法規に違反する場合，犯罪の個数を決定する基準は，それぞれの刑罰法規が，他方の刑罰法規では要求されていない事実の証明を要求しているか」[1)] という基準である。元々は罪数関係を規律する基準であったブロックバーガー・テストを二重危険禁止法理の適用基準として用いたのは *Brown* である。

Brown で合衆国最高裁は，ブロックバーガー・テストの狙いについて，以下のように述べていた。すなわち，「二つの犯罪が 1 個の公判に付された場合において，この二つの犯罪がブロックバーガー・テストに照らして同一犯罪と評価されるのは，両犯罪行為の双方に刑罰を科すのを禁止するためである」[2)] としていた。そのため，ブロックバーガー・テストを適用するに当たっては，二つの刑罰法規の構成要件を比較するだけではなく，重畳的処罰の可否に関す

---

1) Blockburger v. United States, 284 U.S. 299, 304 (1932).

2) Brown v. Ohio, 432 U.S. 161, 166 (1977).

る立法者意思も考慮要素となる。

１個の行為が２つの刑罰法規に触れる場合，二つの刑罰法規の目的が別個のものである場合，それぞれの目的を達成することは正当と評価されるため，双方の刑罰法規で処罰することが許される。本件の合衆国最高裁の基本的な発想は，このようなものと思料される。なお，合衆国最高裁は，虚偽報告罪と持込現金不報告罪が包摂関係（大小関係）にあるわけではないとも述べており，*Brown* におけるブロックバーガー・テストの適用を意識した判断もしている。

（安井　哲章）

9. Grady v. Corbin, 495 U.S. 508 (1990)

ブロックバーガー・テストを適用して前訴の犯罪と後訴の犯罪の構成要件を比較し,「同一犯罪」とならない場合であっても, 検察官が, 後訴の犯罪の構成要件を立証するために, 前訴の犯罪を構成する行為を立証することになる場合, 二重危険禁止法理により後訴の訴追が禁止されると判断した事例。

《事実の概要》

被告人は, 追い越し禁止車線であるにもかかわらず, 車線を越えて自車を走行させたため, 対向車線を走行する2台の車両と衝突した。現場に駆けつけた検察官Dは, 2台目の車両を運転していた女性とその夫が重傷を負っていることを確認した。その日の夕方, この夫妻のうち妻の方が, この事故で受けた傷害が原因となって死亡した。同じ頃, 病院で治療を受けていた被告人は, 裁判所への出頭を命じる2枚の交通反則切符の発付を受けた。1通目の内容は軽罪である飲酒運転を告発するものであり, 2通目の内容は道路の中央分離帯の右側を走行する義務に違反したことを告発するものであった。

3日後, 別の検察官Cは, 本件をホミサイド(人の死亡結果を惹起する犯罪)で起訴するための証拠を収集し始めた。しかし, 検察官Cは, 被告人が交通反則切符での出頭期日を確認せず, 裁判所や他の検察官に, ホミサイドで捜査中であることを伝えていなかった。そのため, 交通反則切符に関する公判前の準備手続や公判前の訴答手続の中で, 担当検察官Gは被害女性の死亡に言及することはなかった。被告人が有罪答弁を行った際, 検察関係者は誰も出席していなかったこともあり, 裁判官はこの事故で被害者の1人が死亡した事実を知ることがなかった。量刑決定の期日に検察官は出席したものの, この検察官は被害女性が死亡した事実を知らなかった。検察官が最下限刑を勧告したため, 裁判官は被告人に, 350ドルの罰金, 10ドルの課徴金, 6カ月の免停を言い渡した。

2カ月後, 本件事故の捜査をしていた大陪審は, ① 無謀運転による過失致死（reckless manslaughter），② 第2級自動車運転過失致死（second-degree vehicular manslaughter），③ 被害女性の死を引き起こした過失致死（criminally negligent homicide for causing the death of Brenda Dirago），④ 被害男性の傷害を引き起こした第3級無謀暴行（third-degree reckless assault for causing physical injury to Daniel Dirago），⑤ 飲酒運転（driving while intoxicated）で被告人を起訴した。被告人側は二重危険を理由に免訴を主張した。

ニューヨーク州最高裁は，① 同州の二重危険禁止条項により，飲酒運転の訴追は禁止され，② 州法上，飲酒運転は第2級自動車運転過失致死に含まれる，より小さな犯罪であることは明白なので，無謀運転による過失致死と第2級自動車運転過失致死についての訴追は，ブロックバーガー・テストに照らして合衆国憲法第5修正の二重危険禁止条項に反するものであり，③ 起訴状の明細書を見る限り，過失致死と第3級無謀暴行を証明するために必要な行為として前訴の交通違反行為を利用する意図が明確に示されているため，過失致死と第3級無謀暴行についての訴追も禁止されると判示した。

合衆国最高裁がサーシオ・レイライを認容した。

《判旨・法廷意見》

原判断確認

ブレナン裁判官執筆の法廷意見

本件の事実関係及び争点は，10年前に *Vitale*（Illinois v. Vitale, 447 U.S. 410 (1980)）で合衆国最高裁が取り上げたものとほぼ同一のものである。本件の被告人コービンと同じく，ヴィターレも人の死傷結果を伴う自動車事故を引き起こした。現場に駆けつけた警察官は，ヴィターレが事故を回避するために減速をしなかったとして交通違反切符を切った。ヴィターレは有罪認定を受け，15ドルの罰金刑を言い渡された。後日，イリノイ州は無謀運転に基づく過失致死でヴィターレを起訴した。ヴィターレは，この起訴が二重危険禁止条項に違反すると主張した。

ブロックバーガー・テストでは，それぞれの刑罰法規が，他方の刑罰法規では要求されていない事実の証明を要求するものである場合，別個の犯罪と扱われることになる。したがって，このブロックバーガー・テストによると，過失致死罪による起訴は禁止されないと合衆国最高裁は判示した。過失致死罪では人の死亡結果の立証が必要であるが，減速義務違反では人の死亡結果の立証は不要であり，減速義務違反は過失致死罪の構成要件要素ではないからである。

しかし，合衆国最高裁の分析はここで終了しない。過失致死罪での起訴を維持するため，検察官は，減速義務違反の事実を立証したり，減速義務違反に必然的に伴う行為に依拠したりする必要があると考える可能性がある。ヴィターレは，彼が起訴されたより重大な犯罪にとって必要な要素となる行為について既に有罪とされているのであるから，*Brown*（Brown v. Ohio, 432 U.S. 161 (1977)）や *Harris*（Harris v. Oklahoma, 433 U.S. 682 (1977)）といった先例に照らして，二重危険の主張には十分な説得力がある，と合衆国最高裁は判示した。

この判断方法は正しいものであり，本件もこの判断基準にしたがって判断する。後訴が二重危険禁止条項によって禁止されるかを判断するに当たり，裁判所が最初に適用すべきなのは，ブロックバーガー・テストである。そして，*Brown* で示したように，二つの刑罰法規の構成要件が同一である場合や大小関係にある場合，後訴は禁止される。

二重危険禁止条項は，三つの保護を内容とする。すなわち，① 無罪となった犯罪で再び起訴されること，② 有罪となった犯罪で再び起訴されること，③ 同じ犯罪で重ねて処罰されることからの保護である。ブロックバーガー・テストが生み出されたのは，単一の訴追で二重に処罰するという文脈においてであった。この文脈において二重危険禁止条項が果たす役割は，量刑を担当する裁判所が立法者の意図したものよりも重い処罰を科すのを禁ずるというものにとどまる。ブロックバーガー・テストは条文解釈のルールの一つ，すなわち立法者が二重に処罰することを意図していたのか否かを判断するためのガイドにすぎない。

これに対して，連続的訴追の場合は，それが無罪判決の後であれ，有罪判決の後であれ，単に刑が重くなる可能性があるという以上の問題を発生させる。繰り返し起訴することを許容すると，検察は証拠提出の練習機会を得ることになるため，一つないし複数の公訴事実について誤った有罪判決が下される危険が増大する。ブロックバーガー・テストに照らして，１人の人物に対して連続的訴追が許される場合であっても，被告人は個々の訴訟手続の中でそれぞれの公訴事実に対峙しなければならないため，極めて重い負担が課されることになる。

これらの懸念があることから，連続的訴追の事案において，合衆国最高裁はブロックバーガー・テストを唯一の基準として適用することを拒んできた。*Brown* で合衆国最高裁は，たとえ二つの刑罰法規が別個のものであり，連続して刑を科すことができる場合であっても，二つ目の訴追において，１件目の訴追ですでに解決された事実を結びつけなければならない場合，連続的訴追は禁止されると判示した。

Ash において合衆国最高裁は，あるポーカーゲームに参加した者の１人に対して強盗を行ったとする公判で無罪となったということは，被告人が強盗の現場にいなかったことを説得的に立証するものなので，このポーカーゲームに参加した別の人物に強盗をしたという訴追は禁止されると判断した。また，*In re Nielsen*（In re Nielsen, 131 U.S. 176 (1889)）で合衆国最高裁は，２人の妻と２年半同棲したとして有罪となった後，この期間の翌日に，そのうちの１人と姦通したとして起訴することは許されないと判断した。両ケースとも，二つの犯罪が一つの公判に付された場合，ブロックバーガー・テストによるならば，両犯罪に刑を科すことが許される事案である。しかしながら，二重危険禁止法理は，このような二つの犯罪を連続して訴追することを禁止するのである。

また，*Brown* と同一開廷期に下した *Harris* において，合衆国最高裁は，後訴が二重危険禁止条項に違反するかを判断するに当たり，ブロックバーガー・テストを厳格に適用することが唯一絶対の方法ではないと判示した。*Harris* において被告人は，共犯者が強盗の過程で青果店の店員を銃撃し殺害したことにより，重罪遂行中の謀殺で有罪となった。その後被告人は，武装強盗で起訴され有罪とされた。ブロックバーガー・テストに依拠するならば，この二つの訴追は同一犯罪（same offense）に対するものではない。なぜなら，重罪遂行中の謀殺の構成要件は強盗に限定しておらず，重罪であればどのようなものでも，重罪遂行中の謀殺の立証として十分だからである。また，武装強盗は人の死亡結果の立証を要求していないからである。

しかし，重罪遂行中の謀殺に関する公判で，検察側は，武装強盗という重罪を構成する要素のすべてが立証される必要があることを認めていた。そのため，合衆国最高裁は全員一致で，後訴は二重危険禁止条項により禁止されると判断した。

これらのケースで確認されたことは，*Blockburger* で要求されているような二つの刑罰法規の構成要件を比較するだけでは，複数の公判に掛けられた被告人の保護にとって十分ではないということである。これらのケースは同時に，ブロックバーガー・テストの限界を示すものである。ブロックバーガー・テストが連続的訴追の文脈で二重危険の有無を分析する手法のすべてということになるならば，検察官は連続する四つの公判でコービンを訴追することができることになる。検察側は，それぞれの公判における証拠提出に改良を加えることができる。例えば，どの証人がもっとも説得力のある証言をするか，どの文書がもっともインパクトがあるか，どの冒頭陳述と最終弁論が陪審にとって説得力を有するものであるかということを学べるのである。これに対してコービンは，個々の公判で争うか，苦痛や出費を避けるために有罪答弁をするのかを強いられることになってしまう。

したがって，後訴が許されるためには，単にブロックバーガー・テストをクリアしたというだけでは不十分なのである。*Vitale* で合衆国最高裁が示唆したように，検察官が当該訴追における犯罪の構成要件を立証するため，すでに起訴された犯罪を構成する行為を立証することになる場合，二重危険禁止条項により後訴は禁止される。これは，提出証拠基準でもなければ同一証拠基準でもない。検察官がどの行為を立証するつもりなのかを吟味するのが重要なのであって，この行為を立証するために検察官がどの証拠を使用するつもりなのかは重要ではない。

ある公判で特定の証拠が提出された場合，いついかなる場合でも，検察官が後の訴訟手続でこの証拠の提出が禁止されるわけではない。他方で，検察官は，連続的訴追の場合において，同一の行為を立証するため，例えば前訴と後訴で証人をかえるというような，別々の証拠を提出するというような形で二重危険禁止条項の適用を回避することは許されない。事故現場にいた２名がコービンの事故を目撃したという場合において，コービンが運転する自動車が中央分離帯を越えたことを証言させるために１人を証人として召喚したとき，後訴でコービンのこの行為を証言させるため，２人目を証人として召喚することは二重危険禁止条項違反となる。

検察側は，被害女性の死を引き起こした過失致死と被害男性の傷害を引き起こした第３級無謀暴行の構成要件を立証するために，飲酒運転と中央分離帯の右側を走行しなかったという行為全体を立証する意図を有していることを認めている。したがって，二重危険禁止条項によれば，連続的訴追は禁止される。しかし，検察官が，すでに有罪とされた行為の立証に依拠する意図を有していないことが明白である場合，被害女性の死を引き起こした過失致死と被害男性の傷害を引き起こした第３級無謀暴行での後訴は禁止されない。

オコナー裁判官の反対意見

法廷意見は，*Dowling*（Dowling v. United States, 493 U.S. 342 (1990)）における当法廷の判断（無罪と判断された強盗事件における，「被告人が強盗犯人である」とする目撃証人の証言を，これとは無関係の別の強盗事件の公判で証拠として用いることができるとする判断）と矛盾する。

スカリア裁判官の反対意見

二重危険禁止条項は，同一行為ではなく同一「犯罪」について被告人が再度の危険に晒されることを禁止している。したがって，前訴の犯罪と後訴の犯罪の構成要件を比較するブロックバーガー・テストこそ唯一の基準である。

《解　説》

1．*Blockburger* の整理

合衆国憲法第5修正の二重危険条項は，「何人も，同一犯罪行為について，重ねて生命または身体の危険に晒されない」と規定している。すなわち，二重危険条項は，「同一犯罪」と評価される犯罪行為について，被告人を再度の危険に晒すことを禁じている[1)]。

二重危険禁止の観点から，二つの犯罪が同一犯罪と評価されるためには，それらが同一の行為に基づくものであることが必要である。このことが問題となるのには，二つのパターンがある。一つ目は，連続して二つの犯罪が行われた場合における，犯罪の1個性判断である。二つ目は，1個の行為が複数の刑罰法規に触れる場合における，犯罪の1個性判断である。

同一犯罪の判断基準を打ち出した先例として引用される *Blockburger*[2)] では，前記二つのパターンの両方が問題となっているが，前記のパターンのうち，後者に関する判示事項が，いわゆるブロックバーガー・テストと呼ばれる判断基準である。

Blockburger の事実関係は以下の通りである。ハリソン麻薬法1条は法定の印紙を貼付せずに麻薬を販売する行為を禁止し，同法2条は購入者の注文書に従わずに麻薬を販売する行為を禁止していた。こうして，文面上は二つの異なる犯罪が規定されているが，一つの販売行為が二つの規定に触れるとき，被告人は二つの犯罪を実行したことになるのか，一個の犯罪を実行したことになるのかが問題となった。

被告人は，同一人物に対し，時間的に接着して違法薬物を販売した。すなわち，① 被告人はある人物に対し薬物を販売し，② その直後にこの人物が次回の購入のための代金を前払いし，③ 翌日に被告人が薬物をこの人物に販売し

---

1)　二重危険禁止法理の包括的な研究として，中野目善則『二重危険の法理』（中央大学出版部，2015年）がある。ブロックバーガー・テストとの関係では，同書第二章及び第三章を参照されたい。

2)　284 U.S. 299 (1932).

た，というものである。①と③の薬物販売に関し，被告人は法定の印紙を貼付した容器を用いなかった。そこで被告人は，①の販売行為（訴因２）と③の販売行為（訴因３）で起訴された。さらに被告人は，③の販売行為が購入者からの注文書に基づかない点（訴因５）についても起訴された。

訴因２と訴因３の関係が，一つ目のパターンである，連続して２つの犯罪行為が行われた場合における犯罪行為の１個性である。同一人物に対して連続して麻薬の販売行為が行われた場合，連続犯として一個の犯罪となるのか，それとも個々の販売行為ごとに犯罪が成立するのかという問題である。合衆国最高裁は，個々の販売行為がどれだけ近接して行われようとも，個々の販売行為はそれぞれ独立した犯罪を構成すると判示した[3)]。要するに，訴因２と訴因３の関係は，麻薬販売行為についての罪数評価ということになる。

これに対して，訴因３と訴因５の関係が，二つ目のパターンである，１個の行為が複数の刑罰法規に触れる場合である。すなわち，法定の印紙を貼付した容器を使用せず，かつ，購入者の注文書によらずに麻薬を販売した行為が１個の犯罪なのか，それとも２個の犯罪なのかが問題となった。合衆国最高裁は，「同一の行為が異なる二つの刑罰法規に違反する場合，犯罪の個数を決定する基準は，それぞれの刑罰法規が，他方の刑罰法規では要求されていない事実の証明を要求しているか否かである」[4)]と判示した。合衆国最高裁はこの基準を適用して，訴因３の犯罪行為と訴因５の犯罪行為は別個の犯罪であり，２個の犯罪が行われたと認定した。このように，ブッロクバーガー・テストは，元々は犯罪の個数を決定するための基準として打ち出されたものであり，二重危険禁止法理の適用範囲を画する基準ではなかった。

２．*Brown* の整理

ブロックバーガー・テストを二重危険禁止法理の適用範囲を画する基準として用いたのは，*Brown v. Ohio*[5)]である。*Brown* の事実関係は以下の通りである。

3）　Id. at 301-303.

4）　Id. at 304.

5）　432 U.S. 161 (1977).

1973年11月29日，被告人は駐車場に停めてあった自動車を窃取した。その9日後の12月8日，被告人はこの自動車を走行させている際に逮捕された。被告人は，1973年12月8日に所有者の承諾なしに自動車を運転したとして，乗り廻し罪で起訴された。被告人は有罪答弁を行い，30日間の収監刑と100ドルの罰金刑を言い渡された。

この収監刑を終えた後，被告人は大陪審によって起訴された。公訴事実は二つの訴因からなるもので，訴因1は被告人が11月29日に自動車を窃取したというものであり，訴因2は被告人が同日の11月29日にこの自動車を乗り廻したというものであった。被告人側は，すでに12月8日の自動車の走行が乗り廻し罪に当たるとして有罪となっているため，11月29日の自動車窃盗と乗り廻しで起訴することは二重危険に当たると主張した。

合衆国最高裁は，オハイオ州法上，大小関係にある自動車窃盗罪と自動車乗り廻し罪が「同一犯罪」に当たるか否かが本件で問われている問題であるとし，これを決定する判断基準として*Blockburger*を引用した。すなわち，「それぞれの刑罰法規が他方の刑罰法規では要求されていない事実の証明を要求するものであるか」という基準を用いることを明示した上で，この判断基準は両犯罪の構成要件要素に着目するものであるとした。

そして，*Blockburger*と*Brown*とでは手続の流れに違いがある点を意識した論点整理を行っている。すなわち，*Blockburger*では，この判断基準は同一の公判に付された訴因間の関係性を整理するものであったのに対し，*Brown*では前訴と後訴の関係を規律するものになっているわけである。すなわち，「二つの犯罪が1個の公判に付された場合において，この二つの犯罪がブロックバーガー・テストに照らして同一犯罪と評価されるのは，両犯罪行為の双方に刑罰を科すのを禁止するためである。二つの犯罪がこのような評価を受けるものである場合，連続して二つの犯罪を起訴することも禁止すべきであるから，連続して起訴されたときには同一犯罪との評価を受けることになる」[6]。「1個の公

6） Id. at 166.

判の終了時点で裁判官が二つの犯罪の双方に刑罰を科すことが禁止される場合，検察官がこのような事態を回避するため，二つの犯罪を別々にして起訴すること（連続的起訴）も禁止される。すなわち，それぞれの刑罰法規が他方の刑罰法規では要求されていない付加的な事実の証明を要求するものでない限り，二重危険禁止条項は，一個の公判でそれぞれに刑罰を科すことだけでなく，分割して連続して起訴することも禁止する」[7]と判示した。

合衆国最高裁はこのような思考枠組みを示した後，これを自動車窃盗罪と自動車乗り廻し罪に適用する。すなわち，「自動車乗り廻し罪の構成要件は，所有者の同意なく自動車を操縦することであり，自動車窃盗罪の構成要件は所有者の占有を永続的に奪う意図で自動車を乗り廻すことである。自動車乗り廻し罪は自動車窃盗罪に包摂される犯罪であるため，すでに自動車乗り廻し罪の立証を終えた検察官が，自動車窃盗罪を立証するために必要な要件は，主観的要件のみということになる。そのため，すでに自動車窃盗罪の立証を終えた検察官は，必然的に，自動車乗り廻し罪の立証を終えているのである」[8]。「この公式では，重い犯罪での有罪が軽い犯罪での有罪に先行することになるが，この順序は重要ではない。大小関係にある犯罪について，二重危険禁止条項は，連続して訴追することも，1個の刑事手続で同時に処罰することも禁止している」[9]と判示した。

こうして，合衆国最高裁は，自動車窃盗罪と自動車乗り廻し罪の構成要件を比較し，両罪が大小関係にあることから構成要件が同一であり，二重危険禁止条項における同一犯罪に当たるとした。

また，本件は同一の自動車に対する乗り廻しと窃盗は単一の犯罪であるとし，9日間の乗り廻しが行われた本件において，自動車の乗り廻しと自動車の窃盗は一連の出来事の異なる側面に焦点を当てたものと理解することはできない旨判示した。すなわち，被告人の行為を，11月29日の自動車窃盗と12月

7）　Id. at 166.
8）　Id. at 167.
9）　Id. at 168.

8日の自動車乗り廻しに分割して起訴することはできないとした[10)]。被告人は，11月29日に自動車を窃取し，その後逮捕されるまでの9日間，この自動車を乗り廻している。したがって，若干時間の隔たりはあるが，自動車の窃取と乗り廻しという二つの行為が連続して行われた事案という側面を有している。その意味で，連続して二つの犯罪行為が行われた場合における，犯罪行為の1個性判断が問題となる。他人の自動車を乗り廻すためには，この自動車を窃取することが必要であるため，犯罪の性質上，この二つの犯罪行為は当然にして連続して行われることになる。この点が，個々の麻薬販売行為（訴因3と訴因5）を別個の行為と位置づけた*Blockburger*と異なる結論に至った理由である。

3．ブロックバーガー・テストとグレディ・テスト[11)]

*Brown*が*Blockburger*を引用したことにより，1個の行為が複数の刑罰法規に触れる場合，両犯罪の構成要件を比較することで二重危険禁止法理の適用範囲を画することになった。

しかし，合衆国最高裁の中にも，ブロックバーガー・テストを形式的に適用して前訴と後訴の関係を整理する考え方に批判的な裁判官はいた。例えばブレナン裁判官は，前訴と後訴がブロックバーガー・テストに照らして別個の犯罪に当たる場合であっても，後訴が禁止される場合があるとする。すなわち，刑罰法規の数が飛躍的に増加している現代社会において，単一の行為もしくは同一の事実から生じた複数の犯罪については，同時に訴追させる方が訴追権の濫用の阻止につながり，被告人を再訴による不利益から保護することにつながると主張していた[12)]。

このように，ブロックバーガー・テストを唯一の基準とする考え方に批判的

10） Id. at 169.

11） *Blockburger*から*Grady*を経て*Dixon*に至る判例の変遷および「同一犯罪」に関する理論状況について論じる論考として，北川佳世子「アメリカ合衆国憲法修正五条の『同一犯罪』の判断基準について」西原春夫＝松尾浩也＝田宮裕編『アメリカ刑事法の諸相　鈴木義男先生古稀祝賀』（成文堂，1996年）205頁以下がある。

12） See, Ash v. Swenson, 397 U.S. 436, 448-460 (1970) (Brennan J., concurring).

な意見を表明していたブレナン裁判官が *Grady* の法廷意見を執筆したのであるから，後訴の禁止に関してブロックバーガー・テストと異なる基準が提示されたのは当然ということになる。

ただし，グレディ・テストはブロックバーガー・テストそのものを否定するものではない。第1段階としてブロックバーガー・テストを使用する。そして，ブロックバーガー・テストに照らして前訴の犯罪と後訴の犯罪が同一犯罪ではない（別個の犯罪）と評価されるものであっても，第2段階として，後訴の犯罪の本質的な構成要件要素の立証のために，検察官がすでに訴追された犯罪を構成する「行為」を立証しようとするものであるかを問題にする。

後訴の犯罪の本質的部分の立証内容が，検察官がすでに起訴した犯罪の行為と一致する場合，実質的には，検察官に，この行為についての立証機会が複数回与えられたことを意味する。したがって，グレディ・テストは，検察官に付与される立証機会は1回とする考え方と適合するものといえる。また，グレディ・テストは過度な応訴負担から被告人を解放する役割を果たす。

Grady で合衆国最高裁はブロックバーガー・テストの適用の仕方に修正を加える判断を打ち出したが，この *Grady* は3年後に下された *Dixon*[13] で判例変更された。*Dixon* で法廷意見を執筆したのは，*Grady* で反対意見を表明したスカリア裁判官であった。スカリア裁判官は，元々，前訴の犯罪と後訴の犯罪の構成要件を比較するブロックバーガー・テストこそが，同一犯罪という合衆国憲法第5修正の文言に忠実であり，唯一の基準であると主張していた。

Dixon で *Grady* が判例変更されたことにより，再訴遮断の基準は前訴の犯罪と後訴の犯罪の構成要件を比較する思考方法に戻ることになり，行為の同一性を基準とする考え方は退けられた。

（安井　哲章）

13）　United States v. Dixon, 509 U.S. 688 (1993).

10. United States v. Felix, 503 U.S. 378 (1992)

連邦法上の共謀罪の訴追（後訴）でその顕示行為がすでに訴追（前訴）され有罪判決の言渡しがあった行為を基礎にする場合に，Court of Appealsが*Grady*を引用して後訴は二重危険禁止に違反するとしたのに対し，二重危険禁止条項上，後訴は遮断されないとして原判断を破棄した事例。

《事実の概要》

メタアンフェタミン製造企図を公訴事実とするミズーリ州での公判で，合衆国政府は，被申請人Felixがメタアンフェタミンの製造に必要な化学物質と器具をDEA（Drug Enforcement Agency）の情報提供者であるDwinnellsから買い受けようとしたことを証明した。Felixは頭金を支払い，品物をミズーリ州のホテルに届けるようにDwinnellsに指示し，Dwinnellsとホテルで会い検品後に，品物を運搬してきたトレイラーに自身の車を繋げたところを逮捕された。

Felixは公判で，犯意を否定し，自身はDEAの秘密捜査に協力していると誤信していたと主張した。政府側はFelixの犯意の立証のため，Felixが以前にオクラホマ州でメタアンフェタミンを製造していたという証拠を提出した。証拠によれば，FelixはDwinnellsから前駆物質を購入し，メタアンフェタミンの製造法を教えてもらうことと引き換えにこれをPaul Roachに提供していた。Roachは，ミズーリ州の公判で，政府側証人として証言し，自身とFelixがオクラホマ州でメタアンフェタミンを製造したことを述べた。このとき，政府の係官は製造に使われたトレイラーを押収したが，Felixは近くの森林に隠れて逮捕を免れている。Felixは有罪判決の言渡しを受け，第8巡回区Cour of Appealsはこれを確認した。

合衆国政府は，その後，オクラホマ州東地区でFelixを起訴した。Felixは，他の5名の者と，メタアンフェタミンの製造，所持，頒布販売を共謀したとする第一訴因の他，実体犯罪を公訴事実とする第2訴因から第6訴因，並びに，第9訴因と第10訴因で起訴された。後者のうち，第2訴因から第5訴因は，メタアンフェタミンの製造と頒布販売意図での所持，メタアンフェタミンの製造意図でのオイルの所持と，メタアンフェタミンの前駆物質の製造を内容とする。第6訴因は，メタアンフェタミンの製造施設の維持を内容とし，第9並びに第10訴因は，メタアンフェタミンの製造を促進させる意図で州外からオクラホマ州に移動したことを内容とする。政府側は，ミズーリ州の公判で提出したのと同じ，ミズーリ州並びにオクラホマ州での出来事に関する証拠を提出している。Felixはすべての訴因で有罪判決の言渡しを受けた。

第19巡回区Cour of Appealsは第1訴因から第6訴因について有罪判決を破棄した。同裁判所は*Grady*（Grady v. Corbin, 495 U.S. 508 (1990)）を引用し，二重危険禁止条項は，政府が「後の訴追の公訴事実の必須の要素を証明するために，被告人を訴追したことがある犯罪事実を構成する行為を証明する」（*Grady*, at 521）場合に，その後の訴追を禁止するとして有罪判決を破棄している。第1訴因については，ミズーリ州の公判とオクラホマ州の公判の双方で，Felixがオクラホマ州でメタアンフェタミンの製造方法を学び，同州の設備で薬物を製造し，その施設が急襲された後にミズーリ州で化学物質と設備を買い求めようとしたことを政府が証明していることに目を向け，双方の公判で政府が証明する行為に重要な重複があるのだから，後の訴追は二重危険禁止に違反すると判示する。第2訴因から第6訴因について，同裁判所は，Felixが化学物質と設備を購入し，オクラホマ州でメタアンフェタミンを製造したという犯罪事実の証拠として，ミズーリ州の公判でFelixの犯意の証明に政府側が提出していることを指摘し，Felixは同じ行為で反覆的に公判に付されていると結論付け，有罪判決を破棄している。

合衆国最高裁判所はサーシオレイライを認容した。

《判旨・法廷意見》

破棄

レンキスト首席裁判官執筆の法廷意見

本件で実体犯罪に係る第2訴因から第6訴因について，Felixに対する訴追が二重危険禁止に違反するか否かから検討を始める。

二重危険禁止は「同一の犯行」（合衆国憲法第5修正）を理由とする二重の訴追を禁じる。本件の第2訴因から第6訴因では，オクラホマ州の設備を利用した薬物犯罪であるのに対し，ミズーリ州における訴追はオクラホマ州の設備が急襲された後にメタアンフェタミンの製造を続けるために化学物質と設備の購入をFelixが企図したというものである。それぞれの公判で訴追された犯罪事実は時間と場所を異にしており，それぞれの犯罪事実を結び付ける共通の要素はない。第1訴因から第6訴因については，本件でFelixが訴追されている犯罪事実はミズーリ州の公判におけるものと同一の犯行ではない。

本件Cour of Appealsは，各公判で訴追された犯罪事実に焦点を合わせずに，政府が提出した証拠のタイプに焦点を当てている。しかし，オクラホマ州の出来事に関する証拠がミズーリ州の公判でFelixの犯意の証明のためにどれほど提出されようと，Felixはミズーリ州の公判においてミズーリ州での犯罪企図の他で訴追されていない。本件Cour of Appealsの判断は，ある訴追でその訴追に係る公訴事実の立証のために違法行為の証拠が提出された場合に，その違法行為を公訴事実として主張する訴追は二重危険禁止違反となることを前提とするが，この前提に立つことはできない。

Cour of Appealsは先に引用した*Grady*の判示を根拠とするが，*Grady*は「同一証拠」（at 521, and n. 12）テストを採用する意図を否定しているのであるから，これは*Grady*の読み方としては的外れである。

二開廷期前の*Dowling*（Dowling v. United States, 493 U.S. 341 (1990)）は，*Dowling*が銀行強盗で起訴された事案で，犯人同一性の証明のために，政府がVena Henryに対する強盗に関する証拠を提出したことの可否を争点とするものであった。Henryは自身が被害を受けた強盗犯が銀行強盗犯が使用したニットマスクを着用していたこと，マスクを剥いだときに犯人がDowlingであることが分かったことを証言したが，このときすでに，DowlingはHenryに対する強盗について無罪判決を得ていた。*Dowling*では，公判裁判所がHenry

の証言を証拠として許容したことが是認されており，二重危険禁止の附随的禁反言によりHenryの証言が排除されることはないというのがその主要な判断であった。その根拠は，連邦証拠規則404(b)が律する証拠の関連性の基準が有罪認定に必要な証明基準より低いことに求められるが，Henryに対する強盗に関する証拠の提出が反覆的訴追になるのであれば，附随的禁反言は争点にならなかったはずである。犯罪の証拠の提出は訴追と同じではないというのが基本原理である。

本件で，ミズーリ州の公判では，合衆国政府はオクラホマ州におけるFelixの行為を公訴事実として訴追しておらず，その証拠を提出しているにすぎない。オクラホマ州における公判で第2訴因から第6訴因までの訴追は二重危険禁止に違反しない。

次に，オクラホマ州における第1訴因による共謀の訴追が二重危険禁止に違反するかを検討する。共謀の訴追が如上の第2訴因から第6訴因より困難な問いを投げかけるのは間違いなく，共謀の訴因を支える九つの顕示行為のうち二つは，ミズーリ州ですでに訴追されていた二つの行為を基礎にしている。

Felixが主張し，本件Cour of Appealsが同意しているところによれば，*Grady*の判示により本件の共謀の訴追は遮断されるという。その根拠として，「その訴追で政府側が主張する犯罪成立要素の証明を行うと，被告人がすでに訴追されてる犯罪を成立させる行為を証明することになる」(Grady, 495 U.S., at 521）場合には，その訴追は二重危険禁止になるとの*Grady*の判示が引用される。

*Grady*は被告人が対向通行の幹線道路のセンターラインを越えて自車を走行させ，対向車に衝突し乗員の1名を殺害した事案で，州政府が酩酊運転の罪と対向車線走行の罪で起訴し，被告人が有罪答弁を行った2カ月後に，同じ事故にかかる殺人と暴行の罪で起訴したのが二重危険禁止違反に当たるか否かが争われた。当法廷は，ブロックバーガー・テストによれば，後の訴追が前に訴追された犯罪と大小関係にある場合，後訴が遮断されること，並びに，争点になっている最初の訴追で起訴された交通法規違反の罪は法律上，殺人並びに暴行

の罪と大小関係にないことを認めたうえで，*Grady* に類似の事案として *Vitale*（Illinois v. Vitale, 447 U.S. 410 (1980)）Ｉ引用を引用している。*Vitale* では，州政府が交通事故に係る故殺の罪で訴追したのに対し，当法廷は，傍論で，被告人が減速義務違反の罪に問われた前の有罪判決に依拠しているとみられる場合には，両罪には法律上の大小関係がないながら，後者は「法律上のものと類似した大に含まれる小の犯罪」（“species of lesser-included offense”）（Vitale, 447 U.S., at 420）とみることができるだろうと述べた。*Grady* の結論は *Vitale* の傍論が示唆するところに従っている。

しかし，共謀の対象である実体犯罪と実体犯罪を行う共謀とは二重危険禁止上「同一の犯罪」ではないというのは，このいずれの裁判例にも先立つはるか以前からのルールであり，いずれの裁判例でも疑問視されていない。

例えば，*Bayer*（United States v. Bayer, 331 U.S. 532 (1947)）では，兵士を非戦闘部隊に移す対価の収受により軍役の廉潔性を損ねた事実について軍法会議が士官に有罪判決を言渡している場合に，合衆国政府に対する忠実な役務の不正懈怠の共謀を理由とするその後の訴追は二重危険禁止に違反しないと判示されている。その理由は，共謀罪のエッセンスが「犯罪実行の合意乃至一致」（Bayer, 331 U.S., at 542）であることにあった。「行為を行う合意は行為自体とは別である」。（*Ibid.*）

これに関連して，当法廷は，「『大は小を含む』原理を *Brown* に典型的にみられるようなシンプルな状況から，CCE（continuing criminal enterprise，反覆継続的犯罪事業）の訴追が関係する，時間と場所の双方の点で複層的な活動に容易に移行」（Garrett v. United States, 471 U.S. 773, 789 (1985)）させないよう注意を払ってきている。本件 Felix に対する訴追は，共謀の大半の訴追と同様に，複層的な活動が問われる典型例である。大は小を含むというのは，共謀の訴追の分析にはそれほど有用ではなく，前の訴追に係る前提犯罪に基づく CCE の犯罪の分析には十分でない。

当法廷は，*Bayer* に始まる裁判例の流れに沿って，*Bayer-Pinkerton* のアプローチ（*Bayer-Pinkerton* line of cases）の下，犯罪実行の共謀とその犯行との相違を引き続き扱うことを選択する。*Grady* は同一証拠のテストを斥け，*Garrett* は「単一事件」（“single transaction”）のテストを拒絶している。この二つのテストと *Grady* の判示にみられる「同一活動」の文言を分ける一線を見つけるのは容易でない。

共謀と共謀の対象である犯行は別の犯罪であるという確立した法理をそのような不分明なところに絡ませないのが最良である。Felix に対する共謀の訴追は前の訴追とは別の犯罪を理由とするものであり，後訴は二重危険禁止に違反しない。

スティーヴンズ裁判官の一部補足の結論賛成意見（ブラックマン裁判官参加）

共謀の訴追に関する部分を除き法廷意見に参加する。共謀の訴追に関して，本件 Court of Appeals は，*Grady* に従えば，これが二重危険禁止に違反すると結論付けるが，連邦法上の薬物犯罪の共謀は顕示行為を要件としておらず，また，これが共謀者間の合意を証明するものではない。Court of Appeals は *Grady* の適用に誤りがある。

《解　説》

1．本件の2開廷期前の *Grady*[1] では，二重危険禁止条項による後訴遮断の範囲を画するものとして，長きにわたって支配的な先例とされてきていたブロックバーガー・テストについてそれまでにない見解が示された。本件では共謀の訴因と，共謀の対象である実体犯罪の訴因の双方について，被告人側が二重危険禁止違反であると主張したのに対し，合衆国最高裁判所はこれを退けている。このうち，後者については，その結論とともに，理由付けでも，法廷意見，補足意見で見解の一致がみられる。

ブロックバーガー・テストとは，*Blockburger*[2] の判示である，訴追の根拠罰

1） Grady v. Corbin, 495 U.S. 508 (1990). 本書9事件。
2） Blockburger v. United States, 284 U.S. 299 (1932).

条が双方とも，「他方の罰条で必要とならない要件事実の証明を必要」とする場合を除いて，後訴を二重危険禁止違反とするテストを指す[3)]。*Grady* ではこのテストでは遮断されない後訴であっても，政府が「後訴に係る公訴事実の必須の要素を証明するために，被告人を訴追したことがある犯罪事実を構成する行為を証明する」[4)]場合，後訴は二重危険禁止に違反するという新たな基準が示された。

本件 Court of Appeals は *Grady* のこの判示を引用して，ミズーリ州における本件の実体犯罪の証明にオクラホマ州で起きた出来事に関する証拠が提出されていることから二重危険禁止違反であると結論付ける。しかし，*Grady* の判示は，政府側が主張する被告人の犯罪行為，換言すれば，罰条が定める要件事実に言及するものであって，政府側主張に係る事実である被告人の行為を証明する証拠に言及するものではない。その点は，法廷意見が引用する *Grady* の注12[5)]にも明らかである。ここでは，ブロックバーガー・テストについて，このテストは提出される証拠に関係ないものなので，これが同一証拠のテストと称されるのは用語の誤用であることを指摘したうえで，本来の用語法によれば，同一証拠のテストは，先の訴追で提出されている証拠を政府側が後訴で提出することを禁止するものであろうが，我われはこれを採用するものではないことを明言している。本件の実体犯罪の訴追について，*Grady* に関するこのような理解から二重危険禁止違反を結論付ける点で，Court of Appeals に誤りがあるというのは，本件の法廷意見，補足意見で見解が一致している。

2．本件共謀の訴追について，Court of Appeals は *Grady* の同じ判示を引用し，本件訴追に係る顕示行為がミズーリ州ですでに訴追されている行為を基礎にしていることから二重危険禁止に違反すると結論付ける。

本件法廷意見が述べるように，*Grady* は *Vitale*[6)] の傍論の流れを受けた裁判

3) Blockburger, 284 U.S. 299, at 304.

4) Grady, 495 U.S. 508, at 521.

5) Grady, 495 U.S. 508, at 521, n12.

6) Illinois v. Vitale, 447 U.S. 410 (1980). 渥美東洋編『米国刑事判例の動向Ⅰ』32 事

例といえる。*Vitale* はイリノイ州法の減速義務違反行為を理由に有罪判決の言渡しを受けた後に，減速義務違反があった死亡事故にかかる過失致死罪で起訴された事例で，州 Supreme Court はこの後訴が二重危険禁止違反であると結論付けたのに対し，合衆国最高裁判所はこの判断を破棄差戻している。破棄差戻しの理由の一つは，過失致死の注意義務違反の内容が依然不明であるということであった。他方，*Vitale* の反対意見は，州 Supreme Court の反対意見が，法律問題として，州法の減速義務違反は過失致死に含まれる小さい犯罪であるとは限らないことを論じているのに対し，事実問題として，後訴が二重危険禁止に違反することを指摘する。減速義務違反によらずに過失致死を証明する意図が州側にあったとしても，二重危険禁止が長らく争点となっている手続で，州側からこの点の告知がなかったのであるから後訴は遮断されるとする。

このように，*Vitale* では，事実関係の評価の相違が意見の不一致を生んでいる一方で，前訴，後訴それぞれに係る公訴事実の罰条が，法律問題として，すなわち，犯罪成立要件の法律構成に大小関係にあるか否かを問うブロックバーガー・テストとは別に，後訴を遮断するものとして，事実問題として，すなわち，前訴の公訴事実の証明により後訴に係る公訴事実を政府側が証明する場合に，二重危険禁止による後訴の遮断を求める基準があるという点で，法廷意見，反対意見は一致している。

Grady では，法廷意見が *Vitale* の判示にも目を向けて，二重危険禁止の法理について詳述，整理している。*Grady* の法廷意見は，ブロックバーガー・テストは二重危険禁止のうち一つの訴追における二重処罰の禁止に関する基準を提供するものであるとしたうえで，二重危険禁止はこれと併せ反覆訴追に関心を寄せるとする。その関心は，「少なくとも英米法体系に深く根差す，二重危険禁止の考えは，国はその持てる資源と権力を動員して，国が主張する犯罪事実を理由に個人に対する有罪判決を獲得する試みを繰り返すことを許されるべきではない。このような試みはその個人を当惑させ，出費させ，試練に立たせ，

件（中野目善則担当）。

絶え間なく不安で不安定な生活を余儀なくさせる」[7]こと，並びに，複数の訴追が国に証明のリハーサルを行う機会を与え，誤った有罪判決のリスクを高くすることにあると論じる[8]。二重危険禁止のこのような理解から，「政府側が後訴に係る公訴事実の成立要件事実を証明するときに，前訴に係る公訴事実を構成する行為を証明することになる場合，後訴は二重危険禁止により遮断される」[9]という，本件で引用される判示が示される。

二重危険禁止による後訴遮断が，*Grady*の判示によって画されるとした場合に，共謀罪を公訴事実とする事案で後訴遮断とされる範囲が問われたのが，本件の共謀罪の訴因に関する争点である。本件Court of Appealsは共謀罪の訴因に対する訴追は，その顕示行為の証明で，すでに他州で訴追されている行為が証明されることになるとして，二重危険禁止がこれを遮断すると判示している。

本件の反対意見は本件共謀罪が顕示行為を要件としていないことに目を向け，この点の証明は二重危険禁止の上では重要性がないとしている。*Grady*の判示を厳密にみると，後訴に係る犯罪の必須の要素（an essential element of an offense charged in that prosecution）の証明により，前訴で訴追された犯罪を構成する行為が証明されることを基準としており，顕示行為が訴追対象の共謀の成立要件でないのであれば，本件後訴は*Grady*の判示が及ぶものではなく，二重危険禁止で遮断されないと論じることはできるであろう。もっとも，*Grady*の判示の特徴が，とりわけ，各罰条の法律構成を基準とするブロックバーガー・テストと比較したときに，各訴追の事実関係の下で，被告人が刑事責任を重ねて追及されるか否かを問う点にあるとすると，反対意見の読み方がこの特徴に合致するのか否かは問われるものと思われる。

法廷意見は*Grady*の判示にしたがった場合に共謀の本件訴追が遮断される

7） Green v. United States, 355 U.S. 184, 355 U.S. 187 (1957) cited at Grady 495 U.S. 508, at 518.

8） Tibbs v. Florida, 457 U.S. 31, 41 (1982) cited at Grady, 495 U.S. 508, at 518. *Tibbs*については，渥美東洋編『米国刑事判例の動向Ｉ』28事件（中野目善則担当）参照。

9） Grady, 495 U.S. 508, at 521.

ことを否定していない。この点を否定せずに，法廷意見は共謀罪に関する原理を維持することを理由に Court of Appeals の判断を破棄している。

二重危険禁止に関連する共謀罪の原理は共謀罪に関する法の形成期に説かれた Wharton Rule をめぐってより明確に示されている。これは 19 世紀半ばに提唱されたもので，「犯罪の概念が複数の起因者を論理的に必要とする場合，共謀罪は成立しない。犯罪は人の任意の加担は起因者が複数になることでその重大性を増すという性格があることを共謀罪は前提にする。言い換えれば，『二人の者が特定の犯罪実行のための結び付いた場合に』，その実行を特定の名前で称するのであれば，訴追者がそれを別の名前で称するのは合法でない。そして，法が例えば姦通などそのような犯罪に一定の刑罰を定めるのであれば，訴追者がその犯罪を共謀罪で起訴することでこの制限を免れるのは合法ではない。」[10)] という。

Wharton Rule の位置づけを検討した事例が *Iannelli*[11)] であった。ここでは，5 名以上の者がギャンブル事業を行うこと等を禁止する 1955 条（合衆国法典 18 編 1955 条）違反の罪とその共謀罪が問われた事例で，第 3 巡回区 Court of Appeals が両罪については Wharton Rule の例外として訴追と処罰が許容されるとして公判裁判所の有罪判決を確認している。合衆国最高裁判所は，共謀罪の処罰根拠を説く先例の判示[12)] を引用し，共謀罪とその対象である実体犯罪とは別個の犯罪とみるのが共謀罪処罰の理論構成に合致すること，Wharton Rule は共同の犯罪活動を必要的とする行為にかぎり妥当するものであり，「議会の反対の意図が明示されていない場合に，実体犯罪が証明されたときには実体犯罪と共謀罪が一つになるとの推定を支える」[13)] と位置づける。そのうえで，1955 条違反の犯罪は Wharton Rule の背景にある犯罪と性格と結果を異にする

10）　F. Wharton, Criminal Law §1604, p. 1862 (12th ed. 1932) cited at Iannelli v. United States, 420 U.S. 770, 773 (1975).

11）　Iannelli v. United States, 420 U.S. 770 (1975).

12）　Callanan v. United States, 364 U.S. 587, 593-594 (1961).

13）　Iannelli, 420 U.S. 770, at 786.

ことを指摘し，次に，立法意図を検討している。立法意図の検討では，1955条が組織犯罪規制法[14]の制定時に定めるに当たり，議会が実体犯罪と共謀罪とでは罪質が異なる（distinct nature）ことを明確に認識したうえで，ギャンブル事業には重大懸念が示されていたこと，ギャンブル事業推進を目的とする涜職罪の抑制策として共謀罪を活用するなどの立法技術を用いる中，1955条のギャンブル活動の定義では共謀や合意への言及がないことに照らして，共謀罪を1955条の訴追に吸収させて共謀罪の訴追を遮断する意図が議会にあったのであれば，その旨を明示したはずであるのに，かえって，議会はギャンブル活動を定義するに当たり，共謀の犯罪類型の根底にある関心に応えるものであることを論じていないことを指摘し，1955条制定の立法意図は明確であり，Wharton Ruleの助けを借りるには及ばないと結論づけている。

このように，本件法廷意見が判示するように，二重危険禁止上の共謀罪の性格は長きにわたって確認されてきているが，他方で，従来の裁判例で問われた問いと本件の問いは二つの点でコンテクストに違いがあることには注意を要する。

第1に，共謀罪の性格を確認してきた従来の裁判例は，共謀罪と共謀が対象とする実体犯罪の関係を問うものであった。共謀罪での意思の合致がその対象である実体犯罪の実行に結実した場合に，その両罪に対する訴追・処罰が二重危険禁止に違反しない根拠を共謀罪には実体犯罪と別に規制すべき性格があることに求めてきたのが従来の裁判例であった。これに対し，本件では，後の訴追に係る共謀の顕示行為のうちに，前訴で訴追・処罰された犯罪行為があるという事実関係の下で，後訴の合憲性が問われている。本件は，その意味で，二重危険禁止にとって重要な共謀罪の性格を確認するとともに，その性格づけから他の犯罪との吸収関係を否定した点に意義を見出すことができる。

第2に，本件は*Grady*の後の判断である。本件Court of Appealsは*Grady*を引用し，二重危険禁止違反であると結論付け，最高裁判所はこの判断を破棄し

---

14) Organized Crime Control Act of 1970, Pub. L. No. 9152, 84 Stat. 922, 923.

ている。その際のリーズニングでは共謀罪の先述の性格に根拠が求められている。*Grady* は従来のブロックバーガー・テストが法律構成を基準にするものであるのに対し，新たに，前訴，後訴に係る犯行の事実関係に着眼するものである。本件法廷意見が Court of Appeals の判断を破棄したことは，その点を明示するものではないが，前訴，後訴に係る犯行の事実関係に着眼するという *Grady* の新しいアプローチから離れて，従来からの，法律構成を基準とするブロックバーガー・テストを基本原則とする考えを反映するものといえるように思われる。

（堤　和通）

11. United States v. Dixon, 509 U.S. 688 (1993)

保釈条件または裁判所によるDVの保護命令の不遵守が，法廷侮辱罪に当たるとして同罪で起訴された者に対し，その違反行為自体が刑罰法規に触れることを理由に，これを別途起訴することが二重危険禁止法理に反するか否かが問われ，ブロックバーガー・テストに加えて行為の同一性も基準とする先例の *Grady* が変更され，ブロックバーガー・テストのみが基準となるとされた事例。

《事実の概要》

被申請人ディクソンは第2級謀殺の嫌疑で逮捕され，保釈金を支払い保釈された。その際，保釈の条件の一つとして「いかなる犯罪も行わないこと」との条件が付されたが，ディクソンは保釈中，頒布目的でコケインを所持し，この保釈条件に違反したとされ，法廷侮辱罪で有罪となった。その後，ディクソンは，コケインの頒布目的所持自体でも起訴され，この起訴が二重の危険に当たると主張して公訴棄却を求めたところ，公判裁判所はこの申立てを認容した。

被申請人フォスターは，別居中の妻との関係で裁判所から非刑事（civil）上の保護命令が出され，「性的にみだらな行為を行ったり（molest），暴行を加えたり（assault），いかなる方法であれ脅迫したり（threaten），虐待したりすること（physically abuse）」を禁じられていたが，フォスターの妻は，フォスターがこの保護命令に違反する多数の行為を行っており，それが法廷侮辱罪に当たると申し立てた。その申立ての内，本件と関連するのは，3件の脅迫（1987年11月12日（①），1988年3月26日（②），1988年5月17日（③）の各行為）と2件の暴行（1987年11月6日（④），1988年5月21日（⑤）の両行為）である。フォスターは，④，⑤の暴行を含む4件の違反行為につき法廷侮辱罪で有罪とされ，それ以外については無罪とされた。

合衆国検察庁は，その後，④に関する単純暴行と①，②，③の脅迫，そして，⑤に関する殺意を伴う暴行それ自体を訴因としてフォスターを起訴した。

フォスターは，④と⑤の訴因については，既に法廷侮辱罪で有罪となっており，他の三つの訴因は法廷侮辱には当たらないとして既に無罪となっているため，全訴因は二重危険禁止法理により公訴棄却されるべきであると主張した。これに対して，公判裁判所が二重危険禁止違反の主張を退けたところ，フォスターは上訴した。

政府もディクソンの事件での二重危険禁止違反の判断につき上訴した。コロンビア特別区 Court of Appeals は，両事件を併合して大法廷で審理し，*Grady*（Grady v. Corbin, 495 U.S. 508 (1990)）に依拠して，両事件の後訴は二重の危険に当たると判示した。合衆国最高裁判所は，ある行為が法廷侮辱罪で有罪または無罪とされた後，当該行為を禁じる刑罰法規違反自体を理由に，別途起訴することが二重の危険に当たるかを判断するため，サーシオレイライを認容した。

《判旨・法廷意見》

一部確認，一部破棄差戻し

1．スカリーア裁判官執筆の法廷意見（1と3のみが法廷意見で，2と4はケネディ裁判官のみ参加の意見）

(1)　二重の危険の禁止条項は，「何人も同一の犯罪に対して再度生命または身体に対する危険に晒されない」と規定する。この保護策は，同一の犯罪の二重処罰に対しても，反復訴追に対しても適用される。そして，法廷侮辱罪も，少なくとも正式事実審理を経て執行されるのであれば，それは，「通常の意味での犯罪」であり，二重の危険禁止条項が適用される（Menna v. New York, 423 U.S. 61 (1975) (per curiam)，Colombo v. New York, 405 U.S. 9. (1972) (per curiam)）。

二つの犯罪について処罰又は訴追することが，二重処罰または二重訴追に当たるか否かを判断する際に，当裁判所は，「同一要素」テスト，別名ブロックバーガー・テストによりこれまで判断してきている（See, e.g. Brown v. Ohio, 432 U.S. 161 (1977)；Blockburger v. United States, 284 U.S. 299 (1932)）。この同一要素テストとは，二つの犯罪が互いに他方に含まれていない要素を含んでいるか検討し，含んでいなければ「同一の犯罪」として二重の危険により再度の処罰と訴追が禁止されるというものである。さらに，近時の *Grady* において当裁判所は，ブロックバーガー・テストに加えて，「同一行為」テストも基準として用いると判示した。この「同一行為」テストは，「その訴追で起訴されている犯罪の極めて重要な要素を証明しようとすると，政府は，被告人が既に訴追された犯罪を構成する行為を証明することになる」か否かというものである。

2．A　本件では，裁判所命令が犯罪行為自体を禁じている場合において，後訴をブロックバーガー・テストの下で認めることができるかということが，まず，問われており，認められるということであれば，*Grady* の「同一行為」テストの下でも認められるかの検討に進まなければならない。

まず，ディクソンについてであるが，法廷侮辱罪による制裁は，命令に組み込まれた薬物犯罪を行ったことを通じて，命令に違反したことに対して科されるものであり，後に薬物犯罪を訴追しようとすることは，*Harris*（Harris v. Oklahoma, 433 U.S. 682 (1977) (per curiam)）における二重の危険の判断と類似している。*Harris* では，州が，被告人を重罪遂行中の殺害を理由とする謀殺罪（重罪謀殺罪：felony murder）（筆者注：本事案では強盗に伴う重罪謀殺）で起訴し，その後，同じ強盗事件について銃器を用いた強盗で被告人を起訴した場合に，その銃器を用いた強盗に対する続く訴追は二重の危険条項によって禁止され，その理由は，既に重罪謀殺罪で訴追を受けているからであると判示した。二重の危険の目的からすれば，重罪謀殺罪と一般的に呼ばれる犯罪は，その様々な要素と切り離した個別の犯罪ではない（Illinois v. Vitale, 447 U.S. 410 (1980), Whalen v. United States, 445 U.S. 684 (1980)）。したがって，本件でも，保釈の条件に違反した（薬物犯罪という）「犯罪」は，条件違反の「要素」から取り出すことはできない。本件での裁判所命令は，*Harris* での重罪謀殺罪についての条文が複数の重罪を組み込んでいるのと同様に，すべての犯罪の規制を含むものである。*Harris* と同様に，本件での刑罰法規それ自体に対するに違反は一種の「より軽い包摂された犯罪」である。

ディクソンの行った薬物犯罪は前の法廷侮辱罪の中に含まれていない要素を何ら含んでいないので，薬物犯罪でその後訴追することは二重の危険条項に反する。

また，フォスターの④の訴追は暴行罪についてであるが，過去には，その暴行を禁じる非刑事の保護命令に違反したとして有罪とされており，その際の行為と現在の暴行罪は同一の行為であるので，④の訴追はブロックバーガー・テストにより禁止される。

B　フォスターにおける残りの四つの訴因である殺人を意図した暴行（⑤），傷害または拐取の脅迫（①～③）はブロックバーガー・テストの下で訴追は禁じられない。というのも，⑤は，単純に暴行を行ったことではなく，殺人を行うことの具体的な意図の証明を求めるが，法廷侮辱罪は，このような意図を証明することを求めず，非刑事の保護命令が出ていることをフォスターが知っていたことに加えて，その条件に故意に違反し，刑法に定義される単純暴行（simple assault）を行ったことを証明することを求めるからである。また，①～③についても法廷侮辱罪で有罪とするには，非刑事の保護命令に故意に違反することが求められるのに対し，①～③の訴因ではそれを求めない。逆に，①～③の訴因で有罪とするには，脅迫が，個人を拐取し，または身体に対する傷害，もしくは財産に対する損害を加えるとの脅迫でなければならないが，法廷侮辱については，非刑事の保護命令が何らかの形で脅迫を加えることを禁じているので，これらを求めない。したがって，それぞれの犯罪は異なった要素を含んでおり，ブロックバーガー・テストの下で二重の危険はない。

3．次に，グレイディー・テストの下で訴追が禁じられないか検討しなければならない。*Grady* は，政府が既に訴追した犯罪を構成する行為を再度証明することを禁じており，本件では，暴行，脅迫という非刑事の保護命令に違反する犯罪を証明した後に，暴行については，殺意を持って暴行を行うという要素と，脅迫については，身体に危害を加えると脅迫するという要素を証明することになる。確かにこれは *Grady* の下では禁止されるが，当裁判所は，*Grady* は変更されなくてはならないと結論付ける。

Blockburger の定義には深い歴史的なルーツがあり，当裁判所の数多くの先例によって受け入れられてきているが，*Grady* は憲法上のルーツがなく，その「同一行為」のルールは初期の当裁判所の先例とも完全に一致せず，二重の危険の明確なコモン・ロー上の理解とも一致しない（See, e. g., Gavieres v. United States, 220 U.S. 338 (1911)）。

本件でスーター裁判官は，*Grady* の先例として四つの判例に依拠しており，スーター裁判官が主張する「同一行為」のルールの根源は，*Nielsen*（In re Nielsen, 131 U.S. 176 (1889)）であるが，これは明確に間違っている。*Nielsen* は，より重大な犯罪の訴追は，その重大な犯罪の中に含まれているより軽い犯罪の訴追を禁止するという単に一般的な前提を適用したものであり，*Blockburger* と完全に一致する。

二つ目の判例は，*Brown* であり，この判例もその脚注6でブロックバーガー・テストだけが同一の犯罪の訴追であるかどうか判断する唯一の基準ではないとしている点を除いて根拠にならず，*Brown* も *Nielsen* と同様に大きな犯罪に含まれるより軽い犯罪が問題になったという場合である。

三つ目の判例は *Harris* であり，スーター裁判官は，ブロックバーガー・テストが続く訴追を禁止する時期を判断するのに不十分であり，行為は単に犯罪の要素として検討するのではなく，検討の対象そのものでなくてはならないと主張するが，それは違う。*Harris* では，「行為」という文言は1度も使用されておらず，そこでの議論のすべては二つの犯罪の要素に集中していた。*Harris* はスーター裁判官のような解釈を否定し，*Blockburger* のように最初の事件を犯罪の要素に着目するように扱うことを示しているのは明白である。

最後に，*Vitale* は単に *Harris* を包摂関係にある犯罪に対し，二重の危険の禁止が適用されるとしただけで，*Grady* で示された争点を扱っていない。

また，*Grady* 以前で *Nielsen* の後に示された *Gavieres* と *Burton*（Burton v. United States, 202 U.S. 344 (1906)）では，ブロックバーガー・テストだけしか適用されておらず，*Nielsen* がブロックバーガー・テストに加えて何らかのさらなる要件を課したというスーター裁判官の主張と一致しない。

Grady は原理において誤りがあるだけではなく，既に適用面において安定性を欠くことが証明されており，例外を大きく認めることを余儀なくされている。*Felix*（United States v. Felix, 503 U.S. 378 (1992)）では，メタンフェタミンの製造，所持，頒布の共謀の後の訴追は同じメタンフェタミンの製造未遂の前の有罪によって禁止されないと判示したが，その際には，*Grady* を忠実に解釈することを避けた。このような長きにわたる *Grady* の例外はグレイディー・ルールが正確なものではないという懸念を生じさせてきてしまっている。

Harris は *Grady* がなければ当裁判所の先例上，明確な解答をすることができる。*Blockburger* の下で，この場合の２度目の起訴は禁止されない。というのも，２度目の起訴は前者の犯罪とは性質上異なっており，片方の犯罪の証拠は他方の起訴事実を支える証拠とはならないからである。したがって，*Grady* が混乱の元凶であり，変更されなくてはならないという結論を強める。

先例拘束性の原理は憲法上の判断をする際には好まれるべきものであるが，先例が機能せず，またはその理由付けが悪いのであれば，先例に従うことに拘束されない。

４．*Grady* を変更し，フォスターに対する①～③，⑤の訴追は禁止されないが，フォスターに対する④とディクソンに対する後訴は二重の危険禁止条項に反する。コロンビア特別区 Court of Appeals の判断を一部確認，一部破棄し，当裁判所の意見に沿ってさらなる審理を行わせるべく本件を差し戻す。

２．レンクィスト首席裁判官執筆の一部補足意見，一部反対意見（オコナー裁判官，トマス裁判官参加）

Grady の同一行為テストは二重の危険条項の文言と歴史と一致せず，当裁判所の初期の先例から逸脱し，適用が困難であることが証明されたので，*Grady* は変更されなければならないとする法廷意見に賛同するが，本件での刑事訴追はいずれも *Blockburger* の下で禁止されないと解する。

私の理解では，*Blockburger* の同一要素テストは関係する特定の裁判所命令の文言ではなく，通常の意味での法廷侮辱の要素に着目することを求める。本件でスカリーア裁判官はディクソンの薬物頒布とフォスターの暴行の訴追は二重の危険条項に反するとしているが，これは誤りである。伝統的な考えによれば，一般的なこととして，被告人が法廷侮辱罪とされた行為に対してその後さらに訴追をすることは二重の危険条項により禁止されない。法廷侮辱という全体の犯罪は本件での実体刑法上の訴追とは異なった要素を有するので，*Blockburger* の下で両者は独立した犯罪であり，包摂関係にはない。*Harris* は，問題となっている犯罪が包摂関係にある犯罪と類似している場合に限定して適用されるものであり，本件には適用できない。

ブロックバーガー・テストを本件に適用すると，法廷侮辱の規定の要素と実体刑法上の犯罪の要素は完全に異なる。法廷侮辱は被告人に向けられた裁判所命令があり，それに故意に違反することによって構成される。これらの要素のいずれも被告人が暴行や薬物頒布という実体刑法上の犯罪を行ったと証明することによって必ずしも充足されるわけではない。同様に，それらの実体刑法上の犯罪のいずれの要素も被告人が法廷侮辱で有罪であるという証明によって必ずしも充足されるわけではない。

Blockburger を適用した当裁判所の二重の危険の事例は，起訴された犯罪の法律上の要素に焦点を当ててきている。スカリーア裁判官の分析では *Grady* での分析と極めて類似することになる。というのも，スカリーア裁判官は，法廷侮辱罪の全体の要素ではなく，本件で関係する特定の裁判所命令の違反を証明するのに必要となる事実に焦点を当てているからである。

Harris の判断は *Blockburger* の起訴された犯罪の法律上の要素に焦点を当てるということから逸脱していない。*Harris* の重罪謀殺についての法律の規定は被告人が武装強盗を行っていたことの証明は要求しないが，被告人が「何らか」の重罪を行っていたことを証明する必要があり，当裁判所は，何らかの重罪ということへの一般的な言及は，有罪とされた重罪謀殺が種々の重罪の法律の要素を包含するものと解釈した。これに対して，本件で関係する法廷侮辱罪の規定は，暴行や薬物頒布という法律上の要素を組み込む一般的な言及がな

い。

Harris は二つの犯罪が包摂関係にある場合に適用されるものと考えなければ，*Blockburger* テストの犯罪の法律上の要素に目を向けるという従前の考え方を黙示的に変更した事例となってしまう。そして，より軽い包摂される犯罪とは，他の犯罪の法律上の要素の中に「必ず含まれる」犯罪である（Fed. Rule Crim. Proc. 31 (c) ; Schmuck v. United States, 489 U.S. 705 (1989) 参照）。*Harris* でいえば，武装強盗を行う被告人は重罪謀殺の法律上の要素の一つを必ず充足しているが，本件では当然そうはいえない。すなわち，頒布目的でコケインを所持していたことで有罪となった被告人や暴行で有罪となった被告人は法廷侮辱罪の法律上の何らかの要素を必ずしも充足していない。また，法廷侮辱罪で有罪とされた被告人は必ずしもそれらの実体刑法上の犯罪の要素を充足しているともいえず，二重の危険条項に反しない。確かに，*Grady* の下では，現に訴追している犯罪の極めて重要な性質を証明するために，既に訴追された犯罪を構成する行為を再度証明する場合には二重の危険に当たるので，本件で実体刑法上の犯罪について有罪とするためには，政府は法廷侮辱で有罪の基礎となった行為を証明することになり，二重の危険に当たるが，*Grady* は変更すべきである。

ホワイト裁判官執筆の一部結論賛成意見，一部反対意見（スティーヴンズ裁判官参加，スーター裁判官参加（一部のみ参加））

ディクソンに対するコケインの頒布目的での所持に対する訴追とフォスターの暴行に対する訴追が二重の危険により禁止されるとの結論には賛成するが，スカリーア裁判官の判示の理由と，特に，*Blockburger* の本件への適用については不満が残る。

本件でフォスターによって提起された問題を解決するには，*Grady* に依拠する必要はないが，*Grady* を変更することも求められない。*Grady* を変更するべきではないとするブラックマン裁判官とスーター裁判官に賛成する。

1．法廷侮辱罪は続く訴追と同一のものか，包摂された犯罪であるから，ディクソンとフォスターに対してなされた続く訴追はすべて禁止される。

A　本件での裁判所命令で禁じられた行為は実体刑法で既に禁止されている行為と同一であり，それらを組み込んだものである。したがって，法廷侮辱罪はディクソンの頒布目的での薬物所持の訴追と同一であり，フォスターとの関係では，同様ないし後のすべての訴追に包摂された関係にあるので，二重の危険が適用される。

B　*Blockburger* の同一要素テストの下でスカリーア裁判官は，本件での法廷侮辱罪の要素として，裁判所による保護命令の存在と実体刑法に反することを挙げており，法廷侮辱罪の基礎を形成する犯罪行為がその後の訴追で起訴されたものと同じである場合には *Blockburger* により再度の訴追が禁じられるとしており，フォスターの暴行もディクソンの薬物犯罪もこれに該当するとの結論には賛成するが，そこでの理由付けは異なる。続く訴追での危険は個人が2度同じ訴追に対して防御しなければならないということなので，保護命令ではなく，フォスターとディクソンに対して向けられている実体刑法上の犯罪を比較しなければならない。

スカリーア裁判官によれば，両犯罪が他方が証明を求めない要素を含んでいる場合には二重の危険に当たらないとしており，犯罪についての法律の要素に焦点を当てるのは，重複処罰の問題の場合には有用である。したがって，*Blockburger* テストは議会の意図を明らかにするのに資する。しかし，スーター裁判官が示すように，議会の意図に固執することは，続く訴追に対する二重の危険条項による保護策によって促進される重要な利益とはほとんど関係ない。二重の危険条項の中心的な目的は複数回の訴追からの保護であり，これらの利益は不当な処罰の保護のさらに先を行くものである。同一要素テストは不十分な保護策であり，その理由は，法律の定義を修正する立法府の判断に憲法上の保障を委ねることになるからである。したがって，当裁判所は同一要素テストを厳格に適用したことは *Gavieres*（Gavieres v. United States, 220 U.S. 338 (1911)）において1度しかなく，*Blockburger* テストが唯一の基準ではないと繰り返し述べてきており，二つの犯罪が異なっていても，2度目の訴追が1度目の訴追での事実を蒸し返す場合にはその2度目の訴追は禁止される。

C　フォスターの暴行を例にすれば，法廷侮辱の手続で既に暴行については有罪とされているところ，政府は殺害の意図を持った暴行として2度目の訴追をしているが，単純暴行は殺害の意図を持った暴行に包摂されるので，殺害の意図を持った暴行で有罪となれば単純暴行について二重の危険に晒されることになる。

2．本件で*Grady*を参照する必要はほとんどなく，*Grady*の変更に反対する。

3．二重の危険条項によりフォスターとディクソンの後の訴追はすべての訴因につき禁止される。ディクソンの続く訴追とフォスターの④の訴追が禁止されるとの結論に賛成するが，その余の*Blockburger*の適用には反対し，*Grady*を変更するとの判断に反対する。

ブラックマン裁判官の一部結論賛成意見，一部反対意見

法廷侮辱罪が二重の危険条項の下で殺意ある暴行や頒布目的でのコケインの所持と「同一犯罪」であるということには賛成できない。

1．ブロックバーガー・テストが排他的な基準ではないとのスーター裁判官に賛成する。また，*Grady*は正しいものであり，二重の危険条項は，後の訴追で有罪とするために求められる証明が被告人が既に訴追された犯罪を構成することである場合にはその後の訴追が禁止される。

法廷侮辱罪は，裁判所の権威を実現するという限定的な目的のためにある。法廷侮辱罪は，裁判所によって課された具体的な義務に違反する行為に制裁を与えており，そこでの目的は裁判所命令に違反したという特定の犯罪を処罰することにあり，コミュニティ一般に対する犯罪を処罰することではない。

2．法廷侮辱は公判裁判所がその命令を実現することを可能にする数少ない機構の一つである。法廷侮辱罪によって資すことができる唯一の利益を無視することは，裁判所の監督下にある被告人を統制する裁判所の能力を危険に晒すだけでなく，裁判所の権威と裁判所の保護下にある者達への明白な脅威に効果

的に対応する裁判所の能力を掘り崩すことになる。

裁判所の権威を実現することで資する利益は実体刑法に反したことに対する訴追によって資する利益とは根本的に異なるので，ディクソンもフォスターも第５修正上，同一犯罪につき二度危険に晒されていない。

スーター裁判官執筆の一部結論賛成意見，一部反対意見（スティーヴンズ裁判官参加）

法廷侮辱と実体刑法に反する行為の起訴が二重の危険に当たるとの判示には賛成するが，二重の危険条項の射程を制約することには反対する。また，*Grady* の変更にも反対し，ディクソンとフォスターに対するすべての訴追は二重の危険条項により禁止されると考える。

１．ブロックバーガー・テストは二つの犯罪の要素に目を向ける。そして，二つの法律がある行為を複数回の処罰との関係で同一犯罪としているかを判断することは法律の解釈の問題だけが関係する。単一の行為を処罰することに関しては，ブロックバーガー・テストは立法者が二回以上処罰することを意図しているかを検討する。政府には幅広い処罰の権限が与えられるが，そこでの限界は第８修正，第 14 修正によって画される。犯罪と刑罰は立法者によって定められるので，二重の危険条項の下での問題である刑罰が複数か否かという問題は本来的に立法者の意図の問題である。

２．他方で，続く訴追を避けることの利益は複数回の処罰の禁止の利益とは異なる。政府は，ブロックバーガー・テストに合致している限り，各犯罪を個別に処罰をすることができるが，当裁判所は，政府はそれらの犯罪は同時に訴追しなければならないと判示してきた。というのも，同一行為に基づいて，各犯罪につき個別に訴追することが認められると，政府は犯罪の定義を変更し，本質的に同じ行為につき何度も訴追することができるようになるからであり，それは二重の危険条項の原理にそぐわない。したがって，ブロックバーガー・テストとは，続く訴追が認められるかを判断するための唯一の基準ではないことになる。そして，最初の訴追で既に解決された事実を蒸し返す２度目の訴追は禁止される。

3．また，近時の事例として，*Brown* ではブロックバーガー・テストが唯一の基準ではないことを示しているし，*Harris* は，ブロックバーガー・テストを厳密に適用すれば，２度目の訴追が認められる事例であったが，当裁判所は，包摂関係にある犯罪であるとして２度目の訴追は認めなかった。さらに，*Vitale* では，たとえ，ブロックバーガー・テストが満たされても，最初の訴追での犯罪行為を構成する行為について２度目の訴追を行うことは禁止されると解釈し，ブロックバーガー・テストの下で二つの犯罪が同一ではないとしても二重の危険に当たるとの主張は必ずしも否定されないことを示唆した。そして，*Grady* では，当裁判所は同一行為テストを示し，これは1889年の *Nielsen* での適用方法を適用したものであり，*Brown*，*Harris*，*Vitale* も *Nielsen* の判示を反映したものである。

4．*Grady* の結論は原理において不健全でも実用面においても機能しないものでもなく，*Grady* は明快なものである。

5．ディクソンはコケインの所持により犯罪をしてはならないという裁判所命令に違反して有罪とされ，その後，同じコケインの所持という行為により頒布目的でコケインを所持した罪で訴追された。二つの犯罪は要素において異なるのは事実であるが，コケインの所持で既に訴追されているため，ディクソンは同一の行為に基づいて，２度の訴追を受けない。フォスターについても，いずれの後に訴追されている行為も最初の法廷侮辱での行為を構成するものなので，*Vitale* と *Grady* で解釈したように，*Nielsen* と *Harris* の下で２度目の訴追は禁止される。

6．*Grady* は100年以上も前からの当裁判所の先例に根差すものであり，同一行為に対する２度の訴追を禁じる原理を *Nielsen* 以来継承してきており，これらの判例をなくすということになれば，憲法上の原理を適用できなくなる。ディクソンの訴追については結論に賛成し，フォスターの訴追については④の訴追に関してのみ結論に賛成するが，①～③，⑤について二重の危険に当たらないとする結論には反対する。

《解　説》

1．アメリカ合衆国憲法第5修正は，「何人も同一犯罪につきその生命または身体を2度危険に晒されない」と規定している。本件では，法廷侮辱罪で有罪または無罪とされた後に，さらに，法廷侮辱罪の根拠となった行為それ自体を実体刑法を適用して訴追することが二重の危険に当たるかが問われている[1)]。具体的には，ディクソンについては，保釈条件に違反して，頒布目的でコケインを所持したことが法廷侮辱罪に当たり，有罪とされ，その後，コケインの所持自体についても起訴されたことが二重の危険に当たらないかが問題となる。そして，フォスターについては，3件の脅迫（threat）（1987年11月12日（①)，1988年3月26日（②)，1988年5月17日（③）の行為）と2件の暴行（assault）（1987年11月6日（④)，1988年5月21日（⑤)）がこれらの行為を禁じる裁判所命令に反し，法廷侮辱罪に当たるとして訴追され，④，⑤の暴行につき法廷侮辱で有罪とされ，それ以外については無罪とされた後に，①，②，③に関する脅迫，④に関する暴行そして，殺意のある⑤に関する暴行についての訴追が二重の危険に当たらないかが問題となる。本件で合衆国最高裁判所は，ディクソンに対する後の訴追とフォスターに対する④の訴追は二重の危険条項に反すると判示し，それ以外の訴追は二重の危険に当たらないとした。

2．再度の訴追が二重の危険に当たるか否かを判断する際に，合衆国最高裁判所は，*Blockburger*（Blockburger v. United States, 284 U.S. 299 (1932)）で示された基準であるいわゆるブロックバーガー・テストにより判断を行ってきた。すなわち，前の訴追と後の訴追での両犯罪が他方に含まれていない要素を含んでいるかを検討し，含んでいなければ，それらは同じ犯罪であり，二重の危険により後の訴追と処罰が禁止されるというものであり，この基準は同一要素テストともいわれるものである。しかしその後，この同一要素テストに加えて，従前の犯罪の行為に着目するテストが，*Grady*（Grady v. Corbin, 495 U.S.

1)　本件の紹介・解説として，北川佳世子・アメリカ法1992年1号152頁がある。

508 (1990))[2] で打ち出された。この基準は一般に同一行為テストともいわれ，被告人の行った行為が前の訴追と後の訴追において同一のものといえるかという点に着目し，同一であれば，後の訴追は二重の危険により禁止されるというものである。これにより，二重の危険に当たるかの判断基準はブロックバーガー・テストを適用した上で，同テストの下で続く訴追が禁じられない場合には，さらに *Grady* の基準（グレイディ・テスト）に当てはめて，その続く訴追が二重の危険に当たるか検討しなければならないとされる二段階の審査枠組みとなった。

3．しかし，本件で合衆国最高裁判所は *Grady* を変更し，グレイディ・テストを廃することとした。したがって，*Grady* の二段階審査基準は変更され，伝統的なブロックバーガー・テストのみによって二重の危険に当たるかが判断されることになる[3]。しかしながら，このような判断に対しては，*Grady* は，何が同一犯罪となるかという解釈を司法が担うことを強調することで第5修正上の権利の保障を促進しようとする合理的で一貫した試みの一つであったが，本件で *Grady* を変更したことにより，ある犯罪に細かな要素をつけ加えれば，行為そのものの本質は変えずに，別個の犯罪を立法府が作り出すことが憲法上可能になったとの指摘がある[4]。確かに，*Grady* による二段階審査基準を廃することになれば，二重の危険に当たる範囲は理論上狭くなるはずであり，この点については，ブロックバーガー・テストをいかに適切に解釈・運用するかにかかってくるように思われる。

4．本件では，ディクソンとフォスターに対する後訴が二重の危険に当たるかという点については各裁判官の間で結論，理由付けが分かれた。すなわち，

2） *Grady* の紹介・解説として，北川佳世子・アメリカ法1992年1号160頁，本書第9事件（安井哲章担当）参照。

3） Kathryn A. Pamenter, *United States v. Dixon The Supreme Court Returns to the Traditional Standard for Double Jeopardy Clause Analysis*, 69 Notre Dame L. Rev. 575, 593 (1993).

4） Scott Storper, *Double Jeopardy's Door Revolves Again in United States v. Dixon : The Untimely Death of the Same Conduct Standard*, 49 U. Miami L. Rev. 881, 899 (1995).

スカリーア裁判官によれば，ブロックバーガー・テストを適用すれば，ディクソンの薬物犯罪は法廷侮辱罪に包摂されるため，二重の危険に当たり，フォスターについても ④ の暴行に関する訴追については，前の法廷侮辱罪と同一の行為に対するものであり，二重の危険に当たるが，フォスターの残りの訴因については，ブロックバーガー・テストの下では証明を要する内容が異なる犯罪である旨示して，訴追が禁じられないとされている。また，レンクィスト首席裁判官とブラックマン裁判官によれば，いずれの後の訴追も被告人が法廷侮辱罪とされた行為に対してその後さらに訴追をすることは二重の危険条項により禁止されないとしているが，レンクィスト首席裁判官は，法廷侮辱と実体刑法上の犯罪は相互に包摂関係にないことを主たる理由に二重の危険に当たらないとしているようであるが，ブラックマン裁判官は法廷侮辱罪と実体刑法の保護法益が異なることを理由として二重の危険に当たらないとしている。さらに，ホワイト裁判官とスーター裁判官はすべての訴追が二重の危険条項により禁止されるとしているが，そこでの理由付けは異なっている。すなわち，ホワイト裁判官によれば，ブロックバーガー・テストの下でディクソンの法廷侮辱罪と頒布目的での薬物の所持は同一の犯罪であり，フォスターの法廷侮辱罪は後の訴追された犯罪と同様ないしそれに包摂されるからであるとして，二重の危険に当たるとしているが，スーター裁判官は，グレイディ・テストを適用して各法廷侮辱罪と後の訴追が同一行為と評価できるので二重の危険に当たるとしている。本件で絶対的多数意見を構成したのは *Grady* の変更のみであり，ブロックバーガー・テストの適用は絶対的多数意見を構成していないことになる。

5．ところで，本件では，このようにブロックバーガー・テストの適用について各裁判官の見解が鋭く対立している。アメリカ合衆国の評釈では，各裁判官で見解が分かれるブロックバーガー・テストは適用が難しく，機能不全ではないかとの指摘もある[5)]。*Grady* を変更して二重の審査基準を廃した以上，上述

5) Aquannette Y. Chinnery, *United States v. Dixon : The Death of the Grady v. Corbin Same Conduct Test for Double Jeopardy*, 47 Rutgers L. Rev. 247, 290 (1994).

したように，ブロックバーガー・テストの適切かつ厳密な適用がより求められることになったといえるが，その統一的な解釈・適用の面では課題が残り，今後のさらなる事例の集積が待たれる。

6．本件は，犯罪を行うことを禁じる裁判所の命令に違反した際の法廷侮辱罪と実体刑法違反に対する訴追の二重の危険条項との関係が初めて合衆国最高裁判所で問われた事例として意義があり，また，*Grady* を変更した事例として先例上の価値がある[6)]。

（川澄　真樹）

6)　我が国への示唆という意味では，我が国にはそもそも法廷侮辱罪がないため直接的な参考事例とはならない他，仮に同種事案で再度起訴をすることになれば，アメリカ合衆国とは異なり検察官が緻密に罪数を意識して起訴をすると思われるので，本件のような訴追が問題となることはないように思われる。このような意味で本件の参照価値はアメリカ合衆国における二重の危険の問題に留まる。

12. Rutledge v. United States, 517 U.S. 292 (1996)

合衆国法典 21 編 13 章が定める規制薬物等取引の共謀罪（846 条）と CCE（継続的犯罪事業）に係る犯罪（848 条）は大小関係にあり，両罪の処罰は二重危険禁止に違反するとし，刑の言渡しだけでなく有罪判決を無効とした事例。

《事実の概要》

申請人はイリノイ州ウォーレン・カウンティで犯罪組織を結成し統括していたときに連邦の法執行官に逮捕された。申請人に対するその後の起訴に係る第 1 訴因と第 2 訴因が本件争点である。

第 1 訴因によれば，申請人は 1988 年初めから 1990 年終わりにかけて，コケインの頒布販売に係る一連の違法行為から成る継続的犯罪事業（CCE, continuing criminal enterprise）を行い，合衆国法典 21 編 848 条に違反した。申請人は他の 5 名の者と共同で活動し，これらの者を監督し，違反行為に由来する収益の相当部分を取得している。

第 2 訴因では，申請人は他の 4 名の共同被告人らとともに，同じ期間に，コケインを違法に頒布販売することを共謀したとして，21 編 846 条違反で起訴されている。

陪審は全訴因につき有罪評決を下し，公判裁判所は第 1 訴因，第 2 訴因のそれぞれにつき終身刑を言い渡し，同時執行とする判決を下した。

申請人は上訴を申し立て，第 1 訴因，第 2 訴因双方に対する有罪判決は同一犯罪の二重処罰の禁止に違反すると主張した。第 7 巡回区 Court of Appeals は，当法廷の *Jeffers*（Jeffers v. United States, 432 U.S. 137 (1977)）を引用し，累積的な刑罰が CCE 法上の上限を超えない限度で，共謀と CCE の双方について有罪判決を言渡して刑を同時執行することは許されると判示する。

これに対し，大半の連邦裁判所は CCE とその合意に基づく共謀はいずれか一つでなければ有罪判決の言渡しは許されないと判示し，第 2 巡回区と第 3 巡回区は中間的な立場で，一つの刑だけ言渡すことが許されるとする。

合衆国最高裁判所はサーシオレイライを認容した。

スティーヴンズ裁判官執筆の法廷意見（全員一致）

裁判所は立法府の意図したものより重い刑を言い渡すことは許されない。二つの法規が同一犯罪に対する刑を定める場合，立法府は双方の刑を言い渡すことを意図していない。

過去半世紀にわたり，当法廷は，二重処罰に当たるか否かをブロックバーガー・テストを適用して決してきた。このテストは，「いずれの法規についても，一方の法規が他方の法規が要件としない事実の証明を要件とするか否か」（Blockburger v. United States, 284 U.S. 299, 304 (1932)）を問う。いずれの法規についても別の事実の証明が要件になっている場合には二つの犯罪があるのに対し，そうでない場合には犯罪は一つである。このテストが適用される中で，一方の犯罪が他方の犯罪に含まれる大小関係にある場合には，二つの法規は同一犯罪を定めるものと結論付けてきた。

本件では，CCE の犯罪が共謀罪では証明を要しない要件事実の証明を要するのは明白である。ブロックバーガー・テストは，逆も真であるか否かを問う。本件では，共謀罪の成立には当事者間の合意の証明を要するところ，CCE の犯罪ではこれとは別の事実で要件の「共同」（“in concert”）の事実が証明できるのであれば，逆も真となる。

政府側は *Jeffers*（Jeffers v. United States, 432 U.S. 137 (1977)）でこの立場に立ったが，説得できたのは当法廷裁判官のうち１名であった。残りのうち反対意見の４名は，コメントなしに，共謀罪が CCE に含まれる小の犯罪であるとの理解を示している。ブラックマン裁判官の複数意見に参加した残りの裁判官は，共謀罪が小の犯罪であるとは判示しないながら，政府の立場が法文，他の法律での「共同」の用語法と，立法経過に合致しないことを説明している。複数意見は CCE 法違反が継続的犯罪事業に係わる者の間で合意があることを要件とするという前提に立って，その犯罪の成立には共謀罪の要件事実のすべてを証明することを要することを理由に，共謀罪はCCEに含まれる小の犯罪であると結論付ける。

本件でこの点を明確に解決するのが適切である。この点について，当法廷は，*Jeffers*が挙げる理由，とりわけ，CCE法の「共同して」という文句が共通の計画又は事業における双方の合意を意味するのは明白であるという理由が示す通りに，CCE法違反のこの要件充足には共謀の証明を要し，共謀罪を成立させることになり，言い換えれば，共謀罪の成立にはCCE法違反の要件でないものを要しないので，共謀罪はCCE法違反に含まれる小の犯罪であると結論する。

政府側は，共謀罪がCCE法違反に含まれる小の犯罪であるとしても，第2の有罪判決は刑に相当しないと主張する。

連邦裁判所は有罪判決を言渡す際には50ドルの特別徴収金（special assessment）を科すことを連邦法上義務づけられており，本件でも両訴因につき特別徴収金が科されている。この点について，政府側は，下級裁判所で申請人が争っていないことを指摘し，当法廷がこれを審理すべきでないという。

Ball（Ball v. United States, 470 U.S. 856 (1985)）では，火器の違法な収受と所持の双方を処罰することを議会が意図していないと結論付け，この結論に沿って，「議会の意図に合致する唯一の救済策は，」「裁量を行使して，一つの有罪判決に基づく同時執行の刑だけでなく，その有罪判決を破棄する」（Ball v. United States, 470 U.S., at 864）ことであると判示する。*Ball*の説明によれば，「同時執行される刑とは別に，有罪判決はそれに付随して無視できない不利益な結果を生む可能性がある。例えば，二つの有罪判決が記録にあるために，パロールの資格を得るのが遅くなり，あるいは，将来犯罪を行った場合に，累犯処罰法にしたがって刑が加重されることがあるかもしれない。そのうえ，2番目の有罪判決が被告人の信用性の弾劾に使用されるかもしれないし，これが社会的烙印となることは確かである」。（Ball v. United States, 470 U.S., at 864-865）

2度目の有罪判決にはこのような附随的な結果が伴うため，正当根拠を欠く刑を重ねて科すのと同様に，これを言い渡すのは許容されないものと推定されるというのが*Ball*の立場である。

政府側は，申請人が釈放の可能性がない複数の終身刑に処せられるのであるから，*Ball*が描くような附随的結果を生まないはずであると示唆する。しかし，２度目の有罪判決の言渡しで連邦法が定める50ドルの特別徴収金が科されるのは間違いない。特別徴収金は，*Ball*が認める結果と同様に共謀の有罪判決の結果である。

政府側は，２度目の有罪判決が２度目の刑に相当するとしても，二重処罰の禁止は，議会が複数の科刑を許容する意図を明白に示している場合には，その推定が破られると主張する。政府側は，本件ではそのような議会の明白な意図が見出されると主張する。

政府側はこの主張を支えるものとして，*Jeffers*が846条違反の有罪判決と848条違反の有罪判決の双方を有効としていることを指摘する。しかし，*Jeffers*で当法廷が取り上げたのは848条違反の有罪判決だけであり，当法廷が有罪判決を維持する際に，二重の有罪判決を是認する意図が議会にあることをいずれの裁判官も示唆していない。

*Jeffers*では，有罪判決を維持する複数意見の結論にホワイト裁判官が賛成して多数が構成されているが，ホワイト裁判官の意見は共謀が大きな犯罪に含まれる小の犯罪ではないという理解から導かれたもので，本日の法廷意見はこの理解を退けている。そうすると，*Jeffers*において，二重の有罪判決を許容することを議会が意図していたという黙示的な見解の一致が複数意見にあったとしても，二重の有罪判決を維持するという多数の結論には先例としての重要性がない。

最後に，政府側は，二重の有罪判決が許容されれば，小を含む大の犯罪事実について被告人が後に有罪判決の破棄を求めて成功裡に終えた場合に，大に含まれる小の犯罪事実に関する有罪判決がバックアップになることを指摘し，議会には二重の有罪判決を許容する意図があったはずであると主張する。しかし，この主張に関連する争点にはこれまでの裁判例がすでに応えている。

Tinder（Tinder v. United States, 345 U.S. 565 (1953)）では，被告人が郵便箱からの窃取の犯罪事実で有罪判決の言渡しを受け，軽罪について証明があったにとどまるにもかかわらず，1年を超える収監刑を科された事案で，当法廷は，連邦法（28編2106条）が定める裁量を行使して，有罪判決を破棄せずに，刑を改めることをDistrict Courtに命じている。*Tinder*並びに類似の州法の定めにしたがって，コロンビア特別区Court of Appealsは，「有罪判決が摘示する大の犯罪事実について証拠の十分性を欠く場合には，誤った判決を是正する権限を行使して，大の犯罪事実に含まれる小の犯罪事実に縮減する」（Austin v. United States, 382 F. 2d 129, 141-143 (1967)）ことができる旨判示する。

コロンビア特別区Court of Appealsの見解が示す通りに，連邦の上訴裁判所は，大の犯罪事実に対する有罪判決を破棄する場合に，それに含まれる小の犯罪事実を認定する判決に是正する権限があるという点で見解は一致している。CCEの犯罪事実と共謀の犯罪事実のそれぞれに対する刑の同時執行，ないしは，双方の有罪判決の言渡しを行う第7巡回区の実務の採用を求める政府側の懸念は，大小双方の犯罪事実が同じ手続で審理される場合に常に生じる問題と性質を異にするものではない。

《解　説》

1．合衆国法典12編13章は「薬物等乱用予防並びに薬物等規制」と題し，そのうち，サブチャプター1のパートDは禁止行為と禁止行為を行った場合の処罰を定める。禁止行為として最初に定められているのは，規制薬物等（controlled substance）の製造，頒布・販売，若しくは処分，又は製造，頒布・販売，若しくは処分を意図した所持を認識又は意図して行うことと，疑似規制薬物等（counterfeit substance）の創造，頒布・販売，若しくは処分，又は頒布・販売若しくは処分を意図した所持を認識又は意図して行うことである（841条a項）。この禁止行為については，共謀罪の処罰規定として，846条がサブチャプター1が定める犯罪実行の企図又は共謀を行った者の処罰を定める。禁止行為を行う実体犯罪と未遂犯である共謀の処罰の他に，13章はCCE (continuing criminal enterprise，継続的犯罪事業）の概念を用いた罰則規定を848条に置いている。同条は，12編13章が定める重罪規定に違反し，その違反行為が重罪規定違反の継続的な一連の行為の一部である場合に，CCEを行うことに該当する。継続的な一連の行為は，行為者が5名以上のものと共同し(in concert)，加えて，共同する者に対し，指揮若しくは監督し又はマネージする立場にあり，相当大きな収入又は資源を得ているものを指す。848(b)(2)(A)(B)

本件申請人は，コケインの頒布販売に係る一連の違法行為から成る継続的犯罪事業（CCE，continuing criminal enterprise）を行ったという，合衆国法典21編848条に違反と，他の4名の共同被告人らとともに，同じ期間に，コケインを違法に頒布販売することを共謀したという，21編846条違反で起訴され，公判裁判所が第1訴因，第2訴因のそれぞれにつき終身刑を言い渡し，同時執行とする判決を下したのに対し，第7巡回区Court of Appealsが，*Jeffers*[1)]を引用し，累積的な刑罰がCCE処罰の上限を超えない限度で，共謀とCCEの双方について有罪判決を言渡して刑を同時執行することは許されると判示している。

本件で合衆国最高裁判所は全員一致の法廷意見で，21編18章848条が定めるCCEの処罰と846条の共謀罪が大小関係にあり，共謀罪がCCE事業の行為に含まれる小の犯罪であること，並びに，大小関係にある場合に憲法が禁止する二重処罰には二重の有罪判決の言渡し自体が該当するのであり，一方の刑の上限を超えない刑の言渡しによって二重処罰禁止違反の評価を免れることはできないと結論付ける。

2．*Jeffers*では，大陪審がJeffersに対する846条の共謀罪を理由とする起訴とCCE事業に係る848条違反を理由とする起訴を提起し，政府側が手続きの併合を請求したのに対し，申請人と共同被告人がこれに反対し，公判裁判所が併合の請求を却下するという経緯を経て，最初に846条の共謀罪の審理の結

---

1)　Jeffers v. United States, 432 U.S. 137 (1977).

果，有罪と認定され，上限の収容刑と罰金刑の言渡しを受け，その後，848条違反を理由とする訴追で，二重危険禁止によりこの後訴が遮断されるとの申請人の主張が退けられ，有罪を認定され，初犯の場合の上限となる収容刑と罰金刑に処せられている。Court of Appealsは，ブロックバーガー・テスト[2)]による場合には大小関係にあるものの，近時の合衆国最高裁判所の裁判例である*Iannelli*[3)]が新たに採用した二重危険のルールが複雑な犯罪に適用され，846条の共謀罪と848条違反は別個の犯罪として処罰する議会の意図を見出せるので，後訴は遮断されないと結論付けた。

これに対し，合衆国最高裁判所は後訴の可否については二重危険禁止による遮断がないとする点でCourt of Appealsの判断を是認したが，後訴での刑の言渡しは二重危険禁止に違反するとして破棄差戻している。

*Jeffers*において，合衆国最高裁判所が原判断を一部確認し，一部破棄する際，結論部分では，前者が5名の裁判官の一致を得たものに，後者が8名の裁判官の一致を得たものにそれぞれなっているが，法廷意見は形成されていない。詳論すると，後訴の可否については，ブラックマン裁判官執筆の複数意見が公判段階での手続併合請求に申請人が異議を申し立てていることに着眼することで，また，ホワイト裁判官の個別意見が*Iannelli*が採用する新しいルールの適用を求めることで，二重危険禁止による遮断がないとし，刑の言渡しについては，ブラックマン裁判官執筆の複数意見が共同の犯罪活動の当罰性に関する先例[4)]の判示に照らし，後訴の公判で846条の前訴における罰金刑と併せて848条の上限を超える罰金刑の言渡しは許されないとし，また，スティーヴンズ裁判官執筆の意見（ブレナン，ステュアート，マーシャル各裁判官参加）が複数意見が指摘する手続き併合の経緯の重要性を否定し，後訴が遮断されるという前提から，累積的な罰金刑を破棄する限度で複数意見の結論に同意することで，原判断の一部確認，一部破棄の結論を得ている。

---

2) Blockburger v. United States, 284 U.S. 299 (1932).

3) Iannelli v. United States, 420 U.S. 770 (1975).

4) Callanan v. United States, 364 U.S. 587 (1961).

本件で第7巡回区 Court of Appeals が引用する *Jeffers* はこのような裁判官の各意見で構成されているが，同裁判所は，*Jeffers* での一部確認，一部破棄の結論に合致するかたちで，累積的な刑罰が CCE 処罰の上限を超えない限度で，共謀と CCE の双方について有罪判決を言渡して刑を同時執行することは許されると判示している。

このような経緯を経て，本件で合衆国最高裁判所は，第1に，ブロックバーガー・テストを適用した場合に 846 条の共謀罪と CCE 事業に係る 848 条が大小関係にないとする政府の立場を明確に否定することで，本件の第1の結論を導く。CCE の犯罪が共謀罪では証明を要しない要件事実の証明を要するのに対し，共謀罪を成立させる当事者間の合意は CCE 事業の要件である「共同」（"in concert"）の事実で証明されるために，共謀罪は CCE 事業に係る 848 条に含まれる小の犯罪であるとして，ブロックバーガー・テストにいう大小関係にあると結論付ける。

この点は，本件法廷意見も指摘する通りに，*Jeffers* において政府側の立場に立ったのは（ホワイト裁判官）1名であり，残りの裁判官は，大小関係を明確に論じたブラックマン裁判官とこの複数意見に参加した3名の裁判官が否定したほか，スティーヴンズ裁判官とその意見に参加した3名の裁判官は，大小関係を詳論することはないものの，共謀罪が CCE に含まれる小の犯罪であるという前提に立って，そうであるにもかかわらず，手続併合の経緯から二重危険禁止違反を結論付けないことを誤りであるとしているので，本件法廷意見を待たなくても，両罪が大小関係にあるというのが大方の見解であることは推測できたといえるであろう。

本件法廷意見は，この点について，全員一致で，CCE 事業の「共同して」という文句が共通の計画又は事業における双方の合意を意味するのであり，CCE 事業に係るこの要件充足には共謀の証明を要し，共謀罪を成立させることになり，言い換えれば，共謀罪の成立には CCE 事業の要件でないものを要しないので，前者が後者に含まれる小の犯罪であるという理解を明確にしている。

この点を明確にし，CCE 事業の違反行為の「共同」の要件の理解が示されたのが，本件の第１の意義といえる。

３．次に，本件 Court of Appeals は公判裁判所が下した両訴因に対する同時執行の刑の言渡しについて，*Jeffers* を引用し，累積的な刑罰が CCE 事業違反の上限を超えない限度で，共謀と CCE の双方について有罪判決を言渡して刑を同時執行することは許されると判示する。

この点について，本件の法廷意見は全員一致で，*Jeffers* に関する Court of Appeals の理解を否定し，関連の先例を引用して，有罪判決の言渡し自体が二重危険禁止に違反することを論じる。すでに述べたように，*Jeffers* では，手続併合の経緯に重要性を認める複数意見と，*Iannelli* を根拠に両犯罪が大小関係にないとする補足意見により，結論的に原判断が確認されたのであるから，この点についての Court of Appeals の理解を本件法廷意見が否定するのは当然に見込まれることであると思われる。

このような訴訟の経緯もあり，本件判断の第２の意義は，*Jeffers* に関する Court of Appeals の理解を否定したうえで，先例を引用して，有罪判決の言渡し自体が二重危険禁止に違反することを明示したことにある。この点で，本件判断は，*Jeffers* に関する第７巡回区の理解を否定するとともに，二重危険禁止の要求について，刑の上限を維持することに限定されるのか，刑の言渡しは無効とする一方で有罪判決は有効とするのか，それとも，有罪判決の言渡し自体を無効とすることなのかという問いに，有罪判決自体が無効となることを明確にしている。

この点が本件判断の第２の意義であり，二重禁止のうち二重処罰禁止の意味するところが明らかにされている。併せて，この判示が示される際に，大小関係を問う第１点に関連して，ホワイト裁判官の見解が否定されることを指摘し，二重の有罪判決を維持するとの *Jeffers* の結論に先例としての重要性がないことを明確にしている。今後，*Jeffers* のように，846 条，848 条いずれかの罪責だけが問われる訴追で，*Jeffers* の結論と異なり，有罪判決自体が無効とされるものとみてよいであろう。

（堤　和通）

Ⅳ　争点阻止効

13. Dowling v. United States, 493 U.S. 342 (1990)

無罪判決が下された事件での証人の証言を，後の他事件において情況証拠として国が提出することが，1．付随的禁反言の法理（争点阻止効）によって禁止されない，2．デュー・プロセスに反しない，と判示された事例。

《事実の概要》

米領ヴァージン諸島のセントクロイ島フレデリクステッドで銀行強盗事件が発生し，犯人は現金を強奪した後，タクシーを奪って逃走した。犯行の際，犯人は小型拳銃を所持し，目出し帽を着用していたが，タクシーで逃走中は目出し帽を脱いでいた。強盗事件の現場に居合わせた者が，目出し帽を脱いだ犯人を目撃しており，この者は公判で申請人ダウリングが犯人であると証言した。また，ダウリングがフレデリクステッド郊外で強奪されたタクシーを運転しているのを目撃した者も複数名いた。

ダウリングは連邦法上の犯罪である銀行強盗と武装強盗の罪，及びヴァージン諸島の様々な法律違反の罪で起訴された。最初の公判は陪審の評決不能となり，2度目の公判でダウリングは有罪と認定された。しかし，上訴で破棄・差戻しとなり，3度目の公判で再び有罪と認定され，70年の拘禁刑が宣告された。

3度目の公判中，政府側が召喚した証人ヘンリーは，この銀行強盗事件が発生した2週間後に自宅に強盗犯人に入られる被害を受け，その際，目出し帽を着用し小型拳銃を所持した犯人らの一人と揉み合いになり，目出し帽を剥ぎ取ったが，それがダウリングであったこと，さらに，もう一人の犯人は名前がクリスチャンという男であったことを証言した。ダウリングはこのヘンリー宅への侵入盗，強盗未遂，傷害，凶器関連犯罪についても，起訴されたが，銀行強盗事件の3度目の公判前に無罪判決を受けていた。

3度目の公判でヘンリーの証言の証拠採用を求めた政府の目的は，一つが，ヘンリー宅に強盗に入った際のダウリングの恰好が，目出し帽をかぶり拳銃を所持していたというものであり，これが本件銀行強盗の犯人の恰好と似ていることから，銀行強盗の犯人がダウリングであるとの政府の主張を強化すること，もう一つが，ダウリングとクリスチャンを結びつけることであった。後者の点については，銀行強盗が発生する少し前に，クリスチャンが後部座席に座っている車両が，銀行の前の通りにドアを開けて停車しているのを警察官が目撃しており，ドアを閉めるように注意を受けると，この車両が走り去ったことから，政府は，この車両が銀行強盗の逃走用に用意された車両ではないかとみていた。

政府は，ヘンリーの証言について，連邦証拠規則404条(b)項が，悪性立証以外の目的で利用する場合には他事件の証拠も証拠に許容することができると規定していることを根拠に，これを本件で利用することも許されると主張した。合衆国District Courtは，この404条(b)項に基づき，さらには，ヘンリーの証言が証拠価値の高い情況証拠であることを認定して，証拠に許容した。ヘンリーが証言した後と，そして，結審する前にも，District Courtは陪審に，ダウリングがヘンリー宅の強盗事件では無罪判決を受けていることを説示し，さらに，ヘンリーの証言を政府が提出した目的は，上述したように限定されたものであることを強調した。

上訴において，第3巡回区Court of Appealsは，United States v. Keller, 624 F. 2d 1154 (1988) に依拠して，ヘンリー宅の強盗事件で無罪判決が下されたことから，この事件の証拠を本件で提出することは付随的禁反言の原則により禁止されると判示し，さらには，択一的につぎのように判示した。連邦証拠規則404条(b)を適用するに当たり類似の行為が証拠としての関連性を認められるのは，陪審が，その行為が行われたこと，及び，行為者が被告人であることを合理的に認定しうる場合に限られると *Huddleston*（Huddleston v. United States, 485 U.S. 681 (1988)）で判示されているが，前の訴訟で無罪とされた行為については，陪審が後の訴訟でそれが行われたこと，及び，行為者が被告人であることを認定することはできないのだから，ヘンリーの証言を証拠に許容することは許されない，と。だが，第3巡回区Court of Appealsは，ヘンリーの証言を証拠に許容したことは，ハームレス・エラーに当たるとの理由から District Court の判断を確認した。Court of Appeals がハームレス・エラーとした根拠は，District Court の手続の瑕疵がダウリングによる無罪立証を害しない蓋然性が高いというものであり，これは，*Chapman*（Chapman v. California, 386 U.S. 18 (1967)）で採られた基準よりも緩やかな基準であるが，このような基準を採用した理由を Court of Appeals は，District Court の手続の瑕疵が証拠法上のものであり，憲法上のものではないことであるとした。

ヘンリーの証言を証拠に許容したことが，第5修正の二重危険禁止条項及びデュー・プロセス条項に違反するか否かを検討するため，合衆国最高裁判所によりサーシオレーライが認容された。

《判旨・法廷意見》

原判断確認

1．ホワイト裁判官執筆の法廷意見

1 A　*Ashe*（Ashe v. Swenson, 397 U.S. 436 (1970)）では，付随的禁反言の原則が二重危険禁止条項に包含されることが認められ，一度目の訴追で被害者の一人に対する強盗について無罪判決が下されたことにより，二度目の別の被害者に対する強盗の訴追が禁じられると判示された。二度目の訴追で陪審が，アッシュが強盗犯人の一人であることは合理的な疑いを差し挟む余地のない程度まで証明されていると認定することは，一度目の訴追の場合と正反対の認定を行うことになり，許されないというのがその理由である。

しかし，本件では，以下に述べるように，*Ashe* で付随的禁反言の原則を適用するための要件であるとされた，本件の「究極的目標たる事実を構成する争点（ultimate issue)」については，前の無罪判決において判断されていないので，本件に付随的禁反言の法理を適用することはできない。前の無罪判決により，ダウリングが覆面をしてヘンリー宅にクリスチャンと共に侵入したとの事実について，合理的な疑いが残ることは立証されている。しかし，連邦証拠規則 404 条(b)項でこの事実を証拠として提出するための要件は，*Huddleston* において，当該行為が行われ，かつ，その行為者は被告人であるとするのは合理的であると，陪審が結論付けることができることとされており，政府は，ダウリングがヘンリー宅に侵入した者であることを合理的な疑いを差し挟む余地のない程度まで証明する必要はない。本件で陪審は，ダウリングがヘンリー宅に侵入した者であることについて合理的な疑いが残ると思料したとしても，ダウリングが侵入者であると判断することは合理的だと結論付ける可能性はある。したがって，本件に付随的禁反言の原則を適用するのは妥当ではない。

このような判断は，刑事事件で無罪判決が下されても，後の訴訟で合理的な疑いを差し挟む余地のない程度の証明よりも低い証明基準が用いられる場合には，政府が再度，当該争点の審理を求めることは禁じられないとする判例（United States v. One assortment of 89 Firearms, 465 U.S. 354 (1984)；One Lot Emerald Cut Stones v. United State, 409 U.S. 232 (1972)；Helvering v. Mitchell, 303 U.S. 391 (1938)）と一貫性が認められる。

B　仮に，後の訴訟でより低い証明基準が採られていることを理由に，付随的禁反言の原則の適用を回避することはできないとの立場に立ったとしても，前の無罪判決によって，陪審はダウリングがヘンリー宅に侵入した強盗犯の一人ではないと判断しているということを，ダウリングは証明できていないとの理由から，ヘンリーの証言を証拠に許容することができる。*Ashe*では，前の無罪判決が一般評決に基づいている場合には，裁判所は，前の訴訟手続の記録を訴答や証拠，起訴状，その他の関連事項を考慮に入れて検討し，理性的な陪審（rational jury）であれば被告人が再審理の禁止を求めている争点以外の争点に基づいて評決を行うことができたかということについて判断しなければならない，と述べられている。そして，被告人が再度の審理の禁止を求めている争点が，実際に前の訴訟手続で判断されていることを証明する責任は被告人側にあるというのが，この問題を扱ったすべてのCourt of Appealsの一致した立場である。本件で当裁判所が，これらのCourt of Appealsの立場から離れる理由は見いだせない。

ダウリングの前の公判での無罪評決については様々な理由付けが可能であ

り，そして，ダウリングがヘンリー宅に侵入した強盗犯人の一人か否かが前の公判で争点となり，しかもそれがダウリングに有利に判断されたことを説得的に示すものは何もない。この点は，ダウリングもオーラル・アーギュメントでそのように認めている。したがって，たとえ本件に二重危険禁止条項の適用があると仮定したとしても，ダウリングは，自身がヘンリー宅に侵入した犯人の一人ではないと前の公判で陪審が判断したことについての証明責任を果たしていないことになる。

2　次に，ヘンリーの証言を証拠として提出することを認めることは，基本的な公正さを害しデュー・プロセスに反するとのダウリングの主張について検討する。この主張を検討するに当たっては，連邦の証拠規則のような憲法以外の法源を通じて権限濫用の危険を扱うことが妥当なのか，それとも，この種の証拠の提出を認めることが著しく不公正であり，正義の基本的な観念に反することになるのかが問われる。

権利章典に規定されている具体的な権利保障を超えてデュー・プロセス条項が作用する領域は限られている。そのため，当裁判所は，基本的な公正さを害する違反に当たる類型を限定的に解してきた。*Lovasco*（United States v. Lovasco, 431 U.S. 783 (1977)）で述べられているように，デュー・プロセスを定義する際に裁判官は，公正さに関する自己の個人的な観念を法執行官に押し付けてはならず，裁判官としての職務を行うに当たり自身を拘束する制約を無視してはならない。我が国の市民的・政治的制度の基礎をなし，コミュニティのフェア・プレイと品位の感覚を形成する正義の根本的な観念に反しているか否かを判断しなければならないのである。本件で公判裁判官が陪審に与えた限定説示に照らすと特に，ヘンリーの証言を証拠として認めることが，このような正義の根本的な観念に反していると非難されるようなものであるということはできない。ヘンリーの証言は，少なくとも情況証拠としてダウリングの有罪証明に寄与する価値を有している。

ダウリングは，ヘンリーの証言を証拠に許容することは根本的に不公正であると主張し，その根拠として，第１に，無罪とされた行為に関する証拠は本来的に信頼性がない，第2に，無罪とされた行為からの推論に基づいて被告人を有罪とするという，憲法上許容しがたいリスクを生ぜしめる，第3に，無罪とされた行為に関する証拠を排除することが陪審の評決の一貫性を維持することにつながる，第4に，一度無罪とされた者をその後の訴訟手続で同一の告発内容について防御することを強いることになるということを挙げる。しかし，ヘンリーの証言の信憑性と重要性を評価する自由は陪審に残されているし，不当に被告人を有罪とする危険のある証拠（potentially prejudicial evidence）を排除する権限が公判裁判所にはある。また，陪審が本件で有罪の評決をしても，前の強盗事件の無罪評決と一貫性を欠くわけではない。さらには，二重危険禁止条項の保護が及ばないものに保護を及ぼすための道具としてデュー・プロセス条項を用いることはできない。このように，ダウリングが挙げる根拠はどれも妥当とはいえない。

3　以上述べた理由から，本件でヘンリーの証言が証拠に許容されたことは違憲ではないから，憲法違反ではなく法律違反を認定して，それに相応するハームレス・エラー法理の基準を適用したCourt of Appealsの判断は，正しいハームレス・エラー法理の基準を適用したものであるといえる。よって，Court of Appealsの判断を確認する。

2．ブレナン裁判官の反対意見（マーシャル裁判官，スティーヴンズ裁判官参加）

以下に述べる理由から，ヘンリーの証言を政府が証拠として提出することは，二重危険禁止条項に包含される付随的禁反言の原則に反し，許されない。

1　付随的禁反言の原則は，政府の権限濫用・行き過ぎ（overreaching）から被告人を保護するためのものであるから，政府が，審理を求めている争点について，前の無罪判決において被告人に有利な判断がなされていないことを証明する責任を負うべきである。*Ashe*で指摘されているように，刑事事件の評決は一般評決であるから，陪審が評決の根拠を何に求めたのかを正確に判断することは，通常，困難であって，どの争点が実際に判断されたかについて被告人に証明責任を負わせる法廷意見の立場は，1つ以上の争点について積極的に争っている被告人などに対しては，付随的禁反言による保護を否定するのに等しい。*Ashe* では，付随的禁反言の原則について過度に技術的なアプローチを採ることは，無罪の一般評決がなされた事例においては，この原則を否定するのに等しいとされたが，法廷意見の立場は，この *Ashe* の立場とも一致しない。

仮に，被告人に証明責任を課すことが妥当だとしたとしても，本件でダウリングは証明責任を果たしているといえる。ヘンリーの証言では，ダウリングは目出し帽を剥ぎ取られた後，ヘンリー宅から逃走しているので，ダウリングは強盗が実際に行われた時点では，ヘンリー宅にいなかったと考えて陪審が無罪評決をしたと思料する理由がある。この事件でダウリングが，侵入盗，強盗未遂，傷害，凶器関連犯罪という様々な犯罪事実で起訴されて無罪となっていることからすると，陪審がこれ以外の理由から無罪評決を行ったとすることは合理的には受け入れられない。したがって，付随的禁反言の原則により，本件で政府がヘンリーの証言を証拠として提出することは許されない。

2　法廷意見は，前の公判におけるよりも低い証明基準が後の手続で用いられている場合には，付随的禁反言の原則が適用されないというが，法廷意見が挙げる判例は，非刑事の没収・権利剥奪（civil forfeiture）に関する事例であり，反復訴追の事例にそのような考え方を当裁判所が適用したことはない。当裁判所は，政府が刑罰を科そうとしているのかそうでないのかを常に認識してきたのであるから，付随的禁反言の原則は刑事手続において適用され，非刑事（civil）の手続には適用されないとした方が，当裁判所の従来の立場と一貫性がある。政府が被告人に刑罰を科すことを求めている場合には，公正さに関する懸念はより深まるのである。

被告人が無罪判決を受けた犯罪行為の基礎をなす事実について，再度審理を受けることを強いられ，しかも，証明基準が証明の優越の程度に下げられると，その犯罪行為について被告人は有罪であると陪審が誤って判断してしまう危険が生じる。そして，他事件の証拠が本来的に持つ誤った有罪判決をさせる危険と相まって，現に審理を受けている事件で被告人が誤って有罪とされる危険が高まるのである。

被告人は無罪とされた犯罪について２度目の防御をすることを求められ，これは，現に審理を受けている事件における防御と同程度に負担の重いものとなる。しかも，証明の優越の程度に証明基準が下げられているため，犯罪行為が行われたとの主張を積極的に反駁する証拠の提出を被告人は強いられる。

時間の経過や費用の加算などの理由によって，被告人は２度目の防御ができなくなることもある。法廷意見が示したルールによれば，被告人は，無罪とされた犯罪に関する事実について，後に起訴されるごとに公判で審理を受けることを強いられる。さらに，法廷意見の理由付けからすると，本件の判断は，同一行為（same transaction）の一部をなす犯罪についての審理や，共謀罪の公判での実行行為に関する事実の審理，量刑手続での審理などでも，無罪とされた事件に関する証拠の提出が許される可能性がある。ここまで検察官を有利にするのは，付随的禁反言の基礎をなす原理を無視するものであるといえる。

《解　説》

1．本件で合衆国最高裁判所は，付随的禁反言の原則（争点阻止効）に関して，前の事件で審理された争点に関する証拠であっても，証明基準が異なれば，検察官は後の他事件の公判で証拠提出することができること，さらに，前の事件で，ある争点が被告人に有利に解決されていることの証明責任は被告人が負うことを初めて明らかにした。

2．付随的禁反言の原則は，「究極目標たる事実を構成するある争点（ultimate issue）が，有効でしかも最終の判断によって，一旦解決され決定されたときは，その争点は，同一の当事者間では将来の訴訟において常に再度争うことはできない。」とする原則である[1)]。この原則は，元々は民事法での原則であったが，刑事訴訟においても，たとえば，1916年の *Oppenheimer*[2)] などで

1)　See, Hoag v. New Jersey, 356 U.S. 464, 470 (1958) : Ashe v. Swenson, 397 U.S. 436, 437 (1970). また，付随的禁反言の原則については，渥美東洋『刑事訴訟における自由と正義』（有斐閣，1994年）333頁以下，田宮裕『一事不再理の原則』（有斐閣，1978年），田口守一『刑事裁判の拘束力』（成文堂，1980年）参照

既に採用されている[3]。憲法上の基礎については，1969 年の *Benton*[4] のようにデュー・プロセス条項に根拠を求める判例もあったが，1970 年の *Ashe*[5] は，二重危険禁止条項に包含されるものであることを明らかにしている。

このように付随的禁反言の原則は，反復訴追禁止の原則とともに二重危険禁止条項に含まれるが，両者は，被告人を無罪判決が下された犯罪行為の審理に２度付さないという面において一部重なり合う点もあるものの，その保護が，同一行為に関する再度の審理に限定されるか，それとも他事件で審理された争点にも及ぶかという点では異なる。

3．本件で法廷意見は，まず，ヘンリー宅での強盗事件の無罪判決からは，被告人が強盗犯人であることについて合理的な疑いが残ったということしかいえず，本件の銀行強盗事件では，ダウリングがヘンリー宅への侵入者であると判断することが合理的であれば，ヘンリーの証言は証拠に許容できるのであるから，ダウリングがヘンリー宅に侵入した強盗犯人か否かという「究極的目標たる事実を構成する争点（ultimate issue）」について判断されていないとして，付随的禁反言の原則の適用を否定した。この判断の根拠として，法廷意見は，後の事件が非刑事の没収・権利剥奪（civil forfeiture）の事例である場合に，

---

2) United States v. Oppenheimer, 243 U.S. 85 (1916).

3) 渥美・前掲書 334 頁では，刑事事件で被告人に対し付随的禁反言の原則を用いると，「(1) 被告人から公訴事実の全要素について陪審審理を受ける権利を奪うことにならないか，(2) 最初の手続での証言に対し，第 2 の手続での証人審問権を奪うことにならないか，(3) 第 2 の訴追で訴追側に犯行の全要素について挙証責任を求める『無罪仮（推）定』に反することにならないか等々の疑問が出されてきている。」とされている。そしてさらに，「だが，訴追側にのみ不利にこの法理を適用することはできると考えられてきた。」とされる。さらに，「民事事件でのこの法理の相互性（mutuality）は刑事裁判では適用されず，有罪判決で認定された被告人に不利な争点については，この法理の適用はなく，その意味で，刑事事件でのこの法理は片面的のもの unilateral である」とする *Ashe* の傍論での判示を紹介している（渥美・同書 335-336 頁）。

4) Benton v. Maryland, 395U.S. 784 (1969).

5) Ashe v. Swenson, 397 U.S. 436 (1970). *Ashe* では，*Oppenheimer* 以降の判例が，基本的に二重危険禁止条項を基礎にしていることが示唆されている。

付随的禁反言の原則の適用を否定した判例を挙げた。法廷意見は，これらの判例で付随的禁反言の原則の適用が否定された理由を，後の訴訟が非刑事の訴訟であり，用いられる証明基準が証明の優越（preponderance of evidence）の程度であって，刑事裁判で用いられる合理的な疑いを差し挟む余地のない程度の証明という基準よりも低い基準である点に求めた。これらの判例についての理解としては，反対意見がいうように，後の訴訟が非刑事の訴訟であり，刑罰を科される可能性がなく，憲法上の権利の保障も及ばない場合であったから付随的禁反言の原則の適用を否定したという解釈も可能であったが，法廷意見はそのような解釈を採らなかった。*Ashe* では，付随的禁反言の原則について過度に技術的なアプローチを採ることを戒めているが，法廷意見の判断は，*Ashe* からやや離れる判断であると評価できるかもしれない。

法廷意見は次に，究極的目標たる事実を構成する争点について被告人に有利な判断が既になされていることの証明責任は被告人が負うことを明らかにし，本件の被告人がこの証明責任を果たしていないことを理由に，付随的禁反言の原則の適用を否定している。被告人がこの証明責任を負うとの理由を，この問題を扱ったすべての Court of Appeals が被告人に証明責任を負わせる立場であることを根拠にしている。Court of Appeals の判断では先例を引いて結論だけを示すものがほとんどであり，その理由を示しているものはほとんどないが，付随的禁反言の原則が，元々民事法の領域で発達したものであり，民事裁判での原則の，ある事実を主張する当事者がそれを証明する責任を負うとの原則に従っているようである[6)]。

刑事裁判での陪審評決が多くの場合一般評決（general verdict）であり，理由付けが示されないため，ある争点に基づいて判断がなされたか否かを証明するのは，非常に困難であるといわれる。したがって，この点についての証明責任が被告人に課されると，被告人が証明責任を果たし付随的禁反言の原則が実際に適用される場合というのは，非常に限られたものになる可能性がある[7)]。

6） See, United States v. Friedland, 391 F2d. 378, 382.

7） この点について，無罪評決後に陪審に対して，評決に至った過程について検討す

4．本件では，さらに，本件の場合のような政府による証拠の提出が，デュー・プロセスにも反しないとされた。

合衆国では，デュー・プロセス条項の適用は，本件の法廷意見がいうように，公正さや正義に関する個人の価値判断に基づいて行われないように，制限的に行われてきている。時代の変化等により憲法の保護範囲を広げる必要を認識した場合には，個々の具体的な基本権の保障を拡張できないかを検討して対応がされる。デュー・プロセス条項に訴えるのは，「基本的な公正さ」が害されていることが明白な極端な場合に限られる。この点，個々の基本権条項の解釈は制限的に行いつつ，一般条項であるデュー・プロセス条項に比較的安易に訴えるわが国の一部でみられる解釈手法とは対照的である。

本件で，前の他事件での証言の提出が二重危険禁止条項に反しないとしながら，デュー・プロセス条項に反すると結論付けることは，これまでの合衆国最高裁判所の判断の傾向からすれば，ほとんどないことであり，本件の判断は，これまでの判例の流れに沿ったものであるといえる。

（柳川　重規）

ることを求め，その回答に被告人の後の訴訟での争点阻止効を認めるとの制度を設けるべきと提案する論者もいる。See, Cynthia L. Randal, Note, Acquittals in Jeopardy : Criminal Collateral Estoppel and the Use of Acquitted Act Evidence, 141 U. Pa. L. Rev. 283 (1992).

14.　Bobby v. Bies, 556 U.S. 825 (2009)

精神遅滞者に対する死刑執行が合衆国憲法第8修正に反するとした *Atkins* 以前に，死刑判決を受けた受刑者が「境界的精神遅滞」であることを州最高裁が認めていた場合に，その受刑者の精神能力を判断するための審理を行うことは二重危険条項によって禁止されないとした事例。

《事案の概要》

被申請人バイアスは，10歳の少年を残忍に死に至らしめたとして，オハイオ州の陪審によって，不同意性交未遂，誘拐，加重殺人の三つの死刑を含む罪で有罪判決を受けた。

量刑手続において，被申請人は，臨床精神科医の証言を提出した。医師は，バイアスのIQは65～75の範囲にあり，軽度から境界的な精神遅滞であることを証言した。州は，殺人の残虐性とバイアスの将来の危険性を強調することで減軽証拠に対抗した。陪審は，加重要因と減軽要因を比較衡量するよう説示を受け，死刑を勧告し，公判裁判所は死刑を宣告した。

通常上訴において，オハイオ州Court of Appealsおよび同州Supreme Courtは，それぞれ独自に証拠を検討し，公判裁判所の判決を支持した。いずれの裁判所も，バイアスの軽度から境界域の精神遅滞は，減刑においてある程度の重みを持つが，合理的疑いを超えて加重情状が減軽情状を圧倒すると判断した。合衆国最高裁判所は，バイアスのサーシオレイライの申立てを却下した。

バイアスは合衆国憲法第8修正が，精神遅滞のある被告人への死刑執行を禁止していると主張して，州に有罪判決後の救済を申し立てた。公判裁判所は，バイアスが軽度の精神遅滞者であることを認定したが，当時のオハイオ州の先例によれば，軽度の精神遅滞者であっても死刑執行が可能であるとした。オハイオ州Court of Appealsは判決を支持し，オハイオ州Supreme Courtもバイアスの上訴を棄却した。

バイアスは，オハイオ州南部地区連邦District Courtに連邦人身保護の申立てを行った。この申立ての直後，合衆国最高裁判所が，*Atkins*（Atkins v. Virginia, 536 U.S. 304 (2002)）において，合衆国憲法第8修正の「残虐かつ異常な刑罰」の禁止は，精神遅滞犯罪者の死刑執行を禁じていると判断した。その際，合衆国最高裁判所は，精神遅滞を主張する者がどのような場合に*Atkins*の範疇に入るのかを判断するための明確な手続的，実質的指針を提供せず，死刑執行に関する憲法上の制限を実行する適切な方法を発展させる作業は州に委ねるとした。

その6ヵ月後，オハイオ州 Supreme Court は，上記*Atkins*の判示を受けて，*Lott*（State v. Lott, 97 Ohio St. 3d 303, 2002-Ohio-6625, 779 N.E. 2d 1011 (per curiam)）において，*Atkins*の範疇に入るかの審理においては，(1)知的機能が標準に達しないこと，(2)コミュニケーション，セルフケア，自己管理など二つ以上の適応能力に著しい制限があること，(3)18歳以前に発症したこと，を被告人が証明しなければならないとした。

連邦の地方裁判所は，バイアスが州の有罪確定後の裁判所（postconviction court）に*Atkins*の主張を提出する間，バイアスの連邦人身保護に関する手続を停止した。バイアスは，記録は精神遅滞を立証しているとして略式判決を求めたが，州裁判所は，*Atkins*と*Lott*が精神遅滞の認定の意義を大きく変えたことを認めつつ，*Atkins–Lott*の枠組みでの精神遅滞は立証されていなかったとし，略式判決を否定して*Atkins*の主張に関する完全な審理を命じた。

バイアスは，州裁判所での有罪判決後の救済手続の審理を進めるのではなく，連邦の地方裁判所での人身保護手続に戻った。人身保護手続においてバイアスは第5修正の二重危険禁止条項は，第14修正によって州にも適用されるため，州はバイアスの精神状態の問題を再び争うことを禁じられていると主張した。連邦地裁は人身保護の申し立てを認め，バイアスの死刑判決の破棄を命じた。

第6巡回区 Court of Appeals はこの判断を支持した。*Ashe*（Ashe v. Swenson, 397 U.S. 436 (1970)）に基づき，争点阻止の原則は，二重の危険についての合衆国憲法第5修正の保障に具体化されているとし，バイアスのケースで争点阻止の要件はすべて満たされていると判断した。そして，オハイオ州 Supreme Court が，バイアスの通常上訴について判断する際に，後に *Lott* で採用されたのと同じ基準でバイアスの精神遅滞の問題を決定したものと結論づけた。さらに第6巡回区 Court of Appeals は，バイアスが精神遅滞者であるという州裁判所の認識は死刑判決を下す際に必要なものであったとした。この判断の補足意見では，*Sattazahn*（Sattazahn v. Pennsylvania, 537 U.S. 101 (2003)）によれば，死刑事件の被告人が終身刑の権利を立証する所見に基づき「無罪」とされた時点で危険は生じ再審理は妨げられるので，オハイオ州の裁判所がバイアスを精神遅滞者と結論づけた所見はバイアスに終身刑の資格を与えたこととなるため，二重危険禁止条項は，州が後に精神遅滞の問題を争うことは禁じられるとする意見が付された。

合衆国最高裁判所によりサーシオレイライが認容された。

《判旨・法廷意見》

破棄・差戻し

ギンズバーグ裁判官執筆の法廷意見，全員一致

1．第6巡回区 Court of Appeals の補足意見が示した判断根拠は却下されるべきである。州は，憲法の中核的な意味において，2度の危険に晒すことは行っていない。死刑判決手続における二重の危険の試金石は，「無罪判決」があったかどうかである。*Sattazahn* は被申請人にとっての助けにならない。*Sattazahn* は，被告人の最初の陪審が量刑段階で行き詰まり，裁判所は，州法の要求に従って終身刑を宣告したが，裁判官も陪審も，最初の審理において，終身刑となる法的資格を立証するのに十分な所見を述べることによって被告人を無罪にしたわけではなく，二重危険禁止の法理は被告人の再度の審理における州による死刑求刑を禁止するものではないとしたものである。

本件では，*Sattazahn* と同様，無罪判決はない。陪審は死刑宣告を選択した。今回問題となっているのは，非申請人による，死刑判決を取り消すための2度目の試みであり，再訴追や刑の増刑を求める州の努力ではない。

また，バイアスの精神遅滞に関する州裁判所の判断は，彼に終身刑の資格を与えるものでもない。バイアスが判決を受け，通常上訴した時点では，*Atkins* ではなく *Penry*（Penry v. Lynaugh, 492 U.S. 302 (1989)）が当裁判所の指導的判断であり，*Penry* の下では，単一の減刑要因や加重要因が判決を決定することはなく，合理的な疑いを差し挟まない程度に加重状況が減刑要因を上回ったかどうかにより決定されるものとされていた。

2．第6巡回区 Court of Appeals は，*Ashe* において二重危険禁止条項に包含されると認められた争点阻止の原則に依拠した。しかし，争点阻止の原則は，バイアスが *Atkins* と *Lott* の下で精神遅滞者として適格であるかどうかの問題の完全な審理を禁止するものではない。

争点阻止の原則は，実際に争われ，有効な確定判決によって決定され，その判決に不可欠な事実または法律上の争点の連続した訴追を禁止するものであって，判決がある決定に依存していない場合，その決定に関する再審理は妨げられない。さらに，争点阻止の中核的要件が満たされている場合でも，適用される法的状況の変化が介在する場合には，例外が適用されることがある。

最初の問題について，オハイオ州上訴裁判所の記録からは，*Lott* テストに基づくバイアスの精神遅滞の問題が，公判または通常上訴において実際に決定されたかは明らかではない。また，州は，バイアスの主張が，当時判断されていなかった *Atkins* や *Lott* の下で成功することを認めたわけでもない。

より基本的なこととして，バイアスの精神能力に関する裁判所の発言は，死刑判決に必要でなかったことは明らかである。決定が必要ないし不可欠とされるのは，最終的な結果がそれに左右される場合のみである。州裁判所の判断を「判決に必要である」と判断した第6巡回区 Court of Appeals は，最終判断に必要な判断と，単独では結果を決定しない補助的な判断を混同している。

同じ理由で，第6巡回区 Court of Appeals が，究極的な事実の争点が，有効かつ確定した判決によって一旦決定された場合，その争点は，将来のいかなる訴訟においても同じ当事者間で再び争うことはできない，とする *Ashe* の一節に繰り返し依拠したのは誤りである。バイアスのケースは，*Ashe* の判決で扱ったような「究極の事実」を含んでいない。バイアスは無罪判決を受けたわけではなく，彼の精神能力の判断は，最終的に死刑を科す際には必要ではなかった。

仮に争点阻止の中核的要件が満たされていたとしても，*Atkins* における当裁判所の判断が介在しているため，この原則の適用に対する例外が正当化されるであろう。減軽要因としての精神遅滞と，*Atkins* および *Lott* における精神遅滞は，別個の法的問題である。*Atkins* 自体が，違いの一つとして，精神遅滞は減刑要因となりうるが，将来の危険という加重要因が陪審によって認定される可能性を高める諸刃の剣となりうることを強調している。この現実は，*Atkins* 以前の検察官が，精神遅滞の証拠に積極的に異議を唱える動機がほとんどなかった理由を説明している。法の変化（change in law）は，バイアスの精神能力を争う州側のインセンティブを実質的に変化させたため，争点阻止を適用することは法の衡平な運用を促進しない。

連邦裁判所の介入は，バイアスが *Atkins* の権利を主張できるかどうかを判断するための州裁判所の審理を頓挫させた。オハイオ州の裁判所に頼ることは，*Atkins* を執行する責任を州に委ねるという点で，当裁判所が想定していたことである。州は，バイアスがそのような手段を取る権利があることを認めるが，*Atkins* と *Lott* の後の先例に基づき，これを争う十分かつ公正な機会を求めるのは当然である。

《解　説》

本件は，精神遅滞者に対する死刑執行が合衆国第 8 修正に反すると判示した *Atkins*（Atkins v. Virginia, 536 U.S. 304 (2002)）[1] 以前に，死刑判決を受けた受刑者の「境界的精神遅滞」を州最高裁が認めていた場合に，その受刑者の精神

---

1)　本件の解説として，椎橋隆幸編『米国刑事判例の動向Ⅴ』（中央大学出版部，2016 年）299 頁（中野目善則担当），小早川義則「デュー・プロセスと精神遅滞犯罪者への死刑―合衆国最高裁アトキンズ判決を契機に―」桃山法学第 3 号 112 頁（桃山学院大学総合研究所，2004 年），岩田太・ジュリスト 1237 号 233 頁（有斐閣，2003 年）などがある。

的能力を判断するための審理を行うことが二重危険条項によって禁止されるか否かが争われた事例である。

第6巡回区 Court of Appeals は，二重の危険の禁止の関心である争点阻止の原則に基づき，州裁判所による精神遅滞の審理は禁じられるとした。

争点阻止の原則とは，政府と被告人との間の具体的な争点とされた事実について，1度の十分かつ正当な攻撃防御の機会が与えられれば，再度その争点を持ち出すことが許されないとする原則である[2)]。

法廷意見は，争点阻止の原則は，判決に不可欠な実際の争点についての再度の審理を禁ずるものであって，実際に争点となっていない場合や，判決が依拠していない決定については及ばないとし，精神遅滞の問題が争点となったか明らかではなく，当初の判決を左右するような事実ではない以上，争点阻止の原則は適用されないとした。

また，仮に争点となっていて，判決が依拠している決定であっても，後の法的状況に変化が生ずれば，例外が認められる場合があるとし，本件では *Atkins* による法の変化が介在しているため，例外が認められる場合であるとした。

この法廷意見の立場によれば，本件における当初の判決においては，*Penry* (Penry v. Lynaugh, 492 U.S. 302 (1989)) が先例となっており，*Penry* の下では，精神遅滞は一つの減軽要因であり判決を決定することはなく，精神遅滞は死刑の判断を否定する要因として考慮されてはいるが，死刑判決を決定する要素とはなっていないので争点阻止の原則は適用されないこととなろう。

また，精神遅滞であるという州裁判所の所見は，終身刑の資格を保障するものではなく，「無罪」の判決がなされたわけでもない。精神遅滞の所見によって死刑は回避されていないのであって，州が訴追や刑の増刑を求める場合にも当たらないため，二重危険禁止条項は，州が精神遅滞について十分な審理を行うことを禁ずるものではない。

（麻妻　和人）

---

2) 渥美東洋『全訂　刑事訴訟法』（有斐閣，2006年）513頁参照。

15.　Yeager v. United States, 557 U.S. 110 (2009)

基本的な事実を同一にする事件が複数訴因で起訴され，ある訴因には無罪評決が下されたが，ある訴因については不一致陪審となった場合，後者についての再審理に無罪評決の争点阻止効が及びうるとされた事例。

《事実の概要》

申請人 Yeager は，1998 年 1 月から 2001 年末ごろまでエンロン株式会社の上級副社長であったが，在職中の 2000 年 1 月に開催された証券アナリストの年次総会で，光ファイバーを使った通信サービス（以下「本件サービス」という）を立ち上げることを公表し，その結果エンロン株は 1 株 54 ドルから 72 ドルに上昇した。申請人は，その後数カ月の間に保有していた同社の株式を売却し，1900 万ドルの個人収益を得たが，本件サービスの計画は技術的な問題を理由にとん挫し，その経済価値は雲散霧消した。

合衆国大陪審は，2004 年 11 月，申請人が自らの利得を図り，本件サービスに関する虚偽情報を流布して，五つの連邦犯罪，すなわち，証券詐欺，そのための電信不正利用，それらの罪の共謀，インサイダー取引，資金洗浄の罪を犯したとして 126 の訴因で起訴した。訴因 1 は，証券詐欺および電信不正利用の共謀であるが，その中には訴因 2 から 6 までの罪を構成する行為が含まれており，訴因 2 は，証券アナリストの年次総会で虚偽情報を提供し，または，他の者の提供した情報が誤解されないよう正しい情報を提供することを怠ったという証券詐欺であり，訴因 3 から 6 は，申請人らが本件サービスに関する記者発表をして電信を不正に利用したというものである。訴因 27 から 46 は，本件サービスに関する情報を基にしたインサイダー取引，訴因 67 から 165 は，上昇したエンロン株の売却利益の洗浄行為である（以下，訴因 1 から 6 を「詐欺訴因」と，それ以外を「インサイダー取引訴因」と表記する）。

13 週間にわたった公判手続と 4 日間の評議の末，陪審の評決に基づいて裁判所は，詐欺訴因で被告人を無罪とし，インサイダー取引訴因では不一致陪審で審理無効を言い渡した。

2005年11月，申請人は，審理無効となった訴因を含む訴因で再び大陪審起訴されたが，検察官は今回，インサイダー取引訴因を「申請人が本件サービスの実情を認識していたにもかかわらず，自身の保有する株式を売却する前にその情報を一般に開示しなかったこと」が罪となるべき事実であると構成し直していた。

これに対し申請人は，今回政府側は，申請人が本件サービスについての未公開情報を有していたことを証明しなければならないが，前の裁判での詐欺訴因についての陪審の無罪評決は，その事実を否定する認定に基づいて下されたものであるので，合衆国憲法第5修正の二重危険禁止法理の一環である争点阻止効によって，今回の公訴提起自体許されないと主張した。

合衆国District Courtは，前の無罪判決の理由は，申請人が結果を認識しかつ意図的に詐欺に加担したとはいえない，というもので，申請人がインサイダー情報を有していたかどうかは争点となっていないので，争点阻止効の対象とならないとして，申請人の申立てを退けた。

これに対し，合衆国第5巡回区Court of Appealsは，無罪評決の理由についてのDistrict Courtの解釈は否定したものの，前の陪審評決が，申請人が本件サービスについての未公開情報を有していなかったとの認定に基づくものであれば，陪審はインサイダー取引訴因についても無罪評決を下したはずで，そうであれば争点阻止効が働くことになるが，前の陪審が詐欺訴因を無罪とし，インサイダー取引訴因について不一致であったということは，その無罪評決がどのような認定に基づくのか明らかでないことを意味しており，そうするとCourt of Appealsの先例に照らし，本件で争点阻止効は働かないと判示した。

同時に起訴された別訴因についての不一致陪審が無罪判決の争点阻止効に影響を与えるかどうかについての下級審の判断を統一するため，合衆国最高裁判所はサーシオレイライを認めた。

《判旨・法廷意見》

破棄・差戻し

1．スティーヴンズ裁判官執筆の法廷意見

(1)　当裁判所は，*Dunn*（Dunn v. United States, 284 U.S. 390 (1932)）で，同じアルコール飲料の販売目的の保管，所持，販売の三つの訴因で起訴された被告人について，陪審が保管の訴因を有罪，所持と販売の訴因を無罪とする評決を下した場合，その評決の間には論理的に矛盾があるが，それぞれの評決が互いの効力を害することはないと判示した。本件での争点は，陪審が，ある訴因について無罪評決を下したものの，その訴因と基本的な事実を同一にする別の訴因については評決に至らなかった場合，そこには論理矛盾があるが，そのことが合衆国憲法第5修正の二重危険法理の一環である無罪判決の争点阻止効に影響するかどうかである。当裁判所は，影響はないと判断する。

(2)　第5修正は，「何人も，同一の犯罪について，重ねて生命または身体の危険に晒されることはない」と定め，先例は同条項には二つの重要な関心があると判示している。一つ目は，国は，同じ罪について人を繰り返し罪に問い，困惑や経済的な不安，有罪認定を受ける危険を与えてその生活を不安定にし続けることは許されないという関心であり，二つ目は，裁判の終局性の確保という関心である。

国が，有罪判決を得ようとしたにもかかわらず審理無効となった後，再度の訴追をしようとすることは一つ目の関心の対象ではあるが，陪審が評決に至ることができなかったとすれば，国に与えられた犯罪処罰権限はいまだ行使されておらず，したがって，当初開始された危険は継続しており，国は被告人を重ねて危険に晒すわけではない。

しかし，本件の争点は，国に被告人の有罪を証明する1度の機会が与えられたかどうかではない。本件の争点は，陪審の詐欺訴因についての無罪評決が，インサイダー取引訴因での再訴追を妨げるかどうかであり，これは終局性の問題であって，これを解決するためには，今回のインサイダー取引訴因が，前の裁判の詐欺訴因の無罪評決によって終局的に解決されているかどうかが審理されなければならない。そうすると，ここでの問いは，今回のインサイダー取引訴因を前の詐欺訴因と同じ罪での訴追とみなすべきかどうかであり，これについては，*Ashe*（Ashe v. Swenson, 397 U.S. 436 (1970)）が先例となる。

(3) *Ashe* では，前の無罪評決に至る過程で当然に認定されている争点を再び訴追することは第5修正で禁じられると判示された。そこでは，ポーカーをしていた6人が強盗の被害に遭い，被告人 Ashe は特定の1名に対する強盗の罪で起訴されたが，無罪評決を受けた。ところが，国側は1週間後に同じ事件の別の被害者に対する強盗で Ashe を起訴し，以前より信用性が高いと評価された証言により，今度は有罪判決を受け35年の収監刑を言い渡された。これについて当裁判所は，前の裁判の争点は Ashe が強盗犯人の1人であるかどうかであり，陪審が Ashe に対して無罪評決を下した以上，国は同じ事件で別の被害者を襲ったとして同人を裁くことは争点阻止効によって許されない，と判示した。被告人が強盗に関与したかどうかという事件の基本的な事実について陪審が有効かつ最終的な判断を下した以上，同じ事実を別の罪として被告人を2度目の裁判に付すことは許されないのである。そうすると，前の陪審が評決に至る過程でどのような争点について判断したのかを読み解かなければならないが，*Ashe* は，そのためには，裁判所は前の裁判の記録，すなわち，公訴事実，弁論，証拠など，具体的な事件に関するあらゆる手続の事情を精査しなければならないとも判示している。

(4) *Ashe* と本件が異なるのは，*Ashe* は一つの強盗事件について前に無罪評決があった事案であるが，本件は前の裁判に複数の訴因があり，それについて無罪評決と審理無効が混在しているという点である。それでもなお，*Ashe* が本件の先例となるのは，本件は前の裁判の詐欺訴因について無罪評決があったという点で *Ashe* と同様であり，インサイダー取引訴因での不一致陪審による審理無効は，結局，陪審が何も判断していないことに帰するからである。

原審は，本件の詐欺訴因での無罪評決にのみ注目すると，陪審は評決に至る過程で被告人がインサイダー情報を有していなかったと認定したとみることができるが，不一致陪審になった訴因と併せて検討すると，無罪評決が同じことを意味するかどうかは明らかではないという。つまり，本件では，陪審が，詐欺訴因の無罪評決を出す過程で申請人がインサイダー情報を有していなかったと認定し，その結果，インサイダー訴因でも申請人を無罪と認定したはずであるかどうかが問われ，それについては申請人が証明責任を負うが，不一致陪審であったということは，前の陪審の認定内容が不明であるということであるから，国側の再訴追がどの範囲で禁じられるのかが明らかでない，というのである。

しかし，この原審の理由づけは誤りである。陪審は評決に理由を付さないため，評決に達することができなかったことをもってその訴因を否定したとみることはできない。不一致陪審は，評議の結論が出なかったということであり，その理由は様々であるから，陪審が何を認定したかについて判断材料を提供せず，したがって，二重危険禁止法理の適用範囲の審理に関連性をもたないのである。

陪審が前の裁判の評決に至る過程でどのような認定をしたかは，陪審の評議の結果下された結論，すなわち，評決内容から判断されるべきである。そうすると，本件で，インサイダー情報を有していたことが申請人に対する前の訴追の基本的な事実であるならば，陪審がそれについて被告人に有利な判断をした以上，被告人はその事実を基礎とする新たな訴追を受けてはならない。

⑸　国は，*Richardson*（Richardson v. United States, 468 U. S. 317 (1984)）および *Powell*（United States v. Powell, 469 U. S. 57 (1984)）をその主張を支える先例としているが，いずれも適切な先例ではない。

Richardson は，三つの薬物犯罪訴因のうち一つが無罪評決，二つが不一致陪審となった事案で，当裁判所は，不一致になった訴因については二重危険禁止法理にいう危険が終局していないと判示した。これをとらえて，国は，無罪評決と不一致陪審が混在すれば常に再訴追が可能であると主張するが，*Richardson* は無罪評決の審理の過程で不一致になった訴因についての認定がされているわけではなく，本件とは区別される。

Powell は，複数の薬物犯罪訴因で起訴された被告人について，薬物犯罪では

無罪評決が下ったが，薬物犯罪を実行するために電話を使ったという電話の不正利用訴因では有罪評決が下ったため，被告人が評決の矛盾を主張した事案である。争点阻止効は，陪審が論理的に矛盾しない理にかなった判断をしていることをその前提とするとして，無罪評決と有罪評決ないし不一致陪審が混在する場合は，陪審が矛盾した判断をしているのであるから争点阻止効は働かないと国は主張するのであるが，*Powell* は有罪評決と無罪評決が混在した場合であるのに対し，本件は無罪評決と不一致陪審の混在する事案である。陪審が評決に達している場合は，その評決がいかに矛盾するとしても，それが地域社会の良識を反映した判断であり，それゆえにその判断に終局性が与えられるのである。しかし，不一致陪審は，この終局性を欠く。

(6) 国側の最後の主張は，前の陪審がインサイダー取引訴因について申請人に有利な認定をしたうえ詐欺訴因で無罪評決をしたということを申請人が証明していないので，争点阻止効は働かない，というものである。たしかに，本件の事実関係は複雑で，District Court と Court of Appeals の間ですら，陪審がどのような認定をして評決に至ったのかについての解釈が異なっている。しかし，当裁判所は Court of Appeals の判断を前提として法律問題についての結論を出したものであって，事実問題には踏み込まない。したがって，差戻し審で事実問題が審理されることは妨げられない。

2．ケネディ裁判官の一部補足意見

アリトー裁判官が指摘するように，本件では，申請人がインサイダー情報を有していたかどうかについて陪審が判断せずに詐欺訴因で無罪評決を下すということが合理的にあり得ない場合に限って再訴追が禁じられる。したがって，差戻し審は事実問題を審理すべきである。

3．スカリア裁判官執筆の反対意見（トーマス裁判官，アリトー裁判官参加）

ある訴因についての無罪評決が，それと基本的事実を同一にする不一致陪審となった訴因の再訴追を禁ずる場合があるとの法廷意見の判断は，第5修正からも先例からも導かれない。本来，二重危険禁止法理が禁ずるのは，同一の行為と罪の再訴追である。コモン・ローに従えば，申請人が詐欺訴因で無罪となっても，インサイダー訴因での訴追は禁止されない。

ある事件について有罪・無罪の評決が下った時に初めて第５修正のいう危険が発生し，その危険を被告人に再び負わせることのないように再訴追を禁ずるのがコモン・ローである。法廷意見は，この危険の発生時期を陪審が選任され宣誓した時点にまで早めており，これをそのまま受けとめると，新たな陪審による再審理は新たな危険を構成するはずであるが，法廷意見は，その当初の危険は陪審が評決を下すまでは継続していて発生しないという。もしそうであるならば，不一致陪審後の再審理は開始された手続の一部であって，新たな裁判ではない。法廷意見は，終局していない判断に争点阻止効を認めるものである。

Dunn は，有罪評決と無罪評決が下されたとしても，それぞれの評決の効力には影響がないとしているのであるから，不一致陪審をそれとは別に扱う理由はない。

Ashe は，別訴因であっても前の裁判で必然的に解決されている争点については再訴追が禁じられるとしたが，国が細切れ訴追を狙っているのではなく，すべての訴因について１回の証明の機会を得ようとしているだけであれば，争点阻止効の関心は当てはまらない。不一致陪審の後の再審理は新たな訴追ではなく，二重危険禁止法理は適用されないのだから，前の無罪評決が不一致陪審となった訴因についての審理を妨げる理由はない。記録を精査して前の陪審評決がどのような認定をしたのかを判断するのも後の裁判への過大な負担である。*Ashe* の適用範囲を拡大するべきではない。

４．アリトー裁判官執筆の反対意見（スカリア裁判官，トーマス裁判官参加）

争点阻止効は，*Ashe* の範囲で適用されるべきである。

Ashe は，理にかなった判断をする陪審が前の裁判の評決を下すにあたって，後の裁判の争点となる事実問題について被告人に有利な認定をしていなければ，そのような評決を下すはずがないという場合に限って，無罪評決に争点阻

止効が伴うと判示した。そのことの証明責任は被告人側にあるが，本件の無罪評決がどのような認定に基づいているのかは証明されていない。

（本件は 16 事件と併せて解説を付す。）

（小木曽　綾）

16.　Bravo-Fernandez v. United States, 580 U.S. 5 (2016)

基本的事実を同一にする事件が複数訴因で起訴され，その一部について有罪，一部について無罪の矛盾する評決が下されたうえ，有罪判決が手続の法令違反を理由に破棄された場合，差戻し審における審理には無罪判決の争点阻止効が伴わないとされた事例。

《事実の概要》

公訴事実によると，実業家である申請人 Bravo-Fernández（以下 Fernández という）は，プエルトリコにおいて自己に有利な立法をしてもらうため，同国の上院議員であった Martínez-Maldonado（以下 Martínez という）に賄賂を供与した。賄賂は，ラスベガスへの旅行や 1000 ドル相当のボクシング観戦チケットの提供という方法で供与され，Martínez は帰国後，Fernández の意向に沿う議会活動を行った。

この事実につき，プエルトリコの合衆国大陪審は，両名を 18 U.S.C. §666 違反の贈収賄罪，同罪の共謀罪，同罪実行のための旅行法違反等で起訴し，3 週間にわたった審理の末，合衆国 District Court の陪審は，両名を 18 U.S.C. §666 違反の贈収賄罪で有罪と評決する一方，同罪の共謀と旅行法違反については無罪と評決した。

合衆国第 1 巡回区 Court of Appeals は，§666 違反の罪の構成要件についての陪審説示の誤りを理由に，贈収賄罪についての有罪判決を破棄した。すなわち，同 Court of Appeals の解釈では，将来特定の行為をすることの対価として事前に利益供与が行われた場合（quid pro quo）にのみ §666 が成立するところ，公判裁判官は，Martínez が Fernández に有利な議会活動をした後に賄賂を収受した場合（gratuity）も §666 違反となると陪審に説示して，申請人がいずれかの行為をしていれば有罪認定をすることができると説示している点に誤りがあるが，それがハームレスであるかどうかが明らかでないとして，同 Court of Appeals は有罪判決を破棄し，差し戻したのである。

差戻し審で申請人らは，本件の争点は，Fernández が Martínez に賄賂を供与し，Martínez がこれを収受したかどうかであるところ，前の裁判においてその共謀とその実行のための旅行法違反で無罪評決が下されたということは，評決に至る過程で陪審が §666 違反自体もなかったと認定したはずであり，そうすると，争点阻止効により差戻し審の審理は許されないと主張したが，合衆国 District Court および第 1 巡回区 Court of Appeals はこれを退けた。

本件のように，基本的事実を同一にする事件が複数訴因で起訴され，それについて陪審が有罪と無罪の両立し得ない評決を下したうえ，有罪判決が事実誤認ではなく手続の法令違反を理由に破棄された場合，差戻し審に無罪判決の争点阻止効が及ぶかについての下級審の判断を統一するため，合衆国最高裁判所はサーシオレイライを認めた。

《判旨・法廷意見》

1．ギンズバーグ裁判官執筆の法廷意見

原判断確認

(1) 本件の争点は，ある事件を構成する事実ないし争点が複数の訴因の一部となっている場合，ある訴因について有罪，他の訴因について無罪の評決が下されたうえ，有罪判決が上訴で破棄されたとき，破棄された有罪訴因についての再審理に無罪評決の争点阻止効が働くのかどうかである。

論理的に両立しない，矛盾する評決が下された場合でもなおそれらの評決はそれぞれ有効であるが，*Powell*（United States v. Powell, 469 U. S. 57 (1984)）によれば，その場合，無罪判決には争点阻止効が伴わない。

陪審が基本的事実を同一にする複数訴因について審理した結果，ある訴因について無罪評決を下すと同時に他の訴因については不一致陪審による審理無効となった場合，審理無効となった訴因の再審理に無罪判決の争点阻止効が及ぶかについて，*Yeager*（Yeager v. United States, 557 U. S. 110 (2009)）はこれを肯定したが，その理由は，不一致陪審は何も結論を出していないのであるから，矛盾する評決自体が存在しないという点にあった。

本件で陪審は，有罪と無罪という矛盾する評決を下したため，*Powell* が先例となる。同判決によれば，無罪となった訴因についての再訴追は許されないが，その無罪評決には有罪判決を受けた訴因についての争点阻止効もない。本件では *Powell* と異なって，有罪判決が訴訟手続の法令違反により破棄された。そこで申請人は，*Yeager* に依拠して，有罪判決が破棄されれば，無罪評決と矛盾する有罪評決が存在しないことになるから，無罪評決と不一致陪審の場合と同じように，無罪評決の争点阻止効は妨げられないと解するべきであると主張している。

しかし，当裁判所はこの主張を容れない。本件の先例は *Yeager* ではなく *Powell* であり，評決が矛盾するため，陪審が何を認定したのかが判明しない本件においては，争点阻止効は働かないとした原判断を確認する。

(2)　第5修正は，前の無罪判決があった場合も有罪判決があった場合も，同じ罪について再度刑事訴追を受けない権利を保障する。陪審の評決は終局性をもち，したがって同一の罪についての再訴追が禁じられる。争点阻止効は，同一当事者間で同じ争点について訴訟が繰り返されることを防止するための法理であり，長く民事手続の法理とされてきたが，同じ関心は，同一の罪についての訴追から人を保護する憲法の二重危険禁止法理のそれと重なる。

争点阻止効は，前の裁判に至る過程で必然的に解決されたはずの争点についても及ぶが，それは，前の裁判が正しいことを前提としているところ，上訴による審査が予定されない手続ではその正しさの保証は弱い。民事裁判では，上訴が許されないことは例外的であるのに対して，刑事裁判では事実問題については被告人からのみ上訴でき，国は陪審の無罪評決に上訴することが許されない。陪審の評決は，正しい法令の解釈・適用の結果でないこともないわけではないことから，上訴による審査のない場合の争点阻止効の適用については慎重であるべきことを先例は示唆している。

(3)　本件の先例は三つある。

Ashe（Ashe v. Swenson, 397 U.S. 436 (1970)）では，6人のポーカープレイヤーが強盗に遭い，被告人 Ashe は，そのうちの1名の被害者に対する強盗の罪

で起訴され無罪評決を受けたが，国は同じ事件の別の被害者に対する強盗罪で同人を起訴し，Ashe は有罪判決を受けた。当裁判所は，前の裁判の唯一の争点は Ashe が強盗犯の１人であるかどうかであり，陪審がある被害者についての強盗訴因に関し Ashe を無罪と認定した以上，国は同じ事件で別の被害者を襲ったとして Ashe を裁くことは争点阻止効によって許されないと判示した。そして，前の裁判で陪審が評決に至る過程でどのような事実を認定したかを読み解くには，具体的な事案に照らしてあらゆる事情を考慮すべきであるとしたうえ，当該争点がすでに前の裁判の認定対象になっていることの証明責任は，争点阻止効を主張する被告人側にあるとも判示している。

Powell（United States v. Powell, 469 U.S. 57 (1984)）では，薬物犯罪訴因で無罪とされたが，その罪を実行するための電話の不正利用訴因では有罪とされた被告人が，評決の矛盾を指摘して有罪判決の破棄を求めた事案である。当裁判所は，争点阻止効は，陪審が理にかなった評議・評決をし，その過程で当該争点について必然的に認定済みであることを前提としているが，矛盾する評決が下されたときにはどちらの評決が理にかなった判断の結果なのかが明らかではなく，そうすると，それらの評決は争点阻止効をもち得ない，とする一方，両立し得ない評決自体はいずれもその効力を失うわけではないと判示した。この判断の基礎になっているのは，陪審がある訴因について有罪，他の訴因については無罪の評決を下したとしても，被告人はその矛盾を理由として有罪判決を争うことはできないとした *Dunn*（Dunn v. United States, 284 U. S. 390 (1932)）である。

そして *Yeager*（Yeager v. United States, 557 U. S. 110 (2009)）は，*Powell* は無罪評決と不一致陪審の場合には適用されないと判示した。不一致陪審の理由は様々で，陪審が理にかなわない判断をしたことの証明にはならないため，不一致陪審であったことは争点阻止効の有無の判断に関連性をもたず，したがって，無罪評決の争点阻止効は妨げられないのである。

(4) ① *Lydon*（Justices of Boston Municipal Court v. Lydon, 466 U.S. 294, 308 (1984)）によれば，有罪判決が上訴で破棄されたとき，二重危険禁止条項

は再訴追を禁止しないのが原則であり，国は，破棄理由となった誤りを正して新たに公訴提起することができる。この場合，国は刑事手続を利用しきっていないため，破棄された判決には何らの効力もなく，再訴追は二重危険禁止条項に反しないと解するこの危険の継続法理は，社会の利益にも被告人の利益にも資する。このように解せば，公判手続におよそ何らかの法律上の破棄理由があれば国は被告人を処罰することができなくなる，という事態を避けることができ，他方，上訴審が法律上の理由で判決を破棄すれば被告人が再訴追されることはないとすれば，仮に公判裁判所が権利保障を怠っても被告人が処罰されることはないことになるので，公判裁判所は被告人の権利保障に今ほど熱心でなくなるかもしれないからである（United States v. Tateo, 377 U.S. 463, 466 (1964)）。

② 申請人は，この原則から離れて，有罪判決が破棄された場合は，同時に言い渡された無罪判決によって再訴追が禁じられると主張するが，当裁判所はこれに与しない。

申請人は，陪審が§666 違反について自らに有利な認定をしたことを証明する責任を負っている。しかし，上述のとおり，再訴追が禁じられるとされる争点について陪審が矛盾する評決を下したときは，陪審の意図が明らかではないため，申請人はその責任を果たし得ない。本件で陪審は §666 については有罪評決を下したが，その共謀と旅行法違反については無罪評決を下したため，これらの評決は矛盾しており，陪審がいずれについて理にかなった評決を下したのかは確定できない。また，国が無罪評決を上訴で争うことができないことも考慮すると，矛盾する評決があった場合，無罪評決に争点阻止効を与えることには慎重にならざるを得ない。

結論を左右するのは本件の陪審が §666 について無罪認定をしているかどうかであるが，後に破棄されたとはいえ，陪審は §666 について有罪評決を下している。有罪判決が事実問題を理由として破棄されたのであれば，上訴審の判断は公判での無罪判決と同様であるから，申請人は再び訴追されることはない。しかし本件では，陪審説示の誤りを理由に有罪判決が破棄されているのであるから，公判手続の法律上の誤りを正したうえでの再訴追が許されるという原則が妥当する。

本件では，*Powell* と同様，同じ陪審が矛盾する評決を下しており，有罪判決が後に法令違反で破棄されたとしても，その矛盾は解消されない。申請人は，陪審が評決に至る過程で申請人を §666 について無罪と認定していることについての証明責任を果たしていない。

③　申請人は，*Yeager* を引用して，有罪判決が上訴で破棄された場合は，不一致陪審と同じく扱われるべきであると主張する。しかし，§666 の罪について前の裁判で陪審が無罪認定をしていることについては申請人が証明責任を負い，その責任が果たされているかどうかを判断するためには，前の裁判の共謀および旅行法違反訴因についての無罪評決の理由を記録から読み解かねばならないが，後に法律上の理由で破棄されたにせよ，本件の陪審はその無罪評決と矛盾する有罪評決を下しているうえ，陪審がどのような理由で矛盾する評決に至ったのかが明らかでない以上，*Powell* によれば，本件での無罪判決には争点阻止効はない。

Yeager は，不一致陪審は未だ陪審の評決自体が存在しないから，陪審が矛盾する判断をしたこと自体が証明されないとしたのである。本件では，有罪判決が上訴で破棄されても，陪審が評決を下したことに変わりはないのであるから，不一致陪審の場合とは区別される。

2．トーマス裁判官の補足意見

Ashe および *Yeager* は二重危険禁止法理の本来の意義を拡張して争点阻止効を認めたが，これは将来適当な機会に見直されるべきである。本件の法廷意見はそのような拡張解釈を採っていないので，賛成する。

《解　説》

本２件（*Yeager, Bravo-Fernandez*）は，基本的事実を同一にする複数訴因間で論理的に両立し得ない，矛盾する陪審評決があった場合の再審理において，前の裁判に争点阻止効が伴うかどうかについての判断である。*Yeager* は無罪評決と不一致陪審，*Fernández* は無罪評決と有罪評決であるが，その有罪評決が上訴で破棄されたという事案である。

1．合衆国憲法第5修正は，「何人も，同一の犯罪について，重ねて生命または身体の危険に晒されることはない」と定めており，伝統的に，これは同一の罪について前に有罪判決または無罪判決を受けたとき，同じ罪について再び訴追されることはないことを宣言したもので，それが本来の二重危険禁止法理の内容であると解されてきた。

たとえば，ある馬が厩舎からいなくなったという事件があり，被告人が，その馬を厩舎から盗み出したとの訴因と，その馬につけられていた鞍を同一機会に窃取したとの訴因で起訴された，という事案を想定しよう[1)]。このとき，各々の訴因で有罪なり無罪なりの評決が下されれば，その馬の窃盗ないし鞍の窃盗について被告人は再び訴追されることはない。これが二重危険法理の帰結である。

では，このとき国が，鞍のついた馬を盗み出したとの訴因で被告人を起訴し，無罪評決があった後，同被告人を同一機会にその馬につけられていた鞍を窃取したとの訴因で起訴することは許されるだろうか。馬の窃盗と鞍の窃盗は「同一の犯罪」ではないが，前の裁判で，被告人が馬の窃盗犯人であることの証明が不十分であるとして無罪評決を受けたとすれば，同一機会に同じ馬につけられていた鞍を盗んだ証拠もないのが道理で，そうすると，馬の窃盗についての無罪評決は必然的に鞍の窃盗も否定する認定を含むことになる[2)]。国に1度の訴追機会を与えつつ，国がそれを放棄したか失敗したときには，2度目の訴追機会を否定することで，人の自由と刑罰権の実現の間にバランスをとろうとする二重危険禁止法理の趣旨は，このような場合にも妥当するとして，鞍の窃盗はすでに認定を受けた事項として再び訴追の対象とされるべきではないというのが，争点阻止（issue preclusion）効である[3)]。この争点阻止効は民事訴

---

1)　日本の刑法では，「一個の行為が二個以上の罪名に触れ」ることとなろうが（刑法54条1項），ここでは両者は併合罪関係であることを前提とする。

2)　Yeager v. United States, 557 U.S. 110, 128 (2009).

訟で発展した法理であるが，*Oppenheimer*（United States v. Oppenheimer, 242 U. S. 85 (1916)）で，刑事訴訟にも適用されることが示された[4]。

2．*Ashe* は，ポーカーをしていた６人の被害者が３人ないし４人の覆面強盗に襲われた事件である。Ashe は最初Ｋという被害者に対する強盗で起訴されたが，犯人が３人であったか４人であったか，また，その中に Ashe がいたかに関する国の証拠は十分ではなかった。公判裁判官は，Ashe が犯人の１人であったとすれば，たとえＫに対して強盗を働いていなくとも強盗の罪で有罪であると説示したが，陪審は有罪の証明がないとして Ashe に無罪評決を下した。その６週間後，国は Ashe を同じ事件のＲという被害者に対する強盗で再び訴追し，今度は，同じ証人らの，しかし，より積極的に Ashe が犯人の１人であるとする証言に基づいて陪審は有罪評決を下した[5]。合衆国最高裁判所は，① ある犯罪の成否を左右する争点について有効かつ終局的な判断が下された以上，その争点については再び訴訟の対象とされることはなく，② その争点について有効かつ終局的な判断が下されたかどうかを判断するには，あらゆる訴訟記録を検討したうえ，陪審が理にかなった判断をすれば，前の無罪判決に達する過程でその争点についてすでに認定済みであるといえるかどうかを検討しなければならない，③ 陪審説示も含めて考えると，前の裁判の争点は

---

3) かつては，collateral estoppel（付随的禁反言）と表現されていたが，現在では争点阻止効と表現されるのが一般的になっているようである。Yeager v. United States, supra at 119 note 4.

4) Yeager v. United States, id.; Allyson V. Swecker, United States v. Bravo-Fernandez: Can an Individual Be Tried a Second Time for Related Crimes after a Mixed Jury Verdict ?, 40 American Journal of Trial Advocacy 395 (2016).

5) 初めの裁判では，被害者証人の２人は，犯人は３人だったと証言したが，Ashe がその中にいたとは供述しておらず，別の証人は Ashe の声が犯人に似ているようだとのみ供述し，もう１人は Ashe が犯人だと供述したが，その根拠は体つきや身振りが似ているということであった。２度目の裁判では，初めの裁判で Ashe の同一性を確認できなかった証人が，同人の体つきや身振りが犯人のそれと一致すると供述し，体つきや身振りが似ているとのみ供述した証人は，声の特徴を思い出したとして Ashe の犯人性を肯定する供述をした。

Asheが強盗犯人の１人であったかどうかであり，陪審はこれを否定する評決を下したのであるから，Kに対する強盗で無罪になったからといって今度はRに対する強盗でAsheを起訴することは許されず，このような争点阻止効は，まぎれもなく第５修正の内容である，と判示したのである。

３．争点阻止の観点のほか，本２件では陪審裁判の制度的特徴が事案の解決に反映されている。

まず，二重危険禁止法理の「危険」開始時期は，コモン・ローでは前の裁判の判決時であったが，第５修正下では，陪審裁判においては陪審が宣誓した時，裁判官裁判においては証拠が提出された時とされてきた[6]。したがって，手続がそれ以上に進んだ場合には，基本的に二重危険禁止法理の適用があるはずであるが，開始された審理が不一致陪審で審理無効（mistrial）となった場合，その理由によっては再審理（new trial）が許される[7]。

次いで，地域の良識を反映して下される陪審評決には理由が付されず，したがって，ある評決が下された理由についての審査も許されない。*Dunn* では，禁酒法下で同一のアルコール飲料を販売目的で保管していた罪，その飲料を所持した罪，その飲料を販売した罪で起訴された被告人に対し，保管の罪では有罪，他の罪では無罪の評決が下された。事実問題としては，同一のアルコール飲料を販売目的で保管したが，所持はしていない，ということはないはずであるが，合衆国最高裁判所は，公訴事実について合理的疑いを超える程度の証明があれば，ある訴因についての有罪評決は有効で，他の訴因について無罪評決が下されたとしても，有効な有罪評決が無効になることはない，と判示した[8]。

Powell では，被告人は，頒布目的のコカイン所持の共謀（訴因１），頒布目

6） Crist v. Bretz, 437 U.S. 28 (1978).

7） Blueford v. Arkansas, 566 U.S. 599 (2012) ; https://www.law.cornell.edu/constitution-conan/amendment-5/reprosecution-after-mistrial.

8） Dunn v. United States, 284 U.S. 390 (1932). 反対意見を表したButler裁判官は，こうした場合は再審理がふさわしいと述べている。

的のコカイン所持（訴因９），それを実行するための電話の不正利用（訴因３から６）で起訴された。陪審は，訴因１，６，９で被告人を無罪と評決したものの，訴因３から５については有罪評決をした。被告人は，これらの評決は矛盾しており，有罪判決部分は破棄されるべきであると主張して争ったが，合衆国最高裁判所は，① 評決の矛盾は，すべての訴因について証拠が不十分であるのに誤って有罪評決が下された結果であるわけではなく，陪審が，有罪の証明は十分であったが犯罪成立要件を誤解した，難しい判断を前に妥協した，あえて寛大な（無罪）評決を選択した，などが理由であることもあり得る，② 国が無罪評決を争うことが許されないこととも合わせて考えると，評決の矛盾を理由に有罪判決の破棄を求める権利を被告人に認めるべきではない，③ 評決の矛盾を審理するとすれば，陪審評議の内容に立ち入らねばならないが，裁判所はこれをしないのが通常である，④ 被告人には，公判および上訴で手続の誤りを正す機会が与えられている，⑤ ある罪で被告人が無罪と評決され，それを前提犯罪とする別の罪で有罪評決が出た場合，「矛盾する評決」イコール「有罪評決の誤り」として，有罪判決を破棄することができるとすれば，無罪評決が常に正しいことを措定することになるが，その措定は誤りである（無罪評決が誤りであることもありうる），などとして，評決の矛盾は有罪判決の破棄理由にはならない，と判示した。その中でレーンキスト首席裁判官執筆の法廷意見は，争点阻止効の根拠は，前の評議で陪審が理にかなった判断をしていれば，ある争点は評議過程で必然的に解決済みであるという点にあるから，陪審が矛盾する評決を下したとすれば，いずれかの評決において陪審が何らかの理由で理にかなった結論に達していないということであり，そうすると，すでに陪審がある争点について理にかなった判断をしていることを根拠とする争点阻止効は，評決間に矛盾のある場合には働かない，とも述べている[9)]。

4．これらの先例を整理すると以下のようなことになろう。*Dunn* および *Powell* によれば，⑴ 基本的な事実を同一にする複数訴因間で，有罪と無罪の

9） United States v. Powell, 469 U.S. 57, 68 (1984).

矛盾する評決が下されても，それに基づいた判決は有効である。(2)ある罪で無罪評決が下され，その罪を前提とする別の罪について有罪評決が下されたとしても，そのような評決間の矛盾を理由として，有罪判決が破棄されることはない。(3)*Ashe* によれば，基本的な事実を同一にする事件が複数回（複数訴因として）起訴された場合，ある訴因の評決に至る過程で必然的に解決済みである争点については争点阻止効が働き，その争点が訴因となる（再）訴追は許されない。しかし，(4)*Powell* によれば，複数訴因間の評決に矛盾があるときは，陪審が理にかなった判断をしていないことが疑われ，そうすると，評決に至る過程で，陪審がある争点について認定済みであるかどうかが明らかでなくなるため，仮に再訴追があったとしても，前の裁判に争点阻止効は伴わない。

５．*Yeager* が *Dunn* および *Powell* と異なるのは，評決の矛盾が，*Dunn* および *Powell* では有罪と無罪であったのに対し，*Yeager* では無罪と不一致陪審であったということである。この場合，不一致陪審訴因については再審理が想定されるが，その場合，*Ashe* の争点阻止効が不一致陪審訴因に及ぶのかが *Yeager* の争点である。

Yeager では，大まかにいえば，「被告人がインサイダー情報を有しており，それをもとに虚偽の情報を流布して自社株の価値を上げさせ，自ら保有する株を売り抜けて利益を得た」というのが国の描く犯罪事実であった。これを，国が詐欺訴因とインサイダー取引訴因で起訴したところ，陪審は詐欺訴因を無罪と評決したが，インサイダー取引訴因については評決に至らなかったのである。

法廷意見は，争点阻止効が働かないのは，陪審が出した結論に矛盾があって，前の裁判で陪審がどの争点についてどのような認定をしたのかが判然としない場合であるところ，不一致陪審は評決に至っていない，つまり，陪審は結論を出していないということであるから，結論の矛盾自体が存在せず，したがって，詐欺訴因の無罪評決は基本的な事実を同一にするインサイダー取引訴因について争点阻止効を有する，という。本件の詐欺罪はインサイダー情報をもっていなければ成立しないはずで，その詐欺罪について無罪評決が下ったのであれば，その評議の過程で，不一致陪審となったインサイダー取引訴因についても陪審は無罪認定済みであるとみてよいはずだというのである。

これに対し，反対意見は，そもそも，二重危険禁止法理が禁ずるのは，同一の罪の再訴追であるうえ，不一致陪審の場合は審理が継続しているのであるから，未だ危険は発生しておらず，継続中の審理に二重危険の一環である争点阻止効は及ばない，という。

反対意見と法廷意見との間には，基本的には，二重危険禁止法理をコモン・ローの範囲に限定する方向で考えるか，これを争点阻止効によって広げる方向で考えるかの立場の違いがあろう。ただ，法廷意見に従ったとしても，ケネディ裁判官の補足意見やアリトー裁判官の反対意見が指摘するように，本件の場合，前の裁判でインサイダー取引訴因について陪審が申請人に有利な認定をしていなければ詐欺訴因で無罪評決が下るはずがないという論理が争点阻止効を肯定する根拠となるので，差戻し審によるその点（前の裁判でインサイダー取引訴因について陪審が申請人に有利な認定をしたこと）についての審理は必須であるというケネディ裁判官の意見が的を射たもののように思われる。

なお，これを受けた差戻し審は，それまでの審理に鑑みて，申請人が年次総会時にインサイダー情報を有しておらず，したがって，保有株式の売買時にもその情報を有していなかったと陪審が認定したものとみて，すべての訴因について無罪判決をすべきであるとの意見を付して事件を District Court に差し戻している[10)]。

6．*Fernández* では，申請人らが贈収賄罪，同罪の共謀罪，同罪実行のための旅行法違反で起訴され，陪審は，贈収賄罪で有罪，同罪の共謀とその実行のための旅行法違反については無罪と評決したが，贈収賄罪の有罪判決が上訴で訴訟手続の法令違反を理由に破棄されたことから，その後の再審理において前の無罪評決に争点阻止効が伴うかが争われた。

同種事案に関する合衆国 Court of Appeals の判断は分かれていたようである

10） https://cases.justia.com/federal/appellate-courts/ca5/06-20321/920091019/0.pdf.

が[11)]，これに関連する合衆国最高裁判所の判断としては，まず*Green*（Green v. United States, 355 U.S. 184 (1957)）がある。現住建造物に放火して（第1訴因），人を殺害した（第2訴因）との事実で起訴された被告人の審理で，公判裁判官は第2訴因について，第1級謀殺である放火による殺人または第2級謀殺で有罪認定をすることが可能である旨の説示をし，陪審は第1級謀殺について何ら言及しないまま，放火と第2級謀殺で有罪評決を下した。被告人が第2級謀殺の有罪判決に対して控訴したところ，Court of Appeals は証拠不十分で有罪判決を破棄し，再審理のため事件を差し戻した。再審理では，同じ事実について被告人に第1級謀殺で有罪評決が下ったが，合衆国最高裁判所は，国には前の裁判で第1級謀殺の証明の機会が与えられていたところ，陪審はこれに第2級謀殺の評決で応じたものと解され，そうすると，国は第1級謀殺の証明に失敗しており，被告人が耐えなければならない危険は前の裁判で終局しているので，被告人を再び第1級謀殺で裁くことは許されない，と判示した。

次いで*Burks*（Burks v. United States, 437 U.S. 1 (1978)）は，強盗の罪で起訴された被告人が責任無能力の主張をしたが有罪判決を受け，これに対し上訴したところ，上訴審が，被告人の責任能力についての国の証明が不十分であるとして有罪判決を破棄し，審理を差し戻した事案である。合衆国最高裁判所は，有罪判決を支える証拠が不十分であると上訴審が判断した以上，差戻し審の審理を許すことは国に2度目の立証の機会を与えることになるとして，再審理は第5修正で禁じられると判示した。

上述のとおり，陪審の評決に矛盾がある場合は，無罪評決に争点阻止効はないが，*Yeager*では，無罪評決と不一致陪審の場合は，矛盾する評決自体が存在しないことに帰するとして，前の無罪評決の争点阻止効が再審理に及ぶと判示された。そこで本件の申請人らは，贈収賄罪で有罪と評決され，同罪の共謀とその実行のための旅行法違反については無罪と評決されたものの，上訴で贈収賄罪での有罪判決が破棄されたとすれば，結局，すべての訴因について無罪

11) 前掲注4）の Swecker 論考参照。

判決があったに等しく，評決の矛盾はないことから，後の裁判に対する争点阻止効が働くはずであると主張したのである。

上訴審の破棄理由が事実認定の誤りを理由とするのであれば，すべての訴因で無罪評決があったものとみて争点阻止効が働くという申請人の主張に理由があろうが，本件では，贈収賄罪の有罪判決は訴訟手続の法令違反で破棄されているのであるから，前の裁判の陪審が事実問題に関して複数訴因間で矛盾する評決をしたことには変わりがない。この点について合衆国最高裁判所の裁判官の間に意見の相違はなかったものと思われ，そのため，本件の判断は実質的に全員一致で下されている。

（小木曽　綾）

V　二重処罰

17. United States v. Halper, 490 U.S. 435 (1989)

政府に対する不正行為を理由に科刑した後，被告に，非刑事（民事・行政）制裁（civil penalty）を課すことが，政府が被った損害及び要した費用とは合理的な関連性（rational relation）を有しない場合には，合衆国憲法第5修正の二重の危険禁止条項が禁ずる二重処罰に当たるとして，政府側の損害の認定のために原判断を破棄，差し戻した事例。

《事実の概要》

被申請人Halperは，法人である医療ラボNew Cityの管理者であり，同ラボは，ニューヨーク市において，連邦のメディケアプログラムの対象となる患者に医療サービスを提供している。Halperは，保険会社に対し，メディケア上の保険金について65件の虚偽の請求を行い，各請求につき3ドルの保険金を請求すべきであるところ，実際には12ドルの保険金を請求した。この不正請求の結果，New Cityは保険会社より計585ドルの保険金を受領し，保険会社はこの払戻し金を連邦政府に求償した。

Halperは合衆国法典タイトル18第287条に基づき，65件の不正請求の罪で起訴され，有罪とされ（メールによる不正行為16件も有罪），2年間の拘禁刑と罰金5000ドルを言い渡された。さらに，その後，合衆国政府は，Halperに対して，非刑事法（民事・行政法）である合衆国法典タイトル31第3729条乃至3731条の不正請求禁止法（False Claims Act）に基づいて訴訟を提起した。合衆国District Courtは，Halperの有罪判決によって証明され，正式事実審理を経ずに（bench trialにより），非刑事訴訟に引き継がれた事実に基づいて，合衆国政府の主張通りにHalperの行為を認定した。不正請求禁止法に規定する制裁規定は，同法に違反した者は非刑事上の制裁（civil sanction）として不正請求ごとに2000ドル，及び，行為者の行為により合衆国政府が被った損害の総計の2倍の額と非刑事の裁判に要した費用を支払う責任があるとしており（合衆国法典タイトル31第3729条（1982 ed., Supp. II），Halperは，65件の別個の不正請求をしているため，この規定がそのまま適用されれば13万ドル以上の制裁金が課されることとなる。これに対して，合衆国District Courtは，Halperは，既に刑罰を科せられているので，この金額の制裁金をさらに課すことは，二重危険禁止法理に反すると結論付けた。すなわち，District Courtは，同法による制裁それ自体は刑罰ではないとしつつも，それが，合衆国政府が実際に被った損害と非刑事の訴訟に要した費用とは全く関連しない場合には，二重処罰に当たると解し，13万ドル以上の制裁金には，合衆国政府の実際の585ドルという損害と，不正請求に関する調査及びHalperに対する訴追費用を合わせても合理的な関連性はないとした。そして，District Courtは二重処罰となることを避けるために，一訴因ごとの2000ドルの制裁金については，裁量によるものと解釈し，合衆国政府の損害を回復するために必要な総額を概算し，65の訴因のうち8訴因に限定して2000ドルの制裁を与えることとし，総額1万6000ドルの制裁金をHalperに支払うように命じた。

合衆国政府はこの判断につき再審理を求める異議申し立てを行った。District Courtは，各訴因について2000ドルの制裁金を科すことが裁量的なものであるとしたことは誤りであるとしたが，13万ドルの制裁金を課すことは二重処罰に当たるため認められないとした。すなわち，District Courtは，*Hess*（United States ex rel. Marcus v. Hess, 317 U.S. 537 (1943)）を参照し，正確な実際の損害の総計以上の制裁を加えたとしても，それが必ずしも刑罰を科すことになるわけではないが，（*Hess*のフランクファーター裁判官の補足意見を引用して）政府の損失を補償するものであると合理的に見ることができる額を超えた場合には刑罰に当たるとし，したがって，13万ドルの制裁金は政府の算出可能な損失の220倍以上の額に上るため刑罰に当たり，二重処罰となると結論付けた。そして，不正請求禁止法をそのままHalperに適用すると違憲となると考え，制裁金の額を585ドルの2倍の1170ドルに非刑事訴訟の費用を加えた額に限定した。

合衆国政府は合衆国法典タイトル22第1252条に基づいて，合衆国最高裁判所に通常上訴を行った。

《判旨・法廷意見》

破棄・差戻し

1．ブラックマン裁判官執筆の法廷意見（全員一致）

(1) 合衆国憲法第5修正の二重危険禁止条項は，前に無罪判決又は有罪判決が下された同一犯罪行為に対する再度の訴追，並びに同一犯罪行為に対する二重処罰を禁じている。本件では，虚偽の申請により585ドルを不正に得た被申請人Halperに対し，拘禁刑及び罰金刑という刑罰を科した後，非刑事（civil）の法律である不正請求禁止法（False Claims Act）に基づき13万ドルの制裁金を課すことが，二重危険禁止条項により禁じられている二重処罰に当たるか否かが問われている。

合衆国政府は，*Mitchell*（Helvering v. Mitchell, 303 U.S. 391 (1938)）と*Hess*, *Rex Trailer*（Rex Trailer Co. v. United States, 350 U.S. 148 (1956)）の三つの判例により，二重処罰の禁止に関し以下のような原理が確立していると主張する。すなわち，第一に，二重処罰禁止法理は，刑罰が複数回科されることに対してのみ保護を与えるものであること，第二に，刑事上の制裁は刑事手続でのみ科されるものであること，第三に，不正請求禁止法という非刑事の法律の下での手続と同法によって認められている制裁は，非刑事の性質のものであること，である。さらに，合衆国政府はこれらの三つの判例と*Ward*（United States v. Ward, 448 U.S. 242 (1980)）などの他の判例を根拠にして，ある手続や制裁が刑事か非刑事かは法律の解釈の問題であり，そして，合衆国議会が，本件で争われている手続と制裁を非刑事のものにしようと意図していたことは明らかである，と主張している。

この合衆国政府による二重処罰の検討の内容についての理解は，いくぶん誤ったものであり，そしてそれによって合衆国政府は，当裁判所の判例の判示に過度の内容を読み込んでいる。これらの判例が明らかにしたのは，不正請求禁止法の下での手続及び制裁は非刑事の性質のものであること，そして，法律が政府の実際の損害を上回る損害の回復を認めていることだけをもって直ちに非刑事の制裁が「刑罰」になるわけではないということである。具体的な事案において，不正請求禁止法によって認められる非刑事の制裁が度を越して行き過ぎたものとなり，政府が被った損害及び費用とはあまりにもかけ離れたものになった場合は，それが刑罰と成り得る可能性があることを，これらの判例は否定していない。

Mitchell は，租税逋脱で起訴され，公判で無罪とされた者に対し，合衆国政府が，税の不足分に 50%を加算した税を徴収するための訴訟を提起した事例であるが，*Mitchell* の法廷意見は，二重危険禁止条項は，「同一の犯罪行為に対し，二回処罰すること，または，犯罪（刑事）として 2 度処罰を求めることを禁じている」とし，この事件の被告は前に刑罰を科されていないことから，被告に対し逋脱額の 1.5 倍の加算税の徴収を求める手続が「犯罪として 2 度処罰を求めること」に当たるかについて検討した。そして，当該法律による制裁が刑事の性質を有するものであるか否かは，当該法律の解釈の問題であり，そして，この事件で問題とされた法律は非刑事の制裁を与えることを意図していること，さらにまた，この制裁は納税者による不正行為に関する調査等の費用の償還を政府に認めるものであるから，実際上も損害の回復を図るためのものであって刑罰ではないこと，以上の理由から損害回復を目的とする制裁を非刑事の手続で執行することは，二重の危険には当たらないと判示した。

この *Mitchell* の判断は，ある非刑事の制裁を適用すると，損害回復の目的から大きく逸脱し，二重危険禁止法理に照らして刑罰となるといえる場合があるか，という本件で扱われている問題にはほとんど触れていないため，本件の検討にはほとんど役に立たない。*Mitchell* の法廷意見で関係するものがあるとすれば，非刑事の制裁は一定の場合に刑罰に当たることがあると暗に意味している点である。*Mitchell* の法廷意見が二重処罰禁止に関する部分で，「犯罪（刑事）として」という修飾語を用いていないことは，「処罰」（刑罰）が実際には，刑事，非刑事双方の手続で生じうることを，間接的にではあるが，示唆している。

本件の争点とより関連する判断をしているのは，*Hess* である。*Hess* では，電気工事請負業者らが公共事業計画に談合入札して政府に対し不正行為を働いたとして起訴された。同業者らは，不抗争の抗弁をして5万4000ドルの罰金刑を言い渡された。その後，政府の名において，私人である原告の集団が，「政府に対して不正行為を行い有罪となった者は，各違反それぞれに対しての2千ドルの非刑事の制裁金，実損の総計の2倍の賠償金，そして訴訟に要した費用を支払う責めを負う」との法律に基づいて，キイタム（qui tam）訴訟（筆者注：政府への不正申請を発見した私人が政府に代わって提起する民事訴訟—筆者）を被告に対し提起し，原告は，56個の違反それぞれにつき2000ドルの制裁金が課される結果として11万2000ドル，実損の2倍の20万3000ドルの賠償額，合わせて31万5000ドルの損害賠償を得た。

被告は，その判断に対して，*Mitchell* と同様に，二重危険禁止法理を根拠に，当該手続は犯罪として被告に対する2度目の処罰を求めるものであるから禁止されると主張し，異議を申し立てたが，当裁判所は，*Mitchell* と同様に，制裁を課す根拠となっている法律に目を向けて，当該法律の主たる目的が不正行為によって政府から引き出された金銭を政府に補償することにあり，2倍の損害賠償と各行為について2000ドルの支払いを求めるという方策は，政府が被った損害全体を確実かつ完全に回復できるようにするために選択された手段であるとし，当該法律の下での手続は損害回復のためのものであり，「公共の正義を実現する（vindicate）」ためではないので，非刑事の性質を有しているとして，被告の主張を退けた。

Hess での被告は，*Mitchell* とは異なり，刑事手続で処罰されていたので，当裁判所は，さらなる二重の危険の問題，すなわち（本件と同様に），2度目の制裁が二重処罰に当たるかという問題に直面した。当該法律のキイタム訴訟に関する規定の下では，合衆国政府が得る賠償額は，実損額が10万1500ドルであるのに対して，15万ドルであり，実損額よりも大きいが，当裁判所は，少なくとも *Hess* においては，違反行為ごとに2000ドルの賠償と実損額の2倍の賠償の責めを負わせる制裁は，政府が被った損害に完全な補償を与えること以上のものではないと判示した。それらの損害は，不正行為による損害それ自体の総計だけでなく，調査費用等の付随的な費用も含む。*Hess* では，政府の実

際のコストが回復された損害と大まかに見て同等であったのであって，損害回復額が不正行為により得られた総額よりも幾何学的に大きく，合衆国政府が全体として被った損失額の何倍にも当たる本件の状況とは異なる。

Rex Trailer では，被告らは，払下げ財産法（Surplus Property Act）の下で，退役軍人としての資格がないにもかかわらずそれを偽り，不正にトラック5台を購入した。被告らは訴追され，不抗争の答弁を行って2万5000ドルの罰金を支払った。その後，合衆国政府は払下げ財産法の下で非刑事訴訟を提起した。同法では，違反行為に対して取り得る制裁の一つとして，各行為に対し2000ドルの制裁金並びに損害の2倍及び要した費用に対する賠償を定めており，合衆国政府は，これを選択して損害賠償を求めた。被告は，各行為に対し2000ドルの制裁金を課すことは二重処罰に当たると主張した。当裁判所はこの救済策が，損害賠償の予定（liquidated damages）に類するものであると考え，そして，損害賠償の予定が果たす機能は，損害を評価することが困難である場合に損害回復の手段を提供するというものであるが，この事件での被告の不正行為による政府の実際の損失の評価は不可能ではないにしても困難であるとし，不正行為の結果として，政府機関が利用できる車両が減り，望ましくない投機が増え，また，真正な退役軍人に対して払い下げを行うという制度を害されるなどの危害を被ったことを政府が主張できることを認めた。その上で，この事件で被告に1万ドルの賠償責任を負わせたことは，二重処罰に当たるほど不合理または過剰な損害回復の手段であるとはいえないと判断した。

これらの判例からいえるのは，政府は概算により計上した損害額での救済が受けられ，合理的な損害賠償の予約又は2倍の賠償に定額の賠償を加える方法など，幾分，正確とはいえない計算方式によって補償を求めることができ，そして，それらは二重危険禁止法理にいう二重処罰には当たらないということである。しかし，課される制裁が，政府が被った損害及び実際に要した費用とかけ離れたものとはなっていない場合に，そうした計算方式によって被害救済のための制裁と想定され，正当化されても，このようなラフな形で回復的正義を実現することが不正義となることが明らかな場合に，合衆国憲法が何を命じるかということについては，何も答えていない。これらの判例ではそれが問題となっていないからである。とはいえ，このようにラフな形で回復的正義を実現することが不正義となることが明らかな状況が生じることは，上述したように，*Michell* では予期されていたように思われ，また，*Hess* と *Rex Trailer* においても，それらがそれぞれの事件に限定された判断であることが明示されていることからすると，予期されていたように思われる。

⑵ それでは，次に，この未解決の問題である，非刑事の制裁が二重危険条項の目的に照らして刑罰に当たる場合があるのか，そして，あるとした場合には，それはどのような状況においてか，という問題の検討に移る。上述したように，合衆国政府は，ここでいう刑罰とは刑事手続でのみ与えられるものであり，手続が刑事であるか非刑事であるかは法律の解釈の問題であると主張している。法律の文言，構造そして立法者の意図に依拠することは，手続の本来の性質を特定し，あるいは，一般的な問題として，それらの手続に付随させるべき憲法上の保護策を決定することにおいては適切であるが，二重処罰禁止法理によって保護されているのは「人に関わる利益（humane interests）」であり，このような「人に関わる利益」が問題となっている場面では，このアプローチは適さない（*Hess* でのフランクファーター裁判官の補足意見参照）。この憲法上の保護策は本来的に個人に向けられた（personal な）ものであり，それに対する違反があったかは，国家機構によって個人に与えられる実際の制裁の性質を評価することによってしか特定することができない。

この評価を行う上で，「刑事」，「非刑事」というラベルを貼ることが最重要であるわけではない。非刑事手続が損害回復と同時に懲罰（punitive）という目標をも促進することがあり，逆に，刑事制裁が懲罰と損害回復双方の目標に資する場合があることは，一般に知られている。刑罰を科すという観念は，刑事法・非刑事法の境界を超える。したがって，ある非刑事の制裁が二重処罰禁止にいう刑罰に当たるかを判断するには，課される制裁の具体的な内容がどのような目的に資すると見るのが公正かを，個別に評価する必要がある。つまり，非刑事制裁も刑事制裁と同様，それが具体的な事案に適用された場合に刑罰目的に資する場合には，それは刑罰に当たるということである。

他の問題領域においてではあるが，当裁判所は応報と抑止という二つの目的に刑罰が資するということを認めており（Kennedy v. Mendoza-Martinez, 372 U. S. 144 (1963) など参照），さらには，「応報と抑止は，非懲罰目的としては正当な目的とはならない」としている（Bell v. Wolfish, 441 U. S. 520 (1979)）。これらの前提からすると，非刑事制裁であっても，損害回復という目的のみに資するとはいえず，応報あるいは抑止という目的にも資するとしか説明できないものは，刑罰であるということになる。したがって，当裁判所は，刑事訴追され既に処罰されている者に対しては，2度目の制裁が非刑事制裁とされていても，それが損害の回復に分類することが公正とであるとはいえず，応報や抑止と分類される程度に至っている場合には，その制裁を課すことは二重処罰に当たり二重危険禁止条項の下では許されない，と判示する。

このような検討手法が正確で厳密な分析手法とはならないことは当裁判所も認める。当裁判所の先例では，政府の損害と要した費用を正確に算出することは不可能ではないにせよ，困難である場合があると述べている（*Rex Trailer* など参照）。同様に，非刑事の制裁により政府が損害を受けていない状態に戻すという損害回復の目的を達成するのに必要な正確な金額はいくらなのか，また，それを超えるとその制裁が刑罰の性質を有することになる金額はいくらなのかを，裁判所が判断することは，多くの場合，不可能ではないにせよ困難となる。換言すれば，上述したように，政府にそのすべての費用を補償するために行われる制裁手続には，ラフな形で正義を実現するという要素が必然的に含まれる。損害賠償の予定や2倍の損害賠償に定額の制裁金に加える規定は，この避けられない不正確さを反映したものであり，政府を損害がなかった状態に戻すものにすぎないことを当裁判所は認めてきている。

これらは長きにわたって維持されてきた判断であり，当裁判所はこれに疑問を投げかけることはしない。本件で当裁判所が宣明するものはレアケースの場合に関するルールであり，その場合とは，定額の制裁金の規定が多数の罪を犯しているが，それぞれが大きな罪を犯したわけではない犯罪者に対し，その者がもたらした損害と著しく不均衡な制裁を与えようとする場合である。被告人が前に刑事制裁を科せられており，続く非刑事制裁が政府の損失を補償するという目的と合理的な関連性（rational relation）がなく，文言の明白な意味において「刑罰」ということができるような場合には，被告人はその制裁が実際に二重処罰に当たるかを判断するために政府の損害と掛かった費用を計算することを公判裁判所に求めることができる。このような判断は，しばしば近似値によるものとなってしまうことがあるが，不正によって生じた費用を政府に完全に補償し，さらには，被告人が，自らが政府に与えた損害に対し大きく均衡を欠く制裁を与えられることによって二重に処罰されないという二重の危険条項の要請を保障するのに役立つことになる。

本日の判断の射程は広くはなく，また，不正行為と戦う政府の必要性を否定するものでもない。本日の判断は，仮に非刑事制裁が懲罰的な性質のものであったとしても，被告が前に同一行為につき刑罰を科されていない場合には，非刑事の制裁の適用を完全な形で政府が求めることを禁止するわけではない。そのような場合には，二重の危険条項は援用されない。また，本日の判断は，政府が完全な形での非刑事制裁と刑事制裁双方の適用を同一の手続で求めることを禁止するわけでもない。単一の手続で複数回処罰することの問題は，処罰全体が立法府によって認められる処罰を超えないことを保障することとの関係でのみ扱われることになる。最後に，本日の判断は私人が当事者として，前に刑事訴追と処罰の対象となった行為に対し損害賠償を求める非刑事訴訟を提起することを禁じるわけでもない。二重危険禁止条項の保護は私人当事者間では発動されない。換言すれば，本日の判断によって確立した唯一の禁止事項は，政府は被告人を訴追し，刑罰を科し，その後，同一の行為に基づいて非刑事訴訟を提起し，政府が損害を受けていない状態に戻すという目的と合理的に関連しない救済を認める判断を得てはならないということである。

(3) District Court は，本件で，政府の実損と不正請求禁止法によって承認される非刑事制裁の間には「著しい不均衡」があると判断している。District Court は，政府が主張する 13 万ドル以上の額ではなく，政府が要した費用を

1万6000ドル未満であると計算している。政府はこの額に対して異議を申し立てていないようであるが，Halperの不正行為から生じた実際の費用の額をDistrict Courtに提示する機会を政府から奪うことは不公正であると考える。当裁判所は，政府が要した費用とHalperの13万ドルの賠償責任は均衡を欠き，その制裁が二重の危険に反して二重処罰に当たるという点ではDistrict Courtに同意するが，政府がDistrict Courtに対して，その被った損害の評価について説明する機会を与えることを認める。

そのため，District Courtの判断を破棄し，当裁判所の意見に沿ってさらなる審理をさせるべく本件を差し戻す。

2．ケネディ裁判官の補足意見

法廷意見が指摘するように，本日の当裁判所の判示は，政府の効率的に法を執行する努力を掘り崩すものではない。というのも，法律によって認められる制裁を完全に利用することができる選択肢は政府に残されているからである。当裁判所の判断は，通常の事案において，少なくとも損害と大まかに見て均衡が取れる定額の制裁や合理的に清算された総計の2倍の損害賠償を求めることを認めている。

本日の判示は，制裁の性質と特定の事案の事実に基づく客観的なルールを創り出しており，裁判所が司法手続の背後にあると考えることのできる主観的な目的に対し，広く検討を行うことを認めているわけではないことを強調する。そのような検討は，形を持たないものであり（amorphous），憶測的なものである。そのような検討をすることになれば，名目上は非刑事・刑事を問わず，そこでのすべての手続にある複数の目的の中で裁判所の考え方が異なるという状態に陥るだけでなく，憲法の命令の範疇で適切な法執行の仕組みを構築しようとする立法者の中でも混乱を生じさせる。ある行為が刑罰とされなければならないかという難しい問題を検討するためには，いくつかの客観的な要素が関わる。本件では，2度目の手続で与えられた非刑事制裁は政府が被った損害と何らかの合理的な関連性があるか否かが判断の決め手となる要素であり，本件では合理的な関連性はなかった。したがって，そのような制裁は二重の危険条項の目的に照らして刑罰となる。

《解　説》

1．アメリカ合衆国憲法第5修正は,「何人も同一犯罪につきその生命または身体を2度危険に晒されない」と規定しているが,現在では,この規定は,同一犯罪に対する2度の訴追の禁止に加えて,同一犯罪の二重処罰も禁じるものであると一般に解されている。本件では,保険会社に対し虚偽の保険金請求を行い,過大な払戻し金を受けた者に科刑した後,非刑事（民事・行政, civil）の不正請求禁止法に基づいて,同人に対してさらに,合衆国政府が被った損害額であるとして法廷で証明された額の220倍以上に上る制裁金を支払うように命じることが,同一犯罪に対する二重処罰に当たり,第5修正の二重危険禁止条項に反しないかが問題とされている[1)]。

本件における被告の個々の不正請求の額は9ドルと少額であり,被告はこれを65件行っているが,不正請求禁止法では,制裁金として,合衆国政府が被った実損額の2倍及び非刑事の訴訟に要した費用に加え,個々の不正請求につき2000ドルを制裁金として課すこととなっているため,本件に不正請求禁止法をそのまま適用した場合には,13万ドルという政府の実損額の220倍以上の制裁金が被告に課されることになった。

2．本件において非刑事の制裁が二重処罰禁止法理にいう刑罰に当たらないと主張する上で,合衆国政府が依拠している判例は,*Mitchell*（Helvering v. Mitchell, 303 U. S. 391 (1938)）と*Hess*（United States ex rel. Marcus v. Hess, 317 U. S. 537 (1943)）,*Rex Trailer*（Rex Trailer Co. v. United States, 350 U. S. 148 (1956)）である。これらの判例では,ある制裁が刑事制裁に当たり二重危険禁止条項との関係で刑罰となるか否かは,当該制裁を定めた法律の解釈の問題であるとし,法律の規定の文言や構造,立法者の意図など,通常の法律解釈の手法に従って刑罰か否かを判断するとの立場が取られた。また,被告が不正

1）本件の紹介・解説として,佐伯仁志『制裁論』（有斐閣,2009年）85頁以下がある。

に得たと法廷で証明された金額が政府が被った実損害額だとすると，２倍の損害賠償や不正行為ごとに2000ドルを支払わせるなどの定額の賠償，非刑事の訴訟に要した費用の賠償について責めを負わせるという手法が採られていることによって，実損害額を上回る損害賠償額が被告に課されることになる。しかし，そうであるとしても，政府が現に被った損害すべてを正確に計算することは困難であり，実際には法廷で証明された以上の損害を政府は被っているのであるから，そうした損害を政府に対して完全に補償するためには，このような賠償金を被告に課すことも，政府を不正行為が行われる前の状態に戻すという損害回復の目的の範囲内で正当化される，との考え方が取られた。

本件で，合衆国最高裁判所は，これらの判例は，政府が被った損害及び実際に要した費用と，被告に課される制裁とがかけ離れたものとはなっていない事案について判断したものであり，本件のように両者が著しく均衡を欠く事案については判断を示していないとして，本件とこれらの判例を区別している。

３．本件で合衆国最高裁判所は，問題となっている法律の解釈ではなく，実際に与えられる制裁の性質によって評価すべきであるとし，制裁が損害の回復という目的だけでなく，「応報」と「抑止」という目的を有している場合には刑罰となり，このような制裁が科刑後に与えられた場合には二重処罰に当たる，と全員一致で判示した。本件で合衆国最高裁判所は，より制裁の実質的な内容に目を向けるアプローチに変更したように思われる[2)]。本件で問題となった不正請求禁止法のように，もともとは政府の被った損害を回復するために定めた制裁であっても，具体的な適用場面において，およそ損害回復のための措置とは評価できなくなる場合がある。本件の法廷意見は，*Hess*でのフランクファーター裁判官の補足意見[3)]を引用して，二重危険禁止法理は「人に関わる利益（humane interests）」を保護するものであるとして，制裁が実際に対象者

---

2)　Lauren Orchard Clapp, *United States v. Halper: Remedial Justice and Double Jeopardy*, 68 N. C. L. Rev. 979, 992 (1990).

3)　United States ex rel. Marcus v. Hess, 317 U.S. 537, 554 (concurring opinion of Frankfurter, J.) (1943).

にもたらす不利益に着目するアプローチを採用した。

ところで，この点について，非刑事の制裁が抑止目的を有することにより，直ちに二重処罰禁止の意味での刑罰に当たるとすると，非刑事制裁の利用にとって著しい制約になるとの指摘がある[4)]。確かに，非刑事の制裁として，行政機関が求める制裁（例えば，損害賠償金の徴収，課徴金の徴収，重加算税の徴収の場面等）の目的の中には，将来における同様の不正行為の抑止という目的が含まれていることは否定できないであろう。そうすると，それらの制裁には抑止の要素があるので刑罰に当たるとすれば，非刑事制裁の発動が，本件の判示によって大きく抑制されることになるようにも思われる。しかし，ある制裁が被害回復と抑止双方の目的を同時に有していたとしても，制裁が損害回復の点から正当化できるものにとどまっているのであれば，その制裁の目的は損害回復にあると合衆国最高裁判所は理解するのではないかと思われる。この，制裁が損害回復の点から正当化できるものにとどまっているか否かということを，本件では，制裁の内容と政府が被った損害との間に合理的な関連性（rational relation）があるか否かという表現で表しているといえる。このように考えた場合には，応報と抑止の目的があれば，直ちに刑罰に当たると合衆国最高裁判所が判断するわけではないように思われる。

また，そうすると，実際には，制裁と損害の間に合理的な関連性があるか，という点が実質的な基準となるようにも思われる。ケネディ裁判官の補足意見が制裁の背景にある目的を裁判所が検討することは避けるべきであり，制裁と損害に合理的な関連性があるかが判断の決め手である点を強調するのは，このような理解を示しているように思われ，制裁の目的が応報であるか抑止であるかということを最初に裁判所が判断するべきではないとしているように思われる。もっとも，この点に関しては，どのような制裁が損害回復のための救済を超えて刑罰に当たるのかは客観的な基準がないとも指摘されるところではある[5)]。本件を法廷意見はレアケースであるとしており，本件で被告に課される

4） 佐伯・注1）93頁。

5） Clapp, *Isupral* note 2) at 992–993.

制裁は，政府の実損額と著しく均衡を欠き，およそ損害回復目的からは説明できないものであった。本件の判示により，政府が被ったと法廷で証明される実損額を超えた制裁がすべて刑罰に当たることになるわけではなく，政府に完全な損害回復を許す非刑事の制裁は維持され続ける。本件のような極端な事例に本件の判断が限定されるようにも思われるが，実損額と賠償額がとの程度乖離すれば，二重処罰禁止にいう刑罰となるのかという問題についての回答は，今後の事例の蓄積を待たなければならない。

4．本件の判断は，被告が前に同一行為につき刑罰を科されていない場合，政府が非刑事制裁と刑事制裁双方の適用を同一の手続で求める場合，私人が当事者として，前に刑事訴追と処罰の対象となった行為に対し損害賠償を求める非刑事訴訟を提起する場合には適用されないと，法廷意見は述べており，本件の判断の射程は狭いと解される。とはいえ，刑事手続に加えて非刑事手続において犯罪対応が広くなされるアメリカ合衆国において，非刑事制裁であっても，それが政府の損害回復と合理的な関連性を欠く場合には刑罰に当たり，二重の危険条項が適用されることを明らかにしたことの意義は，決して小さくないといえるといえる[6)]。

（川澄　真樹）

---

6)　なお，本件は，Hudson v. United States, 522 U.S. 93（1997）で変更されている。*Hudson* については本書第 22 事件（田村泰俊担当）参照。

18. Department of Revenue of Montana v. Kurth Ranch, 511 U.S. 767 (1994)

マリワナの所持について刑事罰を科した後に同一の行為を理由とする課税を行うことが二重危険条項の禁ずる二重処罰にあたるとされた事例。

《事実の概要》

モンタナ州の法執行官らは，被申請人らが経営していた農場の捜索でマリワナを発見・押収し，被申請人らを逮捕した。被申請人らは，販売目的の規制薬物の所持等について有罪答弁を行い，収監刑を言い渡された。その後，被申請人らは連邦破産手続を申し立てたが，同手続において同州歳入局（Montana Department of Revenue）が州の危険薬物課税法（Dangerous Drug Tax Act, Mont. Code Ann. §§15-25-101 through 15-25-123 (1984)）に基づく租税債権を主張すると，被申請人らは課税の合憲性を争った。

当時，モンタナ州の危険薬物課税法は，「危険薬物の所持及び保管」を課税対象とし，州又は連邦が罰金や没収を行う場合はその後に徴収するものと定めていた。課税額は，州歳入局の認定する当該薬物の市場価格の10％又は薬物の種類と重量に応じた基準額のうちいずれかより高い方とされ，税の使途は，青少年健全育成に関連するプログラムと化学物質濫用対策プログラムの支援及び違法薬物に関する法執行に充てるものと定められていた。同法の下，州歳入局が採用した規則では，危険薬物の所持につき逮捕された者は72時間以内に申告を行わなければならないとし，法執行官は逮捕時に危険薬物報告書に記入し，被逮捕者はそれに署名する機会を与えられるものと定められていた。他方，危険薬物の所持につき逮捕されない限りは，所持者に対し納税や申告義務は課されていなかった。

合衆国Bankruptcy Courtは主として1989年の*Halper*（United States v. Halper, 490 U.S. 435 (1989)）に依拠し，マリワナの所持につき既に処罰された被申請人に対し，本州法に基づいて課税を行うことは二重危険条項に反するとした。州側は，同法に基づく被申請人に対する課税は，法執行に伴う費用の補填を意図したものであるから処罰にはあたらないと主張をしたが，同裁判所は，上記プログラムや違法薬物対策活動に伴うコストに関して証拠を提出していないとしてこれを退け，被申請人に対する同法に基づく課税額がマリワナの製品の市場価格の8倍に至っていることなどを指摘した上で，本件課税が処罰としての性格を有するとした。合衆国District Courtもこの判断を確認した。合衆国第9巡回区Court of Appealsは同判断を確認したが，本件課税法を文面違憲とはせず，被申請人は課税の対象とされている行為について既に処罰されていることから，*Halper*の下，被申請人に対する制裁の内容が政府の被った損害と合理的に関連（rationally related）しているか否かを判断しなければならないところ，州側がこの点に関して何ら立証を行っていないから本件課税は二重危険条項に反するものと判断されるとした。

一方，本件の上訴係属中，モンタナ州Supreme Courtが本件とは別事件において，当該州法に基づく課税が合衆国憲法の二重危険条項に反しないと判断した（Sorensen v. State Department of Revenue, 254 Mont. 61 (1992)）。州最上級裁判所と合衆国Court of Appealsとの間で解釈が対立したことから，合衆国最高裁がサーシオレイライを認容した。

《判旨・法廷意見》

原判断確認

1．スティーヴンズ裁判官執筆の法廷意見

(1)　違法薬物の所持について刑事罰を科した後，同じ行為を理由に課税を行うことが，同一の行為につき重ねて処罰するものとして，二重危険条項により禁じられるかが本件の問いである。

(2)　1989年の*Halper*（United States v. Halper, 490 U.S. 435 (1989)）は，保険会社に対する65件の虚偽請求につき，既に刑事罰を受けた者に対し，行為毎に2000ドルの非刑事の制裁金（civil sanction）を重ねて科すことが二重危険条項との関係で「処罰（punishment）」にあたるかを判断した。同事案で政府側が，刑事手続で科された刑罰にしか二重危険条項は適用されないと主張したのに対し，当裁判所は現実に課された措置の性格を評価しなければ，二重危険条項違反は判断できないとしてこれを退けた。*Halper* は「その称するところが『刑事』『非刑事』のいずれであるかに大きな意味はない」とし，非刑事の制裁金とされていても，損害回復（remedial）の性格を有していると合理的に解することができず，専ら抑止又は応報の性格を有すると解される場合は，既に処罰された者に対し重ねて科すことは許されないとし，他方，非刑事「罰」（civil penalty）とよばれるものであっても，被告人の犯罪行為により実際に政府に生じたコストを補塡するにとどまる場合は，損害回復の性格を有するとしたのである。もっとも *Halper* は，課税についても同様に，処罰としての性格を有しうるのかは検討しなかった。

(3) 罰金（criminal fines），非刑事罰・制裁金（civil penalties），非刑事没収・追徴（civil forfeiture）そして課税は，いずれも政府に歳入を生じさせ，金銭的負担を個人に負わせ，一定の行為を抑止し，また合衆国憲法の諸規律に服する。違法行為を対象に課税することは，その申告を義務づけることが自己負罪の強要になるという理由から無効となりうることは別として（Marchetti v. United States, 390 U.S. 39, 88 (1968)），一般的には妨げられない。だが本件ではマリワナ所持につき刑事罰が先行しているため，同一行為に対して行われた課税が処罰としての性格を有し，二重危険条項の規律を受けるのかが問われる。

課税に二重危険条項違反を認めた先例はないものの，その可能性は前提とされてきた。1934 年の *Hamilton*（A. Magnano Co. v. Hamilton, 292 U.S. 40, 46 (1934)）は，「税とされているものであっても，罰としての特徴を強めていくと，どこかの時点で税としての性格を失い，規制と処罰の性格を備えた刑罰（penalty）に他ならないものに変わる」と判示しており（Id., at 46 (citing Child Labor Tax Case, 259 U.S. 20, 38 (1922))），*Halper* の前記判示とともに，この説示は，課税というだけでは二重危険条項の適用を免れないことを示している。課税は通常，歳入の確保を目的とするため，罰金，非刑事罰・制裁金，非刑事没収・追徴とは異なるのが典型的だが，課税と称する金銭の剥奪が刑罰に近接する場合があるのであり，本件州法に基づく課税がそのラインを超えていたかを判断しなければならない。

⑷　本件でのマリワナ所持に対する課税は市場価格の約8倍と著しく高税率であり，かつ州の立法者にマリワナの所持を抑止する意図があったことに疑いはない。これらの特徴は処罰としての性格を有することと整合するとはいえ，タバコやアルコールに対する課税など，合法と考えられている多く課税もこれらの特徴を備えているし，二重危険が争点となった事案ではないものの，1オンスあたり100ドルというマリワナに対する極めて高額な連邦税が合憲であるとした先例もある（United States v. Sanchez, 340 U.S. 42 (1950)）。高税率と抑止の目的から直ちに課税が刑罰としての性格を有することにはならない。

しかしながら本州法に基づく課税は，他の異例な特徴により殆どの税と一線を画する。第一に本州法は，犯罪の実行を課税の条件とするが，この条件には，歳入確保ではなく行為者を処罰し当該行為を禁圧しようという強い意図が認められる。それだけでなく，本州法は徴税は逮捕がされてはじめて行われるものと定めており，本州法の適用を受ける納税義務者全体がマリワナの所持で逮捕された者で構成されているのである。

違法行為に対する課税は，好ましくない行為の抑止と歳入の確保の両方を目的に課される目的混合型の税とも異なる。タバコ税であれば，雇用の創出，消費者の需要の充足，税収といった製品に伴う利益がその害悪を上回るという理由から，タバコの製造，販売，使用を許しつつ，使用に対する一定の抑止と歳入確保のため，高い税率の課税を行うのだといえるが，完全に禁止されている行為に対する課税に同じ説明はできない。

さらに本件課税は財産税の一種，即ち「危険薬物の所持及び保管に対する課税」と称しているが，課税時点で，納税者が所有も所持もしていない物を対象としている。それどころか本件では，課税前に州がおそらくは破棄している。先例上財産の没収（confiscation）に至る課税は違憲とされていることからすると（Heiner v. Donnan, 285 U. S. 312, 326 (1932)；Nichols v. Coolidge, 274 U.

S. 531, 542 (1927)), 既に没収された物に対する課税の合憲性も少なくとも疑問の余地がある。もはや存在しておらず，納税者が適法に所持をしたことのない物を「所持している」としてこれに課税することは，処罰としての性格を有することは明らかである。

全体としてみると，本州法は異例を混ぜ合わせたものであり，極めて重要な点で標準的な課税とはあまりにかけ離れたものであるから，本州法に基づく課税は，二重危険法理上，処罰としての性格を持つと考えざるを得ない。

(5) なお *Halper* は，非刑事罰・制裁金について，被告人の行為に帰することのできる，州が実際に負ったコストを補填する範囲にとどまる場合は，同一行為に対する処罰に重ねてこれを課しても二重危険条項違反にはならないとしたが，課税は非刑事罰・制裁金とは目的を相当に異にし，目的が損害回復か処罰かという判断方式は全く機能しないので，本件に適用することは妥当でない。仮に適用するとしても，本件で州は，本件課税がコストの補填として説明しうるという主張はしていないし，本州法の下での課税額の算出方法は，州側の負った損害・コストに関わらないものなので，そのような説明がしうるものでもない。

2．レンクィスト裁判官の反対意見

モンタナ州の本件課税法は，その構造と文言，そして酒類など適法な生産品に対して課されるいわゆる「罪悪」税（sin tax）との比較に鑑みれば，歳入を確保するという非刑事の目的を，行為の抑止という正当な目的と共に有しており，二重危険の該当性判断との関係では，純粋な課税と評価すべきである。

3．オコナー裁判官の反対意見

本件で合衆国 Court of Appeals は，被申請人の行為の結果生じた，現実の損害とコストについて州側が一定の概算を示さなかったことをもって，本件課税が処罰としての性格を持つものと判断すべきとしたが，*Halper* に従えば，州側にそれが求められるのは，被申請人側において，政府の被った損失を補填するという非刑事の目的と，課税の重さとの間に，合理的関連性（rationally related）がないことを示した場合である。被申請人がそれを示していたかを判断させるため原判断を破棄し，事件を差し戻すべきであった。

法廷意見は，禁制薬物に対する課税は常に処罰としての性格を持つという理由から*Halper*の非刑事罰に関するテストを用いることは妥当でないという。だがそうすると，過去に禁制薬物の所持を理由に処罰された者に課税はできず，またおそらくは，過去に処罰されていない者にも，第5及び第6修正の刑事手続における保護一式を与えない限り課税できないことになり，犯罪者に対し社会に与えた著しい負担を補填させる政府の能力は深刻に損われてしまう。

4．スカリーア裁判官の反対意見（トマス裁判官参加）

二重危険条項が禁ずるのは二重訴追であって，二重処罰は，同条項が禁ずるものではなく，立法府の承認していない処罰としてデュー・プロセス条項違反となりうるにすぎない。二重危険条項の下で二重処罰の禁止を問題としたようにみえる*Halper*以前の先例はいずれも，二重訴追の禁止に関する判断と説明しうるのであって，先例として初めて二重危険条項の禁止を二重処罰に及ぼした*Halper*は正しい判断ではなかった。*Kennedy-Ward*テスト（Kennedy v. Mendoza-Martinez, 372 U.S. 144 (1963)；United States v. Ward, 448 U.S. 242 (1980)）を正しく適用すれば，本件課税の手続は非刑事のものであるから二重訴追にはあたらず，また本件課税は立法府の承認していない処罰ではないからデュー・プロセス条項違反も認められない。

《解　説》

1．第5修正の二重危険条項は，「何人も，同一の犯罪について，重ねて生命または身体の危険に晒されることはない」と定めるが[1)]，同一の犯罪についての二重の訴追だけでなく二重の処罰も禁じていると解されている[2)]。二重危険条項は刑事訴追や刑事処罰を規律するもので，非刑事（民事・行政）の手続や制裁には本来適用されない。しかし，立法者が非刑事のものだと称するだけ

1)　第5修正の二重危険条項の保障は第14修正のデュー・プロセス条項を介して州にも適用される。See, Benton v. Maryland, 395 U.S. 784 (1969).

2)　See, Ex parte Lange, 85 U.S. 163 (1873).

では刑事手続に関する憲法上の保護を回避できないことが1938年の*Mitchell*（Helvering v. Mitchell, 303 U.S. 391 (1938)）で述べられ，形式上は非刑事の手続や制裁について二重危険条項の適用が先例上争われてきている。本件はそうした先例の中で，既に処罰された行為につき税を課すことが実質的に二重の処罰にあたるかが争点となった事案である。具体的には，マリワナの所持につき既に刑を言い渡された被申請人に対し，マリワナの所持を課税対象とする州の危険薬物課税法に基づき，市場価格の8倍に相当する課税を行うことが許されるのかが争点となり，合衆国最高裁は5対4で，これを二重危険条項違反とした原判断を確認した。

2．二重危険条項の適用，あるいは，その他の刑事手続に関する憲法上の権利の保障上，いかなる場合に形式的には非刑事の手続や制裁を刑事のものと評価すべきかにつき，先例上，その判断基準に変遷がみられた。

(1) 1938年の*Mitchell*では，租税逋脱の罪につき公判で無罪とされた者に対し，50%の加算税を含む追徴課税を行うことが二重訴追にあたるかが争点となったところ，当該措置が刑事のものと評価すべきか否かは通常の法律解釈の手法によって判断すべきとされ，当該法律で用いられている文言や定められている手続等から推認される立法者の意図が重視されていた[3)]。その後，1963年の*Kennedy*（Kennedy v. Mendoza-Martinez, 372 U.S. 144 (1963)）では，徴兵義務を故意に回避したアメリカ国民の市民権を剥奪すると定めた連邦法につき，実質的に処罰としての性格を有するとして，第5・第6修正の諸権利が保障されなければならないと判断したが，そこでは，*Mitchell*よりも客観的・実質的な基準が採られ，① 当該制裁が積極的な自由の剥奪や制限を伴うか，② 歴史的に刑罰とみなされてきたか，③ 故意の認定を前提とするか，④ 応報と抑止という伝統的な処罰の狙いを促進するか，⑤ 既に犯罪とされている行為に対し適用されるか，⑥ 処罰に代わる目的を見出せるか，⑦ 処罰以外の目的に照

3) *See*, Theresa M. Elliott, *Department of Revenue of* Montana v. Kurth Ranch : *The Demise of Civil Tax Fraud Consequences?*, 48 Vand. L. Rev. 1421, 1431 (1995)

らして過剰であるようにみえるかを考慮要素として，処罰としての性格を有するといえるかを判断すべきとされた。1980年の*Ward*（United States v. Ward, 448 U.S. 242 (1980)）は，水質汚染規制法（Water Pollution Control Act）に定められた非刑事罰について第5修正の自己負罪拒否特権の保護が及ぶ刑事の制裁ではないと判断したが，*Kennedy*の判断枠組みを踏襲しつつ，制裁の目的又は効果・結果の点で刑罰としての性格を有することについて「極めて明白な証明（clearest proof）」がされなければならないとした。*Kennedy*と*Ward*で採られた，諸要素を総合考慮して制裁の性格を判断する基準は，*Kennedy-Ward*（ないし*Mendoza-Martinez*）テストとよばれた。

(2)　こうした背景の下に登場したのが，本件原判断が主として依拠した1989年の*Halper*（United States v. Halper, 490 U.S. 435 (1989)）[4)]である。*Halper*では，65件の虚偽請求につき既に刑事罰を受けた者に対し，不正な請求額の合計は585ドルであったところ，1件につき2000ドルの非刑事の制裁金（civil sanction）を重ねて科すことが処罰にあたるかが争われたが，合衆国最高裁はこれを肯定し，二重処罰にあたると判断した。*Halper*は，二重処罰の禁止は，「人に関わる利益（humane interests）」を保護することを指摘し，実際に個人に課された制裁の性格を評価すべきであるとし，その上で，非刑事の制裁が被制裁者の行為によって政府に生じた損害を補填するという目標との間に合理的な関連性（rational relation）を欠き，専ら処罰としての性格を有するようにみえる場合は，当該事案で生じた損害とコストを具体的に明らかにすることが政府に求められ，当該制裁が処罰としての性格を有するかを判断すべきとした。*Halper*は，従前の基準よりも課された制裁の個別・具体的内容を重視し，また制裁に抑止や応報の目的が存在していたとしても，おおまかにみて被制裁者の行為により政府に生じた損害やコストを補填するものと説明しうる限りはよいが，損害回復という目的に照らして著しく均衡を欠くに至っている場合は，二重危険条項上の処罰にあたると考えたものといえる。*Halper*は裁判官全員

4)　本書17事件（川澄真樹担当）参照。

一致の判断でありリーディングケースとなったが，二重危険法理違反が認められるのは「レアケース」だという判示とは裏腹に，具体的な判断基準が必ずしも明確ではなく，不法行為について政府が課す様々な非刑事の措置について裁判所の審査が求められることになる，といった批判も招いていた[5)]。

3．(1) スティーヴンズ裁判官執筆の本件法廷意見は，非刑事と称しているだけでは二重危険法理の適用を免れないことや，二重危険法理上処罰にあたるかは実際に課された制裁の性格の分析を要することについて *Halper* に依拠しつつ，*Halper* で争点となった非刑事の制裁金と，本件で争点となっている課税とでは目的が異なるとして，*Halper* を本件に適用することは妥当でないとした[6)]。その上で法廷意見は本件課税に関して複数の事情を指摘し，二重危険法理上処罰としての性格を有すると結論づけている。即ち，① 被申請人に対して課された税額が高税率であること，② 違法薬物の所持を抑止する意図が当該州法に明確に現れていること，③ 犯罪を構成する危険薬物の所持等のみを課税対象とし，かつ当該犯罪につき逮捕されたことを課税の前提としていること，④ 当該州法は財産税であるとしながら被申請人らに課税がされた時点でマリワナは既に押収・破棄されていることなどである。法廷意見は，①② については，処罰としての性格と整合するものの，タバコやアルコールに対する課税にも認められる事情であるから決定的な事情にはならないとし，③④ について，本件課税と他の税とを区別する「異例の特徴（unusual features)」と表現していることから，③④ こそが本件課税を二重危険法理上処罰と評価する上で重要であったことがわかる。その趣旨は，対象行為が完全に禁止されている点でタバコやアルコールに対する課税と同様の説明はでき

5) *See*, e.g., Andrew Z. Glickman, *Civil Sanctions and the Double Jeopardy Clause: Applying the Multiple Punishment Doctrine to Parallel Proceedings after* United States v. Halper, 76 Va. L. Rev. 1251, 1267-68 (1990).

6) レンクィスト裁判官は，非刑事の制裁金の目的は政府に生じた負担の補塡にあるのに対し，課税の目的は歳入の確保と行為の抑止の一方又は両方だと述べているところ，法廷意見も同じ理解に立つものと思われる。

ず，また課税時点で所有・所持をしていない物に課税することを財産税として説明することも難しい中，「課税」対象を犯罪行為に絞り込み，かつ逮捕を要件とすることで一定の嫌疑がある者に「課税」がされるよう限定した上で，非常に高い税率の「課税」を行うというのは，課税に名を借りた犯罪行為の処罰という以外に説明し得ない，というものであろう。

(2) 本件ではレンクィスト裁判官，オコナー裁判官，スカリーア裁判官がそれぞれ反対意見を付している。レンクィスト裁判官は本件に *Halper* を適用すべきでなく，課税もその内容によって処罰に至りうると解する点で法廷意見と前提を共有しつつ，法廷意見の依拠した上記①③④の事情のそれぞれに反論し，本件課税は二重危険法理上の処罰に至っていないとして法廷意見に反対した。オコナー裁判官は裁判官の中で唯一本件に *Halper* が適用されるべきとし，ただ，当該事案で生じた損害とコストを具体的に明らかにすることが政府に求められるのは，被申請人のほうが当該課税につき損害補填の目標との間に合理的な関連性を欠くことを示した場合であるにも拘らず，原判断は一足飛びに政府側に証拠の提出を求めている点で *Halper* の適用を誤っているから破棄すべきとした。スカリーア裁判官は，二重危険条項が禁ずるのは二重訴追であって，二重処罰は同条項が禁ずるものではなく，立法者の承認していない処罰としてデュープロセス条項違反となりうるにすぎないという独自の理解から先例を整理し直し，本件課税手続は二重訴追にはあたらず，デュー・プロセス条項違反も認められないとした。

4．本件は先例上初めて，課税も二重危険条項の禁ずる二重処罰となりうるとした判断でありその意義は大きい。もっとも法廷意見は課税が二重処罰における処罰にあたるか否かにつき一般的に適用しうる判断基準を明らかにしておらず，他方で本州法の課税を処罰と結論づける上で指摘した事情のうち，本判断の射程を狭く限定する効果を持つと思われるものは必ずしも多くないこともあって，オコナー裁判官が懸念するように，解釈によっては，本判断の射程はかなり広くなりうるところである[7]。また課税が二重危険法理上の処罰に相当する場合に，課税が先行したときは後の刑事訴追は阻止されるのか，刑事訴追と同時に行うことは許されるのか，さらに課税手続も刑事のものとして第５・第６修正の権利保障を要することになるのかなどの争点について本件は判断しておらず，将来の判断に残されている。

（三明　翔）

7） *See,* Elliott, supre note 3, at 1422.

19.　Witte v. United States, 515 U.S. 389 (1995)

合衆国量刑ガイドラインの下で「関連行為（relevant conduct）」として別の犯罪の量刑手続において考慮された行為について，その後改めて訴追することは，二重危険禁止条項に違反しないと判示された事例。

《事実の概要》

1990年6月，申請人ウィッテは共謀者とともに，麻薬取締局のおとり捜査官であるノーマンと，メキシコからマリワナを，グアテマラからコケインを大量に密輸することを計画した。ノーマンが1990年8月に，メキシコから4400ポンドのマリワナを輸送する準備がされているという情報を得たのを受け，捜査機関は，この情報に基づき，メキシコ内で同年8月12日ウィッテの共謀者らを逮捕し，591キログラムのコケインを押収した。この際，ウィッテ自身は身柄拘束されず，本件の密輸行為の共謀に係る活動は数カ月間中断されることになった。

1991年1月にノーマンはウィッテと再び面会し，1000ポンドのマリワナを購入することに興味があるかどうかを尋ねたところ，ウィッテはこれに応じた。同年2月7日に，ノーマンは，ウィッテらと会い，薬物に関する取引を行った。そして翌日おとり捜査官らは395ポンドのマリワナを運んできて，これら禁制品をウィッテらが所持した段階でウィッテらを逮捕した。

1991年3月において，連邦の大陪審は，ウィッテらを，譲渡する目的でマリワナを所持したことに関する共謀の罪及び，同行為の未遂の罪で訴追した。この訴追は，1991年1月25日から2月8日に起きた出来事に限定されていた。1992年2月21日，ウィッテは未遂罪での訴追に関して有罪答弁を行い，司法取引に応じて，情報を提供する等の協力を行う見返りとして，政府側は共謀罪に関する訴追を取り下げた。そして，もしウィッテの協力が相当程度の援助（substantial assistance）の程度に達していれば，量刑ガイドラインの下で量刑を引き下げるように申立てを行うこととされた。

合衆国量刑ガイドラインの下で，犯罪の基本等級（base offense level）を算定するに当たって，ある特定の犯罪に対する量刑の幅は，被告人が関与したすべての関連する行為（relevant conduct）を基礎に判断されることになる。判決前調査報告書（presentence report）では，1990年に計画されていたマリワナとコケインの密輸を含む，すべての取引で関わった薬物の総量（有罪答弁を行った未遂罪に関する1000ポンドのマリワナと，1990年に共犯者らとともにメキシコから密輸しようと計画していた15トンのマリワナ，共犯者らが当初グアテマラから密輸しようと提案していた500キログラムのコケイン，1990年にメキシコで押収された591キログラムのコケイン）が考慮に入れられていた。

量刑聴聞において，申請人及び政府側の双方は，コケイン及びマリワナの密輸に係る1990年の出来事はウィッテが有罪答弁を行った1991年のマリワナに係る犯罪と同じ行為の過程にあるものではないので，1991年の犯罪に関する量刑において考慮に入れないように裁判所に求めた。しかし，District Courtは，1990年の薬物の密輸に関する犯罪行為は同じ継続する共謀行為の一部であるから，量刑ガイドライン上の関連行為（relevant conduct）に当たり，考慮に入れることになると結論付け，判決前調査報告書における薬物の総量に関する算定を承認した。この事実に基づけば，犯罪の基本等級は40となり，量刑ガイドライン上の量刑の幅は292カ月から365カ月の収監刑になる。この犯罪の基本等級から，ウィッテが犯罪において積極的な役割を果たしていたことで2等級の引き上げが行われたが，責任を認めたことで2等級引き下げとなり両者は相殺された。最後に，同裁判所は，ウィッテが相当程度の援助を提供したことを理由とした量刑の引き下げに関する申立てを認め，ウィッテに144カ月の収監刑を量刑した。ウィッテは上訴したが，Court of Appealsはこれを棄却した。

1992年において，別の大陪審がウィッテらをコケインの密輸の共謀の罪及び同行為の未遂の罪で訴追した。同訴追では，1989年8月～1990年8月の間にウィッテが 中央アメリカから1091キログラムのコケインを密輸しようと試みたという申立てがなされていた。ウィッテは訴えを退けるように求め，1990

年の取引に関連するコケインは1991年の取引に関する犯罪の量刑において関連行為として考慮されているので，1990年のコケインに係る犯罪に関してはすでに処罰を受けていると主張した。District Courtはこの主張を受け入れ，二重危険禁止条項違反を認めたが，第5巡回区Court of Appealsは，原判断を破棄した。同裁判所は，*Williams*（Williams v. Oklahoma, 358 U.S. 576 (1959)）に基づき，訴追された犯罪の量刑を加重することに関連行為を利用することはその関連行為に関して犯罪者を処罰することにはならないと判示した。この争点につき，下級裁判所の間で判断が分かれており，この対立を解消するために合衆国最高裁判所によりサーシオレイライが認容された。

《判　旨・法廷意見》

原判断確認

1．オコナー裁判官執筆の法廷意見

(1)　二重危険禁止条項は，再度の処罰及び再訴追（successive punishment and successive prosecution）を禁止する機能を有している。重要なことは，同一の犯罪につき実際に2度処罰することだけではなく，刑罰を科すことを2度試みることも禁止するように二重危険禁止条項の保護範囲が広げられている点である。

申請人はマリワナに関する最初の訴追で，コケインに関する犯罪で訴追も有罪判決も受けていない。また，二重危険禁止条項違反を判断するに当たって適用される*Blockburger*（Blockburger v. United States, 284 U.S. 299, 304 (1932)）で示された基準に照らしても，本件でのマリワナに関する訴追とコケインに関する訴追は同一の犯罪行為について訴追を行っているとはいえない。

それでもなお，申請人はコケインに関する訴追の対象となった行為は，マリワナに関する犯罪の有罪判決での量刑段階において考慮に入れられているので，このマリワナに関する訴追において当該行為は既に処罰されていると主張するが，当法廷の先例に反するため，同主張を退ける。

伝統的に，量刑裁判所は，被告人の前科だけではなく，有罪判決を受けていない過去の犯罪行為も量刑事情として考慮に入れてきた（Nichols v. United States, 511 U.S. 738, 747 (1994)）。

このような歴史的背景に照らして，ある犯罪行為が別の犯罪の量刑において量刑事情として考慮に入れられている場合に，その犯罪行為についてさらに訴追・処罰することを二重危険禁止の原理は禁止しているという主張を当法廷は否定してきた。*Williams*（Williams v. Oklahoma, 358 U.S. 576 (1959)）は，申請人が強盗後の逃走の過程において被害者を誘拐及び謀殺した事案であり，謀殺の罪につき有罪答弁を行い終身刑を言い渡されたのち，さらに誘拐の罪でも有罪判決を受け，その量刑手続において謀殺の事実が量刑事情として考慮され，死刑が言い渡されたことが二重危険禁止の要請に反するかが争われた。当法廷はこれを否定した。州法上，誘拐の罪は謀殺の罪と全く異なる犯罪であり，誘拐の罪での量刑で量刑事情として謀殺の事実を裁判所が考慮に入れたことは同一の犯罪につき申請人を2度処罰したとはいえないとした。したがって，当法廷は，法律により権限を与えられた範囲の中で，別の犯罪に関する量刑を加重するために関連する犯罪行為を利用することは二重危険禁止の意味で，その関連する犯罪行為を処罰することには当たらないという点を明確にしているのである。

本件は *Williams* によって規律されると当法廷は認定する。本件で，申請人が有罪答弁を行ったマリワナに関する犯罪に対する量刑は，法律上5年から40年の収監刑であると規定されていた。関連する薬物の量を算定するに当たって，この時訴追されていなかった1990年の取引で関わったコケインを含めることで，District Court は，関連する薬物の量に応じて犯罪の基本等級を定める量刑ガイドラインの下で，1990年の取引に関わった薬物を含めなかった場合に科されうる量刑よりも高い犯罪の基本等級（40）及び量刑の幅（292カ月から365カ月）を認定することになった。しかし，このような量刑ガイドライン上の量刑の幅は，上述した5年から40年という法律で権限を与えられたマリワナに関する犯罪の量刑の幅の範囲内にとどまっている。*Williams* の場合と同様に，訴追されていない犯罪行為は，法律上権限を与えられている量刑の幅の範囲内で申請人の量刑を加重するのに利用されたのであり，マリワナに関する犯罪の量刑においてコケインに関する犯罪行為を考慮に入れることがコケインに関する犯罪での処罰を構成すると結論を下すことはできない。

当法廷の他の先例も，上述してきた結論をさらに補強することになる。常習性を理由に量刑を加重する法律を繰り返し支持するに当たって，当法廷は以下の理由から二重危険禁止に基づく異議を否定してきた。すなわち，常習性により刑を加重することは，すでに処罰された前の犯罪について新しい危険に晒すものでも，追加の刑罰を科すものでもない。むしろ，常習性により刑を加重することは，間近に行われた犯罪に対する刑罰を重くするものであり，繰り返し行われたことを理由にして加重に処罰されるものと考えられるのである(Gryger v. Burke, 334 U.S. 728, 732 (1948))。加えて，公判で与えられる手続上の保護を与えることなく，量刑手続において犯罪者が用いた犯行手口を考慮に入れることを認めることで，当法廷の先例はそのような量刑事情を考慮にいれることが当該行為を処罰することにはならないという点を示唆してきた(McMillan v. Pennsylvania, 477 U.S. 79 (1986))。

合衆国量刑ガイドラインがこのような憲法上の分析に変化をもたらしているという申請人の主張を当法廷は受け入れられない。関連行為が量刑ガイドライン上の犯罪等級の計算において考慮に入れられる場合でも，量刑ガイドライン制定以前の裁判所が裁量において訴追されていない犯罪を考慮に入れていた場合に比べて，二重危険禁止の意味で被告人をより重く処罰するものではない。被告人は有罪判決を受けた犯罪でのみ依然として処罰されているのである。

スティーヴンズ裁判官は，量刑ガイドラインの下，関連行為に含まれる犯罪は犯罪者の性質（前歴に反映される）に関するものではなく，犯罪の性質を評価するものであるという理由から反対意見を示している。しかし，量刑ガイドラインの前歴に関する条項は，このような明確な区別を創り出してはおらず，このような区別を行うことは不可能でないにしても困難である。合衆国量刑ガイドラインの構造は本件の結論に影響を与えるものではない。

量刑ガイドラインの関連行為に関する規定は，特定の犯罪は，それら犯罪に更なる犯罪行為が付随している場合に法律上の量刑の幅の範囲内でより重い刑罰を受けることになるという量刑の加重の仕組みを示したものである。立法府がある犯罪につきそのような特定の刑罰の幅を与えている場合，その量刑の幅の範囲内での量刑は二重危険禁止でいうところの有罪判決を受けた犯罪での処罰に当たるのみであると当法廷は判示する。したがって，コケインに関する訴追は同一の犯罪について申請人を処罰する２度目の試みであるとして二重危険禁止条項により禁止されるものではない。

⑵ 申請人は，量刑ガイドラインは薬物犯罪者に，訴追されているか否かに拘らず，関連するすべての犯罪について１度の手続で量刑を行うことを求めていると主張するが，合衆国量刑ガイドラインは，同一の若しくは重複する関連行為につき別々に訴追することも明示的に想定している。このような場合に被告人の量刑が著しく重くならないように合衆国量刑ガイドラインは，同一の犯罪行為が重複して考慮されることによって量刑の長さが加重されることに対して申請人を保護するための保護策を設けている（USSG §5G1.3)。もし量刑ガイドラインの諸規定が誤って適用されれば申請人は上訴を行い争うことができる。

さらに，申請人は，同一の関連行為について再び量刑を科すことが，最初の量刑で政府に協力したことによって量刑ガイドライン 5K1.1 の下で与えられる減軽の効果を奪うことになる点にも懸念を寄せている。しかし，合衆国量刑ガイドラインは，ガイドライン制定時に十分に考慮に入れられていなかった事由がある場合には合衆国量刑ガイドライン上の量刑の幅から“離れる（departure）”権限を裁判所に与えている（18 U.S.C. §3553 (b)）。したがって，本件で仮にコケインに関する訴追で有罪判決が下された場合でも申請人は本件の特殊な事情を考慮に入れるように主張できるのである。

⑶ 法律上権限を与えられた量刑の幅の範囲内で被告人の量刑を判断するに当たって関連行為を考慮に入れることはその関連行為につき処罰を行うことにはならないので，本件訴追は，同一の犯罪につき二重の処罰を行うことを禁止する二重危険禁止条項に違反しない。したがって原判断を確認する。

2．スカリーア裁判官の結論賛成意見（トーマス裁判官参加）

二重危険禁止条項は，同一の犯罪について2度訴追されないことを保障しているのであって，二重危険禁止条項が同一の犯罪行為について2度処罰されることに対しても保護を与えているとする当法廷の法理論は誤っていると考える。

本件では，申請人は同一の犯罪行為について2度訴追されているわけではないから，私は法廷意見の結論に参加する。

3．スティーヴンズ裁判官の一部賛成，一部反対意見

私は法廷意見のうち(2)の部分に参加するが，その他の法廷意見に関しては謹んで反対する。

(1)　私見によれば，本件で二重危険禁止条項違反があることは明白である。1000ポンドのマリワナに係る申請人のマリワナに関する犯罪での有罪判決は，量刑ガイドライン上78カ月から97カ月の量刑の幅に当たることになる。一方で，申請人のコケインに関する犯罪が量刑の算定に当たって考慮に入れられた場合，量刑ガイドライン上の量刑の幅は292カ月から365カ月になり，200カ月以上も申請人の量刑が加重されることになる。

私見では，合衆国量刑ガイドラインで義務付けられているように，申請人がコケインに関する犯罪で事実上処罰されていた場合，コケインの取引に関して処罰される危険に晒されたことになり，したがって，二重危険禁止条項はこれらコケインに関する犯罪に対して後に訴追することを禁止することになるのである。

(2)　本件法廷意見は，犯罪者の性質と犯罪の性質との重要な区別を見落としている。

伝統的に，量刑裁判官は有罪判決を受けた被告人にどのような量刑を科すかを決定する際に幅広い様々な要素を考慮に入れおり，量刑の算定にあたって考慮されてきた重要な要素の一つとして被告人の前科を挙げることができる。もっとも，伝統的な量刑実務は，「犯罪の性質」と「犯罪者の性質」によって量刑は判断されると認識してきた。この枠組みの範囲内で，犯罪者の前科を証拠

として認めることは，前科はその者の性質に関する強力な証拠となるという考えを反映している。量刑裁判官が量刑手続において犯罪者の前科を考慮する際，量刑裁判官は過去の違法行為で当該犯罪者を2度処罰しているのではなく，過去の行為や将来違法行為を行いうる蓋然性について個人の責任の性質を評価しているのである。それゆえ，常習犯に関する法律は二重危険禁止条項に反するものではなく，これは，前科を考慮する目的が犯罪者の性質に関する有力な証拠になることを理由にしているのである。

一方で，量刑手続において量刑事情として考慮される犯罪が，罪責の有無の認定手続で有罪判決を受けた犯罪と何らかの関係がある場合，分析方法は異なる。有罪判決を受けた犯罪行為に関連する別の犯罪行為は犯罪の性質と犯罪者の性質の双方に影響を与えることになる。すなわち，複数の犯罪を行った者は一つの犯罪を行った者と比べてより重い刑罰を下されるべきことになるが，これは，犯罪者の性質が複数の犯罪を行ったことで特別な処罰を要求するようになり，かつ，犯罪の性質が複数の犯罪を行ったことでより重大なものになることを理由としている。量刑判断者が，犯罪者の性質として犯罪を考慮している限り，二重危険禁止条項違反は生じない。しかし，量刑判断者が量刑判断の根底にある犯罪の重大性を加重する要素として関連する犯罪を考慮している限りにおいて，被告人は当該犯罪で事実上処罰されていることになり，二重危険禁止条項が関わってくることになるのである。

伝統的な量刑制度において犯罪者の性質か犯罪の性質かを区別することは困難であったが，合衆国量刑ガイドラインは前歴（criminal history）（犯罪者の性質）と関連行為（relevant conduct）（犯罪の性質）を明確に区別している。そして「関連行為」に含まれる犯罪は犯罪の性質に関連する事項として考慮されることになるのである。実際に，合衆国量刑ガイドラインの下，薬物犯罪の重大性は，関連行為を構成するすべての犯罪に関わる薬物の総量によって判断される。それゆえ，申請人は2度目の訴追の対象となったコケインの取引を含む犯罪についてすでに量刑を受けていたことになる。これら量刑手続で考慮された取引は，仮にこれら取引に関して訴追され有罪判決を受けた場合と同様の役割を刑罰を科す上で果たしているのである。このように事実上の刑罰を科されていたことは，申請人はコケインに関する犯罪につき以前に訴追されていたと同じように当該犯罪につき危険に晒されていたことをまさに説明している。

(3)　先例からも法廷意見の結論が導かれるわけではなく，法廷意見が依拠している *Williams* も本件を規律する先例とはいえない。*Williams* は，二重危険禁止条項を適用した判断ではなく，デュー・プロセス上の法理論を適用したものに過ぎない。さらに，*Williams* において，州の裁量的な量刑制度は連邦の量刑ガイドラインとは全く異なるものであった。加えて，*Williams* は，前科を別の犯罪の量刑手続で考慮に入れたことが争点とされた事例であり，本件争点とは異なるのである。

(4)　法廷意見の合衆国量刑ガイドライン上の保護策に関する分析は正しいといえ，法廷意見のうち(2)に関しては私も参加する。

《解　説》

1．本件争点について

本件では，量刑ガイドライン上「関連行為（relevant conduct）」として別の犯罪での量刑手続で考慮に入れた犯罪行為につき，後に改めて訴追することが許されるかが争われ，合衆国最高裁は二重危険禁止条項違反の主張を否定した。

第5修正の二重危険禁止条項は，同一の犯罪につき2度訴追されること及び，同一の犯罪につき2度処罰されることがないことを保障している[1)]。本件で法廷意見は，マリワナに関する訴追とコケインに関する犯罪を「同一の犯罪」には当たらないとしつつ[2)]も，なお上記の争点につき判断を示している。

本件で問題となるような量刑に関する問題は法律問題とされ，従来裁判官の

1)　二重危険禁止条項と再訴遮断の範囲に関しては，中野目善則『二重危険の法理』（中央大学出版部，2015年）を参照。

2)　Witte v. United States, 515 U.S. 389, 396. なお，「同一の犯罪」に関する合衆国最高裁の動向については，本書第Ⅲ章を参照。

裁量に委ねられてきた。しかしながら，量刑の不均衡が問題とされるようになり，合衆国では量刑ガイドラインが設けられることになった[3]。量刑ガイドライン上，犯罪の基本等級の計算に当たって「関連行為」を考慮に入れることが量刑裁判所に求められている[4]。ここでいう関連行為には，訴追されている犯罪と関連する行為が幅広く含まれ，薬物犯罪に関していえば，被告人が直接関与した禁制品のすべての量，及び，共同して犯罪行為を行った事件に関しては，共同して行った犯罪行為の範囲に含まれると合理的に推測できる禁制品の量について被告人は責任を負うことになると当時定められていた[5]。関連行為を含め犯罪の基本等級を計算した結果，犯罪の基本等級が上がると，裁判官が科しうる「量刑の幅（刑の下限と上限）」も引き上げられることになる。

本件では，マリワナに関する最初の訴追の量刑手続において関連行為としてコケインに関する犯罪を考慮した結果，量刑の幅が引き上げられた上で申請人は量刑を受けた。すなわち，マリワナの訴追の量刑でコケインに関する犯罪行為が「関連行為」として考慮されていなければ，より軽い「量刑の幅」の中で申請人に量刑がなされていたと考えられ，コケインに関する犯罪はマリワナに関する訴追において既に事実上処罰されていたと捉えることもできる。しかし，政府側は，その後コケインに関する犯罪で申請人を改めて訴追しているのである。そこで，本件では，このように別の犯罪で量刑の幅を引き上げるために既に考慮に入れられた行為について改めて訴追を行うことが二重危険禁止条項の要請に反しないかが問題とされている。

2．先例について

合衆国量刑ガイドラインが制定される以前において，量刑手続で裁判官が犯罪に関連する事情を考慮に入れることを合衆国最高裁は許容してきた[6]。

3） 中村秀次「刑の量定　アメリカを中心とした量刑改革概観」熊本法学 60 号 55 頁（1989 年）参照。

4） United States Sentencing Commission, Guidelines Manuals §1B1.3. (Nov. 1994)

5） See, Witte v. United States, 515 U.S. at 393.

6） Williams v. New York, 337 U.S. 241 (1949) ; Williams v. Oklahoma, 358 U.S. 576

例えば，本件で法廷意見が依拠している *Williams*（Williams v. Oklahoma, 358 U.S. 576 (1959)）は，申請人が強盗の逃走過程で被害者が運転する自動車に押し入り，その後被害者を殺害して被害者車両を奪った事案である。申請人は被害者の謀殺の罪で有罪答弁を行い終身刑の量刑を受けた後，被害者の誘拐の罪で訴追され，量刑手続で裁判所は誘拐に関連する事実として謀殺の事実を考慮に入れ，申請人に死刑を量定したので，誘拐に関する訴追で量刑を科すに当たって謀殺の事実を考慮に入れることは，同一の犯罪につき申請人を2度処罰することになることを理由に第14修正のデュー・プロセス条項に違反するか否かが争われた。合衆国最高裁は，州法上謀殺の罪と誘拐の罪は全く別の犯罪であることを理由にして，同一の犯罪について申請人を2度処罰することになるとも，申請人の第14修正上のデュー・プロセスに関する権利を侵害しているともいうことはできないと判示した[7]。このように判示するに当たって，合衆国最高裁は，州法上定められた量刑の幅の中から適切な量刑を選択するに当たって，犯罪に関連するすべての事情を考慮に入れることができる点を強調している。

同様に，法廷意見が引用している *Gryger*（Gryger v. Burke, 334 U.S. 728 (1948)）では，申請人が常習的犯罪者（habitual criminal）として終身刑を科されたことが二重の危険に申請人を晒したことになりデュー・プロセス条項に違反するかが争われた。合衆国最高裁は，常習的犯罪者として量刑を科すことは，前科につき新たな危険に晒すとも，さらに刑罰を科すものともみなせないと判示した。このような量刑は，量刑が行われた犯罪に対する加重された刑罰であり，繰り返し行われることを理由としてより悪質な犯罪と考えられているのであると合衆国最高裁は理由付けている[8]。

さらに，*McMillan*（McMillan v. Pennsylvania, 477 U.S. 79 (1986)）では，被告人が犯行の実行中に銃器を目に見えるような形で所持していたと量刑裁判官

(1959)；McMillan v. Pennsylvania, 477 U.S. 79 (1986).

7）　Williams v. Oklahoma, 358 U.S. at 584-587.

8）　Gryger v. Burke, 334 U.S. at 732.

が証拠の優越により認定した場合，当該行為が関わった重罪につき下限5年以上の量刑を科すことを求めるペンシルバニア州のMandatory Minimum Sentencing Actに関して，銃器を目に見えるような形で所持していたというのは犯罪の構成要素であり，合理的な疑いを容れない程度に証明されなければならないとデュー・プロセス条項に基づき主張された。合衆国最高裁はこの主張を退け，同法を支持する判断を行った。合衆国最高裁は，同法は実行された犯罪の刑の上限を変えるものでも，別の刑罰を科す別の犯罪を創り出すものでもないと理由付けている[9]。むしろ，同法は，量刑の幅の範囲の中で刑の下限を選択する裁判官の裁量に制限を加えているのみである。合衆国最高裁によれば，同法は，量刑裁判所が量刑に影響を与えると考慮してきた事情を選択し，その要素に与えられる重要性を明確にするものにすぎないことになる[10]。

なお，ある犯罪の量刑手続で量刑ガイドラインの下，関連行為として考慮に入れられた犯罪行為を後に改めて訴追することが二重危険禁止条項に反するかという点について，下級裁判所の判断は分かれていた。二重危険禁止条項違反とする裁判例では，関連行為として考慮に入れられることで犯罪の基本等級が引き上げられることになるので，関連行為として考慮に入れることで量刑を加重することは二重危険禁止条項上「処罰」したことにあたること等をその理由として挙げていた[11]。一方で，二重危険禁止条項違反には当たらないとする裁判例は，二重の危険禁止条項は同一の「犯罪」につき二重に処罰することを禁止しているのであり，同一の「行為」につき二重に処罰することを禁止するものではないこと等をその理由として挙げていた[12]。

9） McMillan v. Pennsylvania, 477 U.S. at 87-88.

10） McMillan v. Pennsylvania, 477 U.S. at 89-90.

11） United States v. Koonce, 945 F. 2d 1145 (10th Cir. 1991)；United Statas v. McCormick, 992 F. 2d 437 (2d Cir. 1993).

12） Unites States v. Cruce, 21 F. 3d 70, (5th Cir. 1994)；*United States v. Brown*, 31 F. 3d 484 (7th Cir. 1994).

3．本判断の検討

本件法廷意見はまず，コケインに関する犯罪とマリワナに関する犯罪は二重危険禁止条項上同一の犯罪に当たらないことを確認した。その上で，法律により権限を与えられた範囲で別の犯罪の量刑を加重するために関連する犯罪行為を利用することは二重危険禁止の意味でその犯罪行為の処罰には当たらないという点を確認した *Williams* に依拠し，本件において確かにマリワナの量刑においてコケインに関する関連行為が考慮されたことで量刑の幅が引き上げられたが，これは法律上権限を与えられた量刑の幅を超えるものではなく，マリワナに関する犯罪の量刑においてコケインに関する犯罪行為を考慮に入れることがコケインに関する犯罪で処罰したことにはならないと判断した。一方で，スティーヴンズ裁判官の一部賛成，一部反対意見は，マリワナの犯罪に関する量刑手続においてコケインに関する取引が考慮されたことで，量刑の幅が大きく引き上げられ，申請人はマリワナに関する犯罪の量刑手続でコケインに関する犯罪で事実上処罰されていたことから，コケインに関する犯罪で申請人を改めて訴追することは二重危険禁止条項違反に当たることになるとしている。

このような法廷意見とスティーヴンズ裁判官の意見の差異は，マリワナの量刑手続においてコケインに関する取引を考慮に入れたことで量刑の幅が引き上げられたことをどのように捉えるのかという点にあるように思われる。スティーヴンズ裁判官の意見は，コケインに関する犯罪行為を考慮に入れたことによって，マリワナに関する犯罪のみを考慮に入れていた場合と比べて，量刑の幅が 200 カ月以上も引き上げられたことに鑑み，このような量刑の幅の引き上げはコケインに関する犯罪での事実上の処罰に当たると捉えていた。一方で，法廷意見は，コケインに関する犯罪行為を考慮に入れることで量刑の幅が引き上げられるが，これは，マリワナに関する犯罪の法定刑の範囲内に含まれるものであり，コケインに関する犯罪を処罰することにはならないと捉えている。すなわち，法廷意見によれば，申請人は有罪判決を受けたマリワナに関する犯罪の量刑の範囲内で処罰されているにすぎないことになる。

上述したようなスティーヴンズ裁判官の意見の立場の背景には，合衆国量刑ガイドラインにより従来の量刑手続に重大な変化がもたらされたという認識があるように思われる。すなわち，同意見は，犯罪者の性質と犯罪の性質という区別に言及し，伝統的な量刑制度とは異なり，量刑ガイドラインで関連行為を考慮に入れることは犯罪の性質につき評価するものであることから二重危険禁止条項が関わってくることを指摘している。これに対して，法廷意見は，関連行為が量刑ガイドライン上の犯罪等級の計算に含まれているとしても，量刑ガイドライン制定前と比べて，二重危険禁止条項の意味で申請人をより重く処罰するものではないことを指摘し，量刑ガイドライン導入により変化がないことを強調している。

もっとも，文脈は異なるが，量刑改革により導入された裁判官の量刑での裁量の規制と第 6 修正との関係が問題とされた *Apprendi*（Apprendi v. New Jersey, 530 U.S. 466 (2000)）[13]において，法定刑の上限を引き上げる事実に関して，前科を除き陪審が認定することを第 6 修正が求めていると判示された。このように第 6 修正上の法理論は量刑手続の変化によって変遷しており，二重危険禁止条項の法解釈に関しても再考する余地がある点が指摘されている[14]。

4．本件の意義

本件は，合衆国量刑ガイドラインが制定され，裁判官が量刑判断する手続に大きな変化がもたらされ，二重危険禁止条項との間で生じた新たな問題について判断した事例であった。法廷意見は，別の犯罪の量刑手続において合衆国量刑ガイドラインの下で関連行為として既に考慮された行為ついてその後改めて訴追を行うことは，二重危険禁止条項に違反しないとした。しかし，その後他の文脈での判例の変遷から，これを疑問視する見解もあり今後の判例の展開を注視していく必要がある。

（山田　峻悠）

13） *Apprendi* を紹介・解説したものに，高山佳奈子・アメリカ法 2001 年 1 号 270 頁（2001 年），岩田太・ジュリスト 1200 号 196 頁（2001 年）がある。

14） Ronald Jay Allen, et. al., Comprehensive Criminal Procedure, 1605-1607 (5th ed., 2020).

20.　United States v. Ursery, 518 U.S. 267 (1996)

対物の非刑事の没収（*in rem* civil forfeiture）は，合衆国憲法第5修正の二重危険禁止条項上の「刑罰（punishment）」には当たらないため，非刑事の没収手続と刑事訴追が併行して行われた場合において，二重危険禁止条項は適用されないとされた事例。

《事実の概要》

No. 95-345（以下，①事件）：ミシガン州警察は，被申請人Urseryの住居付近でのマリワナの栽培を確認した上で，同住居内でマリワナの種子やグローライト等を発見した。合衆国政府は，同住居が，当該禁止薬物の違法な製造及び頒布促進のために用いられていたとして，合衆国法典第21篇881条(a)(7)に基づく非刑事の没収（civil forfeiture）手続を開始した。Urseryは，同没収の申立てに対処するために，1万3250ドルを合衆国に最終的に支払った。その処理が完了する直前に，Urseryは，同篇841条(a)(1)に違反してマリワナを製造したことにより起訴された。Urseryは，有罪とされ，63カ月間の収監刑を言い渡された。

第6巡回区Court of Appealsは，*Halper*（United States v. Halper, 490 U.S. 435 (1989)）と*Austin*（Austin v. United States, 509 U.S. 602 (1993)）は，881条(a)(7)の非刑事没収が合衆国憲法第5修正の二重危険禁止条項上の刑罰（punishment）に当たることを認めているとした上で，Urseryの有罪判決は同条項に違反すると判示し，同人の有罪判決を破棄した。

No. 95-346（以下，②事件）：ArltとWrenは，合衆国法典第21篇846条違反のメタンフェタミン製造の幇助（aid and abet）の共謀，同第18篇371条に違反する，通貨代替物（monetary instruments）のロンダリングの共謀，1956条違反のマネーロンダリングに関する複数の訴因で有罪とされた。District Courtは，Arltを終身刑にし，加えて10年間の監督付釈放（supervised release）と25万ドルの罰金を科し，また，Wrenには終身刑及び5年間の監督付釈放を科した。

刑事公判の開始前に，政府は，Arlt と Wren，そして Arlt の支配する法人から押収した，又はこれらの者に権原の属していた様々な財産に対して，非刑事の対物没収の申立てを行った。同申立てによれば，これらの各財産は，マネーロンダリングに関わる財産の没収について定める 1956 条，及び，違法な薬物に関わる財産の没収について定める合衆国法典第 21 篇 881 条(a)(6)の対象であるとされた。当事者間で，刑事訴追の終了までは，没収訴訟を延期することに同意がなされた。

刑事公判の結審から 1 年以上経過後，District Court は，同没収手続において，政府側の略式判決（summary judgment）の申立てを認容した。Arlt と Wren は，同裁判所の判断に関して，上訴した。第 9 巡回区 Court of Appeals は，第 6 巡回区と同様に，*Halper* と *Austin* が，981 条(a)(1)(A)及び 881 条(a)(6)の没収が，類型的に，常に「刑罰」に当たることを認めていると解することによって，本件没収が二重危険禁止条項に違反すると判示した。

合衆国最高裁判所は，① と ② の両事件において，政府によるサーシオレイライの申立てを認容し，両事件を併合して審理を行った。

《判旨・法廷意見》

破棄

1．レンクィスト首席裁判官執筆の法廷意見

A　我が国の建国初期の頃から，合衆国議会は，同一の犯罪事実に基づいて，対物の非刑事の没収訴訟（*in rem* civil forfeiture actions）と刑事訴追を併行して行うことを認めてきたのであり，また，当裁判所は，一連の長きに渡る先例において，非刑事の没収は刑罰ではないので，二重危険禁止条項はそのような処分には適用されないと一貫して結論づけてきた。

二重危険禁止条項と非刑事の没収の関係性を検討した初期の判例の一つである，*Various Items of Personal Property*（Various Items of Personal Property v. United States, 282 U.S. 577 (1931)）は，非刑事の没収は対物であるが，刑事訴

追の対象は被告人自身であるため，非刑事の没収は刑罰に当たらず，同条項は適用されないと判断している。*Various Items* から 40 年後，*One Lot Emerald Cut Stones*（One Lot Emerald Cut Stones v. United States, 409 U.S. 232 (1972)）においても同判断が確認されている。近年の先例である *One Assortment of 89 Firearms*（United States v. One Assortment of 89 Firearms, 465 U.S. 354 (1984)）においては，被告である銃器は，連邦法に違反して用いられたこと等を理由に，合衆国法典第 18 篇 942 条(d)に基づいて没収訴訟を提起されたが，その所有者は，当該銃器の無許可販売の公訴事実については既に無罪とされていた。当裁判所は，非刑事の没収による制裁が，刑罰として意図され，その手続が本質的に刑事の性格を有するものでない限り，二重危険禁止条項は適用できないとし，問題は，924 条(d)の没収手続が，刑事上の処罰（criminal and punitive）と非刑事の規制措置（civil and remedial）のいずれとして意図されているか，又はその法的性格から必然的にいずれが導かれるかであるとした。そして，当裁判所は，2 段階に分けて分析を行った。第 1 段階では，合衆国議会の意図に着目した上で，議会が同条項の没収を規制目的の非刑事の制裁（remedial civil sanction）として定めているとした。第 2 段階では，当該法律の仕組み（scheme）が，非刑事の規制措置を構築するという議会の意図を打ち消す程に，その目的又は効果の点で刑罰的（punitive）であるか否かに着目し，同条項に関してその点は証明されていないとした。結論として，当裁判所は，非刑事の没収が，規制措置としての性格を有する非刑事の制裁であることを再度確認している。

B　上記のとおり，当裁判所の先例は，二重危険禁止条項の非刑事没収への適用を一貫して否定する立場を堅持してきたが，本件において第 9 巡回区及び第 6 巡回区 Court of Appeals は，*Halper*（United States v. Halper, 490 U.S. 435 (1989)），*Austin*（Austin v. United States, 509 U.S. 602 (1993)），*Kurth Ranch*（Department of Revenue of Mont. v. Kurth Ranch, 511 U.S. 767 (1994)）の三つの先例によって，*Various Items* の原則が放棄されて，非刑事の制裁が二重の危険の適用対象の「刑罰」に当たるかを判断するための新しい基準が採用されたと判断している（ただし，第6巡回区は*Kurth Ranch*には言及していない）。以下では，両Court of Appealsが主張するように，これら三つの先例によって，判例理論の根本的な変更がなされたのかについて検討する。

まず，*Halper*では，非刑事の制裁（a civil penalty）が，いかなる場合に，二重危険禁止条項の適用対象の「刑罰」に当たるかが検討された。医療保険の虚偽請求に関する65件の訴因等で有罪とされて5千ドルの罰金等を科されたHalperに対して，政府は，当該犯罪行為に関して，さらに，合衆国法典第31篇3729条に基づいて非刑事の訴訟（civil action）を提起した。同条は，違反一件につき2千ドル，政府の実損害（actual damages）の2倍の額，そして訴訟費用に関して賠償責任を負うことを定めていた。District Courtは，Halperは13万ドルの賠償責任を政府に対して負うが，その非刑事の制裁全額の責任を問うことは，二重の危険に違反する2度目の処罰に当たるといえる程に均衡性を欠くことになると判断した。その点に関して，当裁判所も，個別的な判断（the case-specific nature of our inquiry）であることを強調した上で，13万ドルを政府の推定585ドルの損害額と比較衡量し，District Courtの判断に同意している。次に，*Austin*では，被告人は，コカインの頒布目的での所持の一つの訴因で有罪答弁を行い，その後，政府は，同人のトレーラーハウスと自動車修理工場が当該犯罪を実行するために用いられた等と主張し，それらに対して，合衆国法典第21篇881条(a)(4)及び(a)(7)に基づく非刑事の没収手続を開始した。当裁判所は，当該没収が，合衆国憲法第8修正の過大な罰金禁止条項に違反するかを検討した。まず，同条項の適用が刑事手続に限定されるという主張を否定した上で，類型的なアプローチ（a categorical approach）に基づいて，同条項の没収は，一定の犯罪行為に関して，制裁（penalty）として，国家（a sovereign）に金銭を支払うものであるので，第8修正の過大な罰金禁止条項による規律に服すると結論づけている。最後に，*Kurth Ranch*では，当裁判所は，マリワナに対する州による課税に関して，当該納税者が，マリワナの所持で既に有罪判決を受けていた場合，同課税が，二重危険禁止条項の下で無効となるかを審理した。当裁判所は，州が「課税（a tax)」に非刑事の制裁のレッテルを貼っている事実は決定的な意味を持たないとした上で，当該課税が，同条項の適用対象の刑罰に当たるといえる程度に刑罰的であるかを検討し，当該課税が，犯罪が行われて逮捕されて初めてなされるものであり，また，課税の時点では納税者は課税対象のマリワナを所有も所持もしていないという点で，当該課税は，歳入確保ではなく，処罰及び禁止の意図に動機づけられたものであり，その手続は刑事訴追に相当する機能を有すると結論づけている。

当裁判所は，これら三つの先例に関する第6巡回区及び第9巡回区 Court of Appeals の解釈は誤りであると思料する。いずれの先例も，*Various Items, Emerald Cut Stones, 89 Firearms* の確立した診断指針（teaching）を変更するものではない。

Halper は，非刑事の没収ではなく非刑事の制裁に関するものであり，その判断内容は，後者の文脈に限定されたものである。というのも，当裁判所は，二重の危険の適用の判断に当たって，対人の処分として刑事訴追と類似点を有する非刑事の制裁を，物を対象とする非刑事の没収とは区別してきたのであり，また，*Halper* の事例ごとの衡量テスト（a case-by-case balancing test）は，非刑事の制裁とは異なり，政府の損害補填以外にも複数の目的を有する非刑事の没収に適用することは実際上困難だからである。*Kurth Ranch* は，課税手続への二重危険禁止条項の適用を扱ったものである。*Austin* においては，*Halper* とは異なり，類型的アプローチ（a categorical approach）が採用されたが，その判断の射程は，第8修正の過大な罰金禁止条項に限定されるため，*Austin* の分析を二重危険の判例法理に組み込むことはできない。

以上のとおり，*Halper, Kurth Ranch, Austin* のいずれも，対物の非刑事没収への二重危険禁止条項の適用の是非を検討したものではないのであり，当裁判所の伝統的な理解を変更することを意図していないのである。

C　そのため，当裁判所は，*Various Items, Emerald Cut Stones, 89 Firearms* の診断指針に基づいて本件没収について検討するが，その際に，*89 Firearms* の二段階テストを用いることとする。まず，第1段階の議会の意図に関しては，本件で問題となる，合衆国法典第21篇881条及び同18篇981条に基づく没収を執行する手続上の仕組みによって，議会が，本件没収を非刑事であると意図していたことは明白である。次に，分析の第2段階においては，第21篇881条(a)(6)，(a)(7)，第18篇981条(a)(1)(A)に基づく没収手続が，議会の意図に反しても，刑事上の処分であるといえる程にその形式と効果の点で刑罰的であるとする「最大限明白な証明（the clearest proof）」がなされていないのは言うまでもなく，それを示す証拠もほとんど存在しない。本件で問題となった法律は，ほとんどの重要な点において，*Various Items*，*Emerald Cut Stones*，*89 Firearms* で刑罰的でないとされた法律と区別できるものではない。981条(a)(1)(A)と881条(a)(6)，(a)(7)は，ある程度刑罰的な側面は有するとしても，重要な非刑罰目的に寄与するのである。881条(a)(7)は，連邦法上の薬物犯罪を実行するために用いられた財産の所有者に，自身の財産の管理に注意を払うこと及び自身の財産が違法な目的で利用されるのを防ぐことを促すという規制目的に寄与するのであり，その点は981条(a)(1)(A)と881条(a)(6)も同様である。

その他にも，対物の非刑事の没収が，当裁判所が二重危険禁止条項の対象として理解する意味での刑罰としては歴史的にみなされてこなかったこと，本件両法律において，政府は当該財産が没収対象であることを立証するために，悪意（scienter）の証明を要件とされていないこと，両法律は抑止目的に寄与するものではあるが，当裁判所は，抑止目的は刑事だけではなく非刑事の目的にも寄与すると長きにわたり認めていること，両法律は犯罪行為に関連するものであるが，その事実だけでは両法律を刑罰的とするには不十分であることも，981条(a)(1)(A)と881条(a)(6)，(a)(7)が非刑事の手続であるとする結論を根拠づけている。

当裁判所は，本件の対物の非刑事没収は，二重危険禁止条項との関係において，「刑罰」でも，刑事的（criminal）でもないと思料する。したがって，第6巡回区及び第9巡回区 Court of Appeals の判断を破棄する。

2．ケネディ裁判官の補足意見

私は，本件において881条(a)(7)の刑罰的性格を問題とはしない。薬物犯罪促進のために用いられた不動産の没収について定める同条項は，犯罪の実行者ではなく，当該不動産が犯罪目的で利用されたこと（criminal misuse）に関して責任を負う，その所有者を対象としているのである。そのような所有者は，善意を証明できなければ，自身が一切犯罪行為をしていなくても，没収を受けることになるのであるが，そのような処分は，個人の犯罪行為に対する刑罰には当たらない。没収対象財産の所有者自身も，犯罪で起訴されている場合もあるが，その場合においても没収は，二重危険禁止条項が禁止する，当該犯罪に関して科される2度目の対人の刑罰には当たらないのである。また，本件没収法上，薬物の違法な取引（a drug trafficking）等の犯罪の証明が要件とされるが，その証明の目的は，当該財産が犯罪で用いられたことを証明するためだけのものであり，それによって，没収が刑罰に変わることにはならない。

なお，法廷意見は，*89 Firearms* の二段階審査テストを用いているが，このテストは，非刑事の対人の制裁に関する判例から取り入れられたものであり，このテストが，*Various Items* の原則に寄与するかについては確信を持てない。テストの第1段階では，対物の手続はすべて非刑事となるのであり，第2段階では，没収が，当該財産の犯罪利用の有無に左右される限り，その所有者が，自己の財産が違法な目的で利用されることを許容するのを防ぐという規制的（remedial）とされる目的が常に存することになってしまう。とはいえ，私は，*89 Firearms* を先例として認めており，法廷意見によるこのテストの適用は *Various Items* に合致するので，法廷意見全体に参加する。

3．スカーリア裁判官の結論賛成意見（トマス裁判官参加）

二重危険禁止条項は，再度の処罰（successive punishment）ではなく，再度の刑事訴追を禁止しているのであり，本件の非刑事の没収手続は，*Kennedy*（Kennedy v. Mendoza-Martinez, 372 U.S. 144, 164 (1963)）と *Ward*（United States v. Ward, 448 U.S. 242, 248-251 (1980)）の基準の下でも，刑事訴追には当たらない。

4．スティーブンス裁判官の一部結論賛成意見・一部反対意見

本件の問いの分析に当たっては，まず，本件両事件で問題となる財産を三つのカテゴリー，すなわち，犯罪収益，禁制品，犯罪の実行に関連する財産に分類することが有益である。

私は，① 事件で没収された禁制品と② 事件において没収された違法行為の収益の没収に関しては，法廷意見に同意し，二重危険禁止条項上の刑罰には当たらないと判断する。しかし，① 事件の Ursery の住居の没収に関しては，重大な問題が伴う。本件住居が，違法行為の収益によって購入されたことを示す証拠はないにもかかわらず，881 条(a)(7) により，マリワナ製造等の促進のために用いられたことを理由に没収が認められている。私見では，犯罪収益や禁制品の没収理由は，被申請人の住居の没収が刑罰的ではなかったことを十分に根拠づけるものではない。

法廷意見によれば，*Various Items* の原則は一貫して踏襲されているというが，*Emerald Cut Stones* と *89 Firearms* のいずれも，*Various Items* の原則を認めていない。両判例は，問題となる没収の法的性格を慎重に検討し，remedial なものとは説明できない没収については，犯罪行為に対する制裁（penalty）に当たる可能性があることを認めている。この点は，*Boyd*（Boyd v. United States, 116 U.S. 616 (1886)）をはじめとする一連の判例が，刑罰的な側面を有する没収に他の憲法上の保護策を適用してきたことにも裏付けられている。

Emerald Cut Stones と *89 Firearms* は，近年の *Halper*，*Austin*，*Kurth Ranch* の基礎となるものであり，それらの判例において踏襲されてきた。本件多数意見は，これら 3 件の判例の各射程を個別の範囲に限定し，相互に無関係の内容に関するかのように扱うことによって，判例の解釈を誤っている。これらの判例は，「刑罰」という概念の意味を明確にする共通の作業に尽力しているのである。

Halper は，remedial な目的だけでなく応報・抑止目的にも寄与する非刑事の制裁は刑罰に当たるという，二重危険禁止条項を非刑事の手続に適用する上での一般原則を確立し，非刑事の制裁に適用している。*Austin* は，*Halper* の

刑罰の定義を適用して，881条(a)(4)と(a)(7)の非刑事の没収を刑罰とみなしており，*Kurth Ranch* も同様の定義を用いて，マリワナに対する課税処分を刑罰としている。

本件法廷意見は，*Austin* を覆して，881条(a)(7)は，刑罰的ではなく規制的性格を有すると結論づけているが，法廷意見が同条項を規制的とみなすために用いたすべての理由付けは，*Austin* によって退けられている。第1に，法廷意見は，Urseryの住居の没収は，それが薬物犯罪の道具であったために規制的な性格を有するとするが，マリワナが発見された住居が，どのようにして薬物犯罪を相当程度「促進する」ことに寄与するのか，また，同住居の没収が，どのようにして薬物の取引を効果的に阻止することになるのかを理解することは困難である。*Austin* は，トレーラーハウスと自動車修理工場は，そこでマリワナの販売がなされたから，薬物の取引の「道具」であるとする主張を否定している。第2に，法廷意見は，本件法律が，それが刑罰的ではなく規制的性格を有することを示す助けとなる，抑止目的に寄与するものであると主張するが，*Austin* も確認している *Halper* の原則は，もっぱら救済目的に寄与するのではなく，応報や抑止目的も実現するとされる非刑事の制裁は，二重危険禁止条項の適用対象の刑罰に当たるとしている。さらに，法廷意見は，本件法律は悪意を要件とはしておらず，当該財産に対する権利を主張する者がいないならば，それを略式手続（summarily）で没収できるとしている。本件法律は，「善意の所有者」の例外を定めているが，法廷意見は，本件法律の構造（structure）は重要ではないとする。しかし，*Austin* は，善意の所有者の例外が，本件法律をより刑罰に近いものにしているとする。最後に，法廷意見は，本件法律が犯罪行為に関するものであるという事実だけでは，同法を刑罰的なものに変えるには不十分であると明言しているが，*Austin* は，没収が刑罰的なものと意図されていたことの証拠として，薬物犯罪の実行に没収を直接関連づける議会の意図に明らかに依拠していた。

法廷意見は，対物と対人の手続の間においては，後者のみが二重危険の問題を生じさせるという区別を行ってきたと主張するが，そのような主張は誤りである。当裁判所は，自己の裁判権（jurisdiction）の内容は，争点となる手続に適用される憲法上の保障に何らかの関連性を有するという見解を繰り返し否定してきている。また，当該手続に貼られたレッテルが決定的な役割を果たすとする考えは，近年の判例の傾向に反するものである。*Kurth Ranch* は，二重危険禁止条項は，たとえ課税処分のレッテルが貼られる処罰手続にも適用されるとしている。それゆえに，処罰手続に貼られるレッテルが，二重危険禁止条項の適用の是非を決すると本件で主張することは，遅きに失したものである。

対物と対人で形式的に区別することは，究極的には，法廷意見の判断の真の根拠である，*Various Items* の擬制をカバーするにすぎない。*Various Items* を繰り返し引用していることが，法廷意見が，Ursery が起訴された薬物犯罪に関して，同人の住居が有罪であると思料していることを明らかにしている。これと同様の手法が，*Austin* においても用いられていたならば，過大な罰金（excessively fined）を科されるのは，財産の所有者ではなく，財産自体であったのであるが，当裁判所は，そのような擬制が，財産の押収が所有者を罰することになる場合があるとする判断を否定することを認めなかった。

本件の問題が，先例によって解決されていなかったとしても，コモンセンス（common sense）によって，本件の結論は決せられると思われる。Ursery の住居の押収を，同人の犯罪に対する刑罰以外の処分として説明する合理的な根拠は見出せない。本件住居は，犯罪の収益でも禁制品でもないのであり，それゆえに，その価値は，政府の押収権限に関連性を有しない。本件法律の下では，没収の前提要件は，被申請人が犯罪の実行に関連して当該財産を用いたことの証明であった。本件財産の没収は，明らかに，社会の被る損害にも法執行の費用にも全く相関関係を有しない制裁であった。*Halper* で認められているように，政府の活動がもたらす明白な実際的影響を覆い隠してしまう形式主義的な区別は，二重危険禁止条項の保護する「人道的利益（humane interests）」を損なうものである。

《解　説》

1．本件の①と②両事件において，各被告人は，一定の薬物犯罪又はマネーロンダリングに関する犯罪に関して有罪とされ，刑罰を科された。さらに，それらの刑罰に加えて，①事件の被告人は，本件薬物犯罪の促進財産である同人の住居に対して，また，②事件の被告人らは，当該薬物犯罪の収益等に対して，対物の非刑事の没収（*in rem* civil forfeiture）の手続が実施された。

合衆国憲法第5修正の二重危険禁止条項は，その内容の一つとして，同一の犯罪行為に関して，被告人を再度処罰することを禁止している[1)]。そのため，本件の非刑事の対物没収が，二重危険禁止条項の適用対象である「刑罰（punishment）」に当たる場合，同条項に違反することになるのであり，本件では，非刑事の対物没収が，同条項の「刑罰」に当たるかが争点となる[2)]。

2．アメリカ合衆国においては，没収の種類は，大まかに，裁判所の関与しない行政没収（administrative forfeiture），裁判所の関与する非刑事没収（civil forfeiture）と刑事没収（criminal forfeiture）に分類することができるとされる[3)]。刑事没収は，対人的（*in personam*）処分であり，刑事手続において有罪とされた被告人を対象として，刑罰として科されるものである[4)]。他方で，本

1）Ex parte Lange, 85 U.S. 163 (1873).

2）本件の解説・紹介としては，田村泰俊「非刑事的没収・追徴と合衆国憲法第五修正「二重の危険―最近の合衆国最高裁判所判例理論とその分析―」法学新報103巻10号79頁（1997年），林美月子「United States v. Ursery, -U.S.-, 116 S. Ct. 2135 (1996)―民事の対物没収は二重の危険条項の「処罰」にはあたらないとされた事例」アメリカ法1997年2号221頁（1998年），岡上雅美「アメリカ合衆国における「犯罪」に対する非刑事的制裁と被告人の憲法上の諸権利」法政理論31巻3号193頁，小島淳「アメリカ合衆国における二重の危険の発展過程(6)」早稲田法学78巻4号111頁（2005年），佐伯仁志「制裁論」（有斐閣，2009年）99-101頁等がある。

3）Dee R. Edgeworth, Asset Forfeiture Practice and Procedure in State and Federal Courts THIRD EDITION, AMERICAN BAR ASSOCIATION Criminal Justice Section, 2014, 2-11.

4）Stefan D. Cassella, Asset Forfeiture Law in the Untied States Third Edition, JURIS, 2022, 22-27.

件で問題となる非刑事の没収は，対物的（*in rem*）処分であり，刑事手続とは別の非刑事の没収訴訟において，政府が原告として，没収対象財産それ自体を被告として手続が進められることになる[5)]。非刑事の没収手続は，刑事手続に左右されることなく行うことができるのであり，また，刑事と非刑事の没収の間においては，没収対象財産の範囲や手続上の要件等の相違がある[6)]。ただし，非刑事の没収に関しても，その法的な位置づけは様々であり，remedialな没収は，危険の除去，追徴，損失回復の目的を有するという[7)]。また，非刑事とされる没収であっても，実際上は，刑罰と同様の役割を果たしている場合もあるとされるのであり[8)]，それゆえに，本件のように，合衆国憲法の定める刑事手続上の保護策の適用の是非が問題となってくるのである。

3．法廷意見は，まず，本件論点に関する初期の判例とされる *Various Items of Personal Property*（Various Items of Personal Property v. United States, 282 U.S. 577 (1931)）を確認することから始めている。*Various Items* は，非刑事の没収への二重危険禁止条項の適用の有無に関して，問題となる没収が，対物と対人のいずれの処分に当たるかによって判断する基準を採用している。非刑事の没収は，擬制によって，没収対象の財産自体を被告とみなした上で，その手続及び処分が実現されるのであり，その点で，対人の刑事訴追とは異なるという前提の下で，同判例は，二重危険禁止条項の適用を否定している。この *Various Items* の原則は，*One Lot Emerald Cut Stones*（One Lot Emerald Cut Stones v. United States, 409 U.S. 232 (1972)），*One Assortment of 89 Firearms*（United States v. One Assortment of 89 Firearms, 465 U.S. 354 (1984)）[9)]でも踏襲されているというが，その上で，*One Assortment of 89 Firearms* は，合衆国

---

5) *Id.*, at 27-32.

6) *Id.*, at 22-33.

7) 渥美東洋編『米国刑事判例の動向Ⅱ』（中央大学出版部，1989年）362-363頁（中野目善則担当）。

8) 同上。

9) *89 Firearms* については，渥美・前掲注7）354頁（中野目善則担当）を参照。

議会の意図と問題となる法律の仕組みに着目し，当該没収の目的がremedialなものか刑罰的なものかを判断する二段階のテストを採用している。

本件両Court of Appealsは，*Halper*（United States v. Halper, 490 U.S. 435 (1989)）[10)]，*Austin*（Austin v. United States, 509 U.S. 602 (1993)），*Kurth Ranch*（Department of Revenue of Mont. v. Kurth Ranch, 511 U.S. 767 (1994)）[11)]によって，上記の*Various Items*の基準が放棄されたとする。これらの判例は，それぞれ用いるアプローチは異なるものであるが，いずれも，*Various Items*のように，対物か対人かで区別するのではなく，たとえ非刑事の処分であっても，一定の刑罰としての要素が認められる場合には，二重危険禁止条項上の刑罰に当たりうることを示している。そのため，両裁判所は，これらの判例によって，非刑事の没収に関する判断基準も変更されたと理解したのであるが，法廷意見は，これら三つの判例の判断方法は，各事案で問題となった処分に対してのみ適用されるものであるため，非刑事の没収に関しては，引き続き，*Various Items*の適用を受けることになると判断したのである。他方で，スティーブンス裁判官は，そもそも*Various Items*の判断が，その後の判例に踏襲されていないとした上で，*Emerald Cust Stones*と*89 Firearms*が，その判断の射程をremedialとされる非刑事の没収に限定することによって，二重危険禁止条項が，刑罰的な要素を有する非刑事の没収手続にも適用される可能性があるとし，両判例が，*Halper*，*Austin*，*Kurth Ranch*の土台になっているとする。このように，法廷意見，本件両Court of Appeals，スティーブンス裁判官の反対意見の間においては，*Various Items*を中心とする諸判例の位置づけ及び相互関係に関する理解の相違があるため，見解が分かれてくることになる。

最終的に，法廷意見は，本件非刑事没収への二重危険禁止条項の適用の是非に関しては，*89 Firearms*の二段階テストを用いて判断するとしたのであり，非刑事の処分への同条項の適用を認めてきた判例の展開からは逆行するもので

10）　*Halper*については，本書第17事件（川澄真樹担当）を参照。
11）　*Kurth Ranch*については，本書第18事件（三明翔担当）を参照。

あった[12]。この *89 Firearms* のテストに対しては，問題となる法律の具体的な事案への適用を見るのではなく，その全体像を見るだけのものであるため，結果として，二重危険禁止条項は，政府の没収の目的がどのようなものであろうと，881条(a)(7)に基づく没収を制限できるものではないとする批判もみられる[13]。

4．*Ursery* の後，合衆国最高裁判所は，非刑事の没収手続と刑事訴追が併行して行われる場合の二重危険禁止条項との関係に関して，サーシオレイライを認容しておらず，この争点に関しては，結論が出ていると指摘されている[14]。とはいえ，近年においても，合衆国において，とりわけ，非刑事の没収の果たす役割は非常に大きいものとされるのであり，その分，その濫用も問題とされてきている状況においては，*Ursery* の採用した基準の実効性には一層疑問の残るところである。

（伊比　智）

12）岡上・前掲注 2）222頁。

13）Matthew Costigan, *Go Directly to Jail, Do Not Pass Go, Do Not Keep House*, 87 J. Crim L. & Criminology 719, 748–749 (1997).

14）Javier Escobar Veas, *The Constitutionality of Parallel Civil Forfeiture Proceedings and Criminal Prosecutions under the Double Jeopardy Clause in the United States*, 6 Rev. Brasileira de Direito Processual Penal 701, 727 (2020).

21. Kansas v. Hendricks, 65 U.S. L. W. 4564 (1997)

性暴力犯罪を習慣とする精神異常者の収容を規定するキャンザス州法は，合衆国憲法上のデュー・プロセス及び二重危険禁止に違反せず，事後法にもあたらない，と判示された事例。

《事実の概要》

精神疾患に該当する者のみの措置入院を規定する従来の法では，“sexually violent predator”のもたらす危険に対処し切れないため，キャンザス州は1994年Sexually Violent Predator Actを制定し，その法律の前文では，精神病あるいは精神障害でない者の中にも少数ながら極端に危険な性犯罪者が存在し，そのような者に対しては刑務所内での治療及び伝統的な措置入院での治療では効果が薄い，と規定されている[1)]。この法律の起草当初の文言には，現在収監されている者を対象とした一連の具体的な手続が示されており，その内容は，この法律の要件を充足するとみられる服役者の釈放の60日前に収監に携わる機関が地方検事に通知し，通知を受けた検事は45日以内にその服役者の措置入院を裁判所に申請するか否かを決定し，その申請を受けた裁判所はその者が“sexually violent predator”であると判断する相当理由の有無を吟味し，その審査に関し専門家の診断を仰いだ後に公判において合理的疑いを容れる余地のない程度の立証がなされれば，その服役者を厚生省（Social and Rehabilitation Services）に送致し治療を施す，というものである。その者が性暴力犯罪習慣者（sexually violentpredator）であることの証明責任を政府に負担させることに加えSVPAの対象となった者には，公費で弁護人の助力を受ける権利及び証人審問権等が手続上保障されている。

1度収容が行われると，強制措置入院及び収容は治療及び処遇に関して憲法上の要請に従わなければならないとSVPAは規定するが，収容された者が審査

1） Kan. Stat. Ann. §59-21a 01 et seq. (1994) See, 34 Washburn Law Journal 320.

を求めるには三つの方途がある。一つ目は，収容を命じた裁判所は年1回拘禁を継続する正当理由の有無を審査しなければならないということであり，二つ目は，厚生省（Social Rehabilitation Services）の長官はいつでも被収容者の症状の改善が釈放可能な程度にまでなったか否かを判断しうることに由来し，三つ目は，厚生省長官の許可がなくとも被収容者はいつでも釈放の申請をなしうることである。

1984年ヘンドリクスは13歳の少年2人に対する強制猥褻で有罪認定を受け，約10年服役した後，ハフウェイ・ハウスに移される予定となった。しかしながら，釈放直前に政府はヘンドリクスを性暴力犯罪習慣者（sexually violent predator）として措置入院させるよう申請し，ヘンドリクス側からはSVPAが連邦憲法上の種々の規定に牴触する旨の主張がなされたが，裁判所はヘンドリクスが性暴力犯罪者であるとの認定を支える相当理由があると判断し，Lamed State Hospitalで診断を受けるよう命じた。ひき続きヘンドリクスは陪審による認定を要請したが，公判過程で彼の証言から，児童への性的淫行及び虐待を重ねてきた寒けを催すようなヘンドリクスの経歴が明らかになった。ヘンドリクスは児童性愛との診断を受け，一旦は治療に取り組んだが断念し，未だに児童への性的欲求を心に抱き続けている[2)]。

陪審は全員一致でヘンドリクスがsexually violent predatorであることは合理的疑いを容れる余地がないと認定し，また裁判所は，児童性愛はSVPAのいう精神異常（mental abnormality）に該当すると判示し，ヘンドリクスは収容処分を受けた。ヘンドリクスは自己にSVPAを適用することは連邦憲法上の適正手続条項・二重危険禁止及び事後法禁止条項違反であるとして上訴し，Kansas Supreme Courtは，精神疾患（mental illness）という従来の措置入院の要件の一つを満たすには精神異常（mental abnormality）では不十分である

---

2) ヘンドリクス自身「精神的な圧迫を感じると児童に淫行する衝動をコントロールできなくなる。」とはっきり証言しており，2度と子供に対して淫行をしない確実な方法は自分が死ぬこと以外にない旨の供述をし，実際彼は医師に対して「精神医療はうそっぱちだ。」とまで証言している。

としてSVPAはヘンドリクスの実体的適正手続を求める権利を侵害していると判示した。

《判旨・法廷意見》

破棄

1．トマス裁判官執筆の法廷意見

SVPAの示す精神異常という定義は実体的適正手続の要請に違背するものではなく，また，憲法上保障される個人の自由は絶対的なものではなく，国は公衆の健康及び安全に害をおよぼす虞のある個人の身体を拘束しうる[3)]。SVPAの強制措置入院は，性暴力犯罪で有罪認定あるいは訴追を受けたこと，そして，精神異常（mental abnormality）・人格障害（personality disorder）が原因で今後も性暴力犯罪を犯す危険のあること，の二つを要件としており，それらは，これまで私達が合憲としてきた他の強制措置入院に関する法律の要件と同程度に厳格なものである。それにもかかわらず，ヘンドリクスは精神病と精神異常は同義ではないと主張するが，医学界での用語の不統一はあるものの，彼が性暴力犯罪への衝動すなわち危険を自己の意思で制御できていないというのは事実で，そのために措置入院を強制することは明らかに適正手続に適っている。

次に私達は，SVPAに基づく収容手続は実質的には刑罰であり，合衆国憲法の定める二重危険禁止あるいは事後法禁止違反であるというヘンドリクスの主張について検討を加える。SVPAの立法目的は非刑事のものであり，刑罰の主要な目的である応報の性質もあるいは抑止の性質も持たない。そこでは，過去の犯罪行為は精神異常の有無を証明する上での一資料に過ぎないのであり，また，ある者を収容するか否かに関して故意（scienter）の認定が要件とされていない点も，刑罰法規と異なっている。SVPAが犯罪行為への衝動をコントロールできない者を収容の対象としていることから，この法が抑止を目的としていないことが明らかである。なぜなら，そのような者達は収容されることの恐

3）　ここで法廷意見はFoucha v. Luisiana, 504 U.S. 71 (1992), Jacobson v. Massachusetts 197 U.S. 11 (1905) 及びAddington v. Texas 441 U.S. 418 (1979) を援用している。

怖から自己の犯罪行為を控える可能性が低いからである。

拘束を行ったという事実のみから，政府が刑罰を科したという結論を不可避的に生じるわけではない，ということは，*Salerno*（United States v. Salerno, 481 U.S. 739 (1987)）で判示された通りである。また，自己に課された収容期間が潜在的に不定であることに焦点を合わせ，ヘンドリクスはSVPAの収容の刑罰性を立証しようとするが，それは的外れであり，被収容者の精神異常の治療までどれだけかかるかを予測することは不可能であり，その上，不定期とはいっても年に1回釈放の審査を受けうるのである。

次に，SVPAが刑事手続に見られるようなsafeguardsを規定していることから，その法が名目上非刑事であるに過ぎない，とヘンドリクスは主張するが，刑事手続に準ずる程のsafeguardsが認められているという事実自体からは，SVPAに基づく収容が刑事上のものであるということにはならない。

最後に，適切な治療を施すことを要件としていないSVPAはやはり刑罰といわざるを得ないと，ヘンドリクスは主張するが，精神疾患でないために治療の施しようがない精神異常者を公衆の安全のために隔離すること及び無害化することをSVPAは何にも増して主眼としているのだから，彼の主張は認められない。ただ，治療の有無を収容の要件にしないということは，治療が補助的に施されることまでをも禁ずるものではなく，ヘンドリクスの受けた治療が幾分不充分であったにせよ，彼がSVPAに基づく最初の被収容者であったこと，収容の対象を特に危険な性暴力犯罪者に限定し収容の要件も厳格であること，及び他の一般の服役囚とは分けて収容され強制措置入院にかかる者に準じた地位が保障されていることに鑑みると，SVPAの手続は刑事上のものではないと私達は判断する。

Baxstrom（Baxstrom v. Herold, 383 U.S. 107 (1966)）に照らしてみてもSVPAは同一の犯罪につき2度刑罰を科すことにはならず[4)]，また，*Morales*（California Dept. of Corrections v. Morales, 514 U.S. 499 (1995)）で判示された如く，事後

4) Blockburger v. United States 284 U.S. 299で示された基準の適用も本件にはないと，法廷意見は述べている。

法禁止条項はもっぱら刑罰法規に関心を寄せるものと解されてきており，さらにはSVPAは遡求効を持たず被告人の現在における精神異常あるいは人格障害に基づいて強制措置入院を行うのであるから，事後法禁止条項に違反しない。

SVPAは適正手続の要請に合致し二重危険禁止にも違反せず，事後法にもあたらない。従って，キャンザス州Supreme Courtの判断を破棄する。

2．ケネディ裁判官の補足意見

法廷意見を支持するが，強制措置入院に基づく身柄拘束において，治療が見せかけのものあるいは単なる口実であってはならない。措置入院が応報あるいは一般予防の役割を帯び精神異常という概念が余りに不明確な概念であったとしたら，本件SVPAを先例に照らし有効とし得なかったであろう。

3．ブライヤー裁判官の反対意見（スティーブンス裁判官及びソータ裁判官参加・ギンズバーグ裁判官一部参加）

キャンザス州法の示す精神異常の定義が実体的適正手続の要請を充足するという点には賛同するが，ヘンドリクスを治療可能な状態とみながら充分な治療を施さなかったことは，また本件SVPAの持つ他の一定の特徴からして彼にさらなる刑罰を科す精力的な試みがあったというべく，ヘンドリクスにSVPAを適用することは事後法禁止条項に違反する。

SVPAの措置入院と伝統的な刑罰とが類似していることは明らであり，保安処分も刑罰も被収容者の無害化を一つの重要な目的とするが，それらの事実のみからSVPAに基づく収容が刑罰であるとは断言し得ない。しかし，*Allen*（Allen v. Ilinois, 478 U.S. 364 (1986)）での判示に鑑みると，SVPAが制定当初治療に関する規定を具備していなかったこと，その結果ヘンドリクスが10箇月効果的な治療を施されないままただ拘禁されていたことには，問題がある。また，キャンザス州法はSVPAの収容手続の発動時期を，性暴力犯罪で有罪認定を受けた者の刑期が満了する間近の時点としているが，措置入院が真正に非刑事目的であると主張するのであれば，手続の発動時機を有罪認定直後において然るべきである。さらに，キャンザス州法は，より制約的でない他の手段を選択するよう収容機関に要請しておらず，このことは多くの他州の立法と異なっている。そして，キャンザス州政府は*Allen*を援用するが，イリノイ州の措置入院手続とキャンザス州のSVPAとはかなり内容を異にし，同様の理由で*Addington*（Addington v. Texas, 441 U.S. 418 (1979)）を援用することも失当である。私達は，危険な精神病者あるいは精神異常者を収容し治療を施す政府の権限を否定するわけではない。また，治療不可能な状態の者が存在することも事実である。しかし，政府がある者を治療可能と判定した上で措置入院させておきながら，単に拘禁するのみで治療を施さなかった場合には，その措置入院は刑罰の色彩を帯びることになり，記録の上からはヘンドリクスが実際に治療を受けたと判断する根拠に乏しい。

最後に，キャンザスは*Salerno*を援用するが，*Foucha*（Foucha v. Luisiana, 504 U.S. 71 (1992)）で法廷意見が強調した如く，そこでは訴訟係属中における被告人のごく短期間の拘禁が問題となったのでありSVPAのような不定期の拘禁を認めるものではなく，拘禁の目的も危険な精神異常者の隔離にあるのではない。また，故意の認定の有無はその手続が刑事上のものであるか否かを判定する上で決定的なものではない。

従って，制定当初のキャンザス州SVPAのヘンドリクスへの適用は違憲と言わざるを得ない。

《解　説》

1．本件では，精神病（mentally ill）ではないが精神異常（mentally abnormal）に該当する性暴力犯罪者を，服役後継続して強制措置入院させることが，合衆国憲法第5修正の二重危険禁止条項，合衆国憲法第14修正の適正手続条項及び合衆国憲法第1編9節3項及び同10節1項の事後法（ex post facto law）の禁止に違反するか否かが争点となった。本件におけるキャンザス州の性暴力犯罪習慣者法（Sexually Violent Predator Act）のような立法の必要性を法廷意見，反対意見共に認めており，ただ，制定当初キャンザス州のSVPAが治療に関する規定を欠き，ヘンドリクスが効果的な治療を受けないまま拘禁されていたことについて反対意見は適用違憲を主張している点に注意しなければならない。

2．性犯罪対策を論ずる上で古典近代と現代との社会情況の差異にまず着眼する必要があるだろう。今日の社会は，外見上誰が犯罪者であるかあるいは犯罪者となるかが非常にわかりづらく，ほとんど予測できない社会であり，特に第2次大戦後，性暴力犯罪（Sexualy Violence）から人を守る必要が強く求められるようになった。というのも，昔は良家の子女は家を出る必要がほとんどなく，街頭のならず者と接触する機会は極端に少なかったが，現代では，通勤・通学・娯楽のために家の外に出ないことには充実した社会生活が送れない。また，性犯罪の被害者となった女性・子供には精神上の傷害（trauma）の持続が多くみられ，それが社会を歪める大きな原因となっている。さらに，現在では，精神障害者の措置入院[5]という方策のみでは精神障害者と同程度に危険な精神異常者から人々を充分に保護し得ないということが判明してきており，精神異常者の存在は単にその者個人が病気であるか否かの問題にとどまらず，社会全体にかかわる問題といってよい。

SVPAに基づく収容を刑罰ではないと判断するのであれば，二重危険禁止の問題は解消し，あとは精神異常が被収容者の自由を奪う正当根拠となるか否かすなわちSVPAの内容上の適正手続の問題となる。精神病に該当しない精神異常であるから治療方法はないと考えたためか，制定当初のキャンザス州SVPAは治療に関する規定を欠いていたが，現在では改正され治療目的の収容であることを明確に打ち出している。政府が個人に対して行う処置のどこまでが刑罰でどこまでが保安処分であるかという本件で提起された問いは，何か病気であり何か病気でないかという非常に難しい問題によって幾分複雑に捉えられることになってしまったものと考えられる。しかし，*Donaldson*（O'Connor v. Donaldson, 422 U.S. 563 (1975)）でバーガー裁判官が補足意見で示した如く[6]

5）　精神障害を理由とする無罪者の精神病院への自動収容が争われたJones v. United States, 463 U.S. 354 (1983) について，渥美東洋編『米国刑事判例の動向Ⅱ』（中央大学出版部，1989年）376頁（中野目善則担当）参照。

6）　O'Connor v. Donaldson, 422 U.S. 563 (1975). "it remains stubborn fact that there

精神疾患の中にも効果的な療法が見出せず治癒率が低いという意味で治療不可能（untreatable）と言われているものが数多く存在することを考えると，治療方法が確立していないから精神病ではなく，病気ではないという理由で措置入院の対象から外すべきだ，と考えるのは余りに形式的な議論と思われる。むしろ，平常時は外観上全く普通の人間に見えるが一度衝動にかられると自己を制御できなくなる精神異常者の方が，一見して危険だと他者が察知しうる精神病患者よりも危険だと考えることもできる。

本件SVPAが実体的適正手続の要請に合致している根拠として法廷意見はアディントンを引き，アディントンでは，措置入院処分にあたり国は，被収容者が精神病であり自傷他害の危険のあることを，明白かつ人を納得させるに足りる程度迄証明しなければならないと判示された。キャンザス州SVPAは特に危険な性暴力犯罪者を収容対象としており，対象者がsexually violent predatorであることを合理的疑いを容れる余地のない程度まで証明する責任を政府側に課し，収容後の根拠のない収容を解除するための手段たとえば裁判所による年１回の審査等も充実していることを考えると，キャンザス州法の要件はかなり厳格なものと判断しうる。

３．反対意見は，ヘンドリクスが治療を施されないまま拘禁されていた期間については実質的に刑罰と判断しうるとして事後法禁止違反を主張しているが，性犯罪者対策立法の必要性を否定してはいない。さらに，そのような立法を不遡及的に適用することはもとより，収容が非刑事のものであれば遡及適用しても事後法禁止違反とはならないとまで述べている。この点については法廷意見は現在のキャンザス法の合憲性を確認するのみで，制定当初のキャンザス州SVPAの不備について明確な見解を示していない。それは，やはりヘンドリクスのような精神異常者を釈放し世に出すことはあまりに危険が大きいという事実上の考慮が働いたためであろうか。しかし，治療方法が確立していないか

---

are many forms of mental illness which are not understood, some which are untreatable in the sense that no effective therapy has yet been discovered for them, and that rates of 'cure' are generally low."

らという理由で規定の不備に迅速に対処せず，治療をほとんど試みない拘禁が継続するような状況を生じてしまったことは，キャンザス州立法府の大きな落度であったと言わざるを得ない。なぜなら，道義的非難を加えることを目的とする刑罰と異なり，行政上の保安処分の目的は公衆の安全の確保である一方，収容者の自由を拘束する点からして政府には治療努力義務があり，治療を施すことも拘禁の重要な目的と考えられるからである。療法が確立していなければ拘禁するだけでよいというのであれば，治療の困難な伝染病等で強制措置入院となった者は治療を受けられないということにもなってしまうだろう。

4．精神異常者から一般公衆を守る必要性は高い。その際に，ある個人が医学上精神病であるか精神異常であるかの区別はそれ程重要でなく，社会的な病理の問題と関連づけて法制度を考案し従来の法理論を捉え直していく姿勢が大切であると思われる[7)]。そのことは本件で法廷意見・反対意見共に性暴力犯罪者対策立法を二重危険禁止違反・実体的適正手続違反いずれにもあたらないと判示していることからも，連邦の性犯罪者情報公開法（Megan's Law）の制定を受けて各州が同様の法を整備していることからみても明らかである[8)]。本件での法廷意見の判示は基本的には妥当なものと評価しうるが，それは同時に，現在の合衆国における性犯罪の深刻さを物語っている。

（早野　暁）

7)　See, 109 Harvard Law Review 1711.

8)　See, 83 California Law Review 885.

22. Hudson v. United States, 522 U.S. 346 (1997)

刑事手続と非刑事手続との間に，第5修正での二重危険禁止を適用する場合，非刑事制裁が損害に比べ著しく不均衡に重いケースについて肯定するとの *Halper* の基準を変更した事例。

《事実の概要》

本件申請人ハドソンらは，二つの関連銀行の経営に関与していたが，1980年代前半，一連の第三者へのローンを利用した自己への迂回融資をなし銀行へ損害を与えたことが，借名口座の利用を禁止する連邦法（12 U.S.C. §84 (a) (1), 375 b (1982), 12 CFR §§31. 2 (b), 215. 4 (b) (1986)）違反を構成するとされた。金融監督当局（the Office of the Comptroller of the Currency (OCC)）は，当初，政府への損害は加えず，銀行自体への損害のみ90万ドルと認定し，申請人の財産・積極的違法行為の意思の欠如等を考慮し，ハドソンに10万ドル，その他の者にそれぞれ5万ドルの制裁金および取引禁止命令との非刑事制裁の通知がなされたが，その後，同意判決により，ハドソンに1万6450ドル，他の者にそれぞれ1万5000ドルと1万2500ドルの制裁金および取引禁止命令へとその制裁は変更された。

その後，同一事実につき，コンスピラシーを理由に刑事訴追がなされ，第5修正の二重危険禁止に違反するとの抗弁がなされた。

District Courtはこの抗弁を退けたが，Court of Appealsは取引禁止命令については確認したものの金銭上の制裁につき差し戻し，この抗弁は認められることとなったが，さらに政府が上訴し，結局Court of Appealsは損害と制裁との不均衡を審査基準とした *Halper*（United States v. Halper, 490 U.S. 435 (1989)）での基準により，本件では不均衡が認められないことを理由に破棄した。

Halper の基準につき判断を加えるためサーシオレーライが認められた。

《判旨・法廷意見》

原審確認（但し，理由を異にする）

1．レーンクィスト首席裁判官執筆

(1)　当裁判所は，第5修正の二重危険禁止条項は，同一犯罪について，連続する手続で重ねて刑事責任を追及してはならないという点を規定したのであり，非刑事での別のサンクションを課すことまでも禁止した規定だと解したことは1度もない。もっとも，非刑事とされているものが，立法者の立てたその法律の具体的なメカニズムを解釈した結果，実際の目的と効果に照らし刑罰にあたると判断されることが全くないというわけではない。

そこでの基準は，*Kennedy*（Kennedy v. Mendoza-Martinez, 372 U.S. 144 (1963)）で判示され *Ward*（United States v. Ward, 448 U.S. 242 (1980)）で確認された以下の七つの基準に求められるべきである。それは，第1に，積極的な処罰目的があるのかどうか，第2に，歴史的に刑罰と認められてきたのかどうか，第3に，行為者の犯罪をなそうとする主観的意図（scienter）を前提としているのかどうか，第4に，応報・抑止という伝統的な刑罰としての目的を有しているのかどうか，第5に，対象となる行為が犯罪として認められてきたのかどうか，第6に，合理的に関連づけられる処罰目的以外の目的を有しているのかどうか，第7に，それを有しているとして，そこでの制裁が過剰なものとなっているのかどうかというものである。そして，この基準を適用して判断をなす場合には，具体的な法律の文言との関係で判断すべきであり，非刑事との性格を否定する程度の「明白な証明（clearest proof)」がなされた場合にのみ，刑罰とみなすこととなる。

ところで，原審がその判断の基準とした *Halper* では，65の虚偽申告罪が争点とされたが，2年の拘禁刑と5000ドルの罰金刑確定後，13万ドルの非刑事制裁が，政府の実際の損害600ドル程度に比べ著しく不均衡なので二重処罰にあたると判示され，伝統的な応報・抑止という処罰目的からなして来た審査基準から離脱した判断が示された。具体的には，鍵となるのは二つの局面だが，その第1は，*Halper* では，そもそも連続して処罰することになるのかどうかという入口の問題が避けられてしまったことにより刑事か非刑事かに焦点をあてることなく制裁目的との関連性を棚上げにしたまま，不均衡かどうかという点にのみ焦点をあててしまったこと，第2に，それゆえにこの審査基準では実際に生じた損害にのみ焦点をあてることとなった点で従来の基準を離脱していた。しかし，この*Halper*で示された基準は，その後，有効に働くことはなかった。その理由は，非刑事的制裁であっても，およそ制裁である限り何らかの抑止効果は認められるのであり，損害補填という救済的な面のみで理解しうるものではないし，さらにまた，損害を判断の基礎とすると，損害額は事実審理を完全に経ないと認定し得ないが，これではそもそも政府が刑事責任として処罰しようとすることをも禁止しようとする二重危険禁止の趣旨にまっ向から反してしまうこととなったからである。

さて最後に，この二つの局面とは別に，*Halper*の射程距離が，デュー・プロセスや平等保護条項といった別の憲法上の争点を問題として計られてきたことも誤りだったと言うべきである。特に，*Austin*（Austin v. United States 509 U.S. 602 (1993)）では，*Halper*での二重処罰の判断を強引に第8修正の判断に拡張して考えて判断をなしてしまったので，混乱に拍車を掛けてしまったことを付け加えておきたい。

(2) 以上の理由から，*Ward*の基準により判断すべきこととなるが，結論から言えば，非刑事とするとの法律上の規定ならびに趣旨，及び，それを否定する明白な証明の欠如から，この基準によっても本件での手続は二重危険・処罰にはあたらない。

具体的には，第1に，金銭上の制裁・取引禁止命令とも，歴史的に刑罰と考えられてきていない，第2に，これらは積極的な処罰を意図したものでもないし，後者に至っては拘禁刑のような不名誉な効果すらない，第3に，これらは，行為者が取引の安全性を無視したという程度で制裁の要件は充足されるのであり，積極的に違法行為をなそうという意思まで要求されているわけではない，第4に，同一事実を対象とすることも第5修正を適用する積極的な論拠とはなり得ないし，最後に，刑事罰と同様に他者への抑止効が目的とされているとしても，すでに述べたようにそれのみでは十分な論拠とはならない。なぜなら，もし抑止効を非刑事制裁で完全に否定するとすれば，政府の効果的な規制権限の行使を阻害してしまうこととなるからである。

以上のように，*Halper* の不均衡を基準とするのではなく，*Ward* の基準により，本件は二重危険にはあたらない。

2．スカリア裁判官（トーマス裁判官参加）の補足意見

二重危険についての本件判断に，完全に同意するとともに，*Halper* は，薬物犯罪に関する特別税が二重処罰にあたるのかどうかが争点とされた *Kurth Ranch*（Department of Revenue of Mont. v. Kurth Ranch, 511 U.S. 767 (1994)）にも適用され不合理な結論に至ったことも思い出すべきであり，本日の判断は *Kurth Ranch* のような後の制裁自体の二重処罰の判断にももはや *Halper* の基準は適用すべきではない。

3．スティーヴンス裁判官の補足意見

(1) 本件の結論自体については賛成するが，本件はきわめて単純なケースであり *Halper* の基準を変更するのにふさわしいものではない。

(2) *Blockburger*（Blockburger v. United States, 284 U.S. 299 (1932)）以来，「同一犯罪」とはその要件まですべて同じものを意味するが，本件では非刑事上の制裁と刑事でのコンスピラシーとでは証明すべき要件が異なっており，この単純な理屈から二重処罰にあたるケースでないことは明らかである。

(3) Court of Appeals の判断では，*Halper* の分析手法自体は争点とされていないのに，本件で強引にサーシオレーライを認めこれに判断を加えているうえ，そもそも多くの裁判例では二重危険の抗弁を退けているのに有効に基準として働かないと批判するのは誤りである。さらに，*Halper* は，本件とは逆に，後に非刑事手続が提起されたものである。

(4) *Halper*, *Kurth Ranch* が示した，政府が制裁のラベルが Civil であることをいいことに，処罰目的を実は有しつつ二重危険禁止をのがれようとすることを禁じた基本的な関心までも否定されるべきではない。

(5) 本件での基準は，とどのつまり，応報・抑止，そして目的に比較しての

過剰性に尽きるが，このような視点は*Halper*の判断も有していた。以上の点から，裁判所はことさら不必要な判断をなすべきではなかった。

4．スーター裁判官の補足意見

*Halper*の基準は不適切なものだったが，本件は*Block burger*の基準で解決できたケースであり，まれなケースでしか利用されない明白な証明につき，くどくど述べる必要はない。

5．ブライヤー裁判官（ギンズバーグ裁判官参加）の補足意見

*Halper*は変更されるべきだが，*Halper*は，ごく普通の非刑事制裁を有する法律の範囲内のまさに個人が違法行為を行ったケース（individual case）でたまたま著しい不均衡をきたしてしまったケースであること，及び，*Halper*, *Kurth Ranch*では明白な証明があったとも言えるので，本件は，*Halper*を変更するのにふさわしい事件ではなかった。

《解　説》

1．現在，アメリカ合衆国では非刑事（民事・行政上の）制裁が，多く利用されるようになってきている[1)]。その主要な理由の一つが，刑事手続にいわばフル・カバーで適用される憲法上の権利章典（例えば，デュー・プロセス等）が，民事・行政上の制裁には完全に適用されないことにあると言ってよい[2)]。そこで，ここ数年の間，合衆国最高裁判所は，この非刑事制裁が，刑事での処罰目的を有するのかどうか，それを有する場合に憲法上の規定にふれるのかどうかについていくつかの判断を示してきた。

2．さて，これらの関心につき，まず合衆国最高裁判所は，一見，積極的な

1) *See generally Project, Decriminalization of Administrative Law Penalties Civil Remedies, Alternatives, Policy, and Constitutional Implications*, 45 ADMIN' L. Rev. 367 (1993).

2) 例えば，非刑事の没収・追徴（civil forfeiture）で，デュー・プロセスはフレキシブルなコンセプトなので手続の遅れも第5修正違反にあたらないとした裁判例などが参考となる *See* United States v. One 1973 Buick Rivierd Auto, 560 F. 2d 897, 899 (8th Cir. 1977).

判断を，それぞれの限定された争点に関して示して行くこととなった。

そのリーディング・ケースとされたのが，本件で否定された「均衡原則」から第5修正の二重処罰にあたるとの判断を示した*Halper*[3]だった。ところで，この*Halper*は，始めから一貫して，一般的に適用される判断を判示したものではなく，まさにレアー・ケースだとされ[4]，いわば事例判決と考えられるものだった[5]。特に，下級審の裁判例は，本件で争点とされたような金融関連を例に取れば，証券取引法の分野を中心に，この*Halper*判決の考え方に限定を加え，その適用に慎重な傾向があったし[6]，強い金融規制への要請から，むしろ金銭上の非刑事的制裁の強化がSecurities Law Enforcement Remedies and Penny Stock Reform Act[7]でなされたことからも理解できるように，企業・組織への非刑事制裁と刑事責任との間に二重危険・処罰条項の適用があるのかどうかには，きわめて強い疑問があったのである。そして，そこでは，非刑事制裁強化の具体的な目的として，インサイダー取引や市場操作，詐欺的株取引等を禁止するため，既存のシステムでの違法行為への抑止効を補完し法執行にフレキシビリティーを与えることが主要な関心とされた[8]。このように，*Halper*判決自身そして，金融規制の法改正の動向から，不均衡を理由とする基準による事件処理は，まさにレアー・ケースだったのである。

3）490 U. S. 435 (1989).

4）*Id.* 7 446–452.

5）この点については，田村泰俊「行政の実効性確保と非刑事的金銭上の制裁—合衆国憲法第5修正『二重の危険禁止』条項の適用問題を中心として—」東京国際大学論叢（経済学部編）第14号31頁以下（1996年）参照。

6）*See* United States v. Marcus Schloss & Co., Inc., 724 F. Supp. 1123, 1125 (S.P.N.Y. 1989).

7）Pub. L. N. 101–429, 104 Stat 931 (1990).

8）Note, The Securities Enforcement Remedies and Penny Stock Reform Act of 1990 : By Keeping Up with The Joneses, the SEC, Enforcement Arsenal is Modernized, ADMIN' L.J. AME. U. 152, 153 (1993) : なお，この法律については，See generally Pitt & Johnson, The Securities Enforcement Remedies Act of 1990 : A New Era in Enforcement, 26 N. Y. L. J. 5 (1990).

3．その後合衆国最高裁判所は，非刑事制裁と刑事手続との関係での二重危険・処罰との争点について，*Kurth Ranch*[9)]で判断を示すこととなった。このケースでは，薬物犯罪をなした者に，刑事罰の外，州税を課すこととしたモンタナ州法が第5修正違反にあたるのかどうかが争点とされ[10)]スティーヴンス裁判官執筆の法廷意見は，この州税が処罰目的であり二重処罰にあたると判示した。しかし，この判断も，*Halper*を前提にしているとは考えられるものの，州税を処罰目的とすることにおいての限定的な判断であり，非刑事制裁と刑事手続に関しての二重処罰についての一般的基準を判示したり，*Halper*判決がレアー・ケースであることを否定したりしたものとまで考えられるものではなかったと評価してよい。なお，本件でのスティーヴンス裁判官の補足意見は，この*Kurth Ranch*に大きく依拠している[11)]。

さて，一方で合衆国最高裁判所は，第5修正ではなく，第8修正の「残虐で異常な刑罰の禁止」条項を根拠に，非刑事的没収・追徴（civil forfeiture）[12)]が，刑事罰と解されこの条項の限界に服するとの判断を*Austin*[13)]で判示していた。本件では，少量のマリワナとコカインその他に関連し，モービル・ホーム・店舗，不動産が没収された。

ところで，この*Austin*での法廷意見では，*Halper*への言及は脚注でなされたに止まり[14)]均衡原則か第5修正での判断で一般的に利用しうるものであるのかどうか明確な判断を判示したものではなかった[15)]。

しかし，*Halper*での当初の判断とは異なり，以上の*Kurth Ranch*，及び

9） 511 U.S. 767 (1994).

10） Dangerous Drug Tax Act (Mont Code Ann. §§15-25-101 through 15-25-123 (1987)).

11） 田村・前掲論文注5)，42-43頁。

12） この没収・追徴制度については，渥美東洋編『組織・企業犯罪を考える』121頁以下（中央大学出版部，1998年）。

13） 509 U.S. 602 (1993).

14） *Id.*, at 608 n. 4.

15） 渥美・前掲書注12)，154-155頁。

Austin を *Halper* と合わせ読む解釈が裁判例や[16]ロー・レヴュー等の論稿[17]で示され始めることとなった。すなわち，このような理解に立てば，まさにレアー・ケースではなく，常に自動的に二重危険・処罰にあたるのかどうか審査される（per se rule）こととも なり[18]，まさに一般的なルールとして利用しようとする可能性が生じていた。

4．本件法廷意見は，それゆえに，以上のような *Halper* を他の非刑事手法についての判断と総合的に捉え，一般的ルールとして均衡原則を利用しようとする考えを完全に否定した判断を示した。

その主要な実質的理由は，現在の非刑事的な制裁手法が対象とする多様な刑事罰のみでは有効な規制をなし得ない違法行為の存在にあることは言うまでもない。例えば，本件では，借名口座を利用した迂回融資が争点とされているが，この種の違法な金融活動が企業・組織により行われた場合，たまたま本件では，比較的，小規模な銀行だったが場合によっては市場の失敗からマクロの国民経済すべてに影響を与える可能性があるという重大な違法性を有する行為なのである。そこで，合衆国では，もっぱらこの種の行為に事後規制のみで対応するイギリスとは異なり，強い規制手法を法制度として取り，それを担保するものとして非刑事的制裁手法を利用しているので，金銭制裁の外，将来取引禁止命令まで含むこの種の規制にまで *Halper* の均衡原則を利用しようとすることを完全に否定しておく必要があった。

16） このような理解は，第6，第9巡回区で見られた，この点については，渥美・前掲書注 12），156-161 頁。

17） 例えば，飲酒運転についても *Halper, Austin, Kurth Ranch* から検討を加える最近の文献や，*See,* David G. Dargatis, Put Down That Drink !: The Dovble Jeopardy Drunk Driving Defense Is Not Going To Save you, 81 Iowa L. Rev. 775, 787-794 (1986)，「組織犯罪を対象とした Civil RICO 訴訟で，同様の理解のありうること，*See* David B. Smith & Terrvnce G. Reed, Civil RICO, Matthew-Bander 1997, at 6-72. なお Civil RICO 訴訟については，田村「組織・企業犯罪と政府・私人提起の非刑事の訴訟とその利用― Civil RICO 訴訟の考察―」法学新報第 105 巻第 1 号 15 頁以下（1998 年）参照。

18） *See,* United States v. 405, 089.23, U. S. Currency, 56 F. 3d 41, 43 (9th Cir. 1995).

5．しかし一方で，本件は，非刑事的制裁には憲法上の規律が全く及ばないとまで言った判断ではないことも留意すべきである。そこでその基準として，*Halper* で利用された均衡原則ではなく，従来からの *Ward*，*Kennedy* の基準によることとした。この基準の下では，非刑事的制裁が規制やそれを担保する制度というよりむしろ刑罰としての効果と意図を有するのかどうかという点から判断されることとなり，それを肯定するための立証の程度は「明白な証明」によることとした。この明白な証明は，同じく第5修正での「自己負罪拒否特権」を非刑事手続へ適用するさいに求められる立証の程度であり，*Allen*[19)] で判示された。そしてこの立証は，*Allen* では原告が負担することとされているので，*Halper* での per se rule より裁判官の審理上の負担は軽くなることともなろう。

それでは，以上のような判断を合衆国最高裁判所が導き出した理由はどのような点に求められるのだろうか。

まず，それは，*Halper* の基準によった際の実務上の問題点を法廷意見は指摘している。本件法廷意見はそれを具体的に指摘しているわけではないが，以下のような問題点があると指摘されてきた。例えば，刑事責任をさけるために，わざと Qui Tam 訴訟を提起する者が出たり，ケース・バイ・ケースの判断になるので裁判官の負担が増したり，均衡原則を取るため第8修正の判断基準への適用問題が生じたり，Punishment とのコンセプトが明確性を欠くなどであると指摘されてきた[20)]。つぎに，このような問題点を解決する目的で，*Halper* をレアー・ケースであると考えたとしても，均衡原則を採る限り第8修正と判断基準を同じくする可能性があり（第8修正では，そもそも均衡が内在しているとの考えがある）[21)] 拡大の可能性を残すこととなる。一方で，最近，非刑事的没収・追徴へ二重危険禁止条項の適用を否定した *Ursery*[22)] では，か

19） Allen v. Illinois, 478 U.S. 364, 368-369 (1994).

20） 田村・前掲論文注 5），35-37 頁。

21） 渥美・前掲書注 12），165 頁。

22） United States v. Ursery, 518 U.S. 267 (1996). 解説者の分析として，渥美・前掲書

なり技術的に *Austin*, *Kurth Ranch* と適用範囲を区別するとの手法を取ったが，この *Ursery* では，均衡原則それ自体については判断を加えなかったので均衡原則まで最高裁が否定したのかどうか疑問が残されていたから，均衡原則それ自体を否定する必要があったからである。ともあれ，法廷意見はかなり強引にこのケースにより *Halper* を否定したので，まさに *Halper* を否定する強い意思を示したものと言える。

6．それでは，本件で残された問題点はどのようなものなのだろうか，本件法廷意見は，*Halper* の基準を完全に否定することをねらいとしているので，これをなすのにふさわしいケースだったのかどうかという点をすべての補足意見は指摘している。そこで，*Kurth Ranch* の法廷意見を執筆したスティーヴンス裁判官のみは，レアー・ケースとして多少の含みを残し，極端なケースでは *Halper* の基準適用の可能性を残そうとしている。

さらに，法廷意見は，応報・抑止という点を刑罰の本質とみるが，最近の法理論は，非刑事に将来の抑止を期待する考えも有力であり，この点説得的かどうかも今後議論となろう[23]。

7．以上のように，わが国で比較的注目を集めた *Halper* の均衡原則を理由とする判断[24]は基本的に否定されることとなった[25]。

注 12)，161 頁以下。この原論文（法学新報第 103 巻第 10 号 79 頁（1997 年）以下）発表後の評釈として，林美月子・アメリカ法 1997-2 号 221 頁以下（1998 年）。

23)　このような法哲学的問題点については，渥美東洋「複雑社会で法をどう生かすか—相互尊敬と心の平穏の回復に向って—」（立花書房，1998 年）。

24)　わが国で *Halper* について言及する代表的な文献として，曽和俊文「経済的手法による強制」公法第 58 号 220 頁以下，佐伯仁志「二重処罰の禁止について」松尾浩也・芝原邦爾編「内藤謙先生古稀祝賀　刑事法学の現代的状況」275 頁以下（有斐閣，1994 年），関連する文献として芝原邦爾「行政の実効性確保—刑事法の視点から—」公法第 58 号 256 頁以下（1996 年）。

25)　わが国では，金融規制につき，SEC との比較で，*Halper* を根拠に非刑事制裁に慎重な見解が，二重処罰の可能性を理由に主張されている（宇賀克也『行政手続の理論』298 頁（東京大学出版会，平成 7 年）。しかし筆者は，本稿注 5, 12）の文献で，*Halper* はあくまで，レアー・ケースであり，しかも個人的違法行為を扱ったもっとも，本件では，下級審の一部が示した社会的コストとの均衡については判断が一切加えられなかった。そこに，補足意見の見解が生じたわけであり，組織などの問題を考えた場合，社会的コストまで入れて均衡を考えれば，均衡原則で説明がつかないわけでもないので，レアー・ケースで，個人的問題の *Halper* の均衡原則を否定することで問題は解決しないから，全ての二重処罰の問題を考えれることには，*Halper* はそもそも不適切な事件だったことを指摘されている[26]。

（田村　泰俊）

ケースなので，組織・企業規制について *Halper* を根拠とはなし得ないと主張してきた（ブライヤー裁判官の補足意見は，はからずも個人的ケースとの同様の見解を示された)。本件により，宇賀教授の見解は判例上の根拠を失った。組織・企業の問題は現在きわめて深刻であり，二重処罰の争点も組織・企業犯罪の実態を見てわが国でも組み立てる必要があろうし，ヘッジ・ファンド等を見れば規制の必要は否定し得ないように思われる。関連文献として，田村「行政の実効性確保手法としての課徴金と二重処罰―平成 9 年東京高等裁判所年金用シールカルテル課徴金納付命令審決取消訴訟判決を契機として―」東京国際大学論叢（経済学部編）第 19 号(平成 10 年)。また，関連文献として，栗山修『証券取引規制の研究』(成文堂，平成 10 年)；青木一益「日本の規制スタイルの相違と規制作用に関する予備的考察」に接した。

26) 本文で指摘したように，本件法廷意見は，均衡原則すべての論理に検討を加えたわけではない。そこに本件をもって *Halper* を否定するのにふさわしくないとの補足意見が生じている。そこで，わが国で，この問題を考える場合，レアー・ケースそして個人的問題である *Halper* では金融規制等の規制に慎重な見解は維持できないが，社会的コストまで入れれば，不均衡にはならず二重処罰にあたらないとの論理で，むしろ二重処罰の適用を回避しうる論理を組み立て得ることには留意すべきであろう。

23.　Seling v. Young, 531 U.S. 250 (2001)

性暴力犯罪習慣者の施設収容措置が，二重危険禁止条項及び事後法禁止条項に違反する刑罰に当たるか否かは，根拠とされた法律が文面上刑罰的な性質を有するか非刑事（civil）の性質を有するかにより判断され，具体的な収容状態から判断する適用審査の方法によることはできないとされた事例。

《事実の概要》

ワシントン州のCommunity Protection Act（以下「本件ワシントン州法」と表記する）は，性暴力犯罪習慣者（sexually violent predators），すなわち，略奪的な性暴力行為（predatory acts of sexual violence）を行うに至らせる精神異常（mental abnormality）若しくは人格障害（personality disorder）を有する者に非刑事上の収容を行う権限を与えている（Wash. Rev. Code §71.09.010 et seq. (1992)）。性暴力犯罪習慣者に関する手続は，検察官の申立てにより開始され，手続中においては弁護人の付与等の多数の保護策が提供されるほか，州側が対象者が性暴力犯罪習慣者であることを合理的な疑いを容れない程度にまで証明する責任を負うことになる。対象者が性暴力犯罪習慣者であるという認定に基づき，対象者は社会福祉局（department of social and health services）の監督の下で，管理，保護，処遇を受けることになり，収容中において対象者には十分な配慮と個別的な治療処遇（adequate care and individualized treatment）を提供することが求められる。また，対象者は年に1度精神状態について検査を受ける権利を有しており，精神状態の改善が認められれば，裁判所に条件付きの釈放（conditional release）若しくは釈放（discharge）することを申し立てる権限を与えられるほか，条件付き釈放を申請する権利も与えられている。

被申請人であるヤングは30年の間で6度性的暴行の罪で有罪判決を受けており，刑事施設における収監から釈放される前日に，州はヤングを性暴力犯罪習慣者として収容するように求める申立てを行い，審理の結果，ヤングは

Special Commitment Center（以下「本件収容施設」と表記する）において，性暴力犯罪習慣者として収容されることになった。ヤングほか複数の者が州裁判所において収容に対して上訴を行い，本件ワシントン州法は合衆国憲法の二重危険禁止条項，事後法禁止条項違反などに違反すると主張した。二重危険禁止条項，事後法禁止条項に関する主張について，ワシントン州 Supreme Court は，本件ワシントン州法が非刑事的（civil）な性質を有するものであることを根拠に被申請人らの主張を退けた。

その後，ヤングは，人身保護令状の請求を行い，本件ワシントン州法は合衆国憲法に違反し，収容は違法であると主張し釈放を求めた。合衆国 District Court は，本件ワシントン州法は非刑事ではなく刑事的（criminal）な性質を有するとして，同法は合衆国憲法の二重危険禁止条項及び事後法禁止条項に違反すると結論付け，人身保護令状の発給を認めた。これに対し，本件収容施設の管理者側が上訴を行った。上訴が係属中に，合衆国最高裁判所が *Hendricks*（Kansas v. Hendricks, 521 U.S. 346 (1997)）において，カンザス州の Sexually Violent Predator Act は文面上（on its face），実体的デュー・プロセスに適い，非刑事的な性質を有し，したがって，二重危険禁止条項及び事後法禁止条項に違反しないと判示した。第 9 巡回区 Court of Appeals は *Hendricks* に照らして再考するようにヤングの申請を District Court に差し戻した。

District Court は，二重危険禁止及び事後法禁止に関する争点に関して，本件ワシントン州法が非刑事的な性質を有することを理由に，ヤングの主張を退けた。ヤングはこれに対して上訴し，第 9 巡回区 Court of Appeals は，District Court の判断を破棄した。同裁判所は，ヤングの主張の最も重要な部分は同法がヤングに適用される場合に，刑罰的な性質を有するか否かであると理由付けた。同裁判所は，*Hendricks* を，同法を適用上刑罰的な性質を有しうると判断する可能性を排除するものとは解釈しなかった。同裁判所は，法律上の制度が事実上刑罰的な性質を有していることを示す極めて明白な証明がなされた場合には，収容の実際の状態は，文面上非刑事的な性質を有するという法律のラベルを取り除くことになると理由付けている。第 9 巡回区 Court of Appeals は，本件を District Court に差し戻し，本件収容施設の収容状態が本件ワシントン州法をヤングに適用される限りにおいて刑罰的な性質を有するものにしているかを判断するように求めた。合衆国最高裁がサーシオレイライを認容した。

《判旨・法廷意見》

破棄・差戻し

1．オコナー裁判官執筆の法廷意見

(1)　ワシントン州 Supreme Court が判示し，第9巡回区 Court of Appeals が認識しているように，本件ワシントン州法がその性質上非刑事（civil）のものであるという理解に基づき，当法廷も本件につき検討を行っていく。本件ワシントン州法は *Hendricks* で当裁判所が検討した収容制度にきわめて類似したものである。実際，当該カンザス州法は本件ワシントン州法に倣って制定されている。*Hendrick* において当裁判所は，*Allen*（Allen v. Illinois, 478 U.S. 364 (1986)）を引用して，ある法律が非刑事的な性質を有するか刑罰的な性質を有するかという問いは，まずは，法律解釈の問題であるとし，裁判所は，立法府が非刑事の手続を定めようと意図していたのかを確認しなければならないとした。そして，さらに，*Ward*（United States v. Ward, 448 U.S. 242 (1980)）を引用して，立法府の非刑事手続を定めようとの意図が明白である場合にあっては，それを裁判所が拒否できるのは，当該法律に異議を申し立てている当事者が，当該法律の定める収容制度がその目的若しくは効果の点において刑罰的な性質を有することを，極めて明白に証明できた場合のみであるとした。当裁判所は，*Hendricks* において被収容者は争点となったカンザス州法についてこのような証明を行えていないと結論付けた。さらに，*Hendricks* では，当該法律に基づいて行われる収容の状態について検討がされた。そして，当該法律による収容の状態は，精神病院における強制収容と本質的に同様のものであり，収容期間も必ずしも不定期であるわけではなく，さらには，性暴力犯罪習慣者の治療も行われることを認定した。そして，結論として当裁判所は，カンザス州法は非刑事的な性質を有し，したがって，被収容者の二重危険禁止及び事後法禁止に関する主張の前提が退けられることになると判示した。

Hendricks 以降，当法廷はある法律が非刑事的な性質を有するか刑罰的な性質を有するかを判断するには，法律の文言や立法経緯に関する検討から開始しなければならないとする原理を再確認してきている。*Hudson*（Hudson v. United States, 522 U.S. 93 (1997)）は，罰金と業務停止（occupational debarment）処分を課されたことに対する二重危険禁止に基づく異議申立が関わった事件であるが，この事件において当裁判所は，特定の者に及ぶ効果を参照することで同法の非刑事的な性質を評価することを明確に否定した。裁判所は法律の文面自体に関連して考慮される様々な考慮要素を参照することでこの問いに答えなければならず，そして，立法府の意図を否定し，非刑事的な性質を有するとされた法律が目的若しくは効果の点から刑罰的な性質を有するとするためには，その点についての極めて明白な証明が求められることになる。

以上述べた点に照らして，二重危険禁止条項及び事後法禁止条項に基づき本件ワシントン州法は被申請人に適用される場合には違憲となるとし，収容からの釈放を求めることができるとした第9巡回区 Court of Appeals の判断について検討を行っていく。被申請人の主張は，本質的には，本件での収容状態が被収容者の自由を著しく制限するものであること，収容状態が治療には不適切であること，本件の収容制度は，結果的に無期限の収容となることを意図するものであるというものである。当法廷は，被申請人等の主張の中に，深刻な内容のものが含まれていることは否定しない。また，本件ワシントン州の収容制度（confinement scheme）が非刑事的な性質を有するか否かを最初に判断する裁判所に対し，被申請人等の主張がどのような影響を与えるかについて，当法廷の見解を示すこともしない。本件で当法廷は，本件ワシントン州法が非刑事的な性質を有すると仮定して，二重危険禁止条項と事後法禁止条項に基づく被申請人の主張を評価していく。

被申請人は，本件ワシントン州法について適用違憲を主張するが，この主張に基づき被申請人を拘禁状態から解放することはできない。その理由は以下の通りである。適用違憲の審査をした場合に，それが実際上機能しないとの申請人の主張に，当法廷は同意する。このような分析は特定の制度が刑罰的な性質を有するか否かという問いに対して確定的な回答を与えるものとはならず，したがって，二重危険禁止条項に照らしその制度が有効であるか否かについて最終的な判断を示すことができないからである。制裁の内容が決まっていて変化しない罰金とは異なり，収容措置は一定期間に及び，収容状態は変化しうる。収容措置の具体的な特徴が，ある収容制度（confinement scheme）自体が非刑事的な性質を有するものか否かを判断するに当たり影響を与えることがあるとしても，その判断が確定的なものでなければならないことに変わりはない。一旦非刑事的なものと判断された収容制度の性質は，その運用が変則的なものとなっているからといって変わるものではないのである。

被申請人は，第 9 巡回区の分析は，*Hendricks*，*Reno*（Reno v. Flores, 507 U.S. 292 (1993)），*Salerno*（United States v. Salerno, 481 U.S. 739 (1987)），*Allen*（Allen v. Illinois, 478 U.S. 364 (1986)），*Martin*（Schall v. Martin, 467 U.S. 253 (1984)）などの当裁判所の先例にかなうものであると主張し，当裁判所が過去に収容制度の有効性を評価するに当たって収容の状態を考慮に入れてきたと指摘する。しかし，これら事件はすべて，争点となった法律自体が刑事的な性質を有するか否かが問われた事例である。被申請人の適用違憲の申立てを認めれば，本件ワシントン州法が非刑事的な性質を有するというワシントン州 Supreme Court の判断について，その当否が当法廷で争われていないにもかかわらず，それを潜脱することを招くことになる。

⑵　本日の当法廷の判断は，性暴力犯罪習慣者として収容された被申請人等が，申立てのあった収容施設での収容状態や処遇について救済を得られないということを意味するものではない。本件ワシントン州法の文言は，本法の下で収容された者は十分な配慮と個別的な治療を受ける権利を有していると規定しており，もし本件収容施設がこの法的義務を十分に満たしていない場合には，収容されている者は州法に基づき訴訟を提起できる。本件収容施設が州法に沿って運用されているかを判断し，救済を与えるのはワシントン州裁判所の役割である。また，連邦裁判所に加えて，州裁判所も合衆国憲法の下生じる非刑事

的な収容に関する異議申立を裁定し，救済を図ることができる。上述したように，ワシントン州 Supreme Court は，本件ワシントン州法は非刑事的性質を有し，被収容者の無力化（incapacitate）と治療を目的としていると判示してきた。したがって，デュー・プロセスは，本件ワシントン州法の下で収容の状態と期間が収容の目的と何らかの合理的な関連性を有することを求めている。最後に，本件収容施設に対する 1983 条訴訟がワシントン西部地区において係属中であり，また，収容状態を改善することを求める裁判所命令の下で本件収容施設は運営されており，いくつかの面では実際に改善がみられることにも言及しておく。

本件は，非刑事的な性質を有する収容制度（confinement scheme）が，例えばデュー・プロセスのような他の憲法上の異議申立に関連するかを検討し，収容制度が非刑事的な性質を有するか否かを最初に判断を行う裁判所が収容の実際の条件や法律の実施状況をどのような範囲で考慮できるかといった点について，当法廷に考慮する機会を与えるものではなかった。収容制度が刑罰的な性質を有するか否かは，他の憲法上の異議申立にとっても出発点となる問いとなる。しかし，本件において，最初に判断を行う際に収容の状態を考慮に入れることができるかという点については検討しておらず，本件を解決するために判断をする必要もない。非刑事的な性質を有すると認定された本件ワシントン州法は，二重危険禁止条項及び事後法禁止条項に違反するか否かを判断するに当たり，特定の個人に適用する場合に刑罰的な性質を持つものとしてみることはできない。したがって，本件を破棄し差し戻す。

2．スカリーア裁判官の補足意見（スーター裁判官参加）

本件判断において法廷意見は収容制度が非刑事的な性質を有するか否かを裁判所が最初に判断する際（in the first instance）に収容の状態や法の履行を考慮に入れることができる範囲に関して検討する機会を与えられなかったと正しく分析しているが，この留保された点が議論の余地があるものとは考えないので私は別に意見を執筆する。

二重危険禁止条項及び事後法禁止条項の検討において，刑事的制裁に当たるか否かという問いは立法府の意図に依拠しているのである。より緩やかな行政機関による法の執行がなされれば，刑事的制裁が非刑事的救済に変化しないのと同様に，行政機関が厳格に法を執行することで非刑事的救済という明確な意図を持った制度が刑事的制裁に変化することはないのである。しかし，これは救済を受けることができないと言っているわけではない。本件のように州法が争点となる場合，その州法の非刑事的な性質と一貫しないような法執行に対する救済策は違法な行政上の行為に異議を申し立てる伝統的な州の手続に委ねられている。もしそのような手続が機能せず，州裁判所が州法を実際には刑罰的な性質を有するような負担を許容するように解釈した場合，連邦裁判所は文面上非刑事的な性質を有する法律を，刑事的な性質を有すると判断することができるのである。

3．トーマス裁判官の結論賛成意見

私は，① 文面上非刑事的な性質を有する法律はその法を執行する方法を単に理由としてその非刑事的な性質が失われるわけではない，② 最初に判断した手続に対する異議申立とその後の異議申立の間に差異はない，という点を示すために別に意見を執筆する。

検討の前提として，法廷意見は被申請人の主張を適用違憲に関する異議申立と特徴付けたが，この分類分けが誤りであることを指摘しておく。典型的に，適用違憲に関する異議申立は，法律が，それ自体が定める要件によって，特定の事件の状況において憲法上の自由を侵害するものになっているという主張である。これに対して，被申請人の主張は，本件ワシントン州法がその要件に従って適用されていないというものであった。

文面上非刑事的な性質を有する法律の執行方法に対する異議申立は，法廷意見が指摘するように，実行不可能であるだけではなく，*Hudson* によって禁止されている。*Hudson* において，当法廷は，法律が非刑事的な性質を有するか否かを判断する際に，裁判所は法律の文面を検討しなければならないとしており，実際に課された制裁を評価するアプローチを明示的に否定しているのである。被申請人の主張はこの判示事項に反し，認められない。

文面上非刑事的な性質を有する法律に対するその執行方法に依拠した異議申立は，最初にその法律の性質を判断する際に不適切なものとなることになるだろうが，これは後に行われる異議申立においても同様である。収容の実際の状態は，時間と共に，そして施設ごとに変わるものであるので，このような法の執行方法に基づく異議申立は，将来にわたって，そして他の施設において憲法上の権利を侵害することなく運用しうる法律を無効化することにつながるのである。

法廷意見は，法律が刑罰的な性質を有するか否かを判断するに当たって収容の実際の状態を裁判所は検討しうることを示唆している。その収容状態が法律の文面に実際に規定されているものであるならば，もちろん私も同意する。しかし，そうでない場合は，収容の実際の状態は法律の効果ではなく，不適切な法運用の効果であり，考慮に入れることはできない。本件ワシントン州法は，文面上，収容に刑罰的な条件を規定するものではなく，本件ワシントン州法が運用される実際の状態は当法廷の審理に無関係である。

４．スティーヴンズ裁判官の反対意見

州法が合衆国憲法の要求を充たすかを判断するに当たり，非刑事的な性質を有するか刑事的な性質を有するかという問いは連邦法に関する争点である。もし被収容者が，法律に基づく制度が州の意図を否定するほどその目的若しくは効果において刑罰的な性質を有するということを極めて明白に証明した場合，その法制度は刑罰的な性質を有することになる。したがって，当法廷は，法律の背後にある立法府の目的と法律の実際の効果の両者を証拠としてみるように一貫して判断してきた。

本件法廷意見は，本件ワシントン州法は非刑事的な性質を有すると誤って仮定し，本件争点は，非刑事的な性質を有する本件ワシントン州法が特定の被収容者に適用される限りにおいて，刑罰的な性質を有するとみることができるかであるとした。しかし，被申請人はこのような主張を行っているわけではなく，本件ワシントン州法にみられる刑罰的な性質を有する目的と効果に関する証拠として，収容の状態に関する証拠を示そうとしていたのである。

もちろん，法律が非刑事的な性質を有するか刑罰的な性質を有するか否かは第1に法律解釈によるべきものである。しかし，法廷意見の分析の下，法律解釈を超えて審理が行われることはなく，収容の実際の状態は一切考慮に入れるべきではないことになるが，このような結論は誤りであると私は考える。もし収容の実際の状態が二重危険禁止条項に違反して被収容者を2度処罰しているのであれば，法律が及ぼす効果について十分に理解されていない段階で，非刑事的な性質を有するというラベルを本件収容制度が張られていたという事実は重要ではない。

本件において，ヤングは精神疾患に関する治療の不存在及び収容状態の刑罰的な性質の両者について詳細な主張を行っており，もしこれら申立てが正しいのであれば，本件ワシントン州法は合衆国憲法上刑事法として特徴付けられるべきことになる。それゆえ，私は，被申請人は自身の申立てが真実であることを示す極めて明白な証明を行う機会を与えられるべきであるという本件Court of Appealsの結論に同意する。したがって，私は謹んで反対意見を執筆する。

《解　説》

1．本件争点について

性犯罪前歴者が引き起こした事件をきっかけにして，アメリカでは，連邦及び州の各レベルにおいて，性犯罪者登録制度や地域への通知制度（community notification）などの，性犯罪者から市民を保護することを目的とした法制度が導入されていくことになる[1)]。本件で問題とされた非刑事上（civil）の施設収容を認めるワシントン州のCommunity Protection Act（以下「本件ワシントン州法」と表記する）の規定も，このような流れの中で制定されたものである。ワシントン州では全米で初めて，精神異常若しくは人格障害により略奪的な性暴力行為を行いうる者（sexually violent predators：性暴力犯罪習慣者）に非刑

1）　アメリカにおける性犯罪前歴者対策と紹介したものとして，渥美東洋・宮島里史「アメリカ合衆国における性犯罪前歴者対策について」警察学論集59巻2号63頁（2006年）。

事上の施設収容を行うことを認める法制度を導入し，これ以降他の州でも同様の制度が設けられていくことになった。同制度は，性犯罪を繰り返す危険の高い性暴力犯罪習慣者からコミュニティーを守り，また，対象者に適切な治療を行うことを目的として制定されている[2)]。一方で，本件が争われた当時，本件ワシントン州法に依る施設収容は，刑事施設の一角で行われ，身柄拘束の実態も厳格な管理体制の下に置かれていた他，治療プログラムが不十分である等の多くの問題を抱えていたことが指摘されており[3)]，実際に施設の改善を求める裁判所の判断も示されていた[4)]。

本件で争点となった二重危険禁止条項は，同一の犯罪につき2度訴追されること及び，同一の犯罪につき2度処罰されることがないことを保障している[5)]。また，事後法禁止条項は，過去の行為につき遡及的に処罰するための法律を制定することを禁止している[6)]。仮に，本件で争点とされる本件ワシントン州法の施設収容が刑罰的な性質を有するとすれば，既に有罪判決を受け処罰された同一の犯罪について更に刑事的な制裁を科すことになり，二重危険禁止条項に違反し，また，同法が過去の行為を遡及的に処罰することになるから，事後法禁止条項に違反することになる。したがって，本件ワシントン州法の法的性質をどのように捉えるかが，二重危険禁止条項及び事後法禁止条項に基づく異議申立を検討する上での前提となる。

本件ワシントン州法の性質については，合衆国最高裁は直接判断を示してい

---

2) Wash. Rev. Code §71.09.010.

3) 渥美東洋・宮島里史「米国における性犯罪前歴者等に係る対策の実態調査」https://www.syaanken.or.jp/wp-content/uploads/2012/05/bouhan1803_03.pdf（2024年5月閲覧）20-27頁を参照。

4) See, e.g., Turay v. Seling, 108 F. Supp. 2d 1148 (WD Wash. 2000).

5) U.S. Const. Amend. V. 二重危険禁止条項と再訴遮断の範囲に関しては，中野目善則『二重危険の法理』（中央大学出版部，2015年）を参照。

6) U.S. Const. art. I, §10, cl.1 and U.S. Const. art. I, §9, cl. 3. *See*, Wayne A. Logan, *The Ex Post Facto Clause and the Jurisprudence of Punishment*, 35 Am. Crim. L. Rev. 1261, 1275-1280 (1998).

なかったが，後述するように，同様の制度を設けるカンザス州法を合衆国最高裁は，非刑事的な性質を有すると判断し，二重危険禁止条項及び事後法禁止条項に基づく異議申立を退けていた。また，本件に関する訴訟の過程で，ワシントン州 Supreme Court も同様に本件ワシントン州法を非刑事的な性質を有するという判断を示していた[7)]。これら裁判所の判断に照らすと，本件被申請人の二重危険禁止条項及び事後法禁止条項に関する主張はその前提を欠いているように見える。これに対して，第9巡回区 Court of Appeals は，本件ワシントン州法が文面上非刑事的な性質を有するとしても，特定の個人に適用する限りにおいて刑罰的な性質を有することになる場合がありうるとし，このような事実が証明されれば，本件の原告ヤングは救済を受ける権利を有することになると判断した。そこで，本件では，文面上非刑事的な性質を有すると判断されている法律が，特定の個人に適用される限りにおいて刑事的な性質を有することになりうるかが争点とされ，合衆国最高裁はこれを否定した。

2．先例の流れ

(1)　刑事的な性質を有するか否かを判断するための枠組みについて

ある法律が刑事的な性質を有するか非刑事的な性質を有するかを判断する枠組みを示した先例として，本件法廷意見も引用している，*Ward*（United States v. Ward, 448 U.S. 242 (1980)）と *Allen*（Allen v. Illinois, 478 U.S. 364 (1986)）[8)]を挙げることができる。

Ward は，可航水域にオイルを排出することを禁止し，流出事故があった場合には政府機関に報告を義務付ける連邦法の下で，石油掘削施設から石油が流出した事故につき報告をしたところ，同法に基づき金銭上の非刑事的な制裁を課されたことについて，同法に基づく報告義務が第5修正の自己負罪拒否特権に違反すると主張された事案である。合衆国最高裁は，自己負罪拒否特権や弁護権，二重危険禁止条項等のいくつかの憲法上の権利の保障は刑事手続に限定

7)　In re Young, 122 Wash. 2d 1, 857 P. 2d 989 (1993).

8)　*Allen* の紹介・解決として，鈴木義男編『アメリカ刑事判例研究　第4巻』（成文堂，1994年）97頁（大塚裕史担当）。

されており，したがって，非刑事的な性質の制裁であるか刑事的な性質の制裁であるかの区別が重要な意義を有するとした。合衆国最高裁は，特定の法律上の制裁が刑事的な性質を有するか否かは，法律解釈に関する問題であると述べてきたとした。そして，① 制裁を科す制度を設ける際に議会が刑事的性質と非刑事的性質のいずれのラベルを張ることを明示的若しくは黙示的に示していたか，② 議会が非刑事的な性質を有する制裁を確立する意図を示していた場合には，当該制度が，目的若しくは効果の点において，その議会の意図を否定するほどに刑罰的な性質を有するか否かを検討することになるという判断基準を示した。さらに，この後者の基準に関して，このような事実を極めて明白に証明していなければならず，その検討に当たっては *Mendoza-Martinez*（Kennedy v. Mendoza-Martinez, 372 U.S. 144 (1963)）で挙げられた要素が指針になるという考えを示した。すなわち，① 制裁に積極的な無害化若しくは自由制限が関わること，② 制裁が歴史的に刑罰としてみなされてきたか，③ 主観的意図（scienter）の認定にのみ基づき制裁が科されるか，④ 応報と抑止という伝統的な刑罰の目的に資するものであるか，⑤ 制裁を課される行為が既に犯罪とされているか，⑥ 非刑罰的な目的と合理的な関連性を有するか，⑦ 非刑罰的な目的に照らして過度なものではないか，である。合衆国最高裁は，この事件での制裁は非刑事的な性質を有するものであるとし，憲法上の保護をもたらすものではないと結論付けている。

次に，*Allen* は，性犯罪者を精神病院に収容することを認めるイリノイ州法に基づく収容の審判手続において第 5 修正の自己負罪拒否特権の保障が及ぶか否かが争点とされた事案である。申請人は，イリノイ州法に基づく収容手続自体が刑事的な性質をすることから，自己負罪拒否特権が保障されると主張した。合衆国最高裁は，*Ward* を引用しつつ，第 5 修正の自己負罪拒否特権保障の意味で，特定の手続が刑事的な性質を有するか否かは第 1 に法律解釈に関する問いであるとした。そして，イリノイ州法は非刑事的な性質の手続であることを明示しているが，被告人が，非刑事手続を定めようとの州側の意図を否定できるほどに法制度がその目的若しくは効果の点において刑罰的な性質を有することを極めて明白に証明した場合には，その法制度を刑事的な性質を有するとしなければならず，自己負罪拒否特権が保障されることになるとした。合衆国最高裁は，このような証明を行うことができていなかったとして，申請人の主張を退けている。

以上述べてきたように，ある法律の制度が刑事的な性質を有するか否かという問いは法律解釈に関する問題であるとされ，その判断を行うに当たっては，① 当該法制度の性質について立法府がどのような意図を有していたか否か，② 立法府の意図が，非刑事の手続を創設することであった場合には，その立法府の意図を否定できるほどに，当該法制度がその目的若しくは効果の点において刑罰的な性質を有することを異議を申し立てた当事者が極めて明白に証明したか否か，という二段階の判断枠組みを用いることが明らかにされた。

(2) 性暴力犯罪習慣者の収容制度の法的性質について

性暴力犯罪習慣者の収容を規定する本件ワシントン州法の法的性質に関しては，同様の制度を設けるカンザス州法がデュー・プロセス及び二重危険禁止条項などに違反するかが争われた *Hendricks*（Kansas v. Hendricks, 521 U.S. 346 (1997)）[9]を先例として挙げることができる。二重危険禁止条項違反の主張に関しても，合衆国最高裁は，*Ward* 及び *Allen* を引用して，立法が非刑事的な性質を有するか刑罰的な性質を有するかという問いは第1にその法律解釈に関する問いであるとし，これら先例と同様の判断枠組みの下で判断することを示した。そして，同法が文面上非刑事的な性質を有することは明らかであるとし，当該法制度が，立法府の意図を否定できるほどその目的若しくは効果において刑罰的な性質を有することを，原告ヘンドリクスが極めて明白に証明することはできていなかったと判断した。合衆国最高裁は，カンザス州法は応報目的も抑止目的も実現するものではないこと等の制度の要件や手続面及び，刑事施設の一角に収容されていたが精神病院に強制収容された場合と同様の状態で収容されていたこと，カンザス州法が公衆の保護に加えて性暴力犯罪習慣者に対し

9) *Hendricks* の紹介・解説として，津村政孝・アメリカ法［2000-1］172頁（2000年），本書21事件（早野暁担当）がある。

て治療を提供するものであること等に言及し，カンザス州法は非刑事的な性質を有し，したがって，ヘンドリクスの二重危険禁止及び事後法禁止に関する主張の前提が退けられることになると結論付けている。

なお，*Hendricks* 以降，ある法律が非刑事的な性質を有するか刑事的な性質を有するかを判断にするに当たっては，同様の判断枠組みが用いられてきた[10)]。そうした事案の一つとして，例えば，本件法廷意見も引用している *Hudson*（Hudson v. United States, 522 U.S. 93 (1997)）[11)]を挙げることができる。同事件は，違法な融資行為につき金銭上の制裁と業務停止（occupational debarment）が課されたのちに，同一行為につきコンスピラシーで刑事訴追を受けたことが二重危険禁止条項違反に当たるか否かが争われた事案であるが，合衆国最高裁は，*Ward* 及び *Allen* と同様の判断枠組みで判断し，この事件での制裁は非刑事的な性質を有しており，申請人もそれを否定する証明ができていなかったとして二重危険禁止条項違反の主張を否定している。この事件では，*Ward* 及び *Allen* で示された判断枠組みの下では，法律の文面に照らして検討する必要があることが強調され，*Halper*（United States v. Halper, 490 U.S. 435 (1989)）[12)]で採られていた実際に課された制裁の内容に照らして検討を行うアプローチをとることが明確に否定されている。

3．本判断の検討

本件法廷意見は，本件ワシントン州法が，州裁判所によって，文面上は非刑事的な性質を有するものであると判断していることから，この判断を前提として，そのような非刑事的な性質を文面上有する法律が，具体的な収容状態によって適用違憲となりうるか否かが本件争点であるとし，これを否定している。法廷意見は，施設収容が一定期間に及び，その間に収容状態が変化しうること

10） 本件以後の判断においても同様のアプローチが採用されている。*See, e. g.*, Smith v. Doe, 538 U.S. 84 (2003). *Smith* の紹介・解説として，田中利彦・法律のひろば 57 巻 8 号 48 頁（2004 年）がある。

11） *Hudson* に関しては，本書 22 事件（田村泰俊担当）参照。

12） *Halper* に関しては，本書 17 事件（川澄真樹担当）参照。

などの事情を挙げ，適用審査を用いることは，特定の法制度が刑事的な性質を有するか非刑事的な性質を有するかという問いを包括的・最終的に解決することができないと指摘し，この点を，適用審査を否定するための中心的な論拠としているように思われる。法廷意見は明示的に説明していないが，適用審査を認めた場合，次のような問題が生じるように思われる。すなわち，適用審査の下違憲ではないと判断された場合でも，収容状態が変化すれば，再度申立てを行うことが考えられる。この場合において，収容状態にわずかな変化でもあれば申立てを行うような濫訴の危険が生じることになる。一方で，適用審査の下違憲と判断された場合には，収容状態を改善すれば，違憲状態は解消されることから，二重危険禁止条項違反を理由に収容施設から被収容者を釈放するとの措置をとることが妥当であるのかが問われることになる。このような適用審査を認めた場合の問題を回避するため法廷意見は，二重危険禁止条項，事後法禁止条項違反の主張について文面審査のみによるとし，適用審査によることを否定したものであると思われる。

一方で，反対意見は，上記のような法廷意見の争点形成の仕方は誤りであるとし，ヤングは，本件ワシントン州法が文面上非刑事的な性質を有するか否かを争っていると捉えた。そして，ある法制度が刑罰的な性質を有するか否かは，法律の背後にある立法府の目的と法律の実際の効果の双方を考慮に入れて判断されてきたのであり，文面審査に当たっても本件でのヤングの実際の収容状態を考慮に入れることができるとした。したがって，ヤングは自身の申立てが真実であることを証明する機会を与えられるべきであると主張している。この反対意見の立場は，実際の施設収容の状態を見れば，本件での施設収容は刑事的な性質を有し二重危険禁止条項・事後法禁止条項違反が生じている虞があるにもかかわらず，立法府の意図のみに着目し，刑罰的な性質を有するか否かを形式的に判断して，その違憲状態が放置されることを危惧したものであるように思われる。

もっとも，法廷意見も，本件においてヤングが現在の収容状態について救済を受けられないわけではないとしている点には留意する必要がある。法廷意見は，収容状態が州法に適っていなかった場合には州法に基づき救済を得ることができるほか，デュー・プロセス違反による救済を求めることができる点を指摘しており，二重危険禁止や事後法禁止によるのではなく，このような救済策によることが妥当であるという判断をなしているものと考えられる。

なお，ある法律が文面上，刑罰的な性質を有するか否かを判断する上で，実際に課された制裁の内容を考慮できるかという争点に関して，スティーヴンズ裁判官とは異なり，スカリーア裁判官及びトーマス裁判官はともに否定的な考え方を示している。この点について，本件法廷意見は明確に留保する姿勢を示しており，本件では不明確なままである。

４．本件の意義

以上述べてきた通り，本判断は，性暴力犯罪習慣者の施設収容措置に関する二重危険禁止違反及び事後法禁止違反の検討において，収容措置の根拠となっている法律が文面上どのような性質を有するかによって判断するべきとされ，個別具体的な収容状態から判断する適用違憲の方法によることが明示的に否定された点で重要な判断であり，本件以後の異議申立の在り方に重要な影響を与えたものと思われる。

（山田　峻悠）

Ⅵ　量　　　刑

24. Pennsylvania v. Goldhammer, 474 U.S. 28 (1985)

公判裁判所で，起訴された複数の窃盗罪のうち1件について収監刑，その他について刑の執行猶予が言い渡された場合において，その後，上訴裁判所で，収監刑が言い渡された1件を含む一部の起訴が無効であるとして有罪判決が取り消されたときに，残りの窃盗罪について再量刑手続に付すことが，合衆国憲法第5修正の二重危険禁止条項に反しないとされた事例。

《事実の概要》

被申請人Goldhammerは，Philadelphia Court of Common Pleas（公判裁判所）において，56件の偽造及び56件の窃盗で有罪判決を受けた。窃盗1件については2年から5年の収監刑，偽造1件については5年の保護観察が言い渡され，その他の罪については刑の執行が猶予された。

被申請人は，112件の有罪判決全てについて，Superior Court of Pennsylvaniaに上訴した。同裁判所は，公訴時効により，被申請人が収監刑を言い渡された罪を含む34件の窃盗の訴追はできないと判断した。

州が上訴し，Supreme Court of Pennsylvaniaは，公訴時効に関するSuperior Courtの判断を確認した。さらに，同裁判所は，残りの22件の窃盗に関する再量刑手続（resentencing）のために事件を公判裁判所に差し戻すべきであるとの申請人の要求を却下した。同裁判所は，被告人の要求により再公判があった場合には，同じ罪について二度刑を言い渡すことができると認めたが，州による上訴で，ある罪に対する収監刑が取り消された場合において，量刑が確認されたその他の罪に関する再量刑手続は，合衆国憲法第5修正の二重危険禁止条項によって禁止されると判示した。

合衆国最高裁判所は，サーシオレイライを認容した。

《判旨・法廷意見》

破棄・差戻し

・Per Curiam

州最高裁判所の理論構成は，*DiFrancesco*（United States v. DiFrancesco, 449 U.S. 117 (1980)）の判示の理論構成とは一貫しない。当裁判所は *DiFrancesco* で，合衆国法典タイトル 18，3576 条の合憲性を認めた。この規定は，District Court が「特別危険犯（dangerous special offender）」に言い渡した量刑に対して，合衆国が Court of Appeals に上訴することを許すとともに，Court of Appeals がその量刑を確認すること，異なる量刑を言い渡すこと，又はさらなる量刑手続のために District Court に差し戻すことを許すものである。

当裁判所は，先例は「死刑を科すことのできない（noncapital）事案における量刑手続には，無罪判決（acquittal）に伴う憲法上の終局性（finality）がないことを明確に確立している」と指摘した（DiFrancesco, 449 U.S. at 134）。当裁判所は *Pearce*（North Carolina v. Pearce, 395 U.S. 711 (1969)）で，裁判所が再公判において，最初の公判よりも厳しい量刑を言い渡すことができると判示した。*Pearce* の状況と *DiFrancesco* の状況を区別することは，「『観念的な細かい点（conceptual nicety)』にすぎない」(DiFrancesco, 449 U.S. at 136 (quoting Pearce, 395 U.S. at 722))。上訴後の再量刑手続は，再公判での再量刑手続よりもなお，二重危険禁止条項によって保護される価値を侵害しないといえる。

「二重危険禁止規定の基本的な狙い（design）は，有罪判決を得ようとする試みを繰り返し，その結果として，被告人が困惑（embarrassment)，負担（expense)，不安（anxiety and insecurity）にさらされ，無辜が有罪と認定される可能性がもたらされることを禁ずることである。しかし，このような考慮事項は，検察官が量刑の審査を求める法律上認められた権利にはそれほど当てはまらない。この限定的な上訴は，再公判にかかわるものでも，有罪・無罪という基本的な争点に関する公判の試練（ordeal）に近づくものでもない」(DiFrancesco, 449 U.S. at 136)。

DiFrancesco では，連邦法が明確に，争点となっている量刑の上訴における審査を許していた。当裁判所は，当該法律に照らして，被告人は最初の量刑手続について終局性への期待を主張することはできないと指摘した（449 U.S. at 136, 139）。本件で，州最高裁判所は，再量刑手続は二重危険禁止条項によって禁じられていると判示したので，当時の州法が，刑の執行が猶予された罪に関する量刑の審査を求めることを州に許しているかどうか検討する必要はなかった。当裁判所は，この争点に対する判断のため，また，*DiFrancesco* に照らしたさらなる検討のため，原判断を破棄し，本件を州最高裁判所に差し戻す。

・Brennan 裁判官は，正式な手続を経ない判決（summary disposition）に反対し，本件のサーシオレイライを退けるべきであるとの立場である。

・Marshall 裁判官は，当事者に事前の告知又は本案（merit）に関する意見書を提出する機会を与えることなく言い渡された，この正式な手続を経ない判決に反対する（*See* Maggio v. Fulford, 462 U.S. 111, 120-121 (1983) (Marshall, J., dissenting)；Wyrick v. Fields, 459 U.S. 42, 51-52 (1982) (Marshall, J., dissenting)）。

・Blackmun 裁判官は，本件のサーシオレイライを認容した上で，オーラル・アーギュメントを実施すべきであるとの立場である。

・Stevens 裁判官の反対意見

当裁判所は *DiFrancesco* で，ある一定の量刑に対する政府の上訴を許す連邦法の合憲性を認めた。本日，多数意見は，正式な手続を経ずに（summarily），「州最高裁判所の理論構成は，*DiFrancesco* の判示の理論構成とは一貫しない。」として，これを破棄している。

州最高裁判所の意見は，*DiFrancesco* に言及していない。しかし，同裁判所に提出された上訴趣意書は，この事案について検討するものであった。

Goldhammer氏は*DiFrancesco*について，彼に対する有罪判決及び量刑手続の時点で，量刑不当を理由とする政府の上訴を認める州法はなかったため，本件をまさに規律するものではないと主張した。Goldhammer氏は当裁判所においても，本件の州の申請に対する答弁（response）の中で同じ主張を行った。さらに，注目すべきは，*DiFrancesco*の状況とは異なり，州の検察官は，公判裁判所が言い渡した量刑を不当として上訴しようとしなかったということである。州は本件の申請と反対答弁（reply）で，これらの点について十分に扱わなかった。

多数意見は，州最高裁判所の判断が，最終的には州法によって支えられる可能性があることを認めている。その不確実性と，州がこの重要な争点を扱っていないことを考慮して，私であれば，単純にサーシオレイライを退ける。同裁判所は，主張された説得力のある州法上の理由により，*DiFrancesco*が本件を規律するものではないと判断したのではないかと推測する。

この推測を裏付ける三つの要素がある。第一に，量刑不当を理由とする政府の上訴を許す州の現行法の枠組みは，Goldhammer氏の有罪判決と量刑手続の時点で整っていなかった。第二に，Pennsylvania州の裁判所は現在，*DiFrancesco*を十分に理解して，この新しい法的枠組みを適用している。第三に，そしておそらく最も重要なのが，州の最高裁判所というものは，当裁判所の先例と，自身の州法に精通していると仮定すべきであるということである。多数意見の正式な手続を経ない破棄判決は，反対の仮定を反映しているため，私は丁重に反対する。

《解　説》

1．本件は，公判裁判所で，起訴された複数の窃盗罪のうち1件について収監刑，その他について刑の執行猶予が言い渡された場合において，その後，上訴裁判所で，収監刑が言い渡された1件を含む一部の起訴が無効であるとして有罪判決が取り消されたときに，残りの窃盗罪について再量刑手続に付すことが，合衆国憲法第5修正の二重危険禁止条項に反するかどうかが争われた事案である。

原裁判所である州の最高裁判所は，上訴裁判所で量刑が確認された罪を再量刑手続に付すことについて，「二重危険」であって当該条項により禁止されるとして，これを求める州の要求を却下していた。

2．法廷意見（Per Curiam）は，「州最高裁判所の理論構成は，*DiFrancesco* の判示の理論構成とは一貫しない。」とし，主として先例である *DiFrancesco*（United States v. DiFrancesco, 449 U.S. 117 (1980)）[1)]に依拠している。

DiFrancesco で扱われた1970年組織犯罪規制法（Organized Crime Control Act of 1970）は，当時，独立の手続で「特別危険犯（dangerous special offender)」であると証明された被告人について刑を加重すること（合衆国法典タイトル18，3575条(b))，一定の条件の下で，合衆国が量刑不当を理由として上訴すること（同3576条）を認めていた[2)]。合衆国はこの規定に基づき上訴し，公判裁判所が，認定された事実にもかかわらず「特別危険犯」に1年の収監刑しか加重しなかったことは，裁量権の濫用であると主張した。*DiFrancesco* は，量刑不当を理由として検察官上訴を認めるこの規定について，二重危険禁止条項に反しないと結論付けた[3)]。

まず確認されているのが，当該条項による憲法上の保護の内容である。つまり，① 無罪判決後の，同じ犯罪に対する二度目の訴追からの保護，② 有罪判決後の，同じ犯罪に対する二度目の訴追からの保護，③ 同じ犯罪に対する複数の処罰からの保護である[4)]。そして，陪審による無罪の判断については，絶

---

1) *DiFrancesco* の紹介・解説として，中野目善則・比較法雑誌16巻1号217頁（1982年），渥美東洋編『米国刑事判例の動向Ⅰ』（中央大学出版部，1989年）（以下，「動向Ⅰ」という。）289頁（中野目善則担当），小早川義則・名城ロースクール・レビュー31号93頁（2014年），同『デュー・プロセスと合衆国最高裁Ⅴ』（成文堂，2015年）（以下，「デュー・プロセスⅤ」という。）65頁。

2) United States v. DiFrancesco, 449 U.S. 117, 118-121 (1980).

3) DiFrancesco, 449 U.S. at 143.

4) DiFrancesco, 449 U.S. at 129 (quoting North Carolina v. Pearce, 395 U.S. 711, 717 (1969)).

対的な終局性を与えなければならないものの，公判が無罪判決で終わっていない場合には結果が異なると指摘されている。つまり，証拠不十分であることを理由として有罪判決が破棄される場合を除き，本件の法廷意見でも引用されている *Pearce*（North Carolina v. Pearce, 395 U.S. 711 (1969)）[5)]の事案のように，「最初の公判が有罪判決で終わった場合，二重危険禁止の保障は，『最初の有罪判決を破棄してもらうことに成功した被告人を，再公判に付す権限に何ら制限を課すものではない』」ということである[6)]。

上訴権に関しては，「合衆国には，『明示的に法定されていない限り，刑事事件において上訴する権利がない』」ものの，合衆国法典タイトル18，3731条（合衆国による上訴に関する規定）は，「二重危険禁止条項がさらなる訴追を禁止している場合」を除き，刑事事件において政府が上訴することを認めるものであって，「合衆国議会は，政府による上訴に対する全ての法的障壁を取り除き，合衆国憲法が許す限りにおいて上訴を認めることを意図していた」という[7)]。

その上で，公判で言い渡された量刑について，無罪判決と同様の憲法上の終局性があるとは考えられておらず，*Pearce* でも再公判において量刑を引き上げることが認められているのであって，それが再公判におけるものか上訴後におけるものかという差異は，「『観念的な細かい点（conceptual nicety）』にすぎない」とする[8)]。この段階においては，被告人の主たる懸念と不安のかかわる有罪か無罪かの判断は，既に終わっている（behind him）のであり，被告人は，3576条に基づく上訴が終結するか，上訴期間が満了するまで，公判で言い渡された量刑に対し終局性を期待することはできないとのことである[9)]。

5） *Pearce* の紹介・解説として，デュー・プロセスⅤ・前掲注1)，50頁。

6） DiFrancesco, 449 U.S. at 130-131 (quoting Pearce, 395 U.S. at 720).

7） DiFrancesco, 449 U.S. at 131 (quoting United States v. Scott, 437 U.S. 82, 84-85 (1978)).

8） DiFrancesco, 449 U.S. at 133-136 (quoting Pearce, 395 U.S. at 722).

9） DiFrancesco, 449 U.S. at 136.

なお，死刑を科すことのできる犯罪に関しては，*Stroud*（Stroud v. United States, 251 U.S. 15 (1919)）が，有罪判決を受けて終身刑を言い渡された被告人について，法務長官が原判決破棄の認諾（confession of error）をしたことにより，有罪判決が破棄されて再公判が行われた事案で，被告人が改めて有罪判決を受けた場合には，二重危険禁止条項は死刑を科すことを禁じるものではないと判示していた。これに対して，*Bullington*（Bullington v. Missouri, 451 U.S. 430 (1981)）[10]では，陪審が加重事由と減軽事由を比較衡量した上で死刑か終身刑かを選択するという量刑手続について，この手続は公判における有罪・無罪の事実認定と類似しており，このような独特の手続においては，終身刑の選択が黙示的に死刑からの「無罪判決」を意味するとされている[11]。

Bullington を受けて，公判に関連する不安の主たる原因の一つは処罰の危険であって，既に有罪判決を受けた被告人であっても，量刑が重くなる可能性があれば，このような不安から自由ではないとして，量刑はより重い刑罰からの「無罪判決」を黙示的に意味すると解すべきであるとの立場も示されていた。この立場からは，*DiFrancesco* は，法的誤りや裁量権の濫用がある場合，つまり，公判裁判所が検察官から適切な刑罰を科す１回の公正かつ十分な機会を恣意的に奪った場合には量刑を審理することができることを示す判断であると，狭く解釈されることになる[12]。しかし，本件の法廷意見は，このような範囲を超えて *DiFrancesco* が適用されることを明らかにしたものといえる。

３．もっとも，*DiFrancesco* では，前述の通り，争点となった1970年組織犯罪規制法が，一定の犯罪者に言い渡された量刑に対して合衆国が上訴することを認めていたのに対して，本件では，当時の州法に，量刑不当を理由とする州

10） *Bullington* の紹介・解説として，中野目善則・比較法雑誌16巻1号233頁（1982年），動向Ⅰ・前掲注1），300頁（中野目善則担当），福田育子・甲南法学24巻1号93頁（1983年），小早川義則・名城ロースクール・レビュー30号213頁（2014年），デュー・プロセスⅤ・前掲注1），80頁。

11） Bullington v. Missouri, 451 U.S. 430, 439 (1981).

12） Donald Eric Burton, *A Closer Look at the Supreme Court and the Double Jeopardy Clause*, 49 Ohio St. L. J. 799, 822-823 (1988).

の上訴を認める明示的な規定はなかったようである。そこで，法廷意見は，*DiFrancesco* に照らして，当時の州法が，刑の執行が猶予された罪に関する量刑の審査を求めることを州に許していたかどうか検討すべく，事件を原裁判所に差し戻すという結論に至った。

これに対して，Stevens 裁判官の反対意見は，本件が差し戻された後に，原裁判所の判断が結局維持される可能性があるという不確実性と，そもそも本件は州が量刑不当を理由として上訴した事案ではなく，さらに，*DiFrancesco* は本件を規律するものではないとの被申請人 Goldhammer の主張に関して，州は何ら主張していなかったという点から，サーシオレイライを認容すべきではなかったとの立場を示している。原裁判所が *DiFrancesco* について扱わなかった理由は，これが本件を規律するものではないと判断したからではないかとも指摘されている。当時の州法上，検察官上訴が認められていなかったとすれば，それは州法の問題であって，連邦の二重危険禁止条項の問題を取り扱うべき適切な事案ではなかったとの理解であると思われる。

なお，その後，差戻しを受けた州の最高裁判所は，本件の法廷意見による *DiFrancesco* の理解を前提として，州憲法の下，本件で求められている再量刑手続を排除するような形で二重危険禁止の保護を拡張することを拒絶するとした[13)]。州の上訴権に関しては，当該法域において，「州には，純然たる法の問題がかかわる場合でない限り，公判裁判所における不利益な判決に上訴する権利はない」ことなどが十分に確立されているものの，本件で公判裁判所の判断に対して上訴したのは Goldhammer 自身であるとして，この理論構成を本件に当てはめることはできないと指摘した[14)]。この行為によって，Goldhammer は付随する全ての危険を自ら引き受けたのだということである。これには，上訴裁判所の判断が，公判裁判所の量刑手続のスキームを覆すものである場合に，州が再量刑手続を求める危険も含まれ，この解釈は当時の州法にも合致す

13）　Com. v. Goldhammer, 512 Pa. 587, 592 (1986).

14）　*Id.* at 592 (quoting Commonwealth v. Marks, 442 Pa. 208, 275 A. 2d 81 (1971), Commonwealth v. Wrona, 442 Pa. 201, 275 A. 2d 78 (1971)).

るという[15]。その結果，州の原裁判所であるSuperior Courtの判断は破棄，量刑の再検討のために公判裁判所へ差し戻されることになった[16]。

4．以上，法廷意見は，*DiFrancesco*の射程が本件にも及ぶことを明らかにした。これは，刑事責任の有無の認定手続と量刑手続を一般的に区別する先例の流れ[17]と一貫するといえる。特に*DiFrancesco*や*Bullington*によれば，被告人が終局性を期待できるかどうか，その期待を保護すべきかどうかが問われるが，そこでは，最初に言い渡された量刑を超える部分に関して，政府が立証に失敗したとみることができるかという評価[18]もかかわる。本件では，*Bullington*のような量刑に関する独特の手続が用意されていたわけではなく，また，刑の執行猶予は，「無罪判決」を意味するものとはいえず，取り消されて収監刑が科されることもある[19]。したがって，法廷意見は，州法が，刑の執行が猶予された罪に関する量刑の審査を州が求めることを認めている場合には，最初に上訴したのが州でなくても，被告人は裁判の確定まで終局性を期待できないとして，二重危険禁止条項に反しないと結論付けたものと思われる。

（中村　真利子）

15） *Id.* at 592-593.

16） *Id.* at 595.

17） 動向Ｉ・前掲注 1)，297 頁（中野目善則担当)。

18） 動向Ｉ・前掲注 1)，298 頁（中野目善則担当)。

19） *See* DiFrancesco, 449 U.S. at 137.

25. Poland v. Arizona, 476 U.S. 147 (1986)

公判類似の死刑量定手続において死刑を言い渡された被告人が上訴に成功し，上訴裁判所は手続的瑕疵を理由に有罪判決を破棄したが，その際，公判裁判官が死刑を選択する上で依拠した唯一の加重事由については証拠が不十分であるとしつつ，別の加重事由について，公判裁判官が誤った法解釈からこれを否定したものであるとしてその認定の余地を否定しなかった場合に，新たな公判で再び有罪とされた被告人を死刑量定手続に付すことは二重危険条項に反しないとされた事例。

《事実の概要》

申請人らは，警察官に扮し銀行の現金輸送車から28万1000ドルを強奪し，警備員2名を重りの入った麻袋に詰め，池に投げ入れて殺害した。被害者らの遺体の解剖の結果，最も可能性の高い死因は溺死であったが，1人は心臓発作による可能性もあり，また，被害者らが何らかの薬物を投与されたのかは不明であったが，被害者らが抵抗した痕跡は見られなかった。

申請人らはアリゾナ州の裁判所に起訴され，陪審審理の結果，第1級謀殺の罪で有罪とされた。罪責認定手続から分離された量刑手続が開かれ，検察側は死刑を求刑し，州法に定められた加重事由として，① 犯行が「何らかの金銭的価値を有するものを受け取ることを考慮又は期待」したものであったこと，及び，② 犯行が「著しく凶悪，残酷又は邪悪な態様」であったことを主張した。公判裁判官は，① の加重事由は契約殺人にしか適用されないという解釈からこれを認定しなかったが，② の加重事由は認定し，減軽事由との衡量の結果，申請人らに死刑を言い渡した。

申請人らは上訴し，加重事由を支える証拠が不十分だと主張するとともに，陪審が評議において証拠として許容された以外の資料に関して議論をしていたと主張し，有罪判決の破棄を求めた。州の最上級裁判所であるArizona Supreme Courtは後者の主張を容れ，有罪判決を破棄した。同裁判所は前者の主張については，② の加重事由の証拠は不十分であるとしつつ，① の加重事由については，公判裁判官の行った解釈は誤りであり，仮に申請人らが新たな公判で再び有罪となった場合は，量刑手続で ① の加重事由を認定することも許されると判示し，事件を公判裁判所に差し戻した。

申請人らは新たに開かれた陪審審理の結果，第１級謀殺の罪で再び有罪とされ，量刑手続では新たに提出された証拠も考慮された結果，公判裁判官は申請人らについて，上記 ①② を含む加重事由を認定し，再び死刑を言い渡した。

申請人らは再び上訴し，１度目の上訴において Arizona Supreme Court が，② の加重事由の証拠が不十分であったと判断したことは，死刑相当との主張に対して「無罪の判断（acquittal）」をしたものといえるから，申請人らに死刑を再度科すことは二重危険条項により許されないと主張した。Arizona Supreme Court はこの主張を退けた上で，申請人らに対する死刑判決を確認した。合衆国最高裁がサーシオレイライを認容した。

《判旨》

原判断確認

１．ホワイト裁判官執筆の法廷意見

本件の争点は，死刑判決に対する上訴を受けた裁判所が，量刑裁判官が依拠した唯一の加重事由についてはその証拠が不十分としつつ，死刑の結論を支える証拠が不十分であるとは判断しなかった場合に，さらに死刑量定手続を行うことは二重危険条項により禁じられるかである。

⑴ 当裁判所は 1981 年の *Bullington*（Bullington v. Missouri, 451 U.S. 430 (1981)）において，被告人が上訴に成功し有罪判決が破棄された場合，「当初の有罪判決は無効となり『白紙状態に戻る（the slate wiped clean）』ため，被告人が再度有罪とされたときは，服役した期間はそれを差し引かなければならないことを除き，適法ないかなる刑罰を科すことも憲法上妨げられない」（North Carolina v. Pearce, 395 U.S. 711, 721 (1969)）ことが原則だとしつつ，検察側が自己の主張を立証していないことにつき陪審が同意した場合，又は上訴

裁判所がそう判断した場合は，例外とするのが先例の立場だとした。法律上許される刑の上限を下回る量刑がなされたことをもって，検察側が自己の主張を支える立証に失敗したという趣旨の判断がなされたと結論づけることは通常は不可能だが，*Bullington* の事案では，有罪か無罪かを決する公判に類似する死刑の量定手続を州が定め，検察側が自己の主張を支える立証を果たしたかどうかを陪審が認定することを明文で要求したため，最初の陪審が終身刑を言い渡したことは，死刑が相当であるという主張に関して「無罪の判断（acquittal)」をしたものと扱うべきとしたのである。

1984 年の *Rumsey*（Arizona v. Rumsey, 467 U.S. 203 (1984)）は，本件で争点となっているアリゾナ州の量刑制度に *Bullington* の論拠が妥当するとした。*Rumsey* の事案は，公判裁判官が，本件の公判裁判官と同様，犯行が金銭的利益を目的に行われたという加重事由は専ら，契約殺人の関わる事案に適用されるという誤った解釈からこの加重事由を認定しなかったが，本件とは異なり，他の加重事由を認定せず，終身刑を言い渡したというものであった。当裁判所は，*Rumsey* の事案には，その手続の唯一の判断権者が実体的争点について行った無罪の判断は終局性を持ち，訴追者の同一の主張について再度審理を行うことは禁じられるという二重危険の原理が妥当するとしたのである。

Bullington と *Rumsey* の下で本件で問われるのは，公判裁判官又は上訴裁判所が，死刑が相当であるという主張につき検察側が立証を果たしていないと判断し，ゆえに申請人を「無罪とした」といえるかである。

⑵　量刑裁判官は死刑を言い渡している以上，無罪の判断をしていないことは明らかである。また Arizona Supreme Court についても，公判裁判官が「著しく凶悪，残酷又は邪悪な態様」の犯行という加重事由を認定したことは誤りだったとはしたが，公判裁判官が金銭的利益の受領を考慮又は期待して行った犯行という加重事由を認定しなかったことは誤りで，申請人らが再び有罪とされた場合は，当該加重事由の認定が許されると判示していることから，検察官が死刑相当の主張を支える立証に失敗したと判断していないことは明らかである。

申請人らは，公判裁判官が認定した唯一の加重事由について証拠を不十分としたことは，Arizona Supreme Court が死刑相当の主張に関して申請人らを「無罪とした」ものだという。その主張に内在するのは，金銭的利益目的の犯行という加重事由に関しては公判裁判官が申請人らを「無罪とし」，二重危険条項によりその判断が終局的なものとなった結果，Arizona Supreme Court は当該加重事由に関する証拠を審理できなかったという主張である。しかし，*Bullington* によれば，問うべきなのは，死刑が相当であるという主張について検察側が立証を果たしていないと量刑判断者又は上訴裁判所が判断したかどうかである。死刑量定手続を，各加重事由に関するミニ公判が集合したものであるかのように理解し，*Bullington* を拡張することはできない。各加重事由は別個の刑罰や犯罪ではなく，あくまで死刑か終身刑かの選択を指導する基準群（standards）である。アリゾナ州法の死刑量定制度において，ある特定の加重事由を認定することは，被告人を「有罪とする」（即ち死刑を科す）判断ではないし，ある特定の量刑加重事由を認定しないことは被告人を「無罪とする」（即ち死刑を科さない）判断ではない。

加重事由が１つも存在しないと量刑判断者が認定した場合は，たとえそれが誤りだったとしても，死刑相当の主張につき被告人を無罪とする判断であり，被告人を再び死刑量定手続に付すことが禁じられることは確かである。だがそれは，「たとえ無罪評決が誤りであったとしても，無罪評決後に２度目の公判を開くことを許せば，圧倒的に優位な資源を持つ合衆国政府が被告人を消耗させ，被告人が無実であるにも拘らず有罪とされてしまう許容しがたい高度のリスクが生ずる」という理由による（United States v. Scott, 437 U.S. 82, 91 (1978)）。この無罪判断の終局性保障の関心は本件のように被告人が死刑を言い渡されたとき，即ち「有罪とされた」場合は生じない。そのような場合に被告人をさらなる訴訟から保護すべき理由はない。被告人にとってさらに訴訟を続けることが唯一の希望だからである。上訴裁判所が有罪判決を破棄した際には，最初の量刑判断者が誤って否定した量刑加重事由に関する証拠は無視しなければならないとすれば，上訴裁判所は州側が主張を支える立証を果たしていないとは考えていないにも拘らず，死刑に関して「無罪とし」なければならないという奇妙で受け入れがたい結果をもたらし，検察側に著しく不当な扱いをすることになる。

2．マーシャル裁判官の反対意見（ブレナン裁判官及びブラックマン裁判官参加）

Rumsey と本件では，いずれの事案でも，公判裁判官が金銭的利益目的の犯行という加重事由は契約殺人にしか認められないと解するという誤りを犯したが，本件の公判裁判官は，それに加えて，別の加重事由について州法の求める立証が果たされていると判断するという誤りを犯した。法廷意見はこの違いにより本件申請人らを死刑量定手続に付すことが許されるとし，申請人らが終身刑を言い渡されていないことを強調するが，それは恣意的な区別である。量刑の文脈での「有罪の判断」は死刑の選択であり，公判裁判官が認定した唯一の加重事由を支える証拠が不十分であるという理由から上訴裁判所は「有罪の判断」を破棄している以上，それは *Rumsey* の事案と同様に「無罪の判断」であり，あらためて死刑量定手続を開くことは二重危険条項により禁じられるはずである。

《解　説》

1．第5修正の二重危険条項は，「何人も，同一の犯罪について，重ねて生命又は身体の危険に晒されることはない」と定める[1]。同条項により陪審の無罪評決に対して検察官が上訴することは禁じられるという理解は古く[2]，これは裁判官が無罪とした場合も同様と解されている[3]。それだけではなく，被告人が上訴し，上訴裁判所等が公訴事実を支える証拠が不十分であることを理由に有罪判決を破棄した場合も，事件を差し戻して2度目の公判を開くことは許

1）第5修正の二重危険条項の内容は第14修正のデュー・プロセス条項を介して州に対しても適用される。*See* Benton v. Maryland, 395 U.S. 784 (1969).

2）*See* United States v. Ball, 163 U.S. 662 (1896).

3）*See* United States v. Morrison, 429 U.S. 1 (1976).

されないと解されている[4)]。検察側が１度有罪立証の機会を与えられながら，それに失敗したと判断された場合は，再度有罪立証の機会を与えるべきではないという趣旨が妥当するからである。それに対し，被告人が上訴し，公訴事実を支える証拠が不十分という理由ではなく，法令の解釈・適用の誤りを理由に上訴裁判所が有罪判決を破棄した場合は，事件を差し戻して２度目の公判を開くことは妨げられない。この場合は検察官が主張・立証に失敗した訳ではなく，また理由の如何を問わずに上訴で有罪判決が破棄された場合は処罰を断念しなければならないとすれば社会の被る不利益は大きく，上訴裁判所による救済も消極的になる虞があるからだと説明される[5)]。

以上はいずれも罪責認定手続に関してであるところ，量刑手続にも同様の二重危険条項の保障が及びうるのかが先例上争われている。その一つが，被告人が上訴し，公訴事実を支える証拠が不十分であったという理由以外の理由から有罪判決が破棄されたが，被告人が２度目の公判で再び有罪とされた場合に，２度目の量刑手続において，１度目の量刑よりも重い刑を検察官が求めて主張・立証を行うことは許されるのかである。本件もこの争点が関わる。

２．(1)　合衆国最高裁は伝統的に量刑手続に二重危険条項は適用されないと

---

4)　*See,* Burks v. United States, 437 U.S. 1 (1978).

5)　*See,* United States v. Tateo, 377 U.S. 463, 466 (1964). しかし，法令の解釈・適用の誤りを主張して無罪評決に対して検察官が上訴することは許されていない。この違いを合衆国最高裁は必ずしも明確に説明していない。これに関しては様々な説明が試みられており，① 有罪・無罪の判断まで至った公判を経た被告人には平穏が与えられるべきところ，有罪評決に対して被告人が上訴した場合にはその利益を放棄した場合といえるからとする見解，② 無罪評決は陪審による法適用の拒否（jury nullification）による可能性があり，二重危険条項は，陪審の法適用の拒否による利益も保護するものだとみる見解，③ 法の解釈・適用の誤りがなかったとすれば陪審がどのように判断したであろうかと推測することは常に困難だが，無罪評決がなされたときは，陪審が無罪と判断したと思われる具体的根拠があると考えられるのに対し，有罪評決の場合は，そうした推測が働く余地がないからだという見解等がある。*See generally,* 6 Wayne R. LaFave, et al., *Criminal Procedure* (4th ed., 2023) §25.3 (b).

の立場を採っていた。1969年の *Pearce*（North Carolina v. Pearce, 395 U.S. 711 (1969)）でも，有罪判決の破棄後，被告人を再度公判に付することが許されるということは，被告人が再び有罪になった場合は，法的に認められるいかなる刑罰も科すことが許されることを含み，法定刑の範囲内であるなど適法なものである限り，１度目の量刑より重くても差し支えないとし，有罪判決の破棄により最初の手続はすべて「白紙状態に戻る（ご破算になる）」と判示していた。

このように考えられていた背景には，罪責認定手続と量刑手続の次のような違いがある。即ち，前者では，犯罪構成要素である事実について検察官が証拠法の制約の下，合理的疑いを容れない程度まで証明を果たす義務を負い，事実認定者はその成否により有罪・無罪を決する。それに対し後者では，具体的基準が必ずしもなく，量刑判断者は広範な裁量を与えられ，多様な事実が記載された量刑前報告書等に基づき，法定刑の範囲から刑を選択し，検察官は求刑意見を述べるにとどまることが少なくなかった。そこでは，法律上科すことのできる刑の上限を下回る判断がされたことをもって，罪責認定手続における無罪判決のように，検察官が自己の主張を支える立証に失敗したと判断されたと評価することは必ずしもできず，二重危険の禁止を類推して適用することはできないと考えられていたのである[6)]。

⑵　ところがその後，死刑量定手続に関しては，このような違いが必ずしも妥当しなくなる。1972年の *Furman*（Furman v. Georgia, 408 U.S. 238 (1972)）や1976年の *Gregg*（Gregg v. Georgia, 428 U.S. 153 (1976)）において，合衆国最高裁は，死刑の特殊性から，「恣意的，気まぐれ的」に下される死刑は，第８修正の禁ずる残酷で異常な刑罰にあたるとし，死刑を科すには死刑量定手続における量刑判断者の裁量がより限定される必要があるとしたことから，多くの州が立法により，罪責を認定する公判手続に類似した死刑量定手続を設けるようになったためである。死刑か終身刑のいずれを科すかを判断する量刑手続を別に設け，衡量すべき加重事由と減軽事由を具体的に定め，死刑を科すに

6)　*See,* Burks, 437 U.S., at 15-16.

は，証拠法の制約の下，少なくとも１つの加重事由を検察官が合理的疑いを容れない程度まで立証しなければならないとする制度が採用されることが多く，検察側の主張・立証の成否を陪審に判断させる州もあった。

(3) こうした変化を受けて合衆国最高裁は，死刑量定手続に二重危険条項の適用を認めるようになる。その最初の判断が 1981 年の *Bullington*（Bullington v. Missouri, 451 U.S. 430 (1981)）である[7)]。ミズーリ州において，死刑を法定刑に含む謀殺の罪（capital murder）について１度目の死刑量定手続で終身刑とされた被告人が，上訴手続で手続的瑕疵を理由に有罪判決を破棄された後，再び有罪とされ，２度目の量刑手続が開かれることになったところ，検察側が再び死刑の適用を求めて主張・立証を行うことの許否が争われ，合衆国最高裁はこれを二重危険条項に反すると判断した。その論拠は大要，① ミズーリ州が公判類似の死刑量定手続を定め，陪審に対し検察側がその主張を支える立証を果たしたかを判断するよう明示的に要求している，② したがって陪審が死刑ではなく終身刑を科したことは，被告人は死刑相当であるという検察側の主張を退けたということができる，そして，③ 同州の死刑量定手続で被告人が直面する羞恥・負担・試練と不安は罪責認定手続で被告人が直面するものと同等かそれ以上であること，④ 再度死刑適用を主張・立証する機会を検察側に与えれば，被告人を消耗させ，不当に死刑が科されてしまう虞れが許容しがたいほど高いこと等に鑑みると，無罪評決に終局性が与えられている趣旨がここにも妥当し，再度死刑適用を主張・立証する機会を検察側に与えることは許されない，というものであった。これは，公判類似の死刑量定手続における終身刑の選択は，二重危険条項の適用上，検察側の死刑相当の主張に対する「無罪の判断」と捉えたといえる。

合衆国最高裁が次いで死刑量定手続に二重危険条項の適用を認めたのが *Rumsey*（Arizona v. Rumsey, 467 U.S. 203 (1984)）[8)]で，本件と同様，アリゾナ

7) *Bullington* の紹介・解説として，渥美東洋編『米国刑事判例の動向Ｉ』（中央大学出版部，1989 年）300 頁（中野目善則担当），小早川義則『デュー・プロセスと合衆国最高裁Ｖ』（成文堂，2015 年）80 頁等参照。

州の死刑量定手続が関わる判断であり，さらに加重事由に対する公判裁判官による同じ解釈の誤りが存在した。即ち，死刑を法定刑に含む第1級謀殺と武装強盗の罪について有罪とされ，謀殺の罪に関して行われた死刑量定手続において，25年間パロールに付される可能性のない終身刑を言い渡された被告人が，両罪の刑を異時執行とされたことを違法と主張して上訴したところ，被告人が上訴した場合は，検察側は交差上訴（cross-appeal）することができるとする州法の規定に基づき，検察側も上訴し，公判裁判官による終身刑の選択は，金銭目的の犯行という加重事由は契約殺人にしか適用されないという誤った解釈に基づいているとして量刑の破棄を求めた。上訴裁判所が検察側の主張を容れて量刑を破棄し再度，死刑量定手続を行うよう命じたところ，これが二重危険条項に反するかが争われ，合衆国最高裁は同条項違反を認めたのである。*Rumsey* は，アリゾナ州もミズーリ州と同様に公判類似の死刑量定手続を定めているとし，量刑判断者が陪審ではなく公判裁判官とされていたことは，死刑量定手続の公判類似性を何ら低下させるものではないとした。その上で，1度目の死刑量定手続における終身刑の選択が加重事由に関する誤った解釈を前提としていたことについては，罪責認定手続における無罪の判断が法令の解釈・適用の誤りに起因していたとしてもその本質的性格は変わらないとした先例[9]を引き，二重危険条項の適用を妨げないとした。公判類似の死刑量定手続における終身刑宣告＝死刑相当の主張についての「無罪の判断」という *Bullington* で採用された理解を前提とする限り，*Rumsey* の事案は，交差上訴を許す州法を用いて「無罪の判断」に対して検察官が上訴した事案ということができるから，二重危険条項違反を認めたことはその点では整合的といえた。

3．本件で申請人らは，第1級謀殺の罪で有罪となり死刑量定手続に付されたが，公判裁判官は *Rumsey* の事案と同様，誤った解釈により金銭目的の犯行という加重事由を否定したが，*Rumsey* の事案とは異なり，犯行態様の凶悪性

8） *Rumsey* の評釈として渥美編・前掲注7・307頁（中野目善則担当）参照。

9） United States v. Scott, 437 U.S. 82 (1978).

という別の加重事由を認定して死刑を言い渡した。申請人らは上訴し，上訴裁判所は手続的瑕疵を理由に有罪判決を破棄したが，さらに進んで申請人の量刑不当の主張についても判断を行い，犯行態様の凶悪性の加重事由は認められないとしつつ，金銭目的の犯行という加重事由に対する公判裁判官の解釈は誤りだとして，再度被告人が有罪となった場合には，それを踏まえて死刑量定手続をやり直すよう命じた。このような本件の事案に対し，合衆国最高裁は6対3で二重危険条項違反は認められないとした。

法廷意見は *Bullington* と *Rumsey* を踏襲して，公判類似の死刑量定手続における死刑の選択は検察官の死刑相当の主張についての有罪の判断，終身刑の選択は無罪の判断にあたるという理解を前提に本件を検討したものと考えられる。そこで，本件の事案を罪責認定手続に引き直して比較的近い事例を考えてみると，(i) ある公訴事実（死刑相当の主張）につき有罪とされた被告人が，その証拠が不十分であることと，それとは別に手続的瑕疵の存在を主張して上訴したが，上訴裁判所は前者の主張は結論としては認めなかったが，後者の主張は認めて有罪判決を破棄し，新たな公判（死刑量定手続）が開かれることになった，というものがまず考えられる。この事例は，無罪判決に対する検察官上訴はなく，上訴裁判所が公訴事実を支える証拠が不十分と認めたものでもなく，専ら手続瑕疵を理由に有罪判決を破棄したもので，新たな公判に被告人を付すことが二重危険条項により妨げられない場合にあたる[10)]。それに対して，(ii) 上記 (i) の公訴事実（死刑相当の主張）を2つの独立した公訴事実（① 金銭目的の犯行と ② 凶悪な態様の犯行）に分割して考えてみると，公判裁判官が ① の事実を認定せず無罪にしたとすると，それが法律の解釈の誤りに基づくものであったとしても終局性が生じるため，上訴裁判所が審理できるのは専ら，公判裁判官が有罪と認定した ② の事実だけだということになり，さらに，② の事実について上訴裁判所が証拠の不十分を理由に有罪判決を破棄したとすると，これにも終局性が生じ，結局 ① と ② の事実いずれについても，差戻

10)　前掲注1～5と対応する本文を参照。

し後の新たな公判（死刑量定手続）は二重危険条項により妨げられることになる。この(ii)の結論は，申請人らとマーシャル裁判官の主張と合致し，その理論的前提となると考えられるが，法廷意見は，アリゾナ州の死刑量定手続の加重事由の性格に照らして，個々の加重事由を独立した公訴事実のように引き直して考えることは妥当ではないとした。本件の事案は，(i)のように引き直して考えるべきで，二重危険条項により新たな公判＝死刑量定手続は妨げられる場合にあたらないと法廷意見は判断したものと考えられる。

もっとも法廷意見が上記(ii)のように本件を引き直して考えるべきではないとした実質的な理由は，公判裁判官の法解釈の誤りによって加重事由が否定されているにも拘らず，上訴裁判所がその点を無視しなければならないというのは，落ち度のない検察官から立証の機会を奪うものであって不当だという考えに基づいているように思われる。ただ，それは *Rumsey* の事案も全く同様であるところ[11]，法廷意見は *Rumsey* の妥当性を問うたり，その変更を検討する様子はない。その理由を推測すると，上記(i)のように引き直すことで二重危険条項の適用を否定することが説明として一応成り立つ本件とは異なり，*Rumsey* のような事案で，検察官の立証の機会を不当に奪うべきではないという理由を正面に出して二重危険条項の適用を否定すると，罪責認定の文脈における，無罪の判断に対する検察官上訴の禁止という歴史的に確立した原則を理論的に脅しかねないという点が懸念されたのではないかと思われる。本件では，*Rumsey* の事案と異なり，公判裁判官が１つではなく２つの誤りを犯したために二重危険条項の保護が及ばないというマーシャル裁判官の指摘する不整合は，ここから生じてきているものと思われる。

4．本件は *Bullington* を適用した事例判断だが，死刑量定手続における個々の量刑加重事由の不認定は二重危険条項上，終局性を与えられるものではなく，「無罪の判断」があったとして再度の死刑量定手続が妨げられるのは，検察官の死刑相当の主張全体が退けられたといえる場合であることを明らかにし

11）　渥美編・前掲注７・316 頁参照。

た点で重要である。

（三明　翔）

26.　Schiro v. Farley, 510 U.S. 222 (1994)

公判審理で陪審が明示的に認定しなかった犯罪事実を，別の訴因での有罪認定後，一度目の死刑量定手続で加重事由として用いることが，二重危険禁止条項が禁ずる反復訴追には当たらないと判示された事例。

《事実の概要》

1．申請人 Schiro は，謀殺で有罪と認定され，死刑を量定された。被害女性の遺体は，彼女の自宅玄関近くで半裸の状態で発見された。遺体付近は壁と床が血に覆われ，割れたウオッカの瓶やその他の様々な酒瓶，アイロンの取っ手と金属部分が現場で発見された。被害者の遺体には頭部への傷害を含む多数の打撲傷と，乳頭及び大腿部に裂傷が認められ，膣は裂けていた。大腿部の裂傷は，人が噛んでできたものであった。

Schiro は，居住していたハーフウエー・ハウスのカウンセラーと，拘置所の同房者，自身の彼女に犯行を自白していた。これらの自白で Schiro は，犯行時にアルコールと鎮静・催眠剤を摂取していたこと，何度も強制的に性交し，被害者を殺害した後も性交を行ったこと，ウオッカの瓶が割れるまで被害者の頭部を殴打し，その後はアイロンで殴打し，最後は絞殺したこと，被害者を謀殺した後，証拠隠滅を図ったことを供述していた。

2．本件犯行当時，インディアナ州法では，謀殺（murder）は以下のように規定されていた。⑴死亡するとの認識の下，又は，意図的に，人を死亡させた者，若しくは，⑵放火，又は，侵入盗（burglary），児童性的虐待（child molesting），性倒錯行為（criminal deviate conduct）誘拐，強制性交，強盗を実行中，若しくは，実行を企図して，人を死亡させた者は，重罪である謀殺を行ったものとする。（インディアナ州法典 §35-42-1-1（Supp. 1978））

Schiro は，以下の３つの訴因，すなわち，被害女性を，死亡するとの認識の下，死亡させた（訴因１），同人を強制性交実行中に死亡させた（訴因２），同人を性倒錯行為実行中に死亡させた（訴因３）との訴因で起訴された。

公判でSchiroは，被害女性を死亡させた事実は争わず，深刻な精神障害（insanity）を理由として無罪である，又は，有罪ではあるが精神障害（mentally ill）であるとの主張を択一的に行った。本件の陪審には評決につき10通りの選択肢があったが，陪審は訴因2について有罪であるとの評決のみを回付し，評決用紙のその他の部分は空欄のままであった。

インディアナ州法では，死刑を科すには，法定された九つの加重事由のうちの少なくとも一つを，州が合理的な疑いを差し挟む余地のない程度まで証明することが求められ，その上で，これを刑の量定者があらゆる軽減事由と衡量して，死刑相当と判断することが要件とされている。陪審による死刑が相当か否かの判断は勧告としての性質をもつにとどまり，最終判断は公判裁判官が行うこととなっている。本件に関連する加重事由は，強制性交実行中に被害者を意図的に死亡させたというものであるが，本件の量刑聴聞では，Schiroの精神的・情緒的問題を酌量して減刑することができるか否かが主な争点となった。陪審は，死刑に反対する勧告を行ったが，公判裁判官は死刑を量定した。

通常上訴において，Indiana Supreme Courtは，加重事由と軽減事由の認定を書面の形式にまとめるよう公判裁判所に求めて事件を差し戻し，公判裁判所は，上記の加重事由を認定するとともに，軽減事由は認められないと認定し，再び死刑を量定した。この死刑量定をIndiana Supreme Courtは確認した。

Schiroは有罪判決確定後の（非常）救済を州裁判所に求めたが，Indiana Supreme Courtは，再び死刑判決を確認した。その後，Schiroは連邦District Courtに人身保護令状の発給を申請したが，州の手続を利用尽くしていないとの消耗要件違反を理由に事件は州裁判所に差し戻され，Indiana Supreme Courtは3度目の死刑判決の確認を行った。その際，同裁判所は，Schiroが，本件で陪審が第1訴因につき有罪評決をしなかったということは，意図的謀殺につき無罪評決をしたものと認められ，量刑の際に，意図的謀殺を加重事由として用いることは二重危険禁止条項により禁止されると主張したのに対し，重罪謀殺（felony murder）は謀殺に包摂される犯罪ではなく，また，本件のように陪審が謀殺の類型の一つについて有罪認定をし，他の類型の謀殺について有罪・無罪の判断を明示していないことを理由に，後者の類型の犯罪構成要素について無罪の判断をしたと認めることもできないとして，このSchiroの主張を退けた。その後，合衆国District Courtは人身保護の申請を棄却し，第7巡回区Court of AppealsもDistrict Courtの判断を確認した。Court of Appealsは，二重危険禁止違反の争点についてのIndiana Supreme Courtの結論を容認し，さらに，重罪謀殺で有罪評決がなされたことが，州法上，純粋謀殺（pure murder）について無罪評決がなされたことを意味しないことからすると，本件では，付随的禁反言の原則も問題とならないとした。

合衆国最高裁判所により，サーシオレーライが認容された。

《判旨・法廷意見》

原判断確認

1．オコナー裁判官執筆の法廷意見

1　州は，申請人Schiroに人身保護の救済を与えることは，*Teague*（Teague v. Lane, 489 U.S. 288 (1989)）（複数意見）で述べられたニュー・ルール遡及適用禁止の原則に違反すると主張する。しかし，州は，この点をサーシオレーライの認容に反対する趣意書（brief）において主張していない。サーシオレーライを認容するか否かを判断するに当たり，本案審理に至ることが適法か否かは重要な考慮要因であることからすると，州によるこの主張の懈怠は重大である。*Teague*違反の主張を取り上げる裁量が当裁判所にあるとはいえ，この懈怠の重要性に照らして，本件で裁量を行使して*Teague*違反の主張を取り上げることはしない。

2　Schiroは，まず，本件で意図的謀殺を加重事由として死刑を量定することは，本件の量刑手続が意図的謀殺に関する反復的訴追に相当するものであるため，二重危険禁止に反し許されないと主張する。

二重危険禁止条項は，前に無罪判決を受けた同一の犯罪について再度訴追すること，及び，前に有罪判決を受けた同一の犯罪について再度訴追すること，同一の犯罪について二重に処罰することを禁止している。これらの保護は，被告人は同一の犯罪について2度審理され，又は，処罰されてはならないとの前提に基づく。二重危険禁止条項は，被告人に対して繰り返し有罪判決を求めることにより，被告人を困惑させ，経済的負担を強い，不安にさせ，生活の安定を害し，さらには，無辜であるにもかかわらず有罪と認定してしまう危険性が生じるのを防ぐためのものとして作用するが，二重に処罰され，または，訴追されるとの脅威が存在しない場合には，同条項違反はない。したがって，当裁判所の判例は，主要な害悪として対処すべきは反復訴追であり，二重に公判審理を行うことの禁止がこの憲法原則の中心的（controlling）な内容であることを確立したものとしている。

Schiroは，一個の訴追における量刑手続であっても，二重危険禁止条項の趣旨からは反復訴追として扱われるべき場合があると主張するが，先例上は，謀殺の有罪判決が上訴で破棄され差し戻された場合に，再度の公判審理の後再度の刑の量定をすることは許されるとされており（Stroud v. United States, 251 U.S. 15 (1919)），また，最初の量刑において既に恩赦となっていた被告人の前の犯罪を考慮にいれていた場合に，2度目の量刑聴聞を開くことは憲法に違反しないとされている（Lockhart v. Nelson, 488 U.S. 33 (1988)）。2度目の量刑手続が通常，二重危険禁止条項に反しないのであれば，どうして最初の量刑手続が二重危険禁止条項違反となるのだろうか。当裁判所はまた，前科を刑の加重事由に利用することも認めてきたが（Spencer v. Texas, 385 U.S. 554 (1967)），これもある意味，量刑手続において前に審理された行為について再度被告人は審理されているともいえる。要するに，二重危険禁止条項は，反復訴追との関係では，刑を科される危険ではなく公判審理と有罪判決を受ける危険に向けて規定されたものなのである。

Bullington（Bullington v. Missouri, 451 U.S. 430 (1981)）は，最初の死刑量定手続で陪審が死刑を認めず有期の拘禁刑を選択し，上訴で公判裁判所の有罪判決が破棄されて，差戻し後に州が再び死刑を求刑した事案であるが，この*Bullington*において，当裁判所は，再度の量刑手続で前の刑よりも重い刑を科すことは二重危険禁止条項に反しないとの一般原則を認めつつも，死刑事件の

場合にはこの原則に狭く限定された例外が認められることを承認している。例外が認められた理由は，この事件での死刑量定手続が，それまで再度の量刑手続が二重危険禁止に反しないとされた事例の量刑手続とは大きく異なり，それ自体が刑罰の争点に関する公判審理であり，被告人を２度死刑量定手続に付すことは，無罪とされた被告人を２度訴追することを許すのに等しいというものであった。これに対して，本件は，１回の訴追において１回の量刑手続が行われているだけであり，Schiro は意図的な謀殺について再度訴追されているわけでもなく，*Bullington* のように，２度目の死刑量刑手続に付されているわけでもない。国には，被告人を訴追する公正な機会が１回は付与される権限があり，そして，この機会には，被告人を有罪判決を求めて訴追するだけでなく，有罪判決後の量刑手続において証明を行う機会まで含まれる。

３　Schiro は，次に，陪審は意図的謀殺について無罪としているので，付随的禁反言の原則により，強制性交実行中に被害者を意図的に死亡させたとの事実を加重事由として認定することはできず，したがって，死刑量刑は破棄されなければならないと主張する。付随的禁反言の原則は，現代的な用語法では争点阻止効と呼ばれるものであるが，最終目標とされる事実（ultimate fact）に関する争点について，有効かつ最終的な判断が一旦なされれば，同一の当事者間においてこの争点を，将来のいかなる訴訟においても争うことはできないというものである。*Ashe*（Ashe v. Swenson, 397 U.S. 436 (1970)）において，この原則は，刑事手続において用いられる場合には，二重危険禁止条項に包含されると判示されている（Dowling v. United Staes, 493 U.S. 342 (1990) も参照）。当裁判所は，以下に述べるとおり，Schiro は，陪審が意図的謀殺について自身を無罪としたという，付随的禁反言の原則を適用する前提となる事実に関し証明責任を果たしていないと考えるので，意図的謀殺を死刑量刑手続において加重事由として利用することに付随的禁反言の原則が適用され得るかとの問題を，本件で取り上げて検討することはしない。

本件で付随的禁反言の原則を適用するには，まず，合理的な（rational）陪審であれば，被害者を Schiro が意図的に殺害したかとの争点以外の争点を評決の基礎とし得たかを，当裁判所は，訴答，証拠，起訴内容（charge）及びその他の関連する事項を考慮に入れつつ前の手続の記録すべてを検討して判断しなければならない。そして，再審理の阻止を求めている争点が実際に前の手続で判断されていることを証明する責任は，被告人が負う。

本件での最終弁論での弁護人の弁論の内容，検察官の論告の内容，そして，とりわけ裁判官による陪審説示の内容からすると，陪審は，評決用紙に記載された訴因のうち一つの訴因についてしか評決することができないと考えていた可能性がある。また，本件の公判では，Schiroが被害者を意図的に死亡させたか否かは，重要な争点とはなっていなかった。さらに，被害者を殺害したことの被告人による承認を含む，公判に提出された証拠と，Schiroが被害者を意図的に殺害したことを陪審が認定することの間には矛盾はない。

二重危険禁止の趣旨から，当裁判所は，陪審の沈黙を無罪評決に相当することを一定の状況の下で認めてきてはいる。とはいえ，当該争点が実際に，そして，必然的に被告人に有利に判断されたといえることが記録から証明されない限り，陪審が評決を回付していないことに付随的禁反言の効果を認めることはできない。被害者を殺害したとのSchiroの自白があること，陪審説示で殺害する意図の認定が陪審に求められていること，複数の評決が可能か否かについての陪審の理解が不確かであったことといった本件の事情に照らすと，Schiroは，再審理の阻止を求めている争点が実際に前の手続で自己に有利に判断されていることの証明責任を果たしているとはいえない。

以上の理由から，Court of Appealsの判断を確認する。

2．ブラックマン裁判官の反対意見

スティーヴンズ裁判官の反対意見に加わるが，*Bullington*が本件の死刑量刑を破棄するもう一つの強力な根拠となると考えるので独自に意見を述べる。

*Bullington*の判示のもっとも重要な点は，死刑量刑手続が有罪無罪に関する公判審理と同様の性質を有することから，二重危険禁止条項にいう「危険」を構成しうる独特のものであるとしたことである。そして，本件の死刑量刑手続は*Bullington*の量刑手続と区別することができないものである。

本件で陪審がSchiroの意図的謀殺について有罪の評決をしなかったことは，二重危険禁止法理の下では，黙示的に彼を無罪としたということになる。そして，死刑量刑手続で加重事由を認定するには，謀殺で起訴された犯罪の構成要素と同一の犯罪要素を検察官は証明しなければならない。本件で公判裁判官は，既に無罪とされたSchiroの行為について死刑量定をしており，これは二重危険禁止に反する。

3．スティーヴンズ裁判官の反対意見（ブラックマン裁判官参加）

1　本件の犯行がおぞましいものであるにもかかわらず，陪審が意図的謀殺について有罪の評決を回付せず，さらに，死刑に相当しないとの判断をしていることは，謀殺の意図を陪審が認定しなかったというのでなければ，理解することができない。

訴因2について有罪の評決をし，その他の訴因については無罪の評決をした場合に，陪審がそれを評決表に表す方法としては，本件で陪審がしたように，訴因2についてのみチェックを入れ，その他の訴因については空欄のままとするという方法しかない。

支配的な法原則からすると，陪審が他の二つの訴因について沈黙しているということは，それらの訴因について無罪の評決をしたということになる。そして，意図的な謀殺の訴因について陪審が無罪の評決をしたのは，謀殺の意図の証明がなかったからである。したがって，この意図についての争点を，量刑手続で再度審理することは，付随的禁反言の法理に反し許されない。

2　法廷意見は，本件で陪審が謀殺の意図の争点について，意図を否定する判断をしていない可能性があるとし，その根拠として，Schiroの自白の存在，陪審説示のあいまいさ，1個の訴因についてしか評決を回付できないと陪審が誤解していた可能性を挙げる。しかし，本件の公判審理の経過に照らすと，これらはどれも十分な根拠とはなりうるものではない。

本件で陪審が訴因1について無罪評決を行っていることを正しく認めれば，Schiroに死刑を量定することは禁反言の原則に反し許されないということになる。これと反対の結論をとる法廷意見の判断を支えるアプローチは，禁反言の原則は死刑量刑手続に適用されないとするのに等しいものである。

《解　説》

1．本件では，公判審理での有罪認定後の1度目の死刑量定手続に，二重危険禁止条項が適用されるか否かが争われている。*Bullington*（Bullington v. Missouri, 451 U.S. 430 (1981)）[1]では，事件が上訴後，破棄・差戻しとなり，再度の公判の後，2度目の死刑量刑手続において国が加重事由の証明を行うことは，二重危険禁止に反すると判示されている。本件は，1度目の死刑量定手続にもこの *Bullington* を拡張し，死刑量刑手続を開くことが反復訴追に当たるかが問われている。

なお，申請人 Schiro（被告人）は，さらに，死刑量刑手続に，二重危険禁止条項に含まれる付随的禁反言の原則（争点阻止効）が適用され得るかも争点にしたが，法廷意見は，仮に付随的禁反言の原則が適用され得るとした場合に，被告人側が果たさなければならない証明責任，すなわち，ある争点について既に被告人に有利な判断がなされているとの点についての証明責任を，Schiro が果たしていないとの理由で，この点に関する判断を回避した。

2．(1)　量刑手続には二重危険禁止法理が及ばないというのが，*Stroud*（Stroud v. United States, 251 U.S. 15 (1919)）以降の合衆国最高裁判所の基本的な立場である。*Stroud* の事案は，被告人が第一級謀殺で有罪とされ，終身刑が宣告されたが，ソリシター・ジェネラルの「過誤の自認（confession of error)」に基づき有罪判決が破棄され，新たな公判（new trial）において再度有罪と認定され，今度は死刑を宣告されたというものである。合衆国最高裁判所は，この事例において，新たな公判の後に死刑を科すことが二重危険禁止には反しないと判示した。また，*Pearce*（North Carolina v. Pearce, 395 U.S. 711 (1969)）では，被告人が有罪判決を受けて終身刑を宣告されたのに対して上訴

1)　この事件については，渥美東洋編『米国刑事判例の動向 I』（中央大学出版部，1989 年）第 30 事件（中野目善則担当）300 頁，鈴木義男編『アメリカ刑事判例研究　第 2 巻』第 25 事件（萩原滋担当）151 頁等参照。

し，破棄後の公判で再び有罪と認定され，今度は死刑を宣告されたという事例で，合衆国最高裁判所は，被告人の上訴による有罪判決破棄後の公判において，前の判決は破棄されたことによりご破算になるので，前の公判よりも重い刑を科すことも二重危険禁止には反しないと判示した。さらに，*DiFrancesco*（United States v. DiFrancesco, 449 U.S. 117 (1980)）[2]では，州法上「特別危険犯人」に分類される者に対する量刑不当を理由に検察官が上訴することも二重危険禁止に違反しないと判示された。

二重危険禁止法理の趣旨は，本件の法廷意見も述べているように，被告人に対して繰り返し有罪判決を求めることにより，被告人を困惑させ，経済的負担を強い，不安にさせ，生活の安定を害し，さらには，無辜であるにもかかわらず有罪と認定してしまう危険性が生じるのを防ぐというものであるが，再度の公判が許され，改めて有罪認定を受け，処罰の合理性，必要性が明らかになった者に対し，再度刑を量定しても，再度訴追を行うことや再度審理を行うことと同様の不利益を課すことにはならないとの考え方が，ここではとられているものと思われる[3]。このような考え方からすると，被告人に対し再度の量刑を行うこと，さらには，前の公判よりも重い刑を科すことも禁じられないというのが，これらの判例の根底にある考え方であると思われる。

(2)　こうした判例の流れがある一方で，*Bullington* において合衆国最高裁判所は，死刑量定手続に二重危険禁止法理が適用されるとの判断を示した。*Bullington* の事案は，以下の通りである。被告人は死刑が法定されている謀殺（capital murder）につき有罪と認定され，終身刑を宣告されたが，新たな公判を申し立てている間に，女性に陪審の職務の免除を自動的に認める申し立てを許しているミズーリ州法が，合衆国憲法第 6 修正及び第 14 修正に違反するとの判断が合衆国最高裁判所により示され（Duren v. Missouri, 439 U.S. 357 (1979)），これにより公判裁判所により新たな公判が認められた。そして，検

2）　この事件については，渥美・同書第 29 事件（中野目善則担当）289 頁，鈴木・同書第 24 事件（関哲夫担当）145 頁等参照。

3）　この点については，渥美・同書第 29 事件の解説 295-299 頁参照。

察官が，新たな公判において死刑を求刑するとの意見を付した告知書を公判裁判所に提出したというものである。この *Bullington* において，合衆国最高裁判所は，再度の量刑手続で死刑を科すことは二重危険禁止条項に反すると判示した。その理由として挙げられたのは，まず，ミズーリ州の死刑量定手続では，証拠の提出や弁論が行われ，さらに，刑の量定者が死刑の判断をするには，法定されている加重事由の少なくとも一つが，検察官により合理的な疑いを差し挟む余地のない程度まで証明され，さらに，この加重事由が減軽事由を上回っていることが認定されなければならないなど，死刑量定手続が有罪無罪を判断する公判審理に類似した内容を備えていたこと[4]，さらには，最初の量刑手続で死刑ではなく終身刑が選択されたということは，死刑量定に関する争点について刑の量定者が，いわば「黙示的無罪（implied acquittal）」の判断をしたとみることができるということであった。

この後者の「黙示的無罪」というのは，元々は *Green*（Green v. United States, 355 U.S. 184 (1957)）[5]で示された考え方で，*Green* では，最初の公判で，死刑を科すことのできる第1級謀殺と科すことができない第2級謀殺のどちらかを選択できる状況で，第2級謀殺が選択された場合に，上訴により破棄・差戻された後に，新たな公判において第1級謀殺について再度審理することは，これについては無罪の判決が黙示的になされているとみることができることから，二重危険禁止条項に反し許されないとされた。このように *Green* では，選

4) 死刑量定手続としてこのような公判類似の手続がとられるのは，合衆国最高裁判所の判例により，刑の量定者による恣意的な死刑量定を許す制度は合衆国憲法第8修正の「残虐で異常な刑罰」に当たり違憲であるとされたことから，死刑量定に対して指針を与える必要があることと，他方で，死刑に値する犯罪行為に対してのみ死刑が科せられるように，量刑の個別化が要請される，という一見すると対立するようにも思われる二つの要請に同時に応えるためである。以上の点については，たとえば，椎橋隆幸編『米国刑事判例の動向Ⅴ』（中央大学出版部，2016年）の「はしがき」及び各収録判例等を参照のこと。

5) この事件については，中野目善則『二重危険の法理』（中央大学出版部，2015年）89–91頁参照。

択されなかった方の犯罪に関して無罪の判決がなされたとみることができるとしたのに対し，*Bullington* では，前の死刑量定手続で終身刑が選択されたことにより，死刑量定に関する争点について黙示的に無罪と判断されているとの考え方がとられたといえる。あるいは，死刑を科すには，終身刑以下の刑を科す場合とは異なり，加重条件が付されていることから，通常の犯罪構成要件に加えてある種特別な構成要件が課されているとみて[6)]，この特別の構成要件が課されている犯罪について無罪と判断されたとみることもできる。このように *Bullington* は，*Pearce* でいわれた，上訴によって有罪判決が破棄されたことにより，再度の公判ではすべてがご破算になっており，一からやり直せるとの考え方に基づき，前の刑よりも重い刑を科すことが許されるとの立場に対して，死刑事件において一定の制約を設けたのである。

このような *Bullington* の立場は，*Rumsey*（Arizona v. Rumsey, 467 U.S. 203 (1984)）[7)]で踏襲された。*Rumsey* では，１度目の死刑量定手続で終身刑が言い渡され，上訴において法令解釈の誤りを理由に破棄・差戻しとなった事件につき，再度の死刑量定手続で死刑を量定することが，二重危険禁止条項によって禁止されると判示された。ここでは，アリゾナ州の死刑量定手続が *Bullington* でのミズーリ州の死刑量刑手続と同様に，有罪無罪を認定する公判と類似した性格を有していることが強調された。

3．本件で法廷意見は，量刑手続への二重危険禁止条項の適用に関しては，これを否定する *Stroud* に続く判例の立場が原則であり，*Bullington* は例外であることを確認し，*Bullington* の先例としての位置づけを明確にした。その上で，*Bullington* が，上訴で破棄差戻しされた事件での再度の死刑量定の問題を扱った事例であり，本件で扱われているのは有罪認定後の一度目の死刑量定であって，国には，有罪判決後の量刑手続において証明を行う公正な機会が１回は与えられなければならないとの理由から，二重危険禁止条項の適用を否定した。二重危険禁止の適用の有無を判断するに当たっては，上述したような被告人が

6）渥美・前掲注 1）書第 31 事件の解説（中野目善則担当）313 頁参照。

7）この事件については，同書 31 事件（中野目善則担当）307 頁参照。

被る不利益に対し国側の訴追の必要性とのバランスをとることが必要であると考えられてきており，国側には訴追の公正な機会が一度は与えられなければならないとされてきた。法廷意見は，この訴追の機会には，有罪判決後の量刑手続において証明を行う機会まで含まれるとしており，本件の死刑量定手続に二重危険禁止法理を適用して加重事由の立証を禁じることは，国に公正な訴追の機会を与えないこととなるというわけである。

なお，本件に *Bullington* を拡張して適用することを主張しているのはブラックマン裁判官だけであるが，ブラックマン裁判官が問題にしているのも，謀殺が意図的に行われたとの争点について死刑量定手続において国に証明を許すことが，2度の証明機会を与えることになることである。そうだとすれば，これは，付随的禁反言（争点阻止効）の問題として扱うのが，理論的には適切であるように思われる。法廷意見も，本件では，仮に付随的禁反言の原則が適用され得るとした場合に，適用の前提となる事実についての証明責任を Schiro は果たしていない[8)]との理由から付随的禁反言の原則適用の可否についての検討を回避しているのであり，適用がないとしたわけではない。本件が提示したこの論点についての最終的な解決は，後の判例に委ねられている。

（柳川　重規）

8) 付随的禁反言の原則を適用する場合に，その前提となる事実（最終目標とされる事実（ultimate fact）に関する争点について，被告人に有利な判断が，同一の当事者間において有効かつ最終的なものとして示されているという事実）については，被告人が証明責任を負うということが，*Dowling*（Dowling v. United States, 493 U.S. 342 (1990)）で判示されている。*Dowling* については，本書第 13 事件（柳川重規担当）参照のこと。

27. Monge v. California, 524 U.S. 721 (1998)

死刑が科される可能性のない事件において，累犯加重の理由となる事実の認定を支える証拠が不十分だとして，上訴裁判所が量刑を破棄した場合に，事件を差し戻して新たな量刑手続を行うことは二重危険条項に反しないとされた事例。

《事実の概要》

申請人はカリフォルニア州の裁判所において，未成年者を用いてマリワナを販売した罪を含む3つの訴因につき有罪とされ，量刑手続に付されることとなった。ところで同州は，「重大な重罪（serious felony）」について有罪とされた前科がある者の刑期を2倍とし，収監歴の存在も加重事由と定めていた。かかる前科の認定には，陪審による審理，対決権，自己負罪拒否特権が被告人に保障され，証拠法の適用の下，検察官は合理的疑いを容れない程度の証明が求められた。申請人は陪審による審理を放棄したため，量刑手続は裁判官により審理が行われた。同手続において検察側は，自ら棒を用いて暴行を行ったという前科と収監歴が申請人にあり，これは州法上「重大な重罪」とされる「本人が危険な又は致死性の武器を用いて行った暴行」に該当すると主張した。検察側がその証拠として提出したのは，申請人が致死性の凶器を用いた暴行につき有罪となり，服役したという刑務所の記録（prison record）だけであったが，裁判官は累犯加重を認め，申請人に11年の収監刑を言い渡した[1)]。

同州の中間上訴裁判所であるカリフォルニア州 Court of Appeal は，当該前科の認定を支える証拠が不十分だとし，また量刑加重事由の審理のために事件

1) 未成年者を用いたマリワナの販売の第1訴因につき刑期5年とした上で，重大な重罪の前科の存在を理由にこれを2倍して10年とし，さらにそれについての収監歴の存在を理由に1年を加重して11年が言い渡された。なお第2訴因については刑期を3年としたがその執行を猶予し，第3訴因については刑期2年とし，ただ第1訴因の刑と同時執行するものとした。

を差し戻すことは二重危険法理に反するとしてこれを許さなかった。これに対し，同州最上級裁判所であるカリフォルニア州Supreme Courtは，1981年の*Bullington*（Bullington v. Missouri, 451 U.S. 430 (1981)）では死刑が科される可能性のある事件の量刑手続に二重危険条項の適用があるとしたが，同判断の趣旨は死刑が科される可能性のない事件の量刑手続には及ばないとして，カリフォルニア州Court of Appealの判断を破棄した。合衆国最高裁はサーシオレイライを認容した。

《判旨・法廷意見》

原判断確認

1．オコナー裁判官執筆の法廷意見

当裁判所は1981年の*Bullington*（Bullington v. Missouri, 451 U.S. 430 (1981)）において，死刑が科される可能性のある事件の量刑手続に二重危険条項が適用されると判断したが，死刑が科される可能性のない事件の量刑手続にも同条項の保障は及ぶのかが本件の問いである。

二重危険条項は，「何人も，同一の犯罪について，重ねて生命または身体の危険に晒されることはない」と定める。当裁判所の先例はこれを，無罪判決又は有罪判決の後に同一の犯罪について訴追が行われないこと，及び同一の犯罪について複数の刑罰が科されないことを保障したものと解している（North Carolina v. Pearce, 395 U.S. 711, 717 (1969)）。そして刑の量定は，「犯罪」を犯したと判断される危険に被告人を晒す（place defendant in jeopardy for an “offence”）ものではないという理由から，量刑手続に同条項は適用されないと判断してきた。累犯加重については，被告人を新たにその危険に晒したり，過去の犯罪につき刑罰を追加して科すものではなく，繰り返し行われたものであるからより悪質な犯罪であるという理解に基づいて，今次の犯罪をより重く処罰するものと解されている（Gryger v. Burke, 334 U.S. 728, 732 (1948)）。

本件の累犯加重事由は実際には犯罪構成要素たる事実だとスカリーア裁判官はいうが，それは本件で争点とされておらず，また同裁判官も認める通り，そのような理解は*Almendarez-Torres*（Almendarez-Torres v. United States, 523 U.S. 224 (1998)）において否定されている。ある特定の事実につき，それを犯罪構成要素と扱うことが基本的公正さの要求となる状況を想定しうるのは確かである。だが，例えば，薬物犯罪において薬物の量を犯罪構成要素とすると，無実を主張すると同時に薬物の量を争うことを被告人に躊躇させうることなどを考えると，ある事実を量刑事実と定義することを公正さが求める場合もあり，*Almendarez-Torres*はそのことも理由の一部として，刑の上限を引き上げる事情は常に犯罪構成要素たる事実だとはしなかったのである。また本件州法の加重の程度は，*Almendarez-Torres*が合衆国憲法上許されるとした範囲内に十分に収まっている。

罪責に関する検察官の立証が不十分であるという理由から上訴裁判所が有罪判決を破棄した場合，かかる認定は無罪評決に相当するが（Burks v. United States, 437 U.S. 1, 16 (1978)），量刑手続における立証が不十分とされた場合は同様には解されない。二重危険条項は，自身に科される刑の厳密な上限がいかなるものとなるのかを，どこか特定の時点で知る権利を与えるものではない（United States v. DiFrancesco, 449 U.S. 117, 134 (1980)）。したがって量刑不当を理由に検察官が上訴することや，被告人が上訴に成功し有罪判決が破棄された後に最初の量刑よりも重い刑を科すことは妨げられない。

1981年の*Bullington*はこの一般原則に「狭い例外（narrow exception）」を設けた（Schiro v. Farley, 510 U.S. 222, 231 (1994)）。*Bullington*では，死刑を科しうる事件の量刑手続において陪審審理の結果終身刑を言い渡された被告人が上訴に成功し，手続的理由に基づき有罪判決を破棄された後，検察官が再び死刑を求刑する意思を示したところ，それが二重危険条項に反するかが争われた。当裁判所は，終身刑を言い渡した最初の陪審は死刑か終身刑の選択を求められ，その判断を指導する基準も存在したこと，検察側は合理的疑いを容れない程度まで事実を立証する責任を負い，公判に類似する形式の別個の手続で証拠が提出されていたことから，当該陪審審理は，有罪か無罪かを決する公判の特質（hallmarks）を備えたものであったと判断した。伝統的な量刑手続では，法律上許される刑の上限を下回る刑が科されたことをもって，政府が主張・立証に失敗したと判断されたということはできないが，当該陪審による量刑審理はそれとは明確に異なるとみたのである。当裁判所はさらに，死刑が科されうる事件で量刑手続に臨む被告人が直面する，困惑と負担，試練，そして不安と心許なさは，刑事公判の罪責認定段階であらゆる被告人が直面するものと少なくとも同等であること，そして死刑を科すよう繰り返し陪審を説得することは誤って死刑が科されてしまう許容しがたい高度のリスクがあることを理由として触れ，二重危険条項違反を認めたのである。

申請人は，本件での累犯加重における前科の認定手続は，検察官が歴史的事実について合理的疑いを容れない程度の証明をしたかを量刑判断者が客観的に判断するものであるから，「有罪か無罪かを決する公判の特質」を備えたものであったという。しかし，仮に本件手続がそういえるとしても，*Bullington* の論拠を構成する決定的要素は，死刑量定手続であったことである。死刑を科されうる事件の量刑手続は多くの点で，死刑を科しうる謀殺罪について被告人が有罪であるか無罪であるかを決する公判が継続しているのだといえる。死刑量定手続でなされる判断が恣意や気まぐれではなく理由に基いて行われ，またその外観を備えることは極めて重要であり（Gardner v. Florida, 430 U.S. 349, 358 (1977)），死刑はその峻厳さ及び終局性において独特であるから，死刑量定手続は，それを信頼の措けるものとすることの強い必要を先例は認めてきている（Lockett v. Ohio, 438 U.S. 586, 604 (1978) (opinion of Burger, C.J.)；*Strickland v. Washington*, 466 U.S. 668, 704 (1984) (Brennan, J., concurring in part and dissenting in part)）。そしてこの信頼性の必要が，州に繰り返し立証の機会を与えることで誤った判断が下されることを防ぐという合衆国憲法による二重危険の禁止の中心的関心の１つと合致するのである。死刑量定手続においては正確性に対する関心が一層高いことは *Bullington* 自身が援用していたものである。

さらに *Bullington* の後の先例でも，同判断の論拠が「死刑量定手続の持つ固有の事情」（Caspari v. Bohlen, 510 U.S. 383, 392 (1994)）に限定されたものであることを示唆している。

1919 年の *Stroud*（Stroud v. United States, 251 U.S. 15 (1919)）は，死刑を科しうる事件の量刑手続で二重危険法理の適用を否定していたところ，*Bullington* は同判断を変更することなく，同判断の事案の量刑手続が公判に典型的な特質を備えていなかったことを理由に同判断を区別したことなどを指摘し，二重危険条項の適用を左右するのは手続に伴いうる結果ではなく手続の性格だと申請人は主張する。だが，*Bullington* は，当該事案における量刑手続の公判類似性とそこで科されうる刑罰の峻厳さの両方が認められる場合に同条項の適用を認めたのである。

死刑が科される可能性のない量刑手続が公判類似のものであったとしても，それは立法により与えられるもので，合衆国憲法が要求するものではない。累犯加重により劇的に刑期が長くなる可能性のある被告人に手続的保護を与える選択をしている州は多いが，仮に手続的保護を設けることで二重危険条項が適用されるとしたならば，それを躊躇させ，重要な手続的保護を後退させることにもなりかねない。

2．スティーブンズ裁判官の反対意見

最初の手続における証拠が不十分であった場合に新たな公判や新たな量刑手続が許されると判断した先例はない。先例は一貫して，証拠が不十分であった場合と法の解釈・適用の誤りがあった場合とでこれを区別してきており，法廷意見はこの極めて重要な違いを認めていない。

法廷意見のいう通り，累犯加重によって著しく重い量刑を下される可能性のある被告人を保護するための手続的保護策を州が導入したことによって憲法上の義務が新たに生ずるということはないが，相当数の州が早くからこれを導入していることは，それが基本的な公正さの伝統的理解に由来するものであることを強く示す。それと同じ基本的な公正さの伝統的理解が二重危険条項の基礎にはある。

3．スカリーア裁判官の反対意見（スーター，ギンズバーグ両裁判官参加）

Bullington を拡張せず，死刑を科すことができない事件の量刑手続への適用

否定した点では法廷意見に同調する。

「量刑加重」事由と州が分類する事実の認定によって本件申請人は4年長い刑期を言い渡されているが，これは，新たな犯罪事実について有罪とされた結果であると合衆国憲法上は評価すべきである。したがってその認定が公判で提出された証拠によって支えられないと上訴裁判所が判断した以上，同じ事実について再度有罪立証の機会を政府に与えることは二重危険の禁止にあたる(*Burke*)。*Almendarez-Torres* は，累犯加重の理由となる事実の認定は，被告人に対し科しうる刑の上限を引き上げるものであっても，犯罪構成要素の認定にはあたらないと解したが，これは誤った憲法解釈を述べたものと私は考える。いずれにしても *Almendarez-Torres* は，被告人の前科の関わる加重事由以外については判断をしておらず，本件判断の射程もそれ以外に及ぶものではない。

《解　説》

1．第5修正の二重危険条項は，「何人も，同一の犯罪について，重ねて生命又は身体の危険に晒されることはない」と定め[2]，無罪判決に対する検察官上訴は禁じられる。検察官は有罪立証の機会を1度与えられているので，新たに有罪立証の機会を検察側に与えることは二重訴追にあたるからである。同じ理由から，公訴事実を支える証拠が不十分であることを理由に上訴裁判所が有罪判決を破棄した場合に，事案を差し戻して2度目の公判を開くことも許されない（Burks v. United States, 437 U.S. 1 (1978)）。量刑手続に関しては長らく二重危険条項による保護は及ばないと解されていたが，1981年の *Bullington* (Bullington v. Missouri, 451 U.S. 430 (1981)[3]）で，死刑が科されうる事件の量刑手続については同条項の保護が及びうることが明らかにされた。そこで，さら

2)　第5修正の二重危険条項の保障は第14修正のデュー・プロセス条項を介して州にも適用される。See Benton v. Maryland, 395 U.S. 784 (1969).

3)　*Bullington* の紹介・解説として，渥美東洋編『米国刑事判例の動向Ⅰ』（中央大学出版部，1989年）300頁（中野目善則担当），小早川義則『デュー・プロセスと合衆国最高裁Ⅴ』（成文堂，2015年）80頁等参照。

に進んで，死刑が科される可能性のない量刑手続にも同条項の保護が及ぶ余地があるのかが問われていたところ，合衆国最高裁がこの点を争点として正面から取り上げた初めての判断が本件である。具体的には，未成年者を利用したマリワナ販売の罪等で有罪とされた本件申請人が１度目の量刑手続では，累犯加重事由を認定されて11年の収監型を言い渡されたが，当該累犯加重事実の認定を支える証拠が不十分であることを理由に上訴裁判所が量刑を破棄したことから，事案を差し戻して２度目の量刑手続を開くことが二重危険条項に反するかが争われた。合衆国最高裁は５対４で同条項違反を否定した。

2．⑴　二重危険条項の量刑手続への適用の余地を認めた *Bullington* の事案は次のようなものであった。即ち，ミズーリ州の裁判所において死刑を法定刑に含む謀殺の罪について有罪とされ，１度目の死刑量定手続で終身刑を言い渡された被告人が，上訴手続で手続的瑕疵を理由に当該有罪判決を破棄された後，２度目の公判の結果再び有罪とされたため，２度目の量刑手続が開かれることになったところ，検察側が再び死刑の適用を求めて主張・立証を行うことが二重危険条項に反するかが争われた。そこで，合衆国最高裁は大要次のような理由から同条項違反を肯定した。即ち，①ミズーリ州が公判類似の死刑量定手続を定め，陪審に対し，検察側がその主張を支える立証を果たしたかを判断するよう明示的に要求している。②したがって陪審が死刑ではなく終身刑を科したことは，被告人は死刑相当であるという検察側の主張を退けたということができる。そして，③同州の死刑量定手続で被告人が直面する羞恥，負担，試練と不安は罪責認定手続で被告人が直面するものと同等かそれ以上であること，そして再度死刑適用を主張・立証する機会を検察側に与えれば，被告人を消耗させ，不当に死刑が科されてしまう虞れが許容しがたいほど高いこと等に鑑みると，二重危険条項が無罪評決に終局性を与えている趣旨がここに妥当し，再度死刑適用を主張・立証する機会を検察側に与えることは許されない，というものである。

⑵　仮に *Bullington* の上記論拠のうち，③は事案に即した判示であり，①②こそが結論を左右していたと解すれば，量刑手続が罪責認定手続の公判に

相当程度類似し，より軽い刑が選択されたことが，より重い刑が相当であるという主張を支える立証に検察官が失敗したと評価できる場合は，死刑が科されうる事件であるか否かに拘らず，二重危険条項の適用があるということになりそうであり，現に本件でのスティーヴンズ裁判官はかかる立場を採っている[4)]。しかしながら，*Bullington* 以降，死刑を科し得ない事件における量刑手続に二重危険条項の適用があるか否かを正面から判断した合衆国最高裁の先例はないものの，*Bullington* 後の先例の傍論からは，*Bullington* において③の論拠も同判断の結論を導く上で不可欠な要素であったと考えられていることが既に強く窺われた[5)]。例えば，1985年の *Goldhammer*（Pennsylvania v. Goldhammer, 474 U.S. 28 (1985)）の裁判官全員一致の無記名意見（per curiam）では，特に条件を付することなく，死刑を科し得ない事件において下される量刑は，無罪評決の如く憲法上終局的なものと扱われる性質を有するものではないことは先例上明確に確立していると判示していた。また本件法廷意見も引用している通り，1994年の *Schiro*（Schiro v. Farley, 510 U.S. 222 (1994)）の6名の裁判官が参加した法廷意見は，*Bullington* について，二重危険条項が量刑手続に適用される「狭い例外（narrow exception）」を設けたと表現しており，死刑が科される可能性のない事件でも公判に類似する量刑手続を保障する州が当時も少なくなかったことを考えると，これは死刑量定手続以外への二重危険条項の適用を想定していない判示であるとみる余地がある。さらに1994年の *Caspari*

4) 被告人の生命だけでなく身体を二度危険に晒さないことを保障したもので，検察側にその主張を立証する機会を1度に限るというのが二重危険条項の趣旨であり，公判に類似する手続の有無が同条項の保障を左右するというのが *Bullington* の立場だとして本件を批判する評釈もある。*See* Eva M. Floyd, *Criminal Procedure: Allowing the Prosecution a "Second Bite at the Apple" in Non-Capital Sentencing:* Monge v. California, 53 Okla. L. Rev. 299 (2000).

5) 但し，当該事案では下位の裁判所が死刑の科される可能性のない量刑手続にも二重危険条項が適用されると判断し，州側がその点を争わなかったことから，それを前提として検討をした判断は存在する。*See*, Lockhart v. Nelson, 488 U.S. 33, 37–38, n. 6 (1988).

（Caspari v. Bohlen, 510 U.S. 383 (1994)）では，死刑の科される可能性のない量刑手続に二重危険条項の適用を認めて人身保護令状を連邦裁判所が発付することが，被告人の有罪判決及び量刑が確定した以降に宣言された，憲法上の「新たな原則（new rule）」に基づいて人身保護令状を発付することは許されないという *Teague* ルール（Teague v. Lane, 489 U.S. 288 (1989)）に反するかが争点となった。そこで7名の裁判官が参加した法廷意見は，先例は二重危険条項の死刑が科され得ない量刑手続への適用の余地を否定はしていないかもしれないと留保しつつ，*Bullington* の論拠が妥当するのは死刑量定手続の持つ特有の事情に限られるとか，*Bullington* は死刑が科され得る量刑手続にのみ適用されることを先例は強く示唆しているといった判示もしていた。

3．このように *Caspari* で既にその予兆が見られていたところ，本件で合衆国最高裁は，死刑が科される可能性のない量刑手続には二重危険条項の適用がないことを明らかにした。この結論は，スティーヴンズ裁判官を除く全員の裁判官が一致しており，先例として強固な立場が示されたといえる。法廷意見がその実質的根拠として強調しているのは，*Bullington* が述べた上記 ③の理由，特に，検察側が死刑相当の立証を繰り返すことで，死刑が相当でない者に誤って死刑が科されてしまうことを防ぐ必要性の高さである。検察側に立証を繰り返させることにより，死刑が相当でない者に対して誤って死刑が科されることのリスクの受け入れ難さは，無辜の者が誤って処罰されてしまうリスクの受け入れ難さと同様であり，単により軽い処罰を受けるべき者が誤って（死刑以外の）重い処罰を受けてしまうリスクとは一線を画するということであろう。法廷意見は，量刑手続が公判手続に類似するというだけでは足りず，死刑が科されうる手続であることの両方が認められて初めて二重危険条項が適用されるという立場を明らかにしたといえる。法廷意見はこの立場が先例と矛盾せず，むしろ *Bullington* 以降の先例では示唆されてきたことを指摘したほか，州が立法により公判に類似する量刑手続を保障したばかりに二重危険条項が適用されることになれば，死刑の科される可能性のない事件の量刑手続における被告人の手続的権利の保障に州が萎縮してしまう虞れがあることも理由としている[6)]。

4．ところでスーター，ギンズバーグ両裁判官が参加したスカリーア裁判官の反対意見は，死刑の科される可能性のない量刑手続に *Bullington* を拡張しなかったことは妥当としつつ，本件で申請人の刑期を4年長くする結果となった前科の存在は，合衆国憲法上は犯罪構成要素たる事実と解すべきだとし，その認定手続は二重危険条項が本来的に適用される罪責認定手続であるから，前科の存在につき再度立証の機会を与えることは許されないという。同裁判官はそう解すべき理由として，州が刑法を改正し，既存の各種の暴力犯を犯罪と定めるのを止め，人に意図的に傷害を負わせることだけを犯罪とし，mens rea の程度や，致死性凶器の使用の有無，致死の結果の有無等をすべて量刑加重事由と定めた場合を例に挙げ，そのような場合に州が量刑事情と定めているからといって，それらの事実につき陪審審理や合理的疑いを容れない程度の証明を要しないといった憲法解釈は許されないはずであり，二重危険条項についても同様だと論ずる。同裁判官は，本件州法がそのような極端な立法ではないことは認めつつ，法廷意見の解釈はそれに途を開くものと批判する。

しかし，わが国とは異なり，合衆国では累犯加重の理由となる前科事実を単なる量刑事情と扱うことは古くから行われており[7]，二重危険条項の文脈ではないものの，そのような扱いの合憲性が本件と同年に下された *Almendarez-Torres*（Almendarez-Torres v. United States, 523 U.S. 224 (1998)）で確認されている。同判断での争点は，退去強制により出国した者が特別な許可を得ることなく合衆国に再び入国することを最長2年の収監刑を科しうる犯罪とし，退去強制が加重重罪（aggravated felony）で有罪とされたことを理由とするものであった場合には最長20年の収監刑を科す連邦法に基づき，7年と1カ月の収

6）　これに対し，スティーヴンズ裁判官は，累犯加重の理由となる事実等について公判に類似する手厚い手続保障をすることはデュー・プロセス条項の要求となり得，二重危険条項の適用を避けるために手続保障を弱めるという選択肢が州にはないことを示唆している。

7）　1912年の先例の判示の中で，既に1795年にはヴァージニア州とニューヨーク州で累犯加重を定める法律が成立したことが指摘されている。See Graham v. West Virginia, 224 U.S. 616, 623 (1912).

監刑が言い渡されたところ，同事案の大陪審起訴状に退去強制の理由が記載されていなかったことから第５修正のデュー・プロセス条項違反等が争われた。*Almendarez-Torres*[8)]は，累犯加重における前科の事実が法律上量刑事実と位置づけられていることを理由に起訴状への記載は不要と判断したが，その中で，法律がいかに定義しているかに拘らず，累犯加重における前科の事実，あるいはさらに進んで，刑の上限を引き上げる効果を持つすべての事実は犯罪構成要素である事実と解すべきだという主張を退けた。*Almendarez-Torres* は，合衆国憲法が一定の事実を犯罪構成要素たる事実と扱うことを要求しうることは肯定しつつ，① 累犯加重における前科事実は量刑事情であると伝統的に解されてきたこと，② 先例は刑の下限を引き上げる事実を量刑事実と扱うことを合憲としているところ，刑の上限の引き上げがそれよりも常に被告人に不利益である訳ではないこと[9)]，③ 法定刑の幅が広い場合には陪審ではなく裁判官が様々な事実を考慮して量刑をすることになるが，それが不公正だと考えられていないこと，④ 憲法上の保障を回避しようという意図は当該立法に窺われないこと，⑤ 死刑の適用を左右する事実の認定でさえ裁判官が行うことが許されると先例は解していること，⑥ 類犯加重事実として前科を認定することは，新たな犯罪としてそれを処罰しようとするものではないから二重危険条項違反にならないとした先例[10)]と整合し難いことを指摘し，累犯加重における前科事実を犯罪構成要素と扱ったり，まして刑の上限を引き上げる効果を持つすべ

8） *Almendarez-Torres* は５対４の判断であったが，同判断でもスカリーア裁判官は反対意見を付し，スーター，ギンズバーグ両裁判官に加え，スティーヴンズ裁判官が参加した。

9） これは，刑の下限を引き上げる事実を犯罪構成要素ではなく量刑事情とすることを合憲とした1986年の *McMillan*（McMillan v. Pennsylvania, 477 U.S. 79 (1986)）を受けた指摘である。

10） Graham v. West Virginia, 224 U.S. 616 (1912). もっともこの先例は，累犯加重自体が二重処罰にあたらないことを判断したもので，累犯加重の理由となる事実について立証の機会を検察官に複数回与えることの同条項の適合性が争点となった判断ではない。

ての事実をそのように扱うべきであるとは解されないとした。

法廷意見は，スカリーア裁判官の主張が *Almendarez-Torres* で否定されていることを述べた上で，量刑に影響を与えうる事実をすべて犯罪構成要素と扱うことは却って被告人に不公正となる場合がありうることを指摘し，同判断を敷衍した説明を行っている。また *Almendarez-Torres* と同様，州が量刑事実と分類した場合も基本的公正さの要求として犯罪構成要素と扱わなければならないときがありうることを認めた上で，本件では，累犯加重として刑の上限を７年から 14 年に引き上げるにとどまるところ，*Almendarez-Torres* では２年から 20 年まで引き上げる場合でも量刑事実と扱うことを合憲と解していた以上，本件を別に扱う必要はないと論じている。

5．本件は合衆国最高裁の８名の裁判官が，*Bullington* を拡張することなく，死刑が科される可能性のない量刑手続への二重危険条項の適用が否定されると初めて正面から判断した点でその意義は大きい。また，刑の上限を引き上げる効果を持つ事実について，州法の定めに拘らず，二重危険条項の本来的適用のある犯罪構成要素たる事実と扱うべき場合があることを認めつつ，*Almendarez-Torres* に依拠し，同判断と同様の累犯加重の理由となる前科事実について，刑の引き上げ幅も同判断よりも小さいことを指摘して，これを量刑事情と扱うことが許されると慎重に判断をしている点は，州が事実を形式的に量刑事情と定めることで，二重危険条項などの憲法上の手続的保障を免れる事態を招くことに対する警戒も窺われるところである。スカリーア裁判官が反対意見で指摘しているように，累犯加重事実以外の刑の上限を引き上げる効果を持つ事実を量刑加重事由として扱ってよいかについては本件は判断をしていないとみるべきであろう。

（三明　翔）

28. Sattazahn v. Pennsylvania, 537 U.S. 101 (2003)

第1次死刑量刑公判で陪審が評決不能となったため，州法に従って公判裁判官が終身刑を言渡し，その後上訴審で有罪判決が破棄された場合，再度死刑を求刑し，第2次量刑公判で死刑を評決することは，第5修正の二重危険禁止条項，あるいは第14修正のDue Process条項いずれによっても禁止されない，とした事例。

《事実の概要》

申請人Sattazahn及び共犯者Hammerは拳銃で武装し，強盗目的で被害者の経営するレストラン近くで待ち伏せていた。レストランの駐車場で申請人らは被害者に声を掛けて銃を抜き，その日の売上を銀行へ預けるための預金用バッグを渡すよう要求した。被害者がバッグを放り投げて逃げようとしたため，申請人らは被害者の背後から発砲し，被害者は死亡した。申請人らはバッグをつかんで逃走した。

ペンシルヴェニア州は申請人を起訴し，死刑を求刑した。陪審は第1級謀殺罪他の様々な起訴事実につき有罪と評決した。ペンシルヴェニア州法によれば第1級謀殺罪は死刑が科されうる犯罪（capital murder）なので，手続は死刑量刑陪審段階へ移行した。州政府は，法律上の1個の量刑加重事由，すなわち重罪遂行中の謀殺を主張した。申請人は減軽事由として，彼に前科前歴がないこと，及び犯行時の若年齢を主張した。

ペンシルヴェニア州法によれば，死刑量刑段階での手続[1]は，「(iv)陪審が全員一致で，1個以上の法定加重事由が存在し，減軽事由が全くないと認定した場合，または，1個以上の法定加重事由があり，加重事由が減軽事由を凌駕すると認定した場合は死刑を，それ以外の場合は終身刑を宣告せねばならない。

(v)公判裁判所は，陪審が，これ以上審議を重ねても，量刑につき全員一致

1) 42 Pa. Cons. Stat. §9711 (c) (Supp. 2000).

の結論に至らない場合は，裁量により陪審を解任することができる。この場合，裁判所は被告人に終身刑を宣告する。」となっていた。

当事者双方の証拠提示後，陪審は3時間半の評議を経て評決不一致に至り，陪審員全員が自分の見解を変更する余地がない，と返答した。申請人は，州法に基づき陪審を解任し終身刑の量刑を言渡すよう申立て，公判裁判官はこれを容れて終身刑を宣告した。

その後申請人は州 Superior Court に上訴を申立てた。上訴裁判所は，公判裁判官の陪審説示に誤りがあった，と結論し，第1級謀殺等の有罪判決を破棄して新たな公判を行わせるため差し戻した。差戻しによる第2次公判で，州政府は再度死刑を求刑する意図があること，また，最初の量刑手続で示された加重事由に加え，重罪前科があることを2個目の加重事由とする意思を示した。申請人は，州の死刑求刑及び加重事由追加を禁止する申立てを行ったが，公判裁判所に却下され，上訴裁判所もこれを確認し，州最高裁判所もこの申立てについて上訴を認容しなかった。第2次公判で，（新たな）陪審は申請人を第1級謀殺で有罪と認定し，量刑では死刑を答申した。

上告を受け，州最高裁は州の先例に依拠し，合衆国憲法の二重危険条項によっても，Due Process 条項によっても再公判での死刑求刑は禁止されない，と判示し，有罪認定及び再公判での死刑双方を確認した。合衆国最高裁判所はサーシオレイライを認容した。

《判旨・意見等》

原判断確認

1．スキャリーア裁判官執筆の法廷意見，全部にレーンクィスト首席裁判官，トマス裁判官参加，3を除いてオコナー，ケネディ両裁判官参加。

1　本件同様に，謀殺罪で有罪宣告され終身刑を言渡された被告人が，有罪判決に上訴を申立て，判決の破棄に成功した場合，危険は終結しておらず，したがって有罪判決により宣告された量刑は，再公判での死刑量刑について二重危険禁止を惹起しない，としたのが1919年の当裁判所判断である *Stroud*

(Stroud v. United States, 251 U.S. 15 (1919)) である。*Stroud* では，争点とされた犯罪は謀殺罪のみであり，量刑を行ったのは，死刑量刑について何ら新しい事実認定を要求されない裁判官であった。しかし，1981 年の *Bullington* (Bullington v. Missouri, 451 U.S. 430 (1981))[2)]で当裁判所は，この事案での死刑量刑手続は有罪・無罪を判断する公判の特徴 "Hallmarks of trial" を持つので，二重危険条項が及び，この手続での終身刑の量刑は「陪審が死刑を宣告するために必要な点について無罪を評決した」ことになるため，二重危険条項により，州が再公判で死刑を求刑することは禁止される，と判示した。

もっとも，当裁判所は，一度終身刑が科された場合に，必ず二重危険により死刑の禁止が発動されるものではない，とも注意深く強調している。*Stroud* と *Bullington* の差異は，*Stroud* では個別具体的な量刑を正当化するために，合理的な疑いを容れない程度の証明を求める，別個の量刑手続は存在しなかったことである。すなわち，公判類似の量刑手続における「死刑については無罪の判断には，二重危険による保護が要件付けられる。

その後 1984 年の *Rumsey* (Arizona v. Rumsey, 467 U.S. 203 (1984))[3)]では，量刑段階で州が主張した法定加重事由を公判裁判所は認定せず，そのため州法が要件とする通りに被告人に有利な量刑を下した。州の上訴により，州最高裁は，公判裁判所は法定加重事由のうち 1 個につき解釈を誤っている，として再度の量刑手続に差戻し，そこでは死刑が宣告された。当裁判所はこの死刑判断を破棄して，二重危険目的での適切な審理判断は，最初に被告人が終身刑を受けたか否かによるのではなく，終身刑を言渡される法的地位（establish）を与える（establish）のに十分な事実認定に基づいているので，実体判断に基づく無罪（acquittal on the merits）に相当し，事実認定者の「実体に基づく無罪」は終局のものであるから，再度の審理は禁止される，と述べた。すなわち政府が合理的疑いを容れない程度に，死刑を宣告するための 1 個以上の加重事由を

---

2) 邦文解説として，渥美東洋編『米国刑事判例の動向 I』300 頁（中野目善則担当)。なお，*Stroud* についての言及も含まれる。

3) 邦文解説として，中野目，前掲注 2)，307 頁。

立証することに失敗した，との事実認定があるか否かによることを，再度確認した。1986年の*Poland*（Poland v. Arizona, 476 U.S. 147 (1986)）では，第1級謀殺で有罪宣告され，死刑を言渡された後，州最高裁は有罪を破棄し，さらに公判裁判所が認めた1個の加重事由が存在することについて証明が不十分であるとした。しかし，別の加重事由があることを示す十分な証明はあるとした。差戻しで再公判が行われ，再び有罪判決と死刑が言渡された。当裁判所は，このような状況下では二重危険禁止条項は働かない，とし，*Bullington*, *Rumsey*と異なり，裁判官あるいは陪審が最初の量刑の際に「死刑については無罪」の判断をしていない，とした。

2 陪審の「評決不能（hung jury)」による再公判では通常は二重危険禁止条項違反はない[4)]。申請人は，死刑量刑段階は独特な手続であり，第1次の量刑手続にて陪審が評決不一致となり，州法に従って公判裁判所が終身刑を言渡した結果，*Bullington*の下で二重危険の保護が働く，と主張するが，*Bullington*で試金石となるのは「死刑については無罪」相当の判断がなされたか否かである。本件は，最初の陪審または裁判所による「無罪」を証明することができない場合であり，政府の主張する加重事由についての認定は全く行われていない。被告人の終身刑判決は「終身刑への合法な資格を与えるのに十分な認定による」無罪とはいえない，とみるのが正当である。

また，公判裁判官の終身刑宣告も，「死刑については無罪」ではない。州最高裁の説明によれば，州の量刑制度（scheme）の下では，陪審が評決不能となった場合，公判裁判官に裁量の余地はなく，法律上必ず終身刑となる。公判裁判官は事実問題についての解決・認定をしていない。

仮に州議会に別の意図があれば，「死刑については無罪」でなくとも，先の終身刑宣告が後に「死刑を宣告されない資格を与える」と考える余地はありうる。しかし，州最高裁によれば，法律の意図はそうではなく，有罪が確認され，訴訟が終結に至れば，終身刑を受け入れさせることにあるかもしれない

---

4) Richardson v. United States, 468 U. S. 317 (1984).

が，また，訴訟資源の保存という利益から，争点の解決にかかるコストが大きく，未解決であっても量刑手続を終えさせようとするかもしれないが，何らかの形で州の主張が再度審理されねばならないとなった場合にまで，そう考える必要はない，というものである。この理由付けは正当である。

3　上記の先例が判断された時点では，死刑量刑手続は，あくまで量刑手続と理解されていた。公判類似の特徴を持つとはいえ，二重危険禁止条項の目的に関して公判とは決定的に異なり，あくまで「死刑が宣告され得る謀殺罪」についての量刑手続として扱われてきた。

しかし，2000年の *Apprendi*（Apprendi v. New Jersey, 530 U.S.466 (2000)）[5]で当裁判所は，第6修正の陪審審理権を保障する関係で，前科前歴以外のいかなる事実であれ，州がこれにどのような題（label）をつけようとも，法定刑の上限を引き上げる事実は，犯罪の構成要件“Element”となり，陪審の合理的疑いを容れない程度の認定を必要とする，と判断した。また，この *Apprendi* の判断を死刑量刑手続に取り入れることを2002年の *Ring*（Ring v. Arizona, 536 U.S. 301 (2002)）で認め，法定加重事由は，より大きな犯罪の構成要件と機能的に同じ働きをする，とした。すなわち，第6修正の陪審審理を保障する目的との関連で，基礎犯罪となる「謀殺罪」は，「謀殺に加えて1個以上の加重事由がある」という犯罪とは異なった，被包含犯罪（lesser included offense）となる。前者は被告人に最大で終身刑を科し，後者はそれを加重して法定刑の上限を死刑とする。そして，裁判官でなく陪審が加重事由を認定すること，及び証拠の優越の程度ではなく合理的な疑いを容れない程度までに認定することが要件とされる。

「犯罪構成要件」という点を，第6修正の陪審審理権目的と，第5修正の二重危険禁止目的とで区別する原理的理由は存在しないと考えてよい。もし，陪審が全員一致で，州政府が1個以上の加重事由の存在を立証する責任を果たし得なかった，と判断すれば，二重危険の保護により，「謀殺に加えて1個以上

5）邦文解説として，岩田太「ヘイト・クライムをめぐる手続的保障—陪審の領分を中心に」ジュリスト1200号196頁。

の加重事由」という犯罪には「無罪」が付着（attach）する。*Rumsey* の焦点は正しかったが，その理由付けは，死刑量刑手続は「公判に比肩し得る」からではなく，「謀殺プラス加重事由」は謀殺罪とは別の犯罪であることになる。ペンシルヴェニア州法の第１級謀殺罪は，「謀殺プラス加重事由」の被包含犯罪となる。したがって，仮に第１次の量刑陪審全員一致で，州政府が加重事由を立証できなかったと結論したならば，これは「謀殺プラス加重事由」についての「無罪」であり，再度の公判でこの犯罪を審理し，死刑を求刑し，宣告することは禁止されることになる。

しかし，本件ではそのような事実はない。陪審は死刑あるいは終身刑のいずれの結論にも到達せず，加重事由あるいは減軽事由についても認定を行っていないし，公判裁判官も義務的に終身刑を宣告した。裁判官も陪審も，「謀殺プラス加重事由」について「無罪」と判断していない。したがって，申請人が上訴し，より軽い犯罪の有罪宣告を無効とすることが効を奏したなら，危険は終結していないから，いずれの犯罪の再公判にも二重危険禁止は及ばない。

4　反対意見は，1978 年の *Scott*（United States v. Scott, 437 U.S. 82 (1978)）[6] の理由付けに依拠するが，「……公判裁判官が事実による有罪または無罪の判断によらず，被告人に有利な形で公判を終結し，被告人が有罪か否かの争点を第１次の事実認定者に託すよう主張していた場合には危険が発生しうる」[7] は，単なる傍論に過ぎず，不確定なものに過ぎない。これを根拠に，陪審の評決不能には変更の余地のない終局性がある，と考えるのは，これまでのところ知られていない憲法上の禁止規定に依拠する論に過ぎない。

本件公判で申請人は実体に基づく無罪判断を主張しておらず，陪審を不一致で解任するよう主張している。本件で発生した事実は，*Scott* でのそれ（起訴前の遅滞による不利益の主張）と類似しており，*Scott* では二重危険の保護は否定された。

反対意見は，本件状況下で被告人は第２次の完全な公判という試練（ordeal）

---

6)　邦文解説として，中野目，前掲注 2)，261 頁。

7)　*Id.* at 92.

に晒され，そこでは「不安と保護に欠ける状況」[8]を強要される，と強調する。しかし反対意見も認めるように，この懸念によりすべての再公判につき二重危険禁止が認められるべきではない。本件では，「かつて有罪でないと判断されたか，あるいは少なくとも有罪か否かの争点を最初の事実認定者に付託するよう主張した被告人を，非常に強力な州（国家）が繰り返し絶え間なく追及する」という恐怖を生じるものではない。むしろ州の側か，「法に反したものに有罪を宣告してもらう一度の完全な機会」という未だ判断されていない利益を，再公判が開かれる場合にのみ追求しているのである。

二重危険についての主張の他に，申請人は第14修正のDue Process を主張しているが，第1次の量刑手続で州法通り宣告された終身刑により，申請人が得た「生命」または「自由」の利益が，何らかの形で不動の（immutable）ものとなるものではない。申請人のDue Process の主張は自らの二重危険の主張に別の衣をかぶせたに過ぎない。

ペンシルヴェニア州最高裁は第5修正の二重危険禁止条項も，第14修正のDue Process 条項も，州政府が再公判で死刑を求刑することを禁じていない，と正しく結論付けているため，現判断を確認する。

2．オコナー裁判官の結論賛成意見

法定意見の結論に同意するが，*Apprendi* は誤った判断であると考えているため，*Apprendi* の射程を広げる部分には同意しない。 *Apprendi* のルールは，合衆国憲法からも，歴史からも，先例からも要件付けられていない。申請人の二重危険の主張は，純粋に *Bullington* の理由付けで解決され，死刑量刑手続での陪審の評決不能を受けて州法により宣告された終身刑は，実体判断による無罪ではなく，死刑についての「無罪」ではないから，二重危険の問題は生じない。

本件のように，死刑事件での量刑段階で陪審が評決不能となると，陪審は検察官が立証を尽くしていないと同意した訳ではない。加重事由・減軽事由の存

8） Green v. United States, 355 U.S. 184, at 187 (1957).

在について認定もなされていない。ペンシルヴェニア州法が，死刑事件の量刑手続で陪審が評決不能となった場合に終身刑を義務的に宣告するのは，終身刑を死刑についての無罪に変換するからではない。

3．ギンズバーグ裁判官の反対意見，スティーヴンス，スーター，ブライヤー各裁判官参加

法廷意見は，本件終身刑は，死刑についての事実に基づく無罪と同等ではない，という。しかし，当裁判所の二重危険についての先例に拠れば，無罪以外の状況でも危険は終結する。量刑問題で陪審が評決不能になった際，州法による義務的な量刑により危険が終結するか，という問題を当裁判所はこれまで判断しておらず，この問題は議論の余地がある。

申請人の事案は，*Scott* の分類の一つに当てはまる。陪審が量刑段階で評決不能になった後，州法によれば，裁判官に，終身刑を言渡して終局判断を下させることで，公判手続はその時点で被告人に有利な形で終結することになる。*Scott* で二重危険の保護が与えられなかったのは，第1の完全な公判が存在せず，この公判手続を被告人が中断しようとしたため，圧政の構図は無いと判断されたからである。本件申請人の終身刑言渡しは，*Scott* の起訴前の遅滞によるディスミサルよりも相当強い積極性を持つ。*Scott* での理由付けは，公判を終結した終身刑判断は，二重危険禁止条項の保護の資格があるとの見解を援用しうるものである。

本件被告人の立場に立つ被告人の決断は，第2次の完全な公判という試練に晒され，そこでは「保護の欠ける状況」を強要される。にもかかわらず，当裁判所が陪審不一致によるミストライアル後に再公判を許容してきたのは，州政府に「法に反したものに有罪を宣告してもらう一度の完全な機会」を与えるためである[9]。しかし本件では，検察官は証拠を陪審に提出しているのであるから，州政府は既にその機会を完全に得ている。*Scott* で当裁判所の考えた，二重危険の保護が付着しない理由は本件では存在しない。

9） Arizona v. Washington, 434 U. S. 497, at 509 (1978).

さらに，法廷意見の判断の下では，陪審評決不能の後で終身刑の宣告を受けた被告人は，その基礎となった有罪判決を上訴で争って効を奏し，しかし再度の公判で有罪判決を受けると，死刑の危険性に直面する。一方で，上訴が効を奏せず，あるいは上訴しない選択をした場合，終身刑が維持される。換言すれば，申請人と同様の立場の被告人は，潜在的に成功する可能性のある上訴を申立てるか，州法が認めた死刑の回避か，いずれかを放棄せざるを得なくなる。*Green* で示されたように[10)]，この問題を検察官に有利に解釈することは，被告人に死刑が宣告され得る犯罪事実について２度目の訴追から保護されるという憲法上の保護策を，他の犯罪事実への誤りのある有罪宣告への効を奏した上訴の対価として，バーター取引させることを要件としてしまう。法は，被告人をそのようなジレンマに置くべきではない。申請人に課されるのは州法上の終身刑資格と上訴権の取引であり，合衆国憲法上の保護ではないが *Green* での考慮が本件でも活かされるべきである。

また，申請人は再公判で再び死刑と，「その厳格さと終局性において特異」な処罰と直面する[11)]。死刑は他のすべての刑罰と異なる。この特質は，第２の訴追を回避する申請人の二重危険の利益を通常の場合より高いものとする。

上述の理由により，裁判官が下した終身刑の最終判断によって危険は終結し，それゆえペンシルヴェニア州最高裁の判断を破棄すべきである。

《解　説》

１．1968 年の合衆国最高裁判所の判断である *Pearce*（North Carolina v. Pearce, 395 U.S. 711, at 717 (1968)）によれば，合衆国憲法第５修正の二重危険条項の下で，ある犯罪につき被告人が一度危険に晒され，その危険が終結すれば，同一犯罪に関して再び審理され，処罰されることはない，とされる。この「一度危険に晒される」範囲がどこまでか，という点が本件の中心となる。

10） Green, *supra*, at 188 は，第２級謀殺罪への上訴が，これに関連する第１級謀殺訴因の危険を生じさせない，との主張を退けている。

11） Monge v. California, 524 U. S. 721, at 732 (1998).

かつてこの分野での争点は，二重危険条項が保護すべき利益は何か，というやや観念的な問題が中心となり[12]，次いでミストライアルやディスミッサルといった，有罪・無罪といった陪審の実体審理を経ていない事案を，「前の無罪」の抗弁と同視しうるか，という所に関心が移った[13]。事実認定を伴う無罪判決には，政府は上訴することができない，というのが合衆国の伝統的な立場だからである。その一方で，量刑については政府＝検察官の上訴が許されるとの考え方が一般的であったが[14]，1972 年の ***Furman***（Furman v. Georgia, 408 U.S. 238 (1972)）以降，合衆国最高裁は死刑自体は違憲としなかったものの，恣意的で気まぐれな死刑運用を行わないよう，死刑の適用に一定の基準を求めるようになった。これにより各州の手続が改正され，その合憲性が多く争われるようになった[15]。本来陪審は量刑に関与しない（できない）が，死刑事件は例外的に，死刑の当否につき陪審の判断を仰ぐ，という手続を持つ州が多数派となり，その上で危険を終結させるだけの事象が手続中に行われているか，再度の公判が許されるか，といった点が大きな問題としてクローズアップされてきたのである。本件で基準とされた ***Bullington*** や ***Rumsey*** は，このような流れを受けての判断である。

2．本件での多数意見と反対意見の対立軸は，第 1 次公判での陪審評決不能という事態，及びそれを受けて公判裁判官が義務的に下した終身刑宣告が，危険の終結と評価できるか，という点にある。より具体的には，政府の一回の有

12） 例えば，Wade v. Hunter, 336 U.S. 684 (1949), *Green, supra* など。

13） 例えば，Scott, *supra*, Arizona v. Washington, *supra*, Oregon v. Kennedy, 456 U.S. 667 (1982) など。

14） 例えば，Bozza v. United States, 330 U.S. 160 (1947), *Pearce, supra*, United States v. DiFrancesco, 449 U.S. 117 (1980) など。

15） 例えば，一定の犯罪で死刑を義務的に科す手続を違憲とした Woodson v. North Carolina, 428 U.S. 280 (1976)，本件のペンシルヴェニアの手続に近い，陪審に選択の余地がある手続を合憲とした Gregg v. Georgia, 428 U.S. 153 (1976) など。その後の方向性については，渥美東洋『刑事訴訟を考える』293 頁以下（日本評論社，1988 年）を参照のこと。

罪立証の利益が，証拠を陪審の前に提示し，主張を行うことで満たされるのか，それともそれを受けて陪審の評決，すなわち「死刑について」有罪か無罪かの判断が下されるまで満たされないのか，ということになる。

反対意見は，終身刑言渡しは，*Scott* での起訴前の遅滞を主張した場合よりも，相当強い積極性を持つ，あるいは，死刑は他の刑罰と異なり，第2の訴追を回避する利益を通常の刑罰より高いものとする，との表現で，先の終身刑言渡しの終局性を強調する。しかし，これはあまり説得的ではないであろう。つまり，前者の主張が区別しようとする，ミストライアル／ディスミッサルという手続と本件での終身刑判断とは，実体判断に立入らないで下されたという点で類似性が強く，明確な区別ができないし，*Scott* では二重危険の保護は与えられていないのである。また，後者は，死刑の特異性があるからこそ自動的な死刑宣告や裁判官のみによる「恣意的な」死刑宣告が問題となって陪審の関与を要求する意味はあっても，それ以上の意味を持つとは考えにくい。

むしろ，上訴を行って有罪判決の破棄に成功した場合はその後の手続＝再公判で死刑の脅威があり，それを恐れるあまり「真意でない」上訴放棄を行う危険性があることを「ジレンマ」と表現し，さらに，*Green* で述べた，第2級謀殺罪での有罪認定は，その要件をすべて含み，それよりも重い第1級謀殺罪訴因については「無罪」とし，再公判が可能となった場合にそこでの主張・立証を禁じる，という点[16]を援用した個所にそれなりの説得力を感じる。現実の訴訟戦術を考える際に，被告人の利益を「死刑回避」に置くのか，それとも「可能な限り軽い刑」あるいは「無罪」に置いて目指すのか，という選択のジレンマは考え得る。また，法廷意見の主張するように，「謀殺罪」は，「謀殺に加えて1個以上の加重事由がある」犯罪に含まれる被包含犯罪となり，前者は被告人に最大で終身刑を科し，後者はそれを加重して法定刑の上限を死刑とする，との構成をとれば，「謀殺プラス加重事由」についての判断も問題となりうるのである。しかし，本件での事実を見る限り，陪審に証拠が提出されたこ

16)　Green, *supra.*

とを重視し，これによって政府の立証の一回性が満たされた，とするのは，政府の「犯罪者を処罰する」立場を軽視し，先例にも反する[17]と思われる。二重危険原理は，告発により手続が始まり，一切の立証責任を政府が負う，とする弾劾主義の帰結であって，対等性を強調する当事者主義の要請でも，ましてや終局判決によって法が形成され，それに拘束力が生じる，とする職権主義の要請でもない。換言すれば，告発を受けた政府の立証が一定段階まで達しているか否かが問題となるのである。政府の立証が事実認定者＝陪審の判断＝評決を経たか否かが基準とされるべきである。また，被告人が有罪・無罪の問題点を事実認定者に付託して判断を仰ごうとした事実もないから，例外的に再公判が阻止される場合にもあたらない。

その意味で，反対意見の理由付けは失当である。

但し，第２次公判で，政府側の新たな主張である，第２の加重事由の立証を許した点には全く疑問なしとしない。確かに，被告人の有罪答弁により新たに判明した重罪前科，という証拠は，自己負罪拒否特権を放棄した結果のものであるから，政府の利用に制限がないとも考えられる。しかし，第１次量刑公判で被告人が主張した「前科前歴がない」という点には，その時点で反駁が可能であったとも考えられる。政府の再公判を利用した後知恵の危険を可能な限り除去する必要があるから，この点について，第２次公判での新たな主張が，主張の一回性をはみ出さないような状況であるか否かを判断すべきであったと思われる。

3．補足意見は , *Apprendi* の適用以外の点では法廷意見と歩調を一にする。このため，本件解決のためにはどちらの理由付けが妥当であろうか。

本件は，その類似性から，補足意見が説くように，*Bullington* の理由付けによるのでは解決できないか，解決できても新たな問題を生ずるような事案ではないと思われる。であるなら，法廷意見の理由付けがより説得的か否かが問題となる。

17） Bullington, *supra*, *Rumsey*, *supra*.

法廷意見の「死刑相当」犯罪の区別，すなわち第1級謀殺罪を「謀殺罪」と「謀殺プラス加重事由」罪とに分け，前者は終身刑，後者は死刑を最大刑とする構成は，陪審説示など素人に具体的判断を求める際には，一定の区分がなされている点でメリットがあるとも考えられる。しかし，このような区分は，果たして立法府が行うべきなのか，それとも司法機関が行ってよいのか，という点で，法廷意見の勇み足の感を拭いきれない。また，第5修正の二重危険禁止の観点と，第6修正の陪審審理を受ける権利の観点とで，全く原理的に差がなく，一方の立証要件を他方にそのまま転用できる，との見解も *Ring* 以降，十分な検討を経たものとはいい難いと思われる。

法廷意見のいう *Apprendi* による区分ないし適用は，無用の混乱を招きかねない点でより説得的とはいい得ず，このため本件は補足意見のいうように，素直に *Bullington* の適用がある事案と考えてよいように思われる。

4．なお，ペンシルヴェニア州の手続と他州手続との間に大きな差があり，他州よりも恣意的，あるいは気まぐれな死刑量刑の運用がなされている，というのであれば格別，本件の事実からはそのような問題点は窺われないので，第14修正の Due Process 違反の主張は失当であろう。法廷意見の述べるように，申請人の Due Process の主張は，自らの二重危険の主張に別の衣をかぶせたに過ぎない，とみるべきであろう。

5．最後に，本件判断の日本への影響について多少触れておく。

日本国憲法39条は，その制定の経緯などから，アメリカ合衆国憲法第5修正の二重危険禁止条項に示された，英米法による二重危険禁止の考え方を継承したとみられる[18)]が，わが最高裁は，従来から憲法39条及び刑事訴訟法351条の関係について，一定以上の訴追を禁止する一事不再理効の発生には確定判決を経ることが必要だと考えて検察官に無制約の上訴を認め，憲法論としては危険継続論をとってきた。二重危険禁止と一事不再理，弾劾主義と職権主義な

18)　例えば，佐藤達夫＝佐藤功『日本国憲法成立史』第3巻126頁，183頁，295頁など。

どの関連から，これ自体が不適切な解釈であると考えられるが[19]，仮にこのままに裁判員を手続に加えると，一層の問題が生じ，ゆがみはより大きなものとなってしまうことが懸念される。

まず，量刑事情についての証明の程度はどこまで要求されるのであろうか。多種多様なすべての量刑事情を合理的疑いを容れない程度まで立証・認定することはおよそ現実的とは思われないが，仮に死刑事件であるなら，裁判員を含む合議体に死刑相当／不相当を判断させるノウハウは合衆国のもの，あるいは参審制度の国のものなどを取込むことは可能であろう[20]。

しかし，死刑事件以外にも量刑判断を裁判員に関与させる方式をとると，どのような認定基準をとれば，量刑を裁判員の主体性を保ったまま判断することが可能であろうか。

次に，仮に一件だけの参加であっても，判断に際しての裁判員の独立性，あるいは安全性の保障について十分な配慮が，少なくとも現在の裁判官と同程度の配慮が可能であるか，という点も問題となる。

また，上訴制度をそのままの形態で留めておけるであろうか。合衆国のように，あるいは本来憲法39条がデザインされたように，裁判員の事実認定判断に政府は上訴できない，とするならば格別，現行制度のように事実認定について検察官上訴を認めるのでは，上訴裁判所に裁判員を加えない現在の素案で，公判での合議体の判断を尊重できるだろうか。逆に，合議体の判断を尊重するあまり，量刑不当の上訴を禁止したと仮定すると，量刑の不均衡の問題をどう解決するのだろうか。

この分野について，これまで十分な議論はなされてこなかったと思われるが，少なくとも上記のような問題点について，理論的かつ現実的な議論（ないし，再検討）を行う時期が到来したように思われる。その際には，本件のよう

19） 例えば，渥美東洋『刑事訴訟法〔新版補訂〕』301頁，中野目善則「検察官上訴と二重危険」『比較法雑誌』17巻1号158頁など。

20） しかし，参審制度国のノウハウを取入れた場合，本来の法意と現実の運用のゆがみは一層拡大することになる。

な合衆国の判例ないし理論をベースにする必要性も相当に高いものと考えられる。

（松田　龍彦）

Ⅶ　二重主権

29. Heath v. Alabama, 474 U.S. 82 (1985)

被告人は謀殺でジョージア州で有罪が言い渡された後，同一の殺人に関する誘拐中の謀殺を理由に，アラバマ州が，被告人を死刑犯罪で公判に付すことが第5修正の二重危険禁止状況により禁止されるか否かが問われ，主権が異なる場合に後訴は二重危険禁止条項により禁止されないとする理論が適用された事例。

《事実の概要》

申請人ヒースは，1981年8月，当時妊娠9カ月の自分の妻レベッカ・ヒースを殺害するため，オウエンスとランプキンの二人の男を雇い，総額2000ドルを支払った。1981年，8月31日の朝，申請人は，アラバマ州のラッセル・カウンティの申請人の住居を出て，申請人の住居からアラバマ州境を超えたところにあるジョージア州内でオウエンスとランプキンに会い，二人を連れて自宅に戻り，この二人がレベッカを家から誘拐した。ヒースの妻の遺体が車内に置かれた車が，後にジョージア州トループ・カウンティの道路脇で発見された。死因は頭に銃弾が撃ち込まれたためであった。死亡推定時刻とレベッカの遺体が発見された場所からヒースの住居までの距離は，本件の謀殺がジョージア州で行われたとする理論と一貫性があり，申請人はこれに異を唱えていなかった。ジョージア州とアラバマ州の当局の双方が捜査を行い，両者はある程度まで協力していた。1981年9月4日に申請人はジョージア州当局により逮捕され，申請人はミランダの諸権利を放棄して，妻の誘拐と謀殺を計画したことを完全に自認した。1981年11月，トループ・カウンティの大陪審により，「悪意（malice）のある」謀殺の犯罪事実で起訴され，本件の謀殺が，意図的に引き起こされ，指示を与えてなされたものであることを理由に，加重事由があるとして，死刑求刑の意図であることが申請人に告知された。1982年2月10日申請人は終身刑と引き換えにジョージア州での謀殺の公訴事実に有罪答弁した。申請人の理解では，この終身刑は7年の収監刑が科され得るものであった。

1982年5月5日アラバマ州ラッセル・カウンティの大陪審は，誘拐中の謀殺の死刑犯罪を理由とする大陪審起訴を回付した。この大陪審起訴による公判の開始前に，申請人は，アラバマ憲法および合衆国憲法によれば，自分は，前に有罪が言い渡されており（autrefois convict），前の危険に晒されていると主張し，ジョージア州での有罪と量刑により，同一行為を理由とするアラバマ州での訴追は禁止されると主張した。申請人はまた，本件の犯罪がジョージア州で行われた犯罪であるとして，アラバマ州裁判所の裁判権（jurisdiction）を争った。

アラバマ州公判裁判所は，申請人の二重危険の主張を却け，二重危険禁止条項により，二つの異なる州による同一犯罪を理由とする後訴はされない，と判示し，裁判権に関する主張の判断を，州の公訴事実の立証の終了後まで続行し，これを認めなかった。申請人は，レベッカがジョージア州で殺されたことが証拠により示されており，誘拐の証拠はないから，アラバマ州には裁判権がないと主張したが，州は，誘拐は証拠により証明されており，犯罪がアラバマ州で開始されたのであれば，犯罪の終了地がどこかを問わず，アラバマ州には処罰権限があると主張した。アラバマ州公判裁判所は，申請人の裁判権に関する主張と，あらためて行われた二重危険に関する主張の双方を却けた。

1983年1月12日に，アラバマ州陪審は，申請人を，誘拐して行った第1級謀殺の罪で有罪と認定し，量刑審理後に，死刑を勧告した。アラバマ州法に従い，公判裁判官の前で次の量刑審理が行われ，裁判官は陪審の勧告を受理し，唯一の加重事由は，被告人が誘拐を行っており，その過程で死刑犯罪が実行されたことであり，この事情は，申請人がジョージア州のトループ・カウンティの Superior Court で被害者の謀殺で有罪とされ終身刑を受けたという唯一の減刑事由を凌駕している，と判示して死刑を言い渡した。

上訴審であるアラバマ州 Court of Criminal Appeals は，申請人の，前の有罪および前の危険を理由とするアラバマ州法違反および合衆国憲法違反の主張を却けた。申請人は次にアラバマ州 Supreme Court にサーシオレイライを申請し，唯一の争点は，アラバマ州での訴追が合衆国憲法第5修正の二重危険禁止条項に違反するか否かであると主張した。同裁判所は，この申請を受理し，全員一致で申請人の有罪を確認した。

同裁判所は，異なる主権下での法律による訴追は被告人を同一犯罪で再度危険に置くものではなく，違法ではない，と判示し，同裁判所は，異なる州による（同一犯罪を理由とする）後訴が二重危険禁止条項違反に当たるか否かをこれまで審理してこなかったが，二重危険禁止条項の趣旨からすれば，連邦との関係ではアラバマ州は主権を持つ主体であり，同様に，ジョージア州との関係でもアラバマ州は主権を持つ主体である，と判示した。

申請人は，当法廷にサーシオレイライを申請し，二重危険違反の争点を提起し，アラバマ州の裁判権の行使に異議を唱えた。デュープロセス違反の異議は主張されていない。

《判旨・法廷意見》

1．オコンナー裁判官執筆

当法廷は，サーシオレイライを，申請人のアラバマ州での有罪が，先例である *Brown*（Brown v. Ohio, 432 U.S. 161 (1977)）により，阻止されるのか否かに限定して認める。当事者は，二重危険禁止条項によれば，一つの州での訴追後の他州での後訴に，主権が異なる場合には二重危険禁止条項により後訴は阻止されない，という理論が適用できるのか否かという問題についての判示を求めている。下記の理由により，アラバマ州 Supreme Court の判断を確認する。

アラバマ州裁判所の裁判権の有無に関してはサーシオレイライを認めなかったにもかかわらず，申請人は，この点について，引き続き主張している。当法廷はこの点については判断しない。申請人は，アラバマ州 Supreme Court への申請で裁判権がないとの主張を行っておらず，当法廷への申請において初めてこの裁判権に関する主張を行っているからである。州裁判所で判断されなかった主張を当法廷が審理することが当法廷が審理を行う正当な権限の観点から禁止されていないとしても，かかる主張を当法廷が審理しないとする長きにわたるルールがあり，当法廷がとってきているこの立場を尊重すべきであり，州の裁判所で主張していない点について審査するべきではないことになる。

被告人が訴追された二つの犯罪が「同一」のものである場合に初めて第5修正により後訴が阻止されることになる。申請人は，アラバマ州およびジョージア州のそれぞれの裁判所で解釈された「誘拐中の謀殺」と「悪意ある謀殺」という犯罪が大小関係にあり，それ故に，主権が異なれば第5修正違反はないとする理論が適用されなければ，*Brown* によれば，「同一犯罪」であると主張しており，（*See id.* at 432 U.S. 169；Illinois v. Vitale, 447 U.S. 410 (1980)），この申請人の二つの犯罪は大小関係にあるとの主張に被上訴人は異議を申し立てていない。

したがって，当法廷は，議論のために，これらの二つの犯罪が州内で行われ同州内で別々に訴追されたとしたら，第2の有罪は二重危険禁止条項により阻止されると仮定する。

サーシオレイライを認めた理由である，残る唯一の争点は，主権が同じであれば，同一犯罪で再度被告人を危険に晒すことになり，二重危険禁止条項違反となり，許されないことになる後訴を，異なる州が後訴を行う場合には，主権が異なれば同一犯罪を理由とする別の主権による訴追は二重危険禁止条項に違反しないとする理論が適用され，その後訴が許されるのか否かである。かつて，そうであると判示したことはないが，そう判示する。主権が異なれば同一犯罪を理由とする訴追に二重危険禁止条項違反はなく許されるとの理論は，当法廷により最初に明らかにされ，一貫して適用されてきたところであり，同一犯罪を理由とする二つの州に関係する後訴は，第5修正の二重危険禁止条項により阻止されないと判示しなければならない。

主権が異なれば同一犯罪を理由とする訴追は二重危険に当たることなく許されるという理論は，コモンローの，犯罪とは，政府の主権に対する犯罪であるとの犯罪に関する考え方にその基礎がある。被告人が一個の行為でそれぞれの主権により定められた法律を破り，二つの主権の「平和と尊厳」を害したのであれば，被告人は二つの異なる「犯罪」を犯したことになる（United States v.

Lanza, 260 U.S. 377, 260 U.S. 382 (1922))。*Moore*（Moore v. Illinois, 14 How. 13, 55 U.S. 19 (1852)）で説明したように，「犯罪とは，法的意味では，法律に違反することを意味する。したがって，同一の行為が二つの主権の法律に違反する場合には，その犯罪者は，同一の犯罪で再度処罰されていると主張することはできないとみるのは正しく，この犯罪者は一つの行為で二つの犯罪を犯しているのであり，それぞれについて処罰を受けているだけであり，この処罰は正しい。

主権が異なる場合には，同一行為を理由とする後訴は二重危険禁止条項に違反しないとするこの理論の適用に際して決定的に重要な点は，被告人による同一の犯罪行為（the same course of conduct）を理由に後訴を提起しようとする二つの主体（主権）が，異なる主権といえるのかどうかである。この主権の相違に関する判断は，各処罰主体が異なる個別の権限に由来するものか否かにかかることになる（*See, e.g.,* United States v. Wheeler, 435 U.S. 313, 435 U.S. 320 (1978)；Waller v. Florida, 397 U.S. 387, 397 U.S. 393 (1970)；Puerto Rico v. Page Shell Co., 302 U.S. 253, 302 U.S. 264-265 (1937)；Lanza, *supra,* at 260 U.S. 382；Grafton v. United States, 206 U.S. 333, 206 U.S. 354-355 (1907))。各州の訴追権限は，各州の主権は，「州に固有の主権」に由来するものであり，連邦政府に由来するものではないから，各州は連邦政府とは別個の主権を有する。このことは一貫してそう判示されてきている（Wheeler, *supra,* at 435 U.S. 320, n. 14. *See* Abbate v. United States, 359 U.S. 187, 359 U.S. 193-194 (1959) (collecting cases)；Lanza, *supra*）*Lanza* が判示するように，「各政府はその政府の平和と尊厳を冒す犯罪を定義するに際し，その独自の主権を行使するのであり，他の主権の権限を行使するのではない」(Lanza, *supra*, at 260 U.S. 382)。

したがって，合衆国の主権と州の主権の双方により犯罪として非難される行為は，両者の平和と尊厳を侵害する犯罪なのであり，各主権により，処罰することができるものである（See also Bartkus v. Illinois, 359 U.S. 121 (1959)；Westfall v. United States, 274 U.S. 256, 274 U.S. 258 (1927) (Holmes, J.)。州と連邦政府が同じ行為を処罰できるという命題は，説明を要しないほどに明らかなものである。

州は，連邦政府との関連で主権を有するのと同じく，各州は他州に対して各々主権を有する。この刑事訴追を行う権限は，各州が合衆国に組み入れられる前から各州に元々あった個別かつ独立の権力と権威に由来するものであり，第10修正により各州が保持するものである（*See* Lanza, *supra,* at 260 U.S. 382）。

各州は，互いに平等であり，合衆国憲法により合衆国に移譲していない，権力を行使し，尊厳を守り，権威を維持する十全な権限を有する。（*See* Skiriotes v. Florida, 313 U.S. 69, 313 U.S. 77 (1941)）。各州は，その権威に反する犯罪が何かを定め，これを処罰する独立した権限が元々あり，この権限を行使するにあたり，各州は自己の主権を行使しているのであって他州の権限を行使しているのではない（Wheeler, *supra,* at 435 U.S. 320 (quoting Lanza, *supra,* at 260 U.S. 382)）。

連邦と州に関係する後訴以外の領域で，主権の相違を理由とする二重危険禁止条項の適用がないと判断した先例は，この分析が健全なものであることを示している。*Wheeler* が特にこのことをよく示している。*Wheeler* では，当法廷は，州と連邦政府だけが二重危険禁止条項との関連で主権が異なる場合だと認定するのを拒んで，主権が異なる場合をそのように狭く解するのは第5修正の二重危険禁止条項の文言それ自体を無視することになる，と判示し（*Id.* at 435 U.S. 330），二つの訴追主体の主権が異なるか否かは，各訴追の権限の究極の源が何であるかにより判断されるべきことを強調し（*Id.* at 435 U.S. 320），この考え方を基礎にして，ナバホ部族（Navajo Tribe）が，その部族の構成員を訴追する権限は，その部族の「古来からの先住民としての主権」に由来するものであり，連邦の権限の委譲を受けたものではなく，主権が異なる場合に後訴が禁止されないとする二重危険に関する理論との関連では，連邦政府から独立した主権を有する場合であると判示している（*Id.* at 435 U.S. 328）。

主権が異なることを理由とする後訴が二重危険禁止条項に反さないとする理論が適用されないと判示した場合は，二つの主体の訴追が独立の権限の源泉に由来しない場合である。したがって，連邦および属領の裁判所による後訴は，各裁判所は同一の主権により創造されたものであり，禁止されると判示された（Puerto Rico, 302 U.S. at 302 U.S. 264. *See id.* at 302 U.S. 264-266. *See also* Grafton, *supra* (the Philippine Islands)）。

同様に，地方政府（municipalities）の権限は，州政府に訴追権限を付与する法と同じ法にその権限が由来し，州とは異なる主権に由来するものではない（*See, e.g.,* Waller, *supra*）。これらの諸先例は，主権が異なる場合に二重危険禁止条項により後訴が禁止されない場合に当たるか否かは，訴追する独立した主権の有無により判断されているのであり，州と連邦政府の関係か否かで判断されているのではないことを認めるものである。主権が異なる場合の後訴は二重危険禁止条項に反さないとする理論の基礎は，アメリカ合衆国の連邦制度にある。

申請人は，*Nielsen*（Nielsen v. Oregon, 212 U.S. 315 (1909)）の傍論を論拠に，ある犯罪行為について，複数の州が競合的裁判権を有する場合，最初の州が訴追すれば，他州が訴追を行うことは禁止される，と主張する。だが，*Nielsen* はその特殊な事実に限定された判示であり，二つの主体に競合する裁判権があるが，その裁判権が一個の権限の源泉に由来する場合の，裁判権の争点について判断しているのにとどまり，その限度で先例としての重要性・関連性がある。*Nielsen* では，コロンビア川で同州での免許を得て投網を使ったウォーシントン州の住人に対する，オレゴン州での有罪判決を当法廷が破棄した事例であり，「連邦政府の法律によれば，コロンビア川はオレゴン州とウォーシントン州の双方に共通する州境とされており，その河川水に，競合する裁判権が両州に与えられている（*Id.* at 212 U.S. 319)。裁判権の競合は，時々，奇妙で難しい問題を提起する場合があり，それゆえ，当法廷は提出されたその問題に焦点を当て，それに限定して，判断しており，それが正しい判断の仕方である。ウォーシントン州の権限と，免許を得てウォーシントン州の地域的限界の範囲内でなされた行為について，オレゴン州は訴追し，処罰することはできない，と判示した（*Id.* at 212 U.S. 320-321)。*Nielsen* は，両州で定められた各犯罪を後訴で訴追した場合の二重危険禁止条項に関する効果を判示したり審理した先例でないことは明らかであり，したがって，本件の，主権が異なる場合の後訴が二重危険禁止条項の下で許されるか否かという争点と全く関連がない。

申請人は，異なる主権が関係する場合の後訴が二重危険禁止条項により禁止されない場合を，次のような場合に限定するように求めている。つまり，二つの政府主体が競合的裁判権を有し，それぞれ全く異なる諸利益を追及しており，被告人に関し，一つの主体だけに訴追を認めると，第2の主体の，正しさが証明されてはいない利益に干渉することになり，両方の主体の正当な利益を満足させるために，複数の訴追が必要とされることを証明できる場合に限定するように，当法廷に判断するように求めている。

だが，この利益衡量のアプローチ（balancing of interests approach）は，主権の相違を理由とする後訴は二重危険禁止条項により阻止されないとする理論と調和しない。当法廷は，異なる主権により訴追がなされた場合には二つの同じ犯罪は，第5修正の二重危険禁止条項にいう「同一犯罪」ではないと繰り返し明らかにしてきている（*See, e.g.,* United Skates v. Lanza, 260 U.S. 377 (1922)。各州が，当法廷が一貫して判断してきた主権の定義によれば，主権が異なれば，事件の諸状況は重要性がなく，無関係である。

主権が異なれば二重危険禁止条項の適用がないとする理論は捨てられるべきであり，適用が難しく不確かな利益考量のアプローチに置き換えられるべきであるとの主張を当法廷は却ける。当法廷は，かつて少なくとも一つの先例でこの主張を却けており（*See* Abbate v. United States, 359 U.S. 187 (1959) ; *id.* at 359 U.S. 196 (Brennan, J., separate opinion)），そう判断したのは正しい。

主権が異なる場合の後訴に関する二重危険禁止条項の適用に関する理論を支える理論的根拠は，判断が難しい事件では無視されてよい現実に基づかない虚構（フィクション）ではない。この理論は，連邦制度における州の役割に関する歴史的理解と政治的現実と二重危険禁止条項の文言自体に十分な根拠がある。第5修正は，同一犯罪（offence）を理由に，生命または身体を再度危険に晒されてはならない，と定める。

アメリカにおいては，主権の権限は連邦政府と州政府に分けられており，それぞれに委ねられている事柄に関して，それぞれが主権を有し，他の主権に委ねられた事柄に関しては他の主権は権限を有しない（McCulloch v. Maryland, 4 Wheat. 316, 17 U.S. 410 (1819)；Bank of United States v. Daniel, 12 Pet. 32, 37 U.S. 54 (1838). *See also* Skiriotes v. Florida, 313 U.S. at 313 U.S. 77；Coyle v. Oklahoma, 221 U.S. at 221 U.S. 567）合衆国憲法は，各州に一定の排他的で非常に重要な主権による権限を一部分残しているのであり（The Federalist No. 9, p. 55 (J. Cooke ed.1961)），就中，刑法典を定め，執行する権限がその最たるものである（*See, e.g.,* Alfred L. Snapp & Son, Inc. v. Puerto Rico ex rel. Barez, 458 U.S. 592, 458 U.S. 601 (1982)；McCulloch, *supra,* at 17 U.S. 418）。他州が裁判所に訴追を先に求めたからというので，刑事法を執行する権限を行使する権限を州に否定することは，ショッキングであり，その州内での平和と秩序を維持する州の歴史的権利と義務を突如奪うことになる（Bartkus, 359 U.S. at 359 U.S. 137）。

かかる州の主権の剥奪は，州の刑罰を科する伝統的権限は他州の訴追行為により満足させられる，との利益考量論による主張により正当化することはできない。自己の州の法律を執行してその主権を主張する州の利益は，定義上，他の州が，その州の法律を執行したことで満足させられることは決してない。州での訴追は連邦政府の「平和と尊厳」の侵害を十分に回復したとは言えないと判断する権利が連邦政府にあるのと同じく，州には，他州での訴追が主権に関する正当な利益を満足させていないと判断する権限があるといわなければならない。この事実を認めて，当法廷は，一個の行為は，各主権を侵害する「犯罪 offence」を構成し，その行為により各主権の定める法律が侵害されるという原理を当法廷は一貫して認めてきている。当法廷は，第５修正の二重危険禁止条項の文言は，この基本原理を反映したものであることを常に理解してきているのであり，本日それを再考すべき理由はない。

ブレナン裁判官の反対意見

マーシャル裁判官の意見に全面的に賛成するが，「異なる利益」に関する見解を示すために意見を述べる。利益が異なれば後訴が許されることになると，各法律が，異なる連邦の利益を保護することを理由に，異なる連邦法による後訴が許されてしまうことになりかねない。マーシャル裁判官が言わんとするのは，連邦の利益と州の利益の一般的性質は質的に異なっており，各州の利益には質的類似性があるという趣旨で「利益」という言葉を使っている。このような理解は，二重危険禁止条項の趣旨を掘り崩すものではなく，かえって促進するものである。かかる理解に基づいて，マーシャル裁判官の意見に加わる。

２．マーシャル裁判官の反対意見（ブレナン裁判官参加）

主権が異なる場合の同一犯罪に関する後訴を第５修正の二重危険禁止条項に反さないとする理論はこれまで，同一犯罪に関して，連邦と州の訴追を許すために使われてきたものであり，アメリカ合衆国で連邦と州の裁判権が競合する場合に，州と連邦の相互の補完的な懸念を調整する必要から生まれたものであり，州が異なる場合の後訴を正当化する根拠に用いることはできない。加えて，仮に異なる州による後訴がこの理論により許されるとしても，申請人が処刑されるのを確かなものとするためのジョージア州とアラバマ州の共謀を正当化することはできない。

アメリカ合衆国憲法では，合衆国の主権に関する一定の利益を主張するために連邦政府に排他的権限を与えてきたのであり，州にはより地方的な関心事項を補完する権限を残した。連邦政府と州の権限が重複する場合はある（例えば，電話会社の施設のダイナマイトでの爆破の場合，財産の損壊と連邦の通信ネットワークの破壊が関係する（*See, e.g.,* Abbate v. United States, 359 U.S. 187 (1959)）。同一犯罪行為を理由に州の訴追後に連邦の訴追を阻止することを認めると，合衆国のあらゆる利益の実現が阻まれることになる。この利益が，被告人の，後訴を避け二重処罰を避ける利益に優先する。他方，各州は，連邦制度の下では，犯罪を定義し，訴追する主要な職責を有するのであり，Supremacy Clause（合衆国憲法６条２項。条約，中央銀行及び法律の制定に関して連邦の州に対する優位を定める条項―筆者）により連邦が優先的権限を有する場合を除き，州は犯罪を定義し訴追して，州内の平和と秩序を維持する権限と義務を有する。市民は連邦と州の双方に属するがゆえに，被告人は，同一犯罪行為を理由に，連邦および州の，双方による特別な試練を経なければならないものとされるのである。これは連邦制度によるものである。州が異なる場合の後訴における，主権が損なわれるのではないかという各州の懸念は，同じものである。別の州による後訴が禁止されたとしても，その州には，主権上の広範な懸念に基づき，合衆国憲法上，州に保持されている行動をとることが許されているので，連邦と州が関係する場合の後訴を認めなければならない差し迫った必要は，かなり減じている。加えて，複数の州が関係する後訴の場合には，州と連邦の双方に属していることと引き換えに後訴の負担を被告人が負わなければならないという制度的根拠は欠けている。

本件では，ジョージア州とアラバマ州の捜査上の協力があり，ジョージア州の捜査官憲がアラバマ州の公判において訴追側の証人として指導的役割を果たしている。後訴が禁止されるべき場合に当たる。

《解　説》

法廷意見は，主権が異なる場合には，同一の犯罪行為が関係する場合でも，後訴が許されるとする先例（dual sovereign doctrine）を確認し，州と州が前訴と後訴で関係する場合について，この理論が妥当すると判示し，同じ犯罪行為について，二重危険禁止条項の下で，主権が異なるので，ジョージア州による訴追後にアラバマ州が訴追することは許されると判断した。

連邦と州での同じ犯罪行為の州の前訴後の連邦による後訴の場合には，州の法律ではカヴァーできない連邦の利益があることを考慮して，後訴が同じ犯罪行為を対象とする場合でも連邦による後訴は阻止されない旨が既に判示されていた[1)]が，本件は州と州との，前訴と後訴が関係する場合について，主権が異

1) *See, e.g.,* Abbate v. United States, 359 U.S. 187 (1959))（他人の財産を損傷し又は破壊するコンスピラシーを犯罪とするイリノイ州法違反で，通信施設の攻撃を企て

なれば，後訴は阻止されないと判示した。この点が本件の判断の新規性がある点である。

法廷意見は，州は，連邦政府との関連で主権を有するのと同様，各州はそれぞれ主権を有し，刑事訴追を行う権限は，各州が合衆国に組み入れられる前から各州に元々あった個別かつ独立の権力と権威に由来するものであり，各州は，互いに平等であり，合衆国憲法により合衆国に移譲していない，自己の州の，尊厳を守り，権威を維持する十全な権限を有し，各州には，その権威に反する犯罪が何かを定め，これを処罰する独立した権限が元々とあり，この権限を行使するにあたり，各州は自己の主権を行使しているのであって他州の権限を行使しているのではない，と判示した。

法廷意見は，連邦制度の趣旨について，マーシャル裁判官とは異なる理解に立っている。各州に独自の固有の権限が残されているという見方は，連邦制度の根幹をなす考え方であろう。

法廷意見は，自己の州の法を執行してその主権を主張する州の利益は，定義上，他の州が，その他州の法を執行したことで満足させられることは決してなく，州での訴追は連邦政府の「平和と尊厳」の侵害を十分に回復したとは言え

た被告人が大陪審起訴され，有罪答弁し，3月の収監刑に付された後，同じコンスピラシーで，「合衆国が運営し又は管理する」通信施設を損傷し又は破壊するコンスピラシーを処罰する 18U.S.C §371 条違反で同被告人が連邦 District Court に大陪審起訴され，審理を受け，有罪を言い渡された事案で，州の裁判所で有罪判決を受けた後の，連邦による訴追は，第5修正の二重危険禁止条項に違反しないと判示された事例)。

これとは逆に，連邦による訴追後の，同一犯罪を理由とする州による訴追は二重危険禁止条項に違反しないと判示したのは，Bartkus v. Illinois, 359 U.S. 121 (1959) である。(被告人が，連邦保証銀行に対する強盗を犯罪とする連邦違反で連邦 District Court で審理を受け，無罪とされた後，相当程度同じ証拠に基づいてイリノイ州の State Court で同州の強盗法違反で審理され，有罪判決を言い渡された事例で，連邦法執行官権とイリノイ州の関係の協力は第5修正の二重危険禁止条項に違反せず，連邦犯罪で無罪判決を受けた後の相当程度同じ証拠に基づくイリノイ州の強盗法違反を理由とするイリノイ州による訴追は第14修正の適正的手続条項に違反しないと判示された)。

ないと判断する権利が連邦政府にあるのと同じく，州には，他州での訴追が自州の主権に関する正当な利益を満足させていないと判断する権限がある，と判示して，犯罪を定めその犯罪を訴追し裁判に付し処罰する固有の権限が州にあることを重視した判断を示している。この点が，州と連邦が関係する場合には，連邦による後訴は許されるが，州による場合には別であるとするマーシャル裁判官の立場との相違点である。

本件でのジョージア州法とアラバマ州法は同じではなく，ジョージア州法では，悪意のある謀殺を処罰するのに対し，アラバマ州法は殺人を実行するために誘拐することを処罰の対象とする点でジョージア州法と相違する。謀殺に関係する「誘拐」を処罰されるべき行為として定めず，悪意のある謀殺を処罰の対象とするジョージア州法による処罰だけでは，アラバマ州が重視した誘拐の処罰に関する利益は顧みられないことになってしまうであろう。

連邦制度の下で，各州には，その平和と尊厳を維持する固有の権限が元々あるとの立場に立つ法廷意見は，連邦制度の成り立ちに添った意見であると解される。

（中野目　善則）

30. United States v. Lara, 541 U.S. 193 (2004)

部族の法に基づき部族裁判所で訴追された部族構成員でないインディアンを，同一事件についてさらに連邦議会制定法に基づき連邦裁判所で訴追することは二重危険禁止条項に違反しないと判示された事例。

《事実の概要》

1990年に合衆国最高裁判所は（Duro v. Reina, 495 U.S. 676 (1990)）において，部族には構成員でないインディアンを訴追する固有の権限がないと判示した。これに対し連邦議会は同年，1968年インディアン市民的権利法（Indian Civil Rights Act of 1968）を改正し，インディアンの「自治権（powers of self-government）とは，……本条により承認かつ確認された，すべてのインディアンに対し刑事管轄権を行使するインディアン部族の固有の権限を意味する」と規定した[1)]。

被告人ララは，タートル山チッペワ・インディアン団の構成員であるが，スピリット・レイク族の女性と婚姻し，妻子とともにスピリット・レイク保留地で暮らしていた。ララは，複数回の違法行為によりスピリット・レイク族から保留地を退去するよう命じられたがそれに従わず，2001年6月に公然酩酊（public intoxication）により部族の警察官に逮捕された。警察官がララに退去命令が出ていることを告げると，ララは警察官の1人を拳で殴った。ララは部族の法典に違反する警察官への暴行，適法な逮捕への抵抗，公然酩酊等により起訴され，155日の軽刑務所（jail）への拘禁刑に処せられた[2)]。部族裁判所により有罪判決を受けた後で，連邦政府はララをノースダコタ連邦District Courtにおいて連邦公務員に対する暴行という連邦法上の犯罪により訴追した

1） Pub. L. No. 101-511, §8077 (b)-(c), 104 Stat. 1856, 1892–93 (1990) ; 25 U.S.C. §1301 (2).

2） Spirit Lake Law & Order Code, §3-7-170, §3-7-665 (A)(1), §3-10-130 ; 324 F. 3d 635, 636 (8th Cir. 2003).

(18 U.S.C. §111(a)(1).)。

ララは類似した犯罪について2回目の訴追を行うのは第5修正の二重危険条項に反すると主張したが，国側は，連続した訴追が別々の主権によってなされるならば二重危険条項によって妨げられないという「二重主権」の法理（“dual sovereignty” doctrine）を援用して反論した。District Courtは二重危険の請求を斥け，第8巡回区Court of Appealsの小法廷もこれに同意したが（294 F. 3d 1004 (8th Cir. 2002)），同裁判所大法廷は，7対4で「部族裁判所は連邦の訴追権限を行使しているので，二重主権の法理は適用されず，二重危険条項により2回目の訴追を行うことはできない」と判示した（324 F. 3d 635 (8th Cir. 2003)）。第8巡回区と第9巡回区が改正法につき異なる結論を出しているため[3]，最高裁はサーシオレーライを認容した。

《判旨・法廷意見》

原判決破棄

1．ブライヤー裁判官の法廷意見（他4名の裁判官が参加）

⑴　ララの二重危険の請求は，部族の構成員でないインディアンの犯罪者を処罰する権限の源は何か，「固有の部族の主権」かそれとも授権された連邦の権限かという「二重主権」の問題に対する答えにかかっている。

我々は，連邦議会は前者を意図していたと思料する。連邦議会制定法は，部

3）*Cf.* United States v. Enas, 255 F. 3d 662 (C.A. 9 2001) (en banc).
ホワイト山アパッチ族の保留地において，部族の構成員でないインディアンが，部族の構成員を刃物で刺し，部族裁判所で有罪判決を受けた後で，連邦大陪審により起訴された。連邦District Courtは先例Means v. Northern Cheyenne Tribal Court, 154 F. 3d 941（9th Cir. 1998）に依拠して，二重危険条項により連邦政府による訴追はできないと判示した。しかし，第9巡回区Court of Appealsは3人合議制の小法廷で原判決を破棄し，さらに大法廷も，部族は構成員でないインディアンを訴追する固有の権限を有しているので，二重主権の例外（dual sovereignty exception）により，同一の犯罪について連邦政府が訴追を行うことは二重危険条項に反しないと判示して，先例*Means*を変更した。

族の構成員でないインディアンを軽罪について処罰する「固有の」部族の権力（授権された連邦の権限でなく）が各部族にあることを「認識し，かつ確認する」と述べている。そして同法の立法経緯も，連邦議会の意図がそのようなものであったことを確認するものである。

それゆえ，同法は部族の地位を調整しようとしたものである。同法は，*Duro* において認められた，政治部門が部族の固有の訴追権限の行使に課した制約を緩和したのである。問題は，合衆国憲法が連邦議会にそうする権限を与えているかどうかであるが，いくつもの点を考慮すれば，連邦議会が部族の構成員でないインディアンに対する部族の刑事裁判権に課せられた制約を緩和する憲法上の権限を確かに有しているとの結論に至る。

第1に，合衆国憲法は，連邦議会にインディアン部族に関して立法を行う広範な一般的権限を与えており，それを我々は「包括的かつ排他的な（plenary and exclusive）」権限であると一貫して述べてきている。

第2に，連邦議会は，当裁判所の承認を得て，合衆国憲法の「包括的な」権限の付与を，部族の主権的権限を制限し，次にその制限を緩和する立法を連邦議会が行うことを認めていると解釈してきた。

第3に，州でない従属した主権の享受する自律権の程度を変更するという連邦議会の目的は，立法目的として異常なものではない。

第4に，ララは従前に政治的部門により部族主権に課せられた制約を緩和する連邦議会の制度上の権限に対する制約があることを示唆する合衆国憲法の文言を何ら指摘していない。

第5に，本件で問題になっている変更は，大部分において部族自らの土地において生じる出来事を規律する部族の権限に関するものであるので，限定されたものである。

第6に，連邦議会が政治部門により部族の固有の訴追権限に課せられた制約を緩和する権限を有するという我々の結論は，先例に合致する。

⑵　ララはいくつかの追加的な議論をするが，いずれも失当である。

第1に，1968年インディアン市民的権利法によれば国選弁護人依頼権が保障されていないので，部族が構成員でないインディアンをそのような法廷で裁くのを連邦議会が認めることはデュー・プロセス条項により禁止されるという。しかし，この議論は部族の訴追の源が連邦の権限であることを示すものではないので，ララが本件での二重主権の請求で勝つことを助けるものではない。

第2に，連邦議会が「すべてのインディアンに対し刑事裁判権を行使する…固有の権限」という文言を用いていることは人種に基づくものであり正当化事由がなく，平等保護条項に違反すると主張する。しかしこの議論もデュー・プロセス違反の議論と同様，的外れのものであり，取り上げる必要がない。

第3にララは，*Duro* の法廷意見は，国選弁護人依頼権のような特定の憲法上の保障がないことを理由に，部族には構成員でないインディアンを裁く「固有の権限」がないと認めたのだという。しかし，この議論は，デュー・プロセスおよび平等保護条項の議論を別の形で繰り返したものに過ぎない。

2．スティーブンズ裁判官の補足意見

連邦議会が，合衆国憲法が制約している固有の権限を州が行使できるよう授権しうることに鑑みれば（*See, e.g.,* Prudential Ins. Co. v. Benjamin, 328 U.S. 408, 437-438 (1946)），州より古い歴史的起源をも持つ部族の固有の権限に対する制約を緩和できるという結論は何ら例外的なものではない。

3．トーマス裁判官の（結論同意）意見

連邦議会が部族主権を無効化することなく部族に関するほぼあらゆる側面を規制できるという前提と，インディアン部族は自らの構成員に対し刑事法を執行する固有の権限を保持しているという前提は，両立しえず，またともに疑わしい。

連邦議会は，連邦の行政権を大統領の意味のある支配の及ばない個人に付与することはできないので（Printz v. United States, 521 U.S. 898, 922-923 (1997)），本件法律がより明確でなかったとしても，連邦の権限を授権したものと解することはできない。

Wheeler（United States v. Wheeler, 435 U.S. 313 (1978)）は，部族は自らの構

成員を処罰する固有の主権的権限を行使する能力を有すると結論づけたが，政府の形体を含むすべての事項についてインディアン部族のために立法を行う包括的な権限を連邦議会が有しているというのは争い得ない事実であり，*Wheeler*が正しく下されたと納得することはできない。しかしながら，*Wheeler*を受け入れるならば，部族が固有の権限を有していることを受け入れなければならない。*Duro*が前提としていた潜在的な矛盾は，政治的部門によれば存在しないので，部族は被申請人を訴追した際に別個の主権として行為し，二重危険条項は後で連邦が訴追を行うことを妨げるものではない。

法廷意見も反対意見も厳密な憲法上の分析を行っていないため，混乱を増大させている。部族が構成員でない者に対して刑事裁判権を持たないというのは連邦の判例法であり，反対意見の言うようにそれが憲法上のルールとなり政治部門が変更できなくなるというのはおかしい。他方で，法廷意見も連邦議会が部族主権を変更する合衆国憲法上の根拠を示すことができていない。インディアン通商条項[4]も，条約権限[5]も適切な根拠とはなり得ない。

4．ケネディー裁判官の（結論同意）意見

連邦議会が，部族固有の主権に課された制約を，歴史的な制約を超えて主権を拡張するようなやり方で緩和することができるというのはとても問題のある見解である。合衆国憲法が，統治される者の同意という理論に基づいているにもかかわらず，本件で連邦政府はある市民を合衆国およびその一つの州の領域内で生じた行為につき裁くことができるよう，第3の法主体の刑事管轄権に服させようとしているからである。また市民が連邦制によって保証される政治的自由について執行しうる権利を有していることを多数意見は無視している。しかし，本件ではこれらの困難な憲法問題に答える必要はない。

部族の権限の正統性を争う適切な場面は第1の部族の手続であったが，ララはそこで彼を裁く部族の権限について異議を申し立てていない。第2の連邦の手続において，ララを裁く部族の権限は，それが正統であろうとなかろうと，

4）U.S. Const. Art. I, sec. 2, cl. 3.
5）U.S. Const. Art. II, sec. 2, cl. 2.

固有の権限であり，授権された連邦の権限ではないと連邦議会は明示しているのであるから，二重の危険違反はないと判示すれば十分である。

5．スーター裁判官の反対意見（スカリーア裁判官参加）

Duro および *Bourland*（South Dakota v. Bourland, 508 U.S. 679 (1993)）によれば，構成員でない者に対する部族のいかなる刑事裁判権の行使も，必然的に連邦の権限の「授権」に基づかなければならないはずである。

部族には構成員でない者に対して固有の刑事裁判権がないというのは，部族が連邦政府に従属しているという基本的な事実の必然的な法的結果であり，憲法上の性質を持つ。

このことから，二重主権ルールの適用を変更するために部族の固有の主権を回復するためには，連邦議会がフィリピンに対して行ったように部族の独立を認めるか，当裁判所が現行の従属主権の法理を否認するかの二つの方法しかない。先例 *Oliphant*（Oliphant v. Suquamish Tribe, 435 U.S. 191 (1978)）および *Duro* の説明に従うならば，連邦議会は部族裁判所に構成員でない者に対する固有の刑事管轄権を再び付与することはできない。

管轄権を固有なものとして扱いたいとの連邦議会の明示的な願望を評価しないわけではないが，連邦議会は部族の従属した地位という憲法上の結果と抵触するようなやり方で法律の解釈を左右することはできない。それゆえ私は，起草者の実質的な意図を尊重して，本件法律を管轄権の欠缺をなくすために連邦の訴追権限を授権したものであると解する。部族がこの授権された権限を行使することは後で同一の犯罪について連邦が訴追を行うことを妨げるというべきである。

《解　説》

1．本判決の意義：先住民部族の刑事裁判権と二重の危険

インディアン法においては，部族の刑事裁判権が固有のものであるか，それとも連邦政府から委任・授権されたものであるかが争われてきた。*Wheeler* や本件のように二重危険条項の例外である「二重主権の法理」が適用されるかど

うかが争われる場合と，*Oliphant* や *Duro* のように部族がある事件についてそもそも刑事裁判権を有するのかどうかが争われる場合がある。

Wheeler において最高裁は，部族が部族の構成員に対する刑事裁判権は固有の権限であり，部族は連邦とは別個の主権を行使しているので，「二重主権の法理」により二重危険禁止条項に違反しないと判示した。本判決は，この先例[6]を，部族が部族の構成員でない者を訴追した場合にも拡張したものである[7]。部族の刑事裁判権の文脈においては，*Duro* を変更し，部族は当該部族の構成員でないインディアンに対しても固有の刑事裁判権を持つという連邦議会制定法（「Duro 判決是正法（Duro fix）」と呼ばれる）が多数意見によって是認されたという意義がある。

法廷意見は，部族はもともと構成員でない者に対する固有の裁判権を有していたのだが，政治部門により課せられた制約によりそれを行使することができなかっただけで，連邦議会はこの制約を緩和する権限を有すると判示した。これに対し反対意見は，*Oliphant* および *Duro* においては部族が「従属する主権」[8]として合衆国に組み込まれたときに，構成員でない者に対する刑事裁判権を放棄したと理解されており，それは部族の憲法上の地位に伴うものなので，連邦議会が法律によって固有の権限を回復することはできないと説いてい

6) 渥美東洋編『米国刑事判例の動向Ⅰ』第42事件（瀬川憲悟担当）(1989年)；藤田尚則『アメリカ・インディアン法研究Ⅱ：国内の従属国』476-482頁（北樹出版，2012年)；松田龍彦「合衆国最高裁判例四半世紀の動向からみる二重危険禁止法理」法学新報第129巻6・7号373頁，390-391頁（2022年)。

7) 本判決の評釈として，浅香吉幹「判批」アメリカ法2005-1号140頁，藤田尚則『アメリカ・インディアン法研究Ⅰ：インディアン政策史』688-691頁（北樹出版，2012年)；藤田・前掲注6) 249-251頁。

8) 藤田尚則教授によれば，「部族主権に関して，インディアン部族はその土地と構成員に支配権を有するが故に，外国（foreign country）に類似するが，部族は連邦政府が相互に独立を保って交渉する外国と異なり，連邦政府の至高の主権（paramount sovereignty）に服する半独立的存在とする法理，合衆国議会はインディアンの内部事項に対して無条件の権限を有するとする法理が見出される。」藤田・前掲注6) 254-255頁。

る。

法廷意見においては，「二重主権の法理」において部族は連邦とは別個の主権として扱われるという立場が貫徹されたことになるが，その理由づけはDuroにおける「従属する主権」の理解と抵触するものであると考えられ，Wheelerが全員一致であったのとは対照的に，裁判官の意見は細かく分かれることになった。

2．「二重主権の法理」

「二重主権の法理（dual-sovereignty doctrine）」とは，連邦政府と州政府とは別個の主権国家であるので，ある者の行為が両方の法に違反した場合には，二重危険の禁止に違反することなく，それぞれ刑事訴追を行うことができるというものである[9)]。その目的は，それぞれの主権が自らの法を執行する利益を守るためであるといわれる[10)]。連邦最高裁判所の先例としては，1922年のUnited States v. Lanzaによって確立されたとされる[11)]。その後，1959年のAbbate v.

9） BRYAN A. GARNER (ed.), BLACK'S LAW DICTIONARY 573 (9th ed., 2009).
別々の州政府による訴追もこの法理の射程に含まれることから，「別個の主権の法理（"separate sovereigns" doctrine）」（ギンズバーグ裁判官）または「異なる（different）主権の法理」（CORPUS JURISおよび樋口範雄教授）と呼んだ方が適切かもしれないが，ここでは法廷意見および通説による呼称に従う。Puerto Rico v. Sanchez Valle, 579 U.S. 59, 78 (2016) (Ginsburg, J., concurring)；16 C.J., CRIMINAL LAW §§ 479–483 (1918)；22 C.J.S., CRIMINAL LAW §§ 254–259 (1989)；樋口範雄『はじめてのアメリカ法（補訂版）』184頁（有斐閣，2013年）。

10） 359 U.S. 187, 195 (1959).「もし，州がその法に違反する犯罪行為を自由に訴追でき，その結果として州による訴追によって同一の行為に基づく連邦による訴追ができなくなるのであれば連邦法の執行が必然的に妨げられることになる。例えば，本件の申請人は，3月以下の拘禁刑となりうるイリノイ州による有罪判決により，5年以下の有罪判決になりうる連邦の訴追ができなくなると主張している。そのような隔たりは，本件のようにとてもよく起こるものであり，被告人の行為は州の利益よりも連邦の利益をより深刻に侵害しているのである。」

11） 260 U.S. 377 (1922)；WAYNE R. LAFAVE, JEROLD H. ISRAEL, NANCEY J. KING, & ORIN S. KERR, CRIMINAL PROCEDURE (Hornbook series) 1477 (6th ed. 2017)；小島淳「アメリカにおける二重の危険の発展過程(3)」早稲田法学77巻4号137頁，138–139頁（2002年）参照。

United States[12]および 2019 年の Gamble v. United States[13]において，この法理を見直し，連邦と州との二重訴追をやめるべきではないかということが争われたが，法廷意見は 2 回とも先例変更を認めなかった。特に，*Gamble* の法廷意見は，二重主権の法理は二重主権禁止の例外ではなく，第 5 修正の文言自体から導かれるものであると述べている。

州以外の法主体についても，連邦政府とは別個の主権として連続した訴追を行うことができるかどうかが争われてきており，連邦最高裁は先住民部族については *Wheeler*，本件および 2022 年の Denezpi v. United States[14]において，別個の主権であることを一貫して認め，二重訴追を肯定する一方で，プエルトリコなどの属領については独立した主権であることを否定し，二重訴追を許さないという立場をとっている[15]。

国際刑法においては，「外国刑事判決の消極的効力」の問題として扱われ，Ⓐ 明文で消極的効力を否定する（イタリア），Ⓑ 完全に消極的効力を認める（英国，カリフォルニア州およびフランス），Ⓒ 消極的効力を否定し，算入主義を採る（日本），Ⓓ 特定の場合に限って消極的効力を肯定する（スイスおよびオーストリア）の四つの立場があるとされている[16]。1970 年のヨーロッパ刑事判決条約 53 条（一事不再理（ne bis in idem））は，原則として二重の訴追を禁止するが，その例外として「判決の原因となった行為が自国において公的性格をもつ人，制度もしくは財産に対して犯されたとき，又は判決の対象となった人自身が自国において公的性格をもつとき」および「自国において行為が犯された締約国又は自国の法令によれば自国において行為が犯されたとみなされる締約国」は，「一事不再理の効力を認めることを義務づけられない」と規

12） 359 U.S. 187 (1959).

13） 139 S. Ct. 1960 (2019)；本書第 32 事件；浅香吉幹「判批」アメリカ法 2020-1 号 83 頁；松田・前掲注 6）302 頁。

14） 142 S. Ct. 1838 (2022)；本書第 33 事件。

15） Puerto Rico v. Sanchez Valle, 579 U.S. 59 (2016)；本書第 31 事件。

16） 森下忠『新しい国際刑法』84-92 頁（信山社，2002 年）。

定している[17]。

3．部族裁判所とその管轄権

(1) 部族裁判所とは何か

部族裁判所とは，先住民の保留地において，先住民部族が自ら裁判制度を設立し，部族の制定した法や慣習法に基づいて刑事および民事の裁判権を行使することが認められているものであり，現在合衆国内の約400の部族が裁判所を有している[18]。

1883年に連邦インディアン局の行政命令を根拠に連邦政府の機関としてインディアン犯罪裁判所（Court of Indian Offences，CFR裁判所ともいう）が創られたが，1934年のインディアン再組織法（Indian Reorganization Act of 1934）[19]は，各部族が憲法を制定し，政府を構成することを認め，部族裁判所が設立されることになった。ただし，小規模の部族は独自の裁判所を持たず，これらの部族に対しては依然として五つ現存するCFR裁判所が管轄権を有している。刑事事件において科すことのできる刑の上限は原則として1年以下の軽刑務所への拘禁または5,000ドル以下の罰金であり[20]，先住民でない者に対しては原則として刑事裁判権を有しない（ただし，近年，後述するような例外が認められた）。

これらの裁判所は合衆国憲法上の裁判所ではなく，権利章典を含む合衆国憲法の規定は適用されない。1968年インディアン市民的権利法（Indian Civil Rights Act of 1968）[21]によって，被疑者・被告人の権利が規定されているが，

---

17) 同上・88-90頁；中西優美子「EUにおける一事不再理（ne bis in idem）原則と相互信頼」自治研究99巻7号97頁（2023年）参照。

18) Bureau of Indian Affairs, Tribal Court Systems, https://www.bia.gov/CFRCourts/tribal-justice-support-directorate（最終閲覧2024年3月31日）

19) Pub. L. 73-383, 48 Stat. 984, 25 U.S.C. §461 *et seq.*；富田虎男『アメリカ・インディアンの歴史（第3版）』188-192頁（雄山閣，1997年）；松村赳，富田虎男（編）『英米史辞典』812頁（研究社，2000年）；藤田・前掲注7）415-419頁参照。

20) 25 U.S.C. §1302 (a)(7)(B).

21) Pub. L. 90-284, 82 stat. 73, 25 U.S.C. §§1301-1304；藤田・前掲注6）679-683頁。

国選弁護人依頼権，大陪審による起訴の保障がない。また，部族裁判所内部での上訴が可能であり（上訴裁判所や上訴部がある）[22]，連邦裁判所に人身保護令状を請求することもできる[23]。

⑵　部族裁判所の管轄権

1970 年代まで，部族裁判所は居留地で生じた事件について，部族の構成員であるか否か，先住民であるか否かにかかわらず刑事裁判権を有するとされてきた。

しかし，合衆国最高裁は，1978 年の *Oliphant* および 1990 年の *Duro* において，部族の刑事裁判権を制限する判決を下した。*Oliphant* は「部族裁判所の固有の刑事裁判権は，先住民でない者に及ばない」と判示し，*Duro* は「部族裁判所の固有の刑事裁判権は，その部族の構成員でない者に及ばない」と判示した。その理由は，先住民部族は合衆国に組み込まれる際に，もともと持っていた固有の主権的権限の一部を放棄したからであるという。部族の主権を制限するこれらの判決は批判の対象となり，特に *Duro* の結果，保留地内で犯された軽罪について，いかなる政府からも訴追されなくなるという管轄権の空白が生じたため，6 カ月後に連邦議会はこれを覆す法律を制定した。本件は，この法律が最高裁ではじめて正面から争われたもので，多数意見はこれを是認し，以降は連邦議会も最高裁法廷意見も，部族の主権を擁護・回復・拡張する流れとなっている。

近年，連邦議会は 3 回にわたって部族裁判所の刑事裁判権を拡張し，Oliphant を覆さないまでも，例外的に部族裁判所が先住民でない者に対して刑事裁判権を行使することも認めるようになった[24]。

2010 年部族の法と秩序法（Tribal Law and Order Act：TLOA）[25]は，部族裁

22）　American Indian Law Center, Survey of Tribal Justice Systems and Courts of Indian Offenses 23 (2000).

23）　25 U.S.C. § 1303.

24）　Grant Christensen, *Using Consent to Expand Criminal Jurisdiction*, 111 Cal. L. Rev. 1831, 1845 (2023).

判所が１罪につき最長３年，１回の刑事手続につき最長９年の刑を科すことを認めた。ただし，部族裁判所が１年を超える刑を科す場合には，部族の負担で弁護人の効果的な助力を受ける権利，合衆国のいかなる法域においても法律実務を行う資格のある部族の裁判官に裁かれる権利，部族が制定した刑事法，証拠法および手続法を公開させる権利，手続の記録を保存する権利を保障しなければならない。

2013年女性に対する暴力再授権法（Violence Against Women Reauthorization Act of 2013）[26]は，家庭内暴力等について，部族裁判所に先住民でない者に対する管轄権を与えた。ただし，① 先住民でない被告人が保留地と何らかの関係があり，② 部族裁判所がTLOAによる手続に従い，③ 陪審が先住民でない者を含む特定のグループを制度的に排除していないことが必要である。

2022年女性に対する暴力再授権法（Violence Against Women Reauthorization Act of 2022）[27]は，未成年の子が家庭内暴力等の被害者となる場合にも部族裁判所の管轄権を拡張し，かつ，先住民でない被告人が保留地と関係があるという要件を削除した。これにより，加害者も被害者も先住民でない事件について部族裁判所において訴追する固有の権利が初めて認められた[28]。

連邦最高裁は2021年のUnited States v. Cooley[29]において，部族の警察官が，保留地内で犯罪を犯したと疑われる相当理由のある者を停止させ，州または連邦の法執行官が到着して逮捕するまで身柄を拘束する固有の権限を認めた。連邦下級裁判所や州裁判所は，部族でない者を保留地から退去させるという部族固有の権限を根拠として，部族の警察官が先住民でない者に対して停止および自動車の捜索[30]，呼気検査および被疑者の身柄拘束[31]などを行う権限を認めて

25） Pub. L. No. 111-211, 124 Stat. 2258, 25 U.S.C. § 1302(a)(7)(C), (D), (c).

26） Pub. L. No. 113-4, 127 Stat. 54, 25 U.S.C. § 1304(a)(5), (d).

27） Pub. L. No. 117-103, 136 Stat. 49, 25 U.S.C. § 1304(a)(5)(B), (b)(1).

28） Christensen, *supra* note 24, at 1849.

29） 141 S. Ct. 1638 (2021).

30） Ortiz-Barraza v. United States, 512 F. 2d 1176, 1178 (9th Cir. 1975).

31） State v. Thompson, 937 N.W. 2d 418, 421-22 (Minn. 2020).

いる。

(3)　連邦裁判所・州裁判所の管轄権

1885 年のインディアン重大犯罪法（Indian Major Crimes Act of 1885）[32]は，保留地でインディアンが他のインディアンに対して犯した重大な犯罪（謀殺，故殺，強姦，放火，侵入盗，強盗など）を連邦の犯罪とする。また，1948 年の一般犯罪法（Indian Country Crimes Act / General Crimes Act）[33]は，① 加害者および被害者がインディアンである場合，② 保留地で部族の法によりインディアンに刑罰が科された場合，③ 条約により部族が当該犯罪に対する専属管轄権を有する場合を除いて，連邦の一般法が保留地にも適用されると定めている。

1953 年の法律第 250 号[34]は，カリフォルニア州，ミネソタ州，ネブラスカ州，オレゴン州，およびウィスコンシン州（1958 年改正によりアラスカ州が追加）に連邦政府が保留地に対して有する刑事事件および民事事件の管轄権を委譲した。州政府が保留地に対する刑事裁判権を有するのは，この法律第 250 号による場合だけであり，固有の裁判権があるとはされてこなかったが，2022 年の Oklahoma v. Castro-Huerta[35]は，インディアンでない者がインディアンに対して犯罪を行った場合に，州にも固有の管轄権があると判示し，管轄の問題（およびその競合によって起こる二重危険の問題）を一層複雑なものとしてしまった。

4．結　論

Vannesa J. Jimenez および Soo C. Song の共著論文[36]および藤田尚則教授の著書[37]に掲載された表を加筆修正して，保留地における犯罪類型，刑事管轄

32)　23 Stat. 362, 18 U.S.C. §1153；藤田・前掲注 6）129 頁。

33)　62 Stat. 757, 18 U.S.C. §1152；藤田・前掲注 6）130 頁。

34)　Pub. L. No. 83-280, 67 Stat. 588, 25 U.S.C. §1162.

35)　142 S. Ct. 2486 (2022)；浅香吉幹「判批」アメリカ法 2023-1 号 63 頁。

36)　Vannesa J. Jiménez & Soo C. Song, *Concurrent Tribal and State Jurisdiction under Public Law* 280, 47 Am. U. L. Rev. 1627, 1655-1656, n. 162 (1998).

37)　藤田・前掲注 6）493 頁。

表1 先住民保留地における刑事管轄権

	犯罪類型	刑事管轄権	法的根拠
a	インディアンによるインディアンに対する犯罪		
	ⅰ 重大犯罪	連邦および部族（競合）	18 U.S.C. §1153 25 U.S.C. §1301 (2) Wheeler
	ⅱ 他の犯罪	部族（専属）	25 U.S.C. §1301 (2)
b	インディアンによる非インディアンに対する犯罪		
	ⅰ 重大犯罪	連邦および部族（競合）	18 U.S.C. §1153 25 U.S.C. §1301 (2)
	ⅱ 他の犯罪	連邦および部族（競合）	18 U.S.C. §1152 25 U.S.C. §1301 (2)
c	インディアンによる被害者なき犯罪	部族（専属）	
d	非インディアンによるインディアンに対する犯罪		
	ⅰ 一般の犯罪	連邦および州（競合）	18 U.S.C. §1152 Castro-Huerta Oliphant
	ⅱ 家庭内暴力等	連邦，州および部族（競合）	25 U.S.C. §1304(c)
e	非インディアンによる非インディアンに対する犯罪		
	ⅰ 一般の犯罪	州（専属）	
	ⅱ 家庭内暴力等	州および部族（競合）	25 U.S.C. §1304 (c)
f	非インディアンによる被害者なき犯罪	州（専属）	

権および法的根拠についてまとめると表1のようになる。このうち刑事管轄権が競合する場合に，二重危険の問題が発生することになる。

保留地には平均して12パーセントの部族構成員でない先住民が住んでいると言われ[38]，本件のように構成員と構成員でない者との婚姻も稀ではないこと

38） S. Rep. No. 102-153, app. E at 58 (1991).

から，「構成員でない者も当該保留地のコミュニティーに組み入れられているので，部族の構成員でない者に対して刑事管轄権を行使する能力は部族の自治および完全性の維持に必須のものである。」[39]という学説上の指摘には説得力があり，逆に部族が「従属した主権」であるという建前論を根拠に部族の主権を制限しようとした *Oliphant*，*Duro* およびこれら二つの先例に基づく本件反対意見には説得力が乏しい。従って，部族の主権を擁護・回復・拡張しようとする連邦議会および本件多数意見の方向性は基本的に正しいといえる。

ただし，訴追・処罰の権限が部族固有の主権に基づくものであると認められることで，「二重主権の法理」が適用されることにより，個人が二重訴追・二重処罰の不利益を被るという欠点については，それが各州の一般市民と同程度であれば仕方がないといえるのかもしれないが，先住民など部族裁判所の管轄権に服する者が各州の一般市民よりも不利な立場に置かれるというのであれば，再考が必要であろう。この点については，第33事件の解説において，紙幅を改めて論じたい。

（中村　良隆）

39） Benjamin J. Cordiano, *Unspoken Assumptions : Examining Tribal Jurisdiction over Nonmembers Nearly Two Decades after Duro v. Reina Note*, 41 CONN. L. REV. 265, 292, 303 (2008).

31. Puerto Rico v. Sanchez Valle, 579 U.S. 59 (2016)

プエルトリコ法に基づきプエルトリコ裁判所で訴追された被告人を同一事件についてさらに連邦法違反に基づき連邦裁判所で訴追することは二重危険禁止条項に違反すると判示された事例。

《事実の概要》

連邦議会は1950年に法律第600号（Public Law 600）[1]を制定し，「同意による統治の原則を認め」，プエルトリコの人民が「自ら採択した憲法に基づいて政府を組織する」権限を与えた。まずプエルトリコ住民は法律第600号を承認するかどうかにつき投票し，賛成多数により憲法会議が招集され，憲法草案を作成した。住民投票ならびに連邦議会による修正および承認の結果，プエルトリコ自治領（Commonwealth of Puerto Rico）という新しい政府を生み出し，三権分立，共和政体を保障し，権利章典を持つプエルトリコ憲法が1952年に成立した。

被申請人ルイ・サンチェス・ヴァレおよびジェイム・ゴメス・ヴァスケスは，（別々の機会に）それぞれ覆面捜査官に銃1丁を売り渡した。プエルトリコの検察官は，2名を2000年プエルトリコ武器法に違反して，許可を得ずに武器を売ったとして起訴した（*See* 25 Laws P.R. Ann. §458 (2008)）。これらの訴追が係属中に，連邦大陪審は，同一の取引について，類似の連邦銃取引規制法に違反したとして，両名を起訴した（*See* 18 U.S.C. §§922 (a)(1)(A), 923 (a), 924 (a)(1)(D), 924 (a)(2)）。両名は，これらの連邦の訴追に有罪の答弁をした。

有罪答弁に続いて，両名は二重危険条項に基づき，プエルトリコの訴追を棄却すべきであると申し立てた。二つの公判裁判所はいずれもこの申立てを認めたが，プエルトリコ Court of Appeals は二つの事件を併合した後，これらの判

1） Puerto Rican Federal Relations Act, Pub. L. No. 600, Act of July 3, 1950, §1, 64 Stat. 319.

決を破棄した。プエルトリコ最高裁判所は，二重危険条項の下で，プエルトリコの訴追権限は連邦の検察官と同様，連邦議会に由来するので，プエルトリコが被告人両名を再び裁くことは許されないと判示した[2)]。最高裁はサーシオレーライを認容した。

《判旨・法廷意見》

原判決確認（6対2）

1．ケイガン裁判官の法廷意見

第5修正の二重危険条項は，「同一の犯罪」について1回を超える訴追を禁止している。しかし，いわゆる二重主権の法理（dual-sovereignty doctrine）によれば，単一の行為が別々の主権の法に違反するのであれば，別々の犯罪が生じ，それゆえ，ある者を連続して訴追することが許される。二つの検察当局が二重危険の目的において異なる主権であるといえるかを判断するのに，当裁判所は狭い，歴史に焦点を当てた問いを立ててきた。この問いは，「主権」という語がしばしば示唆するように，第2の法主体が第1の法主体から自立している，または自らの政治的方向性を定める程度を問題にするのではない。そうではなく，この問題は，二つの法域の訴追権限が独立した起源を有するかどうか，逆に言えば，これらの権限が同一の「究極の源」に由来するかどうかである（United States v. Wheeler, 435 U.S. 313, 320 (1978)）。本件において，我々はこの基準の下で，プエルトリコと合衆国が単一の被告人を同一の犯罪行為について連続して訴追してよいかどうかを判断しなければならない。我々は，プエルトリコの訴追権限の最も古い起源は，連邦の土壌にあるので，連続した訴追は許されないと判示する。

二重危険条項の下での通常のルールは，ある者を同一の犯罪で2度訴追してはならないというものである。しかし，当裁判所が長く判示してきたところによれば，二つの訴追が異なる主権によってなされるのであれば，たとえそれら

2) Pueblo v. Sanchez Valle, 192 D.P.R. 594, 2015 TSPR 25 (Mar. 20, 2015), *available at* https://dts.poderjudicial.pr/ts/2015/2015tspr25.pdf

が同等の刑事法を通じて同一の犯罪行為を対象とするものであったとしても同一の犯罪についてのものではない（*See, e.g.*, United States v. Lanza, 260 U.S. 377, 382 (1922)）。我々はこの点を以下のように述べたことがある。「同一の行為が二つの主権の法に違反する場合，違反者が同一の犯罪について２回処罰されるとはいえず，一つの行為により二つの犯罪を犯したのだとしかいえない（Heath v. Alabama, 474 U.S. 82, 88 (1985)）。」ゆえに，同一の行為の過程についてある被告人を連続して訴追しようとする法主体が別々の主権である場合，二重危険条項は問題にならなくなる。

しかしながら，この文脈での「主権」とは通常の意味を持つものではない。理由はともあれ，二重危険の目的で，二つの主権が別個のものと考えられるかどうかは，通常，主権であることを示す指標を無視している。ある政府が主権の持つ通常の属性を有するかどうかや，主権の一般的な態様で行為するかどうかではなく，違反者を処罰する権限を別個の権限の「究極の源」から引き出しているかどうかである。二つの訴追主体が，二重危険の文脈で二重の主権であるといえるかどうかは，「別個の権力の源から犯罪者を処罰する権限を引き出しているかどうか」にかかっている（*Id.*）。それゆえ，この問いは歴史的なものであり，機能的なものではない。最深の源泉に目を向けるのであり，現行の訴追権限の行使に目を向けるものではない。もし二つの法主体がそれらの刑罰権を全く独立した源（１組の平行線を想像すべきである）から引き出していれば，その場合には連続した訴追を行うことが許される。逆に，もしそれらの法主体がそれらの権限を同一の究極の源から引き出しているならば（ここでは，共通の始点から始まった２本の線を想像すべきである。それらの線は後で分岐することがあるかもしれないが。），連続した訴追は許されない。

このアプローチ（手法）の下では，諸州は連邦政府とは別個の主権で（相互に別個の主権でも）ある（*See* Abbate v. United States, 359 U.S. 187 (1959)；Bartkus v. Illinois, 359 U.S. 121 (1959)；Heath, 474 U.S., at 88）。

同様の理由により，インディアンの部族も別個の主権に数えられる（Wheeler, 435 U.S., at 322-323）。

逆に，当裁判所は，地方自治体は，その市に刑罰についての自律権がどれほどあろうとも州とは別個の主権としての資格がないと判示してきている（*See, e.g.*, 3 Waller v. Florida, 397 U.S. 387, 395 (1970)）。

本件と最も関連するのは，20世紀初頭に，初期のプエルトリコも含めて，合衆国の属領（U.S. territories）[3]は合衆国とは別個の主権ではないと当裁判所が結論していることである（Grafton v. United States, 206 U.S. 333 (1907)；Puerto Rico v. Shell Co., 302 U.S. 253 (1937)）。

もし我々が，二重主権の法理の要求する限り歴史を遡れば，プエルトリコの訴追権限の「究極の源」として再度，連邦議会を発見する。もし我々の二重危険に関する諸判決が，法主体の自治を測ることにかかっているであれば，自治領が出現したことは，本件で試みられたような類の連続した訴追をする能力をもたらす結果となったはずである。しかし，すでに説明した通り，二重主権のテストにおいて，我々は異なる問い，すなわち自治の事実ではなく，それがどこから来たかに焦点を当てている。例えば，現在，諸州が刑事法その他の地方の問題に自治的な規律を行使しているということは気に留めない。代わりに，連邦政府から権限を引き出しているのではなく，当初の事柄として，そのような支配権を有しているという理由で，我々はそれらを別個の主権と扱うのである。

合衆国がプエルトリコを領有した時点で，州や部族がこの国の一部となったような方法で，その人民が独立した訴追権限を有していたと論じる者は誰もいない。プエルトリコはそのときまでスペインの主権の下にある植民地であったのである。そして，ここ数十年，申請人も認めている通り，連邦議会制定法に

3）　田中英夫編『英米法辞典』847-848頁（東京大学出版会，1991年）は「準州；連邦領；連合領；連邦統治地域」という訳語を当てているが，『BASIC 英米法辞典』（同，1993年）の合衆国憲法の対訳（227頁）では「合衆国に属する領地」と訳されている。また，プエルトリコ等の現在の Territories においては，将来的に州に昇格するという起草者意思がもはや貫徹されていないように思われる。このことから，本稿では，「属領」と訳すことにした。

より授権された権限だけを行使してきたのである。これらの権限は，連邦政府との既存の関係というよりも，連邦政府から引き出されたものである。

そして，申請人の主張とは反対に，プエルトリコが憲法の制定により変容したことは，異なる結論を導くものではない。市の憲章の背後に州政府があるのと同じように，プエルトリコの人民とその憲法の背後で，訴追権限の究極の源は連邦議会であり続けてきたのである。要するに，連邦議会がプエルトリコ憲法を制定する権限を付与し，次に同憲法が刑事訴追を行う権限を付与したのである。このことは，連邦議会を連邦政府の検察官の起源としたのと同じように，プエルトリコの検察官の権限の起源としたのである。プエルトリコ憲法は，重要であるとしても，この鎖を打ち破るものではない。

それゆえ，二重危険条項はプエルトリコおよび合衆国が単一の者を同一の行為について，同等の刑事法により訴追することを妨げる。

2．ギンズバーグ裁判官の補足意見

二重の危険の禁止は，同一の行為を複数回訴追するという嫌がらせから個人を守ることを意図したものである。現行の「別個の主権（separate sovereigns）」の法理はほとんどその目的のために役立っていない。州と連邦とは「親類関係にある制度」であり，「１つの全体の一部」である（The Federalist No. 82, p. 245 (J. Hopkins ed., 2d ed. 1802) (reprint 2008)）。その全体の中で，人を同じ犯罪で２度処罰することは，「［我々の］権利章典の精神に反する（Abbate v. United States, 359 U.S. 187 (1959) (Black, J., dissenting)）」，「人間の尊厳から懸け離れたもの（Developments in the Law–Criminal Conspiracy, 72 Harv. L. Rev. 920, 968 (1959)）」ではないだろうか？　このことは，被告人が合衆国全体の一部により連続した訴追に直面した将来の事件で注意を払うべきことである。

3．トーマス裁判官の補足意見

インディアン部族の連続した訴追に対する二重危険条項の適用に関しては法廷意見に同意できない（*See* United States v. Lara, 541 U.S. 193, 214-226 (2004) (Thomas, J., concurring in judgment)）。

4．ブライヤー裁判官の反対意見（ソトマヨール裁判官が参加）

もし我々が，二重主権の法理の要求する限り歴史を遡れば，プエルトリコと連邦政府が同一の権力の源泉，すなわち連邦議会を共有していることを発見することになるとは思わない。

連邦議会は，プエルトリコ連邦関係法（すなわち法律第600号）を制定する際に，プエルトリコの「政治的地位」が，二重危険の目的で，それ以降自らの権力により，自らの刑事法を制定し執行するという主権を有することを決定したのだと考えるべきである。

第1に，法律第600号が制定された時期は，連邦議会がプエルトリコの政治的地位に重大な変化をもたらすことを意図していたことを示唆する。

第2に，法律第600号は，合衆国は多くのプエルトリコの法に正統性を与える源に重要な変化を与える文言を用いている。

第3に，法律第600号は憲法制定手続を創設し，それによりプエルトリコは憲法会議を召集し，憲法を制定したが，その憲法には，プエルトリコは多くの法を制定する独立した権限を有することを保障し，ほとんどの立法に正統性を与える源は「プエルトリコの人民」であると規定している。

第4に，プエルトリコと合衆国の両方がプエルトリコ憲法を承認している。

第5に，連邦政府の三権すべてが，法律第600号，プエルトリコ憲法および関連する連邦議会の行為が，州に近いこともある，地方の事項に関するプエルトリコのかなりの自律を認めている。

第6に，プエルトリコの最高裁判所は，50年以上もの間一貫して，（連邦議会ではなく）プエルトリコの人民がプエルトリコの刑事法の「源」であると判示してきた。

第7に，法律第600号（および関連する出来事）がプエルトリコに地方の立法についての自律を認めたのは，地方の刑事法に関してそのようにしたのではないかと思われる。

こうした議会制定法の歴史，文言，組織法，伝統，公的な意見表明，連邦政府の三権およびプエルトリコにより取られたその他の行為から，合衆国は契約を締結し，その一つの条件として，プエルトリコの刑事法の「源」は連邦議会ではなくなり，プエルトリコ自身，その人民，およびその憲法になったのであると私は確信する。権限を認めた証拠は，当裁判所がインディアン部族が同様の主権を維持していると結論づけた連邦議会の沈黙の証拠よりもはるかに強いものである。それなのに，部族がこの権限を保持し，プエルトリコが保持していないとどうして我々が結論できるのか理解するのは困難である。

《解　説》

1．本判決の意義

本判決は，「二重主権の法理」の下で，プエルトリコは連邦政府とは別々の主権であるとはいえないので，同一の被告人に対し同一事件について連続した訴追を行うことは二重危険禁止条項に違反し許されないと判示したものである[4)]。ギンズバーグ裁判官は，別の機会に「二重主権の法理」それ自体を見直すべきであるとする補足意見を執筆しており，3年後の Gamble v. United States[5)] において「二重危険条項は，同一犯罪についての合衆国全体の一部による連続した訴追を妨げるものと解すべきである。」という反対意見を執筆することにつながった。

「二重主権の法理」に関する最初期の先例 Moore v. Illinois においては，「合衆国の市民は誰でも，州または属領の市民でもある。彼は二つの主権に対して忠誠の義務を負うといわれ，どちらの法の違反についても刑罰を科される責任を負う。」[6)] と述べられ，属領も州と同じように，二重危険条項の下で連邦とは別個の主権と扱われることが示唆された。属領の最高裁判所も，属領の犯罪と

4)　本判決の紹介として，松田龍彦「合衆国最高裁判例四半世紀の動向からみる二重危険禁止法理」法学新報 129 巻 6・7 号 373 頁，391-392 頁（2022 年）；WAYNE R. LAFAVE, JEROLD H. ISRAEL, NANCEY J. KING, & ORIN S. KERR, CRIMINAL PROCEDURE (Hornbook series) 1478 (6th ed. 2017).

5)　139 S. Ct. 1960, 1989 (2019) (Ginsburg, J., dissenting)；本書第 32 事件参照。

6)　Moore v. Illinois, 55 U.S. (14 How.) 13, 20 (1852).

連邦法上の犯罪で連続した訴追を行うことは二重危険条項に違反しないと解していた[7)]。

しかし，米西戦争の結果，1898年にスペインからグアム，プエルトリコおよびフィリピンが割譲され，新たな属領となると，最高裁は立場を変更し，「連邦議会が究極の支配権を有するので，属領は主権にあたらない」と扱うようになった[8)]。連邦法であるシャーマン法3条と同内容の法律をプエルトリコ議会が制定することができるかが争われた1937年の先例*Shell Co.*において，「属領および連邦の法ならびに裁判所は，連邦の管轄権を行使しているか属領の管轄権を行使しているかによらず，同一の主権によって創り出されたものである。一方の法に基づき適当な裁判所で訴追が行われるならば，他方の法に基づいて別の裁判所で訴追を行うことは必然的に妨げられる。」ので，「二重危険のリスクは存在しない。」と判示した[9)]。

ところが，1950年の連邦議会制定法第600号に基づき，人民主権の原則に基づくプエルトリコ憲法が1952年に制定されたことから，プエルトリコの刑罰権・訴追権の源は，連邦政府からプエルトリコ政府に移ったのではないかと言われるようになった。1987年に第1巡回区Court of Appealsは，「プエルト

7) Territory v. Coleman, 1 Or. 191, 192 (Terr. 1855); In re Murphy, 40 P. 398, 399–402 (Wyo. 1895); State v. Norman, 52 P. 986, 988–89 (Utah 1898); *See* Emmanuel Hiram Arnaud, *Dual Sovereignty in the U.S. Territories Dual Sovereignty in the U.S. Territories*, 91 FORDHAM L. REV. 1645, 1654 (2023).

8) Grafton v. United States, 206 U.S. 333 (1907).「ある州において犯された同一の行為が，合衆国に対する犯罪と，州に対する犯罪という二つの別個の犯罪を構成することがあり，その双方について被告人は裁かれうるが，そのルールはフィリピン諸島で犯された行為には適用されない。州政府はその権限を合衆国から引き出してはいないが，フィリピン諸島の政府はその存在を全く合衆国に負っており，その司法裁判所は合衆国の権威によってすべての権限を用いている。」

Arnaud助教授によれば，*Wheeler*において「究極の源」テストを定式化し，一方で*Bartkus*と*Abbate*を区別し，他方で*Grafton*と*Shell Co.*を区別したのも，1898年以降の最高裁の植民地主義的な法理論が背景にあるという。Arnaud, supra note 7., at 1658.

9) Shell Co., 302 U.S., at 264.

リコの地位は州ではないが，その刑事法は州の刑事法と同様，連邦法とは別の源から生じている」と述べて，プエルトリコ検察当局の訴追後に連邦政府が訴追を行うことは二重危険条項に違反しないと判示し[10)]，以降はプエルトリコと連邦による二重訴追が認められてきた。本件反対意見も法律第600号およびプエルトリコ憲法の制定を重視して，二重危険条項に反しないとの立場をとる。しかしながら法廷意見は，人民主権に基づく憲法の制定によっても，その背後に連邦議会が控えているという事実は変わらないとして，プエルトリコと連邦政府は「同一の主権」であると扱われるべきであり，二重の訴追は二重危険条項に違反するとして，従来の実務を覆す結果となった。なお，他の属領（グアム，ヴァージン諸島，アメリカ領サモアおよび北マリアナ諸島）においては，これまで連邦との二重訴追が認められたことはない[11)]。

本判決の結果，どのような事件をプエルトリコ検察当局が訴追し，どのような事件を連邦検察当局が訴追するのかという問題が一層重要になった。2021年に自動車強盗致死，特定の銃犯罪および誘拐については連邦当局がまず訴追するかどうかを決めるという覚書が交わされ，同年に発生したフェリックス・ベルデホによる殺人事件では，プエルトリコ検察当局は訴追を行わなかった[12)]。

2．属領における連邦法の執行と民主主義

プエルトリコその他の属領において連邦刑事法を執行することの根本的な問

---

10) United States v. Lopez Andino, 831 F. 2d 1164, 1164 (1st Cir. 1987).
これ以前にも，1982年に第1巡回区 Court of Appeals は，プエルトリコ法違反の放火罪の訴追後に連邦法違反の共謀罪の訴追がなされた事件で，プエルトリコを州と同じに扱い，二重危険条項に反しないと判示している。United States v. Benmuhar, 658 F. 2d 14, 18 (1st Cir. 1981), *cert. denied*, 457 U.S. 1117 (1982).

11) Government of Virgin Islands v. Dowling, 633 F. 3d 660 (3d Cir, 1980)；21 AM. JUR., 2D, CRIMINAL LAW §318 (2024)；Arnaud, *supra* note 7 at 1648.

12) Sylvia Verónica Camacho, *Justicia No Radicará Cargos a Félix Verdejo a Nivel Local* [Justice Will Not File Charges Against Félix Verdejo at the Local Level], WAPA, May 1, 2023, https://www.wapa.tv/noticias/locales/justicia-no-radicara-cargos-a-felix-verdejo-a-nivel-local_20131122506277.html

題点は，それが民主主義に反するということである。合衆国憲法上，属領の住民には，大統領選挙の投票権も，連邦議会の投票権も与えられていないにもかかわらず，連邦議会による包括的な規制権に服することになっている[13]。合衆国憲法の起草者は，属領はいずれ州に昇格することが見込まれるので，連邦政府の政治的意思決定に参加できないという状態は一時的なものであるから，許容されると考えていた[14]。しかし，プエルトリコが米西戦争の結果1898年にアメリカの領土となってから100年以上が経過しており，なおかつ2020年の人口は約328万人で，ユタ州，ハワイ州など20の州よりも多いが，依然として州になることができていない。

このような現状を容認する論理（「属領編入（territorial incorporation）の法理」と呼ばれる）を立てたのは，合衆国史上，悪名高い先例の一つとして知られるInsular Casesである。米西戦争後にスペインから合衆国に割譲された属領につき合衆国憲法が適用されるかどうかが争われた一連の事件で，最高裁の法廷意見は，「合衆国の属領には，将来確実に州になることが見込まれる編入された属領（incorporated Territories）と，新たに取得され，合衆国の一部とはみなされない編入されない属領（unincorporated Territories）があり，後者には合衆国憲法は部分的にしか適用されない」[15]旨判示し，フィリピンやプエルトリコには第6修正の陪審裁判の保障は適用されないと結論づけている[16]。

13）　U.S. Const., Art. 1, sec. 2, cl. 1；Art. 2, sec. 1, cl. 2；Art. 4, sec. 3, cl. 2.
　プエルトリコは，連邦議会下院に1名の院内代表を送っている。この院内代表は，議員ではないので投票権はないが，議員立法の提案者となることができる。阿部小涼「ハリケーン，植民地主義，抵抗：プエルトリコの政治的地位を問うこと」琉球大学政策科学・国際関係論集19号89頁，102-103頁（2019年）参照。

14）　Cesar A. Lopez-Morales, *Making the Constitutional Case for Decolonization: Reclaiming the Original Meaning of the Territory Clause*, 53 COLUM. HUMAN RIGHTS L. REV. 772 (2022).

15）　*See* Boumediene v. Bush, 553 U.S. 723, 757 (2008).

16）　Dorr v. United States, 195 U.S. 138 (1904)；Balzac v. Porto Rico, 58 U.S. 298 (1922).
　ただし，現在はプエルトリコの連邦裁判所においても属領裁判所においても陪審裁判を受ける権利が保障されている。United States District Court: District of

しかし，そのような考え方は，植民地主義や人種差別的偏見に基づいて合衆国憲法の適用範囲を限定しようとするもので，今日では到底維持することができないと批判されている[17]。「編入されない属領」という区分がもはや成り立たないだけでなく，「永続的な属領」という概念も打破されなければならず，本判決は，属領の住民が州の住民と同じように扱われるためには，州になるか，あるいは独立しなければならないという現実を突きつけるものとなっている[18]。

3．結論：民主主義と人権保障との反比例？

プエルトリコ等の属州の住民は，連邦法の制定にも，それを執行する連邦行政部にも政治的に参加することができていない。そして，言わばその代償として，「二重主権の法理」が適用されないことにより，州の場合よりも二重訴追を受けない権利を手厚く保障されるということになっている。ただし，１回だけの刑事訴追について連邦政府が優先権を持つ点で，自ら関与できない連邦法

Puerto Rico, Jury Service, https://www.prd.uscourts.gov/jury-service ; Judicial Branch of Puerto Rico, Jury, https://poderjudicial.pr/eng/community-education/legal-topics/criminal-cases/jury/（最終閲覧はいずれも 2024 年 3 月 31 日）

17） Arnaud, *supra* note 7 at 1648, 1656 ; *See also* Christina D. Ponsa-Kraus, *The Insular Cases Run Amok : Against Constitutional Exceptionalism in the Territories*, 131 YALE L.J. 2449 (2022).

18） Lopez-Morales, *supra* note 14 at 806–812.

プエルトリコでは，独立，州権獲得または属領としての現状維持のいずれかを問う（ただし，2020 年は州として連邦に加入することに賛成するか否かを問う）住民投票が過去 7 回も行われている（阿部・前掲注 13）131 頁参照)。1998 年，2012 年，2017 年および 2020 年の住民投票では，州になるという選択が多数を占めた。

院内代表ジェニファー・ゴンザレス（Jenniffer González-Colón）は 2017 年に，2025 年までに州になることを目指す法案（H.R.260）を提出し（同上・103 頁参照)，さらに 2021 年にプエルトリコが州となることを認める法案（Puerto Rico Statehood Admission Act, H.R. 1522）を提出した。この法案には民主・共和両党の 80 名近くの連邦下院議員が支持を表明しているものの，これまでのところ可決されるには至っていない。See Jenniffer González-Colón, Statehood, https://gonzalez-colon.house.gov/issues/statehood（最終閲覧 2024 年 3 月 31 日）

を一方的に執行される植民地状態にあるという問題は残る。

このような状態は，「政治過程がより民主的になれば，人権もよりよく保障されるはずだ」という民主主義と人権保障との一般的な相関関係に反する，皮肉な現実であるといえるのではないか。州や先住民部族と比較した場合に，現在のプエルトリコの自治の程度は州より若干劣るかもしれないが，部族よりも劣るとはいえない。従って，「二重主権の法理」において部族が独立した主権であるとされているのに，プエルトリコ政府がそうではないというのは奇妙な結論であるというべきである。「編入されない属領」・「永続的な属領」というダブル・スタンダードを撤廃することが，強く求められなければならないであろう[19]。

（中村　良隆）

19）志柿光浩「プエルトリコ州権獲得運動における自決権と国家」ラテンアメリカ研究年報12号97頁，101-102頁（1992年）によれば，プエルトリコの法的地位の基本的枠組みは，次の3点からなり，1899年にアメリカの属領となってから，1917年にプエルトリコ住民に市民権が与えられ，1952年に連合共和国憲法が制定されたにもかかわらず，「現在まで本質的に変化していない」とされる。

「⑴プエルトリコにおける主権は米国にあること

⑵プエルトリコは現在までに米国を構成するに至った他の州と違い州権を前提としない領土であること

⑶プエルトリコ住民は米国市民権を有すること」

国連総会および脱植民地委員会は，2003年以降，プエルトリコの自己決定と独立の不可侵の権利を確認する決議を重ねて採択し，植民地状態が続いていることを批判している。阿部・前掲注116頁；Special Committee on Decolonization Approves Resolution Reaffirming Puerto Rico's Inalienable Right to Self-determination, Independence (June 22, 2023), https://press.un.org/en/2023/gacol3372.doc.htm

32. Gamble v. United States, 587 U.S. __ (2019)

州が異なり主権が異なる場合，同一犯罪を理由とする他の主権（州）による後訴は二重危険禁止条項により阻止されないという理論を確認し，同一の犯行に関して異なる州による後訴が二重危険禁止条項に反さないと判示した事例。

《事実の概要》

2015 年 11 月，アラバマ州モービルで，ギャンブルは車のヘッドライトが壊れていることを理由に警察官に停止を求められた際，マリワナ臭がして，ギャンブルの車両が捜索され，9 ミリの拳銃が発見された。ギャンブルは，第 2 級強盗罪で有罪判決を言い渡されていたため，この拳銃所持は，粗暴犯で有罪とされた者は火器を所有又は所持してはならないとするアラバマ州法に違反する行為であった。ギャンブルはこの州犯罪に有罪答弁後，連邦検察官は，1 年を超える収監刑が法定刑の犯罪で有罪とされた者が，火器または弾薬を，州際通商若しくは外国通商で輸出若しくは輸送し又は州際通商若しくは外国通商に影響を与える態様で所持することを禁止する連邦法で訴追された。

ギャンブルは，連邦法違反を理由とするこの連邦による後訴は，ギャンブルが州で有罪判決を受けたのと「同一の犯罪」を理由とするものであるから，第 5 修正の二重危険禁止条項に違反すると主張し，公訴棄却を求めた。

District Court は，*Heath*（Heath v. Alabama, 474 U.S. 82 (1985)）を先例として，「主権が相違する場合の，同一犯罪を理由とする訴追は，第 5 修正の二重危険禁止条項に違反しないとする理論（dual sovereign doctrine）を理由に，異なる主権により訴追された場合には，二つの犯罪は二重危険禁止条項の趣旨からすると「同一犯罪（the same offence）」には当たらない，と判示した。ギャンブルは連邦犯罪に有罪答弁したが，二重危険禁止条項違反を理由に上訴した。第 11 巡回区控訴裁判所は，District Court の判断を確認し肯定した。

《判旨・法廷意見》

原審判断確認

1．アリトー裁判官執筆の法廷意見

主権が異なる場合には同一犯罪を理由とする場合でも異なる主権による後訴が許されるとの理論（dual sovereign doctrine）は，第5修正の二重危険禁止条項の例外ではなく，第5修正の文言自体から生ずる帰結である。憲法の起草当初から，各犯罪は法律により定義され，各法律は主権により定義されると理解されてきた。ギャンブルの主張する歴史的根拠は弱く，170年以上にわたる数多くの関連する先例の流れを断ち切るのに十分なものではなく，当法廷は，訴追主体である主権が異なる場合には，異なる主権による後訴は二重危険禁止条項違反に反さない，とする長きにわたる先例の理論を覆すことはしない。

第5修正は，「同一犯罪」を理由に二重危険に晒すことから個人を保護している。制定時からの理解は，「犯罪」は法律により定義され，それぞれの法律は，主権により定義される。したがって，二つの主権があれば，二つの法律があり，二つの「犯罪」が存在する。ギャンブルは第5修正が起草された歴史から，訴追を行う主権が異なるか否かにかかわりなく，再訴追を禁止する意図であったことを示そうとしているが，この点は，申請人の主張の方にではなく政府の主張の方に分がある。

先例は，「同一犯罪」について，主権が異なれば，同じ犯罪を理由とする異なる主権による訴追は同一犯罪には当たらない，とする立場をとってきている。南北戦争前の三つの先例である *Fox*（Fox v. Ohio, 5 How. 410 (1847)），*Marigold*（United States v. Marigold, 9 How. 560 (1850)），*Moore*（Moore v. Illinois, 14 How. 13 (1852)）は，二つの異なる主権に対する犯罪は二つの異なる犯罪を構成する，なぜならば，各主権は実現することが正当な利益を有するからである，旨判示している。数年後，この考え方が *Lanza*（United States v. Lanza, 260 U.S. 377 (1922)）で固められた。*Lanza* は，州での訴追後の連邦による訴追を認めた。当法廷は，この先例を1959年まで，数十年にわたり適用した。1959年に当法廷は，*Bartkus*（Bartkus v. Illinois, 359 U.S. 121 (1959)）と

Abbate（Abbate v. United States, 359 U.S. 187 (1959)）で，これらの先例を覆すことを求める主張を却け，その後 60 年以上にわたり，この先例を維持してきた（see, e.g., Puerto Rico v. Sanchez Valle, 579 U.S. ___. pp. 5-10）。

ギャンブルは，当法廷の先例は二重危険禁止条項が当初採用したと思料されるコモンロー上の権利に反すると主張して，英国及びアメリカの諸先例と論文を論拠として主張する。しかし，先例からの離脱には，「特別の正当化理由が求められる」のであり（Arizona v. Rumsey, 467 U.S. 203, 212），ギャンブルの主張は，170 年以上にわたる多くの先例の流れを打ち破るには，あまりに根拠が薄い。当法廷は，*Bartkus* で，ギャンブルが論拠とする英国の先例は，「混乱があり，十分なものではない」ので「疑わしい」と結論づけている。より詳細に検討しても，この評価は変わらない。年月が経過してもこの初期の諸先例の意味するところが，より明らかになるかその価値を増したことはない。ギャンブルが論拠とする論文も説得的なものではない。ギャンブルの立場は，州の諸先例によっても支えられていない。州の諸先例は，せいぜい，いずれにも解釈できるというものであるにとどまる。ギャンブルが論拠とする二つの連邦の先例である，*Moore* と *Furlong*（United States v. Furlong, 5 Wheat. 184 (1820)）は，いずれも主権が異なる場合の訴追を二重危険禁止条項に違反しないと判示したものであり，一層論拠が薄弱である。

ギャンブルは，先例の拘束力を弱めようとしているが，成功していない。ギャンブルは，第 5 修正の二重危険禁止条項が第 14 修正を通して州にも適用されることが認められたことで，主権が異なれば二重危険禁止条項違反はないとする理論の基礎は失われたと主張するが，この法理が妥当するのは，同一の主権が「同一犯罪」を理由とする訴追を行ったという事実に依拠しており，このことは，第 5 修正の二重危険禁止条項が第 14 修正に組み込まれた後も変わらない。ギャンブルは，さらに，連邦犯罪が増加したことにより，同じ犯罪行為を理由に，州と連邦で相次いで訴追されるリスクが高まってきており，先例により被告人に加えられる害を一層深刻にしていると主張するが，この主張は，諸先例が最初から誤っていることを前提としており，歴史的論拠は薄弱であり，十分なものではない。いずれにせよ，二重危険禁止条項の下で，主権が異なれば同一犯罪を理由とする後訴は阻止されないという法理を除去したとしても，連邦の刑事法の及ぶ範囲を縮小することはほとんどなく，また，同一の犯罪行為を理由とする州および連邦の後訴が阻止されることにはならない（see *Blockburger v. United States,* 284 U.S. 299 (1932)）。

2．トマス裁判官の補足意見

法を解釈する当司法部の義務が求めるのは，文言の制定された当時の意味に従うことである。誤っていることが明らかな先例を支持するために先例拘束性の理論を根拠に用いるべきではない。申請人と反対意見は，主権が異なれば，対象となる行為が同じであっても，二重危険禁止条項により，異なる主権による後訴は禁止されないとの，当法廷が示してきた理論が，正しくないものであること，ましてや誤っていることを，証明しているとは言えないので，多数意見に加わる。

3．ギンズバーグ裁判官の反対意見

第5修正の二重危険禁止条項は，同一犯罪行為を理由とする後訴を，合衆国全体の一部を形成する一部分が行うことを禁ずるものである。

ギャンブルはアラバマ州と合衆国の双方で有罪判決を受けているのであり，各法域はそれぞれ外国に当たる場合ではない。したがって，本件は，イングランドの外国判決に関する先例が妥当する場合ではない。

Lanza で，当法廷は州と連邦はそれぞれ犯罪を処罰できるとしたが（*Id.*, at 382），数十年後に，意見が鋭く分かれたが，当法廷は，主権が異なれば，同一の犯罪行為を他の主権が後訴することができることを確認した（Abbate v. United States, 359 U.S. 187 (1959)；Bartkus v. Illinois, 359 U.S. 121 (1959)）。だが，私は，この誤った判断に従うべきではないと思料する。

連邦と州を別個の主権であるとする考え方は連邦制度の基調を見逃している。連邦制度の下では，究極の主権は統治を受ける者にある。州の構成員は合衆国を構成する人民の一部なのである。

各政府はそれぞれの自身の法律を執行する個別の利益があるというのが，主権が異なれば同一の犯罪行為の後訴ができ，二重危険禁止条項に違反しない，という理論の前提だが，二重危険禁止条項は，人（person）を保護し，政府を制約するものであるから，この見方は変わった見方である。

訴追を受ける個人から見ると，連邦と州が，後訴を提起するのは個人の自由を否定する潜在力を有する者であり，同じ主権が再度訴追するのと同じことである。

合衆国憲法の基本権の起草者は，最初，州で公判審理を受けた者を，連邦政府が再訴追することを許す修正を否決していたのである。法廷意見は最初の連邦議会が採用しなかった見解を，第5修正の二重危険禁止条項の意味するところだとしている。

初期のアメリカの裁判所は連邦と州の政府による，いずれかが訴追した後の他の政府による後訴を好ましいものとは見ていなかった。*Moore* で，ウォーシントン裁判官は，かかる訴追は圧政に当たる旨判示し，ストリィ裁判官は，反対意見を述べ，コモンローと自由な政府の考え方に反すると述べている。

引用されている連邦と州の政府による後訴に関する初期の州の判例は，かかる訴追を受け入れがたいものと判示している（*See* Bartkus, 359 U.S., at 158-159 (Black, J., dissenting)。主権が異なることを理由に後訴を認めたのは，1件のみである（Hendrick v. Commonwealth, 32 Va. 707, 713 (1834))。かかる後訴は正当根拠を欠くものであり，二重危険禁止条項により許されていないと解すべきである。

法廷意見は，主権が異なる場合の他方の主権による後訴は二重危険禁止条項により阻止されないという理論は，他方の法執行権限を制約するのを防ぐために必要だというが，連邦と州が訴追にあたり，協力するのは通常のことである。連邦と州の犯罪を理由とする他方の主権による後訴に関して連邦と州の間に緊張関係がある場合には，*Blockburger* により別の犯罪とされれば，訴追できることになる。

先例による拘束は避けられないものではない。

第4修正に関して，銀杯理論（州の違法活動により得た証拠を連邦が利用できるとする理論）を *Elkins*（Elkins v. United States, 364 U. S. 206 (1960)）で放棄したのに，二重危険禁止条項に関して，主権が異なる場合に，他方の主権による後訴を認める理論を維持するのは一貫性がない。自己負罪拒否特権に関しても，州に第5修正の自己負罪拒否特権が適用されるようになって以降，他の方式で自己負罪となりうる証言をするように被告人に義務づけることはできないと判示されている（Murphy v. Waterfront Comm'n of N.Y. Harbor, 378 U.S. 52 (1964)）。

法廷意見は，第5修正の二重危険禁止条項が州にも適用されることになったことは重要性がないとし，「犯罪」は各主権が定義することを指摘するが，二重危険禁止上の保護は被告人の観点から考えるべきである。

連邦の刑事法が拡張されたために，主権が異なることを理由に後訴を認めることによる問題は一層悪化してきている。過去半世紀の間に連邦の刑事法は，かつては州に委ねられていた領域にも広範に拡張された。連邦と州が協力する連邦制度の新しい時代に入り，多くのタイプの犯罪行為に対して連邦と州は共同し連携して対処するようになっているが，主権が異なれば後訴が許されるという理論によれば，連邦と州に共同して再訴追を行う新たな機会が提供されることとなり，再訴追は例外的なものではなくなる。

州の訴追後の連邦による訴追に関しては，連邦の重要な利益が関係する場合にのみ同一犯罪行為を連邦が訴追するとの，*Blockburger* よりも広い，*Petite* 政策がとられ，連邦政府が州政府の訴追後に同一犯罪を訴追するには数百件にとどまる。さらに，半数以上の州は，事件の実体について連邦または州の裁判所で訴追がなされた場合には，その犯罪と全部または一部が同一の犯罪を理由に後訴を提起することを禁止している。こうしたことに照らすと，主権が異なることを理由に他の主権が同一の犯罪で後訴を提起することが許されないと判示したとしても，実務上は大きな支障は生じない。

主権が異なることを理由に前訴と同一の犯罪による他の主権による後訴を認める理論は，裁判官，法曹および学者による絶え間ない批判に晒されてきている。にも拘わらず法廷意見はこの理論を確認して，第5修正により保護された被告人の権利を制限しているのである。合衆国「全体」の異なる部分は，被告人の同一犯罪行為を理由に再度訴追することを許すべきではない。本件での連邦によるギャンブルの有罪を破棄すべきである。

4．ゴーサッチ裁判官による反対意見

主権が相違する場合の同一犯罪を理由とする後訴は二重危険禁止条項により禁止されないとする法廷意見によれば，一方が訴追に成功しなければ他の主権が再度訴追することができ，両方が訴追に成功すれば，一方の刑罰が科された後にさらに刑罰を科すことができることになる。だが，主権の相違を理由とする二重危険禁止条項の例外は，合衆国憲法の文言にも，起草者が公にしたところにも，構造にも，歴史にも，支持を見出すことができないものである。主権が異なる場合でも同一犯罪行為を理由とする後訴は阻止されるべきである。

法廷意見は，主権が異なれば犯罪は二つあるというが，起草者は「犯罪（offence)」とは「道徳的又は法的に受け入れがたい行為（transgression)」をいうと解していたのであり，*Blockburger* テストによれば，異なる事実の証明が求められるのか否かにより犯罪が異なり，別訴を提起できるのかが判断されるが，本件で，連邦政府が進めた訴追の根拠である法律で証明することを求められる事実は，アラバマ州法で証明を求められる事実を超えるものではないので，二つの訴追は同一犯罪による訴追である。

主権が異なれば犯罪は異なり，同一犯罪ではないから，同一行為について後訴ができるという考え方は起草者により採用されていない。1786 年に，連邦議会委員会は，関税権限についてこれを連邦の権限とする理由について，そうしなければ，13 の個々の州が同一の違反行為（offence）について様々のペナルティを科すことができることになりかねないからだ，としている。1778 年に大陸会議は，軍法会議で審理を受けた犯罪行為を理由に州の裁判所でその者を公判に付すことは許されないとする決議を採択している。そして，1785 年には，合衆国の裁判所の一つである海事裁判所で同一の犯罪とみられる行為について，前の無罪又は前の審理を受けたとの抗弁ができるとする条例を審理した。これらの例は，第 5 修正に賛成を投じたであろうこれらの多くの初期の立法者が，州法及び連邦法違反が「同一犯罪行為」であると認識していたことを示している。

マーシャル首席裁判官は，連合政府は人民の政府であり，すべての主権はここから生ずる，と説明しており，アレグザンダー・ハミルトンは，合衆国と州のシステムは，互いに異なる主権としてみなされるべきではなく，「一つの全体」をなすとみなされるべきであると述べている。合衆国憲法の下では，連邦と州の政府は，人民の単一の主権を，二つの表現で言い表したものであると解すべきものである。州政府と連邦政府が真に別の主権であるか否かについては究極的に戦争により解決されることになった。連邦政府と州政府は1個の同じ源泉に由来する。一体をなす（One Whole）合衆国人民は，主権の異なる側面を，連邦政府と州政府に割り当てたのであり，政府の権限を複数設けようとしたのではなかった。

コモンローに照らしても，異なる主権による訴追は禁止されると解される。

Henry Bathurst は，スペインで殺人を理由に訴追された審理の結果，無罪とされた者がその後にイングランドで訴追された場合には，その者はスペインの裁判所で無罪とされていると抗弁することができるであろう，と述べ，1678年の，*Hutchinson*（King v. Hutchinson）（書面の判決文は残されていない）及び他の初期のコモンローの諸先例（Beak v. Thyrwhit (3 Mod. 194, 87 Eng. Rep. 124), Burrows v. Jemino (2 Str. 733, 93 Eng. Rep. 815 (K.B.1726)), King v. Roche (1 Leach 134, 168 Eng. Rep. 169 (K.B.1775))）は，上記文献と同様の判示をしている。全て，スペイン又はポルトガルで謀殺を理由に審理された被告人をイングランドの裁判所で再度審理することは禁じられることに同意している。

新憲法下で連邦政府と州政府の関係について，起草者は時々ウェールズ，スコットランド及びイングランドの関係を考慮していたのであるが，ウェールズで謀殺を理由に訴追され無罪とされた被告人は，イングランドで大陪審起訴は，同一犯罪を理由とするものであり，訴追を進めることは禁じられるとされた（King v. Thomas, 1 Lev. 118, 83 Eng. Rep. 326 (K. B. 1664)）。

連邦政府と州政府は同じ法律を共有しており，ウェールズの例は，連邦制度に類推できるものである。

Moore（Houston v. Moore, 5 Wheat. 1 (1820)）では，ペンシルバニア州の軍法会議（court-martial）は，「ペンシルバニア州の法律により」，人民軍の一人のメンバーを，敵前逃亡の罪で審理したが，被告人は，同一の行為が連邦法により犯罪とされ，訴追されており，州で訴追するのは二重危険禁止に違反することを理由に，軍法会議には裁判権がないと異議を申し立てたが，ウォーシントン裁判官はこの意見を却け，訴追を許したが，二つの裁判所の裁判権が競合する場合であれば，いずれかの裁判所による量刑，有罪又は無罪判決があれば，後訴が阻止されるとの抗弁が許されるかもしれないと判示し，反対意見を述べたストーリィ裁判官は，州裁判所は，同一犯罪行為で再度被告人を裁き，処罰することになるので，州は裁判権を欠いていると述べた。両者とも，同一犯罪を理由とする後訴は，別個の政府によって提起される場合でも，禁止されることについて認めているのである。

同年の別の先例も *Hutchinson* 法理を反映している。*Furlong* では，一人のイギリス人が公海上で他者を殺害し，アメリカの連邦の裁判所で強盗および謀殺を理由に大陪審起訴され，法廷意見は，公海上での強盗はすべての国家の刑事裁判裁判権が及ぶ犯罪であると考えられており，したがって，いずれの国家も処罰することができ，二重危険に関し，前の無罪の答弁を行うことができる場合に当たる旨判示した。同趣旨の判断がマサチューセッツ，ミシガン，およびヴァモント州の先例で示された。*Brown*（State v. Brown, 2 N.C. 100 10 (1974)）は，ノースキャロライナでの評決は，オハイオ州南部の合衆国の属領地（Territory South of Ohio）での法律違反を理由とする大陪審起訴に対する抗弁とはならない，と判示したが，各州のいくつかの法律違反を理由に被告人を審理すると，被告人を一つの同一犯罪で再度処罰することになることを理由に，競合する裁判権を有しないと判示した。したがって，州法違反と合衆国の属領に適用される法律違反を「同一犯罪行為」を理由とするものとみなしており，被告人をその単一の犯罪で処罰する裁判権を，双方が有するとの考え方をとらないことを表明したものである。

先例拘束性の理論は，絶対的なものではなく，主権の相違を理由に同一犯罪を理由とする後訴を認める根拠とはならない。合衆国憲法は，採択された当初から同一犯罪を理由に，州および連邦が，後訴を提起することを許していない。誤った先例に拘束されるべきではない。

Palko（Palko v. Connecticut, 302 U.S. 319 (1937)）は変更され，二重危険禁止条項は州に適用されることとなり，それと同時に，州と連邦では主権が異なるので同一犯罪を理由とする後訴は許されるとの前提は崩壊したのである。

主権が異なれば同一犯罪を理由とする後訴は許されるとされたのには，連邦の刑法典が，新規で，その犯罪数は多くなく，控えめで，限定的なものであったという背景がある。だが，今日では，連邦犯罪は，州の主要な犯罪を事実上含んでおり，刑事制裁の原因となる何十万もの連邦による規制を別としても，4500 以上の刑罰法規を合衆国法典は定めている。検察官の寛大さに依拠することで二重訴追を防げるのかは疑問である。

国境を越えた事件で，外国の裁判所で無罪とされた者を処罰することが禁じられることを法廷意見は懸念するが，合衆国内の検察官は，外国の検察官と常に協力しており，相互に努力することで最も適切な裁判所を選ぶことができる。また，*Blockburger* によれば別の犯罪であるとされれば，外国での裁判結果に不満足であれば，二重危険禁止条項に反することなく，別の犯罪で訴追できる。

主権の相違を理由に同一犯罪による後訴を認める，二重危険禁止条項の例外は誤りである。

《解　説》

1．法廷意見は，二重危険禁止条項の下で，主権が異なる場合には同一犯罪を理由とする場合でも異なる主権による後訴が許されるとの理論（dual sovereign doctrine）は，第 5 修正の二重危険禁止条項の例外ではなく，第 5 修正の文言自体から生ずる帰結である，と判示し，訴追する主権が異なる場合，同一犯罪を理由とする後訴は二重危険禁止条項により阻止されないとの先例の流れを確認し[1]，同一の犯罪行為を対象とする場合でも，州の訴追後の連邦法違反を理由とする訴追を認めた。

主権が異なれば，犯罪の定義は異なり，二つの犯罪が存在するという見方は，犯罪行為の社会的実体が同一の行為に焦点を当てた訴追か否かにより二重危険禁止条項違反の有無を判断するのではなく，州及び連邦のそれぞれの主権を重視し，各主権が，異なる利益を保護するべく犯罪を定義したことを踏まえて[2]，主権が異なれば別の犯罪であると判断した[3]。同一主権の下での再訴追が行われた場合と本件とは異なっている。*Blockburger* テストにも言及されているが，本件の判断の中心は，主権の相違にある。

2．主権が相違する場合の後訴を認める法廷意見と，主権が異なっても単一の主権により後訴がなされる場合のように二重危険禁止条項により後訴が阻止されるとする少数意見との相違は，連邦制度の理解が根本的に異なっていることに由来するものであろう。

異なる主権を持つ州が連邦を形成し，全体に共通する権限を中心に連邦に委譲したという歴史的背景に鑑みると，連邦の権限の拡大という経緯があるもの

---

1) *See e.g.,* United States v. Lanza, 260 U.S. 377 (1922)。法廷意見は多くの先例を引く。*Lanza* は，同一の行為が州法と連邦法の双方に反する場合に，州が訴追した後に，連邦が訴追し処罰するのは第５修正の二重危険禁止条項に違反せず，酒類の製造，輸送，及び販売を禁止する州法により有罪とされ処罰された後に，連邦が訴追することを禁ずる特別法がない限り，合衆国が，同一の行為について，全国禁酒法違反で訴追することは禁止されない，と判示した。

2) 本件の州の犯罪は，有罪判決を受けた者が銃器を所持する事態に対処しようとしたものであり，他方，連邦の犯罪は，「州際通商」の観点から定められており，刑罰法規の観点は異なっている。銃器の所持という点では共通するものの，州法と連邦法は異なる利益を保護しようとする法律であると見ることができ，法廷意見は，各主権を尊重する立場に立つ。

3) 同じ犯罪行為が複数の州に関係している場合，犯罪を定義する権限は各州にあり，一州の訴追は他州の同一の行為を理由とする犯罪による後訴を阻止せず，主権が異なることを理由に，同一犯罪を理由とする後訴は，二重危険禁止条項により阻止されないと判断してきている（Heath v. Alabama, 474 U.S. 82 (1985)（本書第29事件）。

の，州には連邦に委譲せずに残されている固有の権限があり，州は自己の主権に基づいて犯罪を定義し訴追する権限があり，連邦には州とは異なる主権があり保護する利益があるという見方は，主権の多層性に配慮した連邦制度の伝統的な考えたに添ったものであると解される。ゴーサッチ裁判官の意見は，連邦国家であっても，二重危険禁止条項の適用に関して，被告人の利益の保護を強調する立場から，単一の主権の下で再訴追がなされた場合と同様に捉える傾向が強い。

3．少数意見は，*Blockburger* に言及する。主権が異なる場合の後訴を認める法廷意見も *Blockburger* に言及する。

Blockburger テストは，二つの犯罪が同一犯罪か否かを，異なる証明要素の証明を求めるものか否かで同一犯罪か否かを判断するテストであり，元々は二重処罰に関するものであるが，再訴追に関するテストとして，使われてきている。*Blockburger* の下では，犯罪構成要件の証明要素が異なると，異なる犯罪とされ，再訴追禁止の範囲は同一の社会的行為の範囲には及ばず，狭くなる。できるだけ一度の訴追で訴追と裁判を終了させ，再訴追による圧政を防ぎ，最小限の負担で刑事訴追，刑事裁判を行うことを重視する二重危険禁止条項の基本的な視点に，この *Blockburger* テストが添うものであるのかという問題は残されたままである[4)]。

---

4) 再訴追の禁止に関しては，collateral estoppel 法理（付随的禁反言の法理）による同一機会の犯行を阻止した先例（Ashe v. Swenson, 397 U.S. 436 (1970) では，ポーカーをしている者の１名に対する強盗行為による訴追後の，そのポーカーをしていた別の者に対する強盗行為での訴追が，前訴で焦点となった被告人が強盗行為の一員か否かの争点を再度争うもので，許されない旨判示された。大小関係にある犯罪の場合には，後訴は阻止されるとする先例（Brown v. Ohio, 432 U.S. 161 (1977)）では，車両の窃盗とその盗んだ車両の，所有者の同意のない運転は，大小関係にある犯罪であり，後訴は阻止される旨判示された。同一犯罪で再訴追の危険に晒す範囲を最小限度のものにとどめるべきであるとする観点から，同一エピソード（社会的行為を同一とする範囲）を基準に二重危険の適用範囲を決すべきだとする議論もある。一度で訴追できる犯罪行為を分断して細切れ訴追を禁じ，最小限度の負担で訴追を行うことを求める二重危険禁止条項の基本的視点からすれば，同一エピソー

本件は，*Blockburger* テストの適用が中心争点なのではなく，主権の相違が関係する場合の再度の訴追の可否が中心争点であり，連邦制度（主権の多層性）の観点から理解するか，単一主権のように理解するかで判断が分かれた。

なお，*Blockburger* を適用すれば，証明要素が異なれば，後訴は阻止されないので，多数意見と結論はほぼ異ならない結果となるのではないかと思われる。*Blockburger* テストによれば，ほとんどの場合に犯罪構成要件が相違するために，再訴追は阻止されない結果となるのではなかろうか。

４．ゴーサッチ裁判官の少数意見は，外国が関係する場合についても，同一犯罪行為を理由とする訴追（後訴）が禁止される場合として言及する。

外国での処罰が関係する場合，国情の違いがあり，他国での処罰がなされれば，同一犯罪行為の，自国による後訴が禁止されることになると，後訴する国の国益が考慮されず，自国の利益が大きく損われる懸念が残る[5)]。

外国での有罪判決が自国での訴追・裁判を阻止することになるという議論は，先例の年代，が示すように，古い年代のものであり，今の国際政治の実体を十分に考慮したものであるとはいえず，今でもその立場を維持することに合理性があるのかは疑問が残る。様々な政治体制の国々があり，そうした中で外国での有罪判決があれば，二重危険禁止条項により，自動的に自国の裁判権の行使が阻止されるという考え方は，あまりに自国の利益を損なうものであり，自国民の保護に欠ける場合も生ずると言わなければならないであろう。国より，何を犯罪とするかについての定め方は様々であり，執行の在り方も様々である。共通に犯罪として認識される行為であっても，処罰せずに済ませたり，費用もかかる自国での裁判と刑罰の執行の負担を回避すべく，軽い処罰で国外

ドの基準の方が二重危険禁止条項の基本的視点に添っている。再訴追に関する二重危険禁止条項に関する判例の動向については，渥美東洋編『米国刑事判例の動向Ⅰ』（1989 年）（特に 32 事件（中野目善則担当）），中野目善則『二重危険の法理』（2015 年）（特に，第 2 及び第 3 章）を参照。

5）外国によっては軽微な処罰で済ませて，厄介払いで国外退去処分に付す場合も存在する。

退去処分にすることにとどめる場合もあり，後訴に関して，すべてを単一国家における訴追のように解する見解は，国際政治，政治体制の相違を無視してしまうことになりかねず，自国民の保護にあまりにも欠ける結果を招いてしまうことになる懸念が残る。本件では外国との関係での後訴の可否は全く問題とはされておらず，法廷意見はこの点を全く議論していない。

5．なお，州と連邦の関係に関してはゴーサッチ裁判官が言及する *Petite* 政策があるが，これは被告人の負担をできるだけ軽くする配慮を，連邦による訴追を州の訴追後に行う際の考慮に入れることを示したものであり，連邦による後訴それ自体を否定したものではない。

6．法廷意見は，州による訴追後の同じ犯罪を理由とする連邦法違反での連邦による後訴の事例で，連邦制度の趣旨に添って，各主権の立場を尊重する姿勢を，二重危険禁止条項に関して確認したものであり，連邦制度の趣旨と歴史に添った，主権の多層性を踏まえた判断を示したといえる。

（中野目　善則）

33. Denezpi v. United States, 596 U.S. — (2022)

部族の法に基づき被告人がインディアン犯罪裁判所で訴追された後で，同一事件についてさらに連邦議会制定法に基づき連邦裁判所で訴追を行うことは二重危険禁止条項に違反しないと判示された事例。

《事実の概要》

被告人デネツピは，ナバホ国（Navajo Nation）の構成員であるが，ウテ山ウテ族保留地内にある町であるコロラド州トワオクに旅行し，友人の家に滞在中に，同伴していた女性を脅して無理に性交に応じさせた。連邦インディアン局の官吏がCFR裁判所[1)]において，デネツピを三つの罪で起訴した。ウテ山ウテ族法典第6編2条に反する暴行および傷害，連邦行政命令集25編11.402

---

1) CFR裁判所について，法廷意見は以下のように記述する。142 S.Ct., at 1843.

「1882年に，内務省長官H.M.テラーは，省内のインディアン局に対して，「保留地のインディアン政府のためのルールを策定する」ように示唆する書簡を送った。これを受けて，インディアン委員会は，特定の行為を禁止し，ルール違反を裁くための「インディアン犯罪裁判所」がほぼすべてのインディアン部族または部族の集団のために設立されるべきであることを指示する行政命令（regulations）を採択した。現在，連邦行政命令集（Code of Federal Regulations）となったものに基礎を置くことから，この裁判所はCFR裁判所と呼ばれている。

今日，ほとんどの部族が自らの司法制度を確立し，CFR裁判所を廃止している。しかし資金が限られているため，廃止していない部族もある。内務省インディアン局次官補がmagistratesと呼ばれるCFR裁判所の裁判官を任命し，その裁判所が管轄する部族自治体の投票により承認される（§11.201 (a)）。次官補は，裁判官を自らの意思または部族自治体の勧告により罷免することができる（§11.202）。部族との協定で異なる定めのない限り，内務省の官吏が各CFR裁判所の検察官を任命する（§11.204）。

CFR裁判所は2組の犯罪について管轄権を有する。第1に，連邦行政命令は，CFR裁判所において執行されうる犯罪の一覧を明記する（§§11.400-11.454.）。第2に，部族自治体は次官補の承認により，CFR裁判所で執行することのできる条例（ordinances）を制定し，これと矛盾するいかなる行政命令とも取り替えることができる（§§11.108, 11.449）。」

条に反する暴力を加えるという脅迫（terroristic threats）および同編 11.404 条に反する不法監禁である。デネッピは暴行および傷害に対して有罪の答弁[2)]をし，検察官は他の訴因を取り下げた。裁判官はデネツピを拘禁 140 日の刑に処した。6 カ月後コロラドの連邦大陪審は，連邦重大犯罪法（Major Crimes Act）に含まれる犯罪である，インディアン保留地における加重性的虐待の訴因でデネツピを起訴した。デネツピは二重の危険条項により連続して訴追することは許されないとして公訴を棄却するよう申し立てたが，District Court はこの申立てを退けた。陪審が有罪評決を行った後，District Ct. はデネツピを拘禁 30 年および保護観察 10 年の刑に処した[3)]。第 10 巡回区 Court of Appeals は原判決を維持した。ウテ山ウテ族の固有の主権が CFR 裁判所における先行する訴追を支える究極の権限の源であるので，連邦裁判所における 2 回目の訴追は二重の危険にあたらないと結論づけた[4)]。最高裁はサーシオレーライを認容した。

《判旨・法廷意見》

原判決確認（6 対 3）

1．バレット裁判官の法廷意見

⑴　本件は，通常の二重主権のシナリオにひねりを加えたものとなっている。これらの事件は通常自らの法を執行する二つの主権を含んでいる。本件では対照的に，単一の主権（合衆国）が他の主権の法（ウテ山ウテ族法典）を別に執行した後で自らの法（重大犯罪法）を執行している。

その文言により，二重危険条項は同一の犯罪について別々に訴追することを禁止しており，同一の主権による連続した訴追を妨げてはいない。それゆえ，

2）　有罪答弁を公判審理を受ける権利を放棄するだけで，有罪の自認を含まないという内容の答弁であり，North Carolina v. Alford, 400 U.S. 25, 33, 38 (1970) に基づき，Alford plea と呼ばれている。979 F. 3d 777, 779, n. 1 (10th Cir. 2020).

3）　*Id.* at 781.

4）　*Id.* at 781–783.

申請人の第1の検察官が部族の権限ではなく連邦の権限を行使したとしても，第2の訴追は合衆国憲法の二重の危険の禁止に違反しない。

第5修正の二重の危険条項は，その文言により「同一の行為について」人を2回危険にさらすことを禁じてはおらず，後続の訴追が同一の「犯罪」についてなされたものであるかどうかに焦点を置いている（Gamble v. United States, 139 S.Ct. 1960, 1965 (2019)）。

「犯罪」という語は，1791年から「違反」すなわち「ある法に違反したり，法を破ることである」と広く理解されてきている。そこで，犯罪とは法により定義されるものである（Gamble, 139 S.Ct., at 1965 ; *see* Moore v. Illinois, 14 How. (55 U.S.) 13, 19-20 (1852)）。そして，法は，それを作る主権によって定められるものであり，主権が擁護したいと思う利益を表しているのである。主権という法の源は，法それ自体の固有かつ独特な特徴であるので，一つの主権により定められた犯罪は，必然的に他の主権により定められたものとは異なる犯罪である。このことは，たとえ二つの犯罪が同一の要素を持ち，もし単一の主権によって立法がなされたのであれば別々に訴追することができない場合であっても，二重の危険条項に違反することなく，それらを別々に訴追できることを意味する。

デネツピの単一の行為は二つの法に違反している。ウテ条例の暴行および傷害と，合衆国法典の定めるインディアン居留地における加重性的虐待である。ウテ族は，United States v. Wheeler, 435 U.S. 313（1978）におけるナバホ族と同じように，部族の条例を制定する際にその「特有の」主権に基づく権限を行使したのである。同様に，連邦議会は合衆国の主権（sovereign power）を行使して連邦刑事法を制定したのである。二つの法は，別々の主権によって定められたものであり，それゆえ，別々の犯罪を禁止している。デネツピの2回目の訴追は，彼を「同一の犯罪について」危険にさらすものではないので，二重の危険条項に違反しない。

(2) デネツピは，CFR裁判所の検察官はインディアン局の統制に服するので，連邦の権限を行使していると主張する。それゆえ，彼は合衆国により2回訴追されたと結論づける。そして，「二重主権の法理は，それぞれの訴追において執行される刑事法を制定した権限の源にかかわらず，後続の訴追が単一の主権により行われた場合には適用されない」ので，二重危険条項に違反すると主張している。

我々は，デネツピの前提に同意しないので，CFR 裁判所の検察官が行使しているのは部族の権限か連邦の権限かを選別する必要はない。二重危険条項は，同一の主権が連続して訴追を行うことを禁止するものではなく，「同一の犯罪について」連続して訴追を行うことを禁止しているのである。

検察官の同一性を「犯罪」の定義の一部と扱うことは，一聴してわかるくらい奇妙なことである。ある犯罪は，ある者がその要素のすべてを実行すれば完了するので，訴追される前に実行されることを法は長く認識してきたのである。デネツピの主張は，ある者の単一の行為が，実行のときは（その行為が二つの異なる主権の法に違反するので）二つの別々の犯罪を構成し，もし単一の主権がその両方を訴追するのであれば，後で同一の犯罪になるということを支持する立場を我々に取らせることになる。

デネツピのできることは我々の先例の緩い文言を接ぎ合わせるのがせいぜいである。デネツピの援用する *Gamble*，*Sanchez Valle*（Puerto Rico v. Sanchez Valle, 579 U.S. 59 (2016)），*Heath*（Heath v. Alabama, 474 U.S. 82 (1985)）のいずれも単一の主権が連続して自らの法および異なる主権の法に基づいて訴追したという普通でない状況を含むか，またはそれに言及したものではない。また，*Bartkus*（Bartkus v. Illinois, 359 U.S. 121 (1959)）は連続した連邦による訴追が二重危険の問題を提起することを認めているだけであり，その分析を始めてもいないし，ましてや答えてもいない。

デネツピは他にも二重危険条項が 2 回目の訴追を妨げる理由となる議論を提示するが，いずれも失当である。

最初に，合衆国は CFR 裁判所において執行しうる連邦行政命令上の犯罪（federal regulatory offences）から，重大犯罪法に含まれる重罪を除外したのは，インディアン犯罪裁判所での訴追による二重危険の禁止を理由として，重大な犯罪を犯した者が，同法に基づく連邦の訴追を免れる可能性をなくすためだという。しかし，連邦行政命令上の犯罪は連邦政府により定められるので，連邦行政命令上の犯罪および連邦議会制定法上の犯罪を連続して訴追することは，本件とは異なる二重危険の問題を呈することになる。

次に，本件のような連続した訴追を認めることは，二重主権の法理を支える目的，すなわち主権の独立した利益を促進することにはならないという。目的ではなく，この法理は二重の危険条項の文言から生じており，それが決定的なのである。いずれにせよ，部族の主権的利益は，部族の犯罪に対する非難を表現したものとして自治体により適正に立法された，暴行・傷害の条例が執行されたことにより，誰がそれを執行したかに関わらず促進されている。

最後に，２度のチャンスを得るために，他の主権の刑事法を執行する権限を主権はより広範に当然のものとするかもしれないという結果は大いに問題があるという。しかし，そのような相互執行に対する憲法上の障壁があるとしても，それは二重危険条項から導かれるものではない。同条項は異なる犯罪を連続して訴追することを妨げるものではなく，たとえ単一の主権がそれらを訴追したとしても同じことである。

2．ゴーサッチ裁判官の反対意見（ソトマヨール裁判官，ケーガン裁判官が一部同意）

(1)　法廷意見が援用する二重主権の法理は，*Gamble* の反対意見で述べた通り，合衆国憲法の文言および原意に矛盾する。しかし，二重主権の法理を前提としたとしても，法廷意見の結論は維持し得ない。

先住アメリカ部族により運用されている部族裁判所とは異なり，インディアン犯罪裁判所は，「連邦政府の一部である（58 Fed. Reg. 54407 (1993)）。」それは「野蛮なインディアンを文明化する」ために，内務省によって創り出されたものなのである。内務省長官および彼と同時代の人々は，「呪術医の影響を受け」かつ「いかなる種類の法をも持たない」不備が多すぎるために，内務省が「保留地にいくつかの政府のルール」を押しつける強権を発動すべきであると考えていたのである。

時間が経つにつれて，先住民の伝統に対する連邦政府の態度は変化し，今や部族の慣習を処罰するための連邦犯罪は姿を消した。しかし，行政命令は連邦当局の官吏により創られた多くの犯罪を依然として列挙している（25 C.F.R. §§11.400-11.454 (2021)）。今日の連邦行政命令は部族の犯罪を吸収している。しかしながら，それは部族の犯罪が「インディアン局の次官補または彼の指名する者により承認された場合」に限られる。今日でも，部族がその取り決めから離脱しない限り，検察官は内務省により雇用され支配されている。§11.204. 同様に，「部族自治体の承認を必要とせずに」内務省は裁判官を任命し，罷免する権限を有している（85 Fed. Reg. 10714 (2020).; *See* 25 C.F.R. §11.202）。

連邦行政命令によれば，インディアン犯罪裁判所にはデネツピ氏（Mr. Denezpi）を彼の犯した犯罪について6月を超える拘禁刑を言い渡す権限がなく，最終的に，同裁判所は刑の上限にわずかに足りない140日の刑を言い渡した。連邦当局は，早まった起訴を後悔したのではないかと思われ，また部族の法および自らの行政命令により授権された刑罰では不十分であると考えたと思われる。デネツピ氏が内務省による（最初の）刑期を終えた後，司法省は連邦議会制定法に基づいて同一の犯罪について新たな訴追を行った。新たな訴追ははるかに長い刑を科すことができるものであった。デネツピ氏が最初に有罪となった犯罪（暴行および傷害罪）は，2回目に有罪となった犯罪（加重性的虐待）より軽度の被包括罪（lesser included offense）であることに争いはなく，我々の先例に照らして，それらが「同一の犯罪」とされ，2回目の訴追が禁止されることに争いはない。

⑵　テラー内務省長官も，他の誰もインディアン犯罪裁判所を授権する連邦議会制定法を指摘していない。また，行政機関がなぜ，通常は三つの別々の部門が持つ，犯罪を定め，訴追し，裁くことを行政権によりなしうると主張できるのかは大いに疑問だが，デネツピ氏はこれらを争っていないので，これらの疑問は他日にとっておかれることになる。

当裁判所は二つの要件が充たされる場合にのみ二重主権の法理が適用されると繰り返し述べてきた。第1に，二つの訴追は「二つの主権の法」に基づいてなされたものでなければならない（Sanchez Valle, 579 U.S. at 67)。第2に，「訴追を行う二つの法主体」は，「全く独立した［主権の］源から刑罰権を引き出し」ていなければならない（*Id.*, at 68)。本件では，どちらの条件も充たされていない。

デネツピ氏の有罪判決は両方とも連邦の犯罪についてのものである。法廷意見は彼の最初の有罪判決は部族の犯罪についてであり，第2の有罪判決だけが連邦の犯罪を含むと示唆しているが，それは誤りである。デネツピ氏のインディアン犯罪裁判所における最初の訴追は，部族の法を連邦法に吸収した，連邦行政命令違反についてのものであった。連邦行政命令集25編11.449条によれば，「インディアン局次官補に認められた」部族の条例に違反した者は，内務省自らの「法令集」に基づく犯罪を犯したことになり，「部族の条例に定められた通りに刑が言い渡される」からである。ウテ山ウテ族は，暴行および傷害という部族の犯罪を有し，それが次官補により「承認されて」連邦行政命令に吸収されたのである。デネツピ氏は部族の犯罪により有罪判決を受けたのではなく，連邦により吸収された部族の条例を連邦法に吸収した11.449条違反により有罪判決を受けたのである。

法廷意見は，*Wheeler*が本件の取り扱いを「左右し」，デネツピ氏の最初の訴追が連邦犯罪でなく，部族の犯罪についてのものであると結論づけるよう強いるものであるとしているが，それは誤りである。*Wheeler*は，自らの裁判所で部族の構成員を罰する留保された主権的権限を行使する部族当局による訴追を含むものであり，連邦裁判所での連邦当局による訴追を含むものではない。*Wheeler*における部族の訴追は，明らかに部族の犯罪についてのものであった。承認された部族の条例を吸収した連邦行政命令を含むものではない。さらに，*Wheeler*の法廷意見は，この判示がインディアン犯罪裁判所に適用されるかどうかは「判断する必要がない」と述べている。インディアン犯罪裁判所が部族の犯罪ではなく連邦行政命令上の犯罪を執行しているかどうかは未解決の問題（open question）であり，その答えは明らかである。

「二つの法主体が刑罰権を全く独立した源から引き出しているかどうか」に

つき，最も深い歴史的な源泉はウテ山ウテ族や他の部族ではなく，内務省の殿堂にあることが明らかである。連邦政府は部族法を参照せずに自らの犯罪を定める権限を依然として行使しており，その官吏が承認した部族の条例のみを執行している。プエルトリコの裁判所が我々の判例法の下で連邦に属すると分類されるのであれば，内務省によって誕生した行政裁判所が異なる扱いを受けるというのは想像を絶する。

法廷意見は，二重主権の法理が同一の主権による連続した訴追を許さないと当法廷が強調してきたことを認めていながら，デネツピ氏が2組の異なる法に基づいて訴追されたことだけが問題であると述べている。しかし二重主権の法理は，このように実体よりも形式を称揚したことはない。極端に受け取るなら，法廷意見の理由づけは，州が個人を州法により禁止された犯罪と連邦法により禁止された犯罪の2回処罰することを許すように見える。連邦政府が同じことをするのを許す可能性もある。

デュー・プロセス条項の下では「確立された手続の慣行や方式」に従ってそうしない限り，政府は市民の自由や財産を奪ってはならないが，法廷意見は，単一の主権が自らの法と別の主権の法を使って連続した訴追を行ってよいとする先例を何ら示していないし，ましてやそうする「確立された」伝統を示していない。

インディアン犯罪裁判所以外の文脈で，当裁判所が連邦の官吏が犯罪を定め，個人をそれにより起訴し，裁判し，処罰し，次に事件を当地を管轄する合衆国検察官に移送して連邦議会制定法上の同一の犯罪により2度目の裁判を行うことが認められるという状態を長く容認するとは到底思えない。しかしながら，先住民にとってこの国ではそのような体制が100年以上も続いてきており，今日，法廷意見は少なくともその一つの側面にお墨付きを拡げた。さらに悪いことに，法廷意見は部族の主権的権限を擁護するという名の下にそうしたのである。

《解　説》

1．本判決の意義

本判決は，先住民の部族は連邦政府から独立した固有の刑罰権を持つので，部族法違反により部族裁判所で訴追された後に，同一事件についてさらに連邦法違反により連邦裁判所で訴追することは二重危険禁止条項に反しないとした先例 *Wheeler*[5]を，第１の訴追が連邦内務省インディアン局の下に作られたインディアン犯罪裁判所（CFR 裁判所）でなされた場合にも拡張したものである。

法廷意見は，二重危険条項の「同一の犯罪」という文言を強調して二重主権の法理を適用し，別々の主権が制定した法に基づくのであれば，同一の主権が連続した訴追を行ってもよいとする。部族の自決権・刑罰権を尊重するという方向性においては先例の流れに沿うものといえる。

これに対して反対意見は，そもそも二重主権の法理自体を認めることに否定的なゴーサッチ裁判官[6]および２名の裁判官により構成されているが，二重主権の法理を前提としたとしても，被告人は部族の条例を組み入れた連邦行政命令に違反したことにより有罪判決を受けており，かつ，CFR 裁判所が連邦政府の機関であることは明らかであるので，① 訴追が「二つの主権の法」に基づいてなされ，かつ，②「独立した主権の源」から刑罰権を引き出しているという要件を充たさないと説くものである。反対意見は，部族の刑罰権よりも連続した訴追を受けないという個人の権利を重視したものとみることができるであろう。またゴーサッチ裁判官は，当事者が主張せず，本件で争われてはいないものの，CFR 裁判所の授権規定および権力分立についての疑念を表明して

5）本書第 30 事件の注 6 参照。

6）Gamble v. United States, 139 S.Ct. 1960, 1989（2019）においてゴーサッチ裁判官は，「二重危険禁止に対する『別個の主権の例外』は，合衆国憲法にも，当初の公的な意味にも，解釈にも，歴史にも意味のある根拠を持たない。そうではなく，合衆国憲法は，アメリカ人が決して二重の危険を被らないように約束している。」という反対意見を執筆した。本書第 32 事件参照。

いる。

2.「二重の危険」の禁止と二重主権の法理

「二重の危険」の禁止には，① 連続した訴追，② 同一の犯罪，③ 同一の主権という三つの要件があると説明されてきた[7)]。本件反対意見は,「同一の犯罪」と「同一の主権」という要件を分けて考えているように思われる。しかし，法廷意見は，別々の主権によって定められるならば，同じ事件（事実関係）でも，同一の犯罪にはあたらないと論じている。言い換えれば，法廷意見は ③ の要件を ② の要件の中に解消し，二重主権にあたるかを判断するのに，誰が訴追を行うかは関係がないとしている。しかし，最初の事件で，検察当局が連邦行政命令上の二つの犯罪について訴追を取り下げなかったらどうなっていたかを考えてみると，訴追の主体を考慮に入れないのは不合理ではないかと思われる。

もし，最初の事件で，連邦行政命令上の脅迫罪および不法監禁罪の訴因を取り下げなければ，連邦裁判所で被告人を再度訴追することはできなかったはずである。これらの犯罪は，同じ連邦法において加重性的虐待罪より軽度の被包括罪であるからである。

CFR 裁判所の検察官が，答弁取引においてこれら二つの犯罪を訴追しないことに同意したのは，被告人は本件の事実関係について，暴行・傷害罪の刑事責任を問われるだけであり，それ以外の犯罪を理由として，刑事責任を問われることはないと期待したからである。しかし，その後，連邦の大陪審が，被告人をさらに重い加重性的虐待罪で訴追している。答弁取引の段階で取り下げられた訴因については，まだ危険が発生したとはいえないので[8)]，連邦行政命令

---

7) ROLANDO V. DEL CARMEN, CRIMINAL PROCEDURE : LAW AND PRACTICE 440 (9th ed. 2013).

8) 危険が発生するのは，陪審裁判については陪審が選ばれ宣誓したとき，裁判官による審理については証拠調べが始まったときである。中野目善則『二重危険の法理』 7 頁，47 頁（2015 年)。有罪の答弁により公判が開かれずに事件が終了した場合には，最高裁は Ricketts v. Adamson, 483 U.S. 1 (1987) において遅くとも判決言渡しまでには危険が生じたことを前提としている。下級裁判所の見解は分かれてお

上の二つの犯罪を二重危険の本来の文脈において考慮することはできない。しかしながら，もし，CFR 裁判所の検察官が連邦の官吏であるとすれば，同じ連邦政府の機関である大陪審が被告人の期待を裏切るような二重の訴追を行うことは，一種の禁反言にあたり，許されないと解すべきではないだろうか。すなわち本件では，連邦政府は，被告人を最初から重い罪で起訴することもできたのに，最初に軽い罪で起訴し，答弁取引の約束を反故にしてさらに重い罪で重ねて起訴するという，「細切れの訴追」が実行されているとみることができるが，被告人を何回も裁判に巻き込んで心理的・経済的負担を課すことになるそのような訴追を許さないことが，まさに二重危険禁止条項の趣旨であるはずである[9)]。

3．先住民の自治体とコミュニティに対する影響

二重主権の法理が先住民の自治体およびコミュニティにおいてどのように作用しているのかに目を向けるために，以下に，サラ・アンジェラ・ライリー教授およびサラ・グレン・トンプソン弁護士による共著の論文[10)]の要旨を紹介したい。

「インディアン保留地の刑事司法制度は，『管轄権の迷路』であると形容されている。複数の主権が，起訴された犯罪，犯罪が行われたとされる場所，加害

り，その一部は，裁判所が有罪答弁を承認した時点で危険が生じることを認めるが，答弁それ自体に重大な瑕疵があれば，危険が生じないとすると説くものもある。WAYNE R. LAFAVE, JEROLD H. ISRAEL, NANCEY J. KING, & ORIN S. KERR, CRIMINAL PROCEDURE 1449-1452 (Hornbook series, 6th ed. 2017).

9) 渥美東洋『刑事訴訟法（全訂第 2 版）』510-511 頁（2009 年）；中野目・前掲注 8) 3-4 頁，84 頁，112-113 頁；麻妻和人「訴因変更の限界について：裁判員制度導入を契機として」桐蔭法学 13 巻 2 号 77 頁，86 頁（2007 年）参照；また，松田龍彦「合衆国最高裁判例四半世紀の動向からみる二重危険禁止法理」法学新報第 129 巻 6・7 号 373 頁，393 頁（2022 年）は，本件について，「「同一行為での複数回処罰を禁ずることを二重危険禁止条項が求めている，という素直な読み方からすれば，……特に Denezpi は理解不能である。」と評している。

10) Angela R. Riley & Sarah Glenn Thompson, *Mapping Dual Sovereignty and Double Jepopardy in Indian Country Crimes*, 122 COLUM. L. REV. 1899 (2022).

者または被害者がインディアンであるかどうかなどの要素に基づき，様々な立場で働いている。

現行の制度では，部族の政府も連邦政府もそれだけではインディアン保留地の犯罪に適切に対応できていない。その結果，問題はあるものの，二重主権の法理は部族に対する連邦の管轄権および量刑手続の制約についての解毒剤として役立っている。

インディアン保留地で部族と連邦による二重の訴追が最もよく行われるのは，部族がより軽度被包括罪を訴追し，連邦政府がより重い包括罪を訴追する場合であろう。ある一つの事柄について部族と連邦の双方が訴追を選択するというのは，保留地の外ではそれほど頻繁に起こり得ないし，また二重の訴追を受ける被告人は圧倒的にインディアンが多いことから，過度の法執行（overenforcement）であるというべきである。

部族の政府に連邦法により管轄権および量刑の制限が課せられているため，二重主権の法理は二つの役割を果たしている。第1に，法で可能な限り，かつ部族当局が適切であると考える範囲において，部族が刑罰権を行使できるとすることにより，さらなる連邦による浸食から部族法を守っている。第2に，連邦法が部族政府に訴追・量刑の制限を課している場合に，連邦政府が空白を埋めるために介入できる。

二重主権の法理を適用することは部族の安全を確保するために必要である。連邦政府はインディアン保留地の重大犯罪を訴追しないことがよくあり，そのためインディアン保留地は訴追ゼロ地域との悪評を取り，特に先住民の女性が性犯罪のターゲットになっていると感じるなどのひどい結果となっている[11)]。

もし二重主権の法理が適用されず，1回の訴追しか許されないとすると，部族にほとんど無理な選択を強いることになる。連邦政府による訴追を待つとすると，自らの領域内で起きた犯罪行為に対処するという自決権を放棄すること

11）杉藤貴浩「人身売買，殺害…アメリカで今なお先住民女性の被害深刻　差別や迫害の歴史が招いた負の連鎖」東京新聞 2022 年 11 月 24 日，https://www.tokyo-np.co.jp/article/215696

になるし，その間に訴追期限が過ぎてしまい，最終的に連邦政府も訴追しないことを選ぶ可能性がある。

部族と連邦による二重訴追の問題として，第1に，部族の手続の後で連邦による訴追の可能性があることは，部族の制度に対する人々の信頼と尊敬を掘り崩してしまう。第2に，多くの場合インディアンである被告人にとって，第2の連邦による訴追のリスクが大きいために，第1の訴追で答弁取引をするか公判に進むかの戦略を困難にする。制度の複雑さのため，二重の訴追が行われる場合には，まず部族による訴追が行われ，最初の部族の訴追で，明らかに有罪であるものが無罪となったり，連邦政府から見て量刑が「明らかに不十分」であるときに，次に連邦による訴追が行われることが多い。

それほど一般的ではないが，部族が明らかに有罪であると思った被告人が最初の連邦事件で無罪となった場合には，連邦事件の後に部族による訴追が行われることもある。連邦政府のインディアンに対する敵意や残虐行為，文化的な相違のために，アメリカの司法制度はインディアンでない者よりもインディアンをより厳しく扱っているなどの連邦当局に対する不信があることから，連邦の刑事事件で証人として自らのコミュニティや家族に不利な証人として出廷するのに消極的であるということもある。

結論として，部族の主権と自決権を十二分に支援するとともに，個人の権利を適切に保護するために，四つの方策が考えられる。

① 部族の法制度の発展を支援するための十分で利用でき信頼できる連邦の補助金を支出する。

② インディアン市民的権利法（Indian Civil Rights Act）を改正し，部族の量刑に対する制限をなくす。

③ 部族が連邦重大犯罪法の管轄から外れることができるようにする。

④ 重大犯罪法を改正し，部族がすでに訴追した事件については連邦の管轄から外す。」

4．結　論

かつて先住民の土地を収奪するために，その根絶や同化[12)]を目指していた合衆国政府に対する先住民の不信感は根強く，裁判においても自治権を認めることが重要である一方で，現行のインディアン法制においては，部族裁判所およびCFR裁判所の管轄権・量刑の制限や，人的・物的資源の不足のため，犯罪に見合った重さの刑罰を科すことができ，より周到な手続が用意されている連邦司法部が介入すべき必要性もあるといわなければならない。その点で，現状では二重主権の法理は一定の存在意義を有していると評価すべきであろう。

しかしながら，反対意見の指摘するように，CFR裁判所設立の経緯，部族の条例と連邦行政命令との関係，州裁判所で第1の訴追がなされた場合との比較から考えてみると，先住民の被告人が二重の危険の点で著しく不利な状況に置かれているのではないかという疑いを拭えない。法廷意見のような形式的な論理によって，同一の事件について「細切れの訴追」を許し，審理の中身が同じであるにもかかわらず，何度も裁判をするというのは，被告人にとって過酷な負担となるだけでなく，訴訟経済，限られた資源の活用という観点からも不合理であろう[13)]。できる限り，部族のコミュニティ内での刑罰権の行使によっ

---

12)　インディアンの歴史について，W・T・ヘーガン著（西村頼男・野田研一・島川雅史訳）『アメリカ・インディアン史（第3版）』（北海道大学出版局，1998年）；富田虎男『アメリカ・インディアンの歴史（第3版）』（雄山閣，1997年）参照。インディアン政策について，松村赳・富田虎男編『英米史辞典』356-357頁（研究社，2000年）；藤田尚則『アメリカ・インディアン法研究Ⅰ：インディアン政策史』（北樹出版，2012年）参照。

1831年にアメリカを訪れたトクヴィルは，土地を収奪され強制移住させられる先住民の姿を目撃し，「黒人は隷属のどん底におかれ，インディアンは自由の極限にある。奴隷制が前者にもたらした結果といえども，独立が後者に生み出したものほどひどくはない。…合衆国のアメリカ人は［インディアン種族の絶滅と彼らの権利をインディアンが分かちもつのを妨げるという］この二重の結果を驚くほどたやすく，静穏のうちに，合法的，温情的に達成し，血を流すこともなければ，世界中が見守るなかで道徳の基本原則を一つとして侵害することもなかった。アメリカ人以上に，人間性の法則を尊重しつつ人間を破壊することはとてもできまい。」とそのダブル・スタンダードを痛烈に非難している。トクヴィル著（松本礼二訳）『アメリカのデモクラシー第1巻（下）』269頁，296-297頁（岩波書店，2005年）。

13)　2023年度第4回米国刑事法研究会（2024年3月9日）における中野目善則名誉

て事件が完結できるように量刑に対する制限を撤廃し[14]，部族がすでに訴追した事件については，州政府が第1の訴追を行った場合と同様，Petite policy[15]を適用して連邦政府が第2の訴追を行うことを原則として差し控えるようにすべきではないかと考える。

（中村　良隆）

教授のコメントに基づく。

14）いかなる犯罪についても，CFR裁判所は1年を超える拘禁刑を科すことができない。25 C.F.R. §11.315 (a) (1) ; *See Fifth Amendment – Double Jeopardy Clause – Tribal Sovereignty – Denezpi v. United States,* 136 HARV. L. REV. 350, 359, n. 96 (2022).

15）“Petite policy”とは，「既に実質的に同一の行為について州による訴追がなされている場合には，司法次官補による承認のある場合を除いて，連邦裁判所で訴追を行わない」という連邦司法省の指針をいう。名称はPetite v. U.S., 361 U.S. 529 (1960)で最高裁が言及したことにちなむ。憲法上のルールではなく，訴追当局の自己抑制によるものであるが，もしこれに違反して訴追が行われ，有罪判決を受けた場合には，訴訟を公判裁判所に差し戻して国側が起訴を取り下げるという救済が認められる。Ackerson v. U.S., 419 U.S. 1099 (1975). ただし，Rodeny King's case (1991), Ahmad Arbery's case (2020) など市民的権利（civil rights）の侵害や人種などの憎悪に基づく犯罪（hate crime）については連続した訴追がなされることが多い。; 21 AM. JUR. 2D, CRIMINAL LAW §321 (2024).

Ⅷ　権　利　性

34. Ricketts v. Adamson, 483 U.S. 1 (1987)

答弁取引で「被告人が証言を拒否し，あるいは虚偽の証言をした場合，合意の全部が無効となり，当初訴因での訴追が自動的に再開する」という合意を結んでいた場合，被告人の合意違反を理由に検察官が当初訴因で訴追を行うことは二重危険条項に反しないと判断した事例。

《事実の概要》

被上告人 Adamson は B に対する第 1 級謀殺で訴追されたが，公判開始後に答弁取引をし，第 2 級謀殺について有罪答弁する代わり，共犯者 2 名の事件で証言をすることとなった。合意条項には，「裁判所において，連邦と州を問わず，正当な権限のある当局の要求により，B の謀殺に関与した者に対する十分かつ完全な証言をする」ことが義務付けられ，「被告人が証言を拒否し，あるいは虚偽の証言をした場合，合意の全部が無効となり，当初訴因での訴追が自動的に再開する」とあった。Adamson は合意に従って証言をし，共犯者らが第 1 級謀殺の罪で有罪となったあと，刑の言渡しを受けた。ところが，アリゾナ州 Supreme Court は，共犯者らの有罪判決を破棄し，再審のために差し戻した。

検察官は，共犯者らの再審にともない，再び Adamson に協力と証言を求めた。しかし，Adamson は，合意に基づく証言義務は消滅したと考えて協力を拒否し，身柄を解放するなどの見返りがなければ証言しないと通知した。これに対して検察官はそのような行いは合意違反に当たると告げた。公判前手続で，Adamson は証人として召喚されたが，尋問に対し，自己負罪拒否特権を援用して証言を拒否した。そこで，検察官は，Adamson を第 1 級謀殺で略式起訴した。Adamson は二重危険を根拠に無効申立て（motion to quash）をしたところ，この申立てが棄却されたため，アリゾナ州 Supreme Court に特別抗告した。同裁判所は，答弁取引の合意および有罪答弁の審問，量刑審理の記録，Adamson の通知とそれに対する応答を検討した上で，Adamson は再審においても証言義務を負うとし，合意義務違反があると判断した。また，二重危険違反については，答弁合意の「条項によって合意義務違反がある場合には二重危険の主張を放棄している」と判断した。ただし，州法や合意条項に照らして，新しく略式起訴を提起すべきではないとし，第２級謀殺での有罪判決を破棄するとともに，第１級謀殺の略式起訴を退け，当初の第１級謀殺の訴追を復活させた。これを受けてAdamsonは再審で証言することを申し出たが，検察側は受け入れなかった。Adamsonはアリゾナ州Supreme Courtの合意条項解釈の誤りを主張して連邦habeas corpusを求めたが，退けられた。

Adamsonは第１級謀殺で有罪となり，死刑を言い渡されたため，再び連邦のhabeas corpusを申し立てた。Court of Appeals for Ninth Circuitは検察官の二重危険条項違反を認め，habeas corpus発付を認容した。それによれば，二重危険の放棄は任意かつ知悉して行った記録がなければすることができないから合意によって権利放棄がなされたといえず，仮に黙示の放棄を認めるとしても，合意違反の場合に当初の訴追を再開することの合意は二重危険の放棄と同じではなく，またAdamsonが合意に反したことをもって意図的な放棄と解することはできないから，二重危険条項の権利に侵害があるとした。

合衆国最高裁は，検察側のサーシオレイライを認容し，第１級謀殺での訴追が二重危険条項により禁止されるかを判断するとした。なお，本件では，被告人の第２級謀殺の有罪答弁について量刑が言い渡された時点で危険が発生していること，第２級謀殺が第１級謀殺に包摂されることを推定し，特段の事情がない限り，二重危険条項によって第１級謀殺の訴追はできないことを前提にしている。

《判　旨》

原判決破棄

１．White裁判官の法廷意見

本件の争点は，有罪答弁し，刑の量定が言い渡され，刑の執行が開始された犯罪を包含する第１級謀殺の事実について，合意義務違反を理由に被申請人を訴追することが，二重危険条項によって妨げられるかである。Court of Appeals は被上告人の訴追が二重危険の原則に反するとして habeas corpus の発付を認めたが，当裁判所はこれを破棄する。

本件答弁取引には，被上告人の合意義務違反があった場合の処理について，二つのパラグラフが置かれている。パラグラフ 5 は，被上告人が証言を拒否したとき，「合意の全部が無効となり，当初訴因での訴追が自動的に再開する」と定めている。パラグラフ 15 は，「合意が無効となった場合，当事者は合意前の状態に戻る」としている。被上告人がこれらの条項の意味を理解していることに疑いはない。有罪答弁審問において，公判裁判官が被上告人に対し，合意の内容を読み上げ，パラグラフ 5 や 15 を理解しているかをはっきりと質問した。したがって当裁判所は，Court of Appeals と異なり，本件条項によって特に「二重危険」が放棄されているわけではないと考えない。当該条項は，これ以上ないほど明解である。証言拒否によって合意義務に反した場合，当事者は以前の状態に戻るのだから，被上告人は二重危険の防御を放棄していることに疑いはないのである。さらに，一定の状況下において訴追が再開することをいう合意も，少なくとも本件合意条項のもとでは，二重危険による防御を放棄する合意にまったく等しい。Court of Appeals の解釈は合意を無意味なものにしてしまう。Court of Appeals の考えに基づくと，二重危険の保護を放棄していないのだから，量刑の言い渡し後，証言義務があるとの合意条項の定めにもかかわらず証言を頑なに拒否したとしても，第 1 級謀殺の訴追を再開することはできないことになる。しかし，被上告人でさえ，口頭弁論の中で「本件事案のもとにおいては，権利放棄が生じていると見ることは可能である」ことに同意しているのである。

Court of Appeals はまた，本件で被上告人に 2 度の証言義務があるといえるかには争いがあり，義務の範囲が確定するまでは二重危険の防御を任意かつ知悉して放棄することは不可能だと判断したが，説得的ではない。被上告人は合意に違反すれば再審理を受けることを知っていたのであり，義務の範囲を決めるのは裁判所であることを考えていなかったとすれば信じがたい。本件では被上告人の求めに応じてアリゾナ州 Supreme Court は合意の解釈を行い，被上告人が義務を履行していないと判断した。この結果，被上告人は答弁取引の実施前の状況に戻ることになる。つまり，第1級謀殺で訴追されることになる。公判裁判所は二重危険条項を害していない。この結論は *Scott*（United States v. Scott, 437 U.S. 82 (1978)）から導ける。

当裁判所は *Scott* において，公訴前の遅滞を理由に公訴棄却した公判裁判所の判断に検察官が上訴することは二重危険条項違反に当たらないと判断し，その理由を「本件のような事件で被告人は，公訴事実に関する事実的有罪ないし無罪と無関係の理由で手続を終結させることを意図的に選択したのだから，二重危険条項の対象とする侵害を受けていない」ことに求めた。そして，「二重危険条項は被告人が自発的に選んだことの帰結を免責するものではない」ことをさらなる理由付けとした。*Scott* のいう「自発的に選んだこと」とは，事件が陪審審理に付されて有罪となる危険を負うよりも，大陪審商訴にかける二つの訴因の取消しを主張して陪審の選任前に手続を終了させるよう求めたことを指す。本件の被上告人は同様の選択をしている。再審で証言するという検察官の要求に服し，合意によって義務づけられていない証言をするリスクを負うか，仮に解釈が間違っていれば合意違反となり，当初の立場に戻って第1級謀殺で訴追される可能性があることを認識しながら，なお自己の合意の解釈に基づいた立場を取るかである。被上告人は後者の選択をしたのだから，二重危険条項はこの判断の帰結を免責するものではない。

被上告人はアリゾナ州 Supreme Court のした合意義務の解釈を免れることはできない。検察官は合意違反を強要していない。被上告人は，戦略的理由か投機的理由かはさておき，誤った合意の解釈を押し出すことを選んだ。被上告人が自ら選んだ立場の潜在的な問題を十分理解していなかったとはいえない。被上告人が合意違反と認定された場合の帰結を理解していたことは明らかである。

最後に，アリゾナ州 Supreme Court の判断に続いて，被上告人が合意条項の履行を申し出ていることは重要ではない。この時点で，第2級謀殺の有罪判決は破棄され，当初の訴追が復活している。被上告人の証言義務の有無を争う場合，証言拒否から生じる帰結を免除する合意条項は結ばれていない。当事者は本件と異なる取引を結ぶこともできたのであるが，検察側に当事者の合意の履行を許すことは，二重危険条項を侵害するものではない。

2．Brennan 裁判官の反対意見（Marshall，Blackman，Stevens 裁判官参加）

本件で重要な問題は Adamson が合意条項に違反しているかである。合意違反を立証して初めて Adamson が二重危険条項の権利を放棄したといえる。事件の中心となるのは答弁取引であり，この合意は憲法に沿って解釈されるべきものである。合意違反があったという州裁判所の認識とは別に，被上告人の二重危険の権利に合意がもたらした影響を独立に評価しなければならないと法廷意見が判示したことは正しい。しかし，合意に関する Adamson の行動をデュープロセス上の観点から独立に調査することなく，この評価を行えるとしたことは誤りと考える。

アリゾナ州 Supreme Court の示した合意の解釈に抵触することなく，二つの事実を指摘でき，これが本件の解釈に重要である。第1は，本件合意条項には明示の二重危険放棄条項は含まれていないことである。第2は，共犯者の再審で証言義務はないという Adamson の解釈には合理性があることである。要するに，Adamson は合意違反があって初めて二重危険の保護を失い，合意の義務に関する Adamson の解釈は誤りがあっても合理的であるのである。そこで次に，Adamson は合意に反しているかを検討する。

合衆国最高裁は合意の解釈をめぐる紛争の解釈方法を包括的に判示したことはない。しかしながら，一定の判例で，商事契約法が類推や合意条項の解釈ないし策定の出発点とするのに有効であることは示されている。他方，答弁取引は商事契約とは異なり，憲法上の権利義務の観点から解釈されなければならない。合意義務違反が生じたのは共犯者の再審で証言をせよという検察官からの求めに対して Adamson が手紙を送った時点であると検察官は主張し，アリゾナ州 Supreme Court もこれを示唆する。なぜこれが合意違反に当たるのかは検察官も州裁判所も法廷意見も説明しない。履行期前の履行拒絶の事件であれば不履行の意思表示は契約違反になる。しかし，Adamson は，そのような意思表示をしているのではない。むしろ，共犯者の再審で証言するという検察側の要求を契約内容に含まれていないと感じ，これに対抗するために契約の無欠性を引き合いに出しているのである。そして，検察側の求める行為を行う義務がないことをいう中で客観的には合理的な契約解釈を示しているのである。当裁判所は商事法の領域では Adamson のしたような通知は履行期前の履行拒絶に当たらないと判断している。

当然のことながら，商業的主体とは異なり，Adamson は政府機関と契約を結んでおり，憲法の適用を受ける。一方当事者，本件では検察官に，合意条項の意味を決める一方的かつ排他的な権利を認めることは明らかに不公正である。答弁取引システムの論理からいって，被告人には合理性のある合意解釈を提示して検察官に抵抗する権利があることを認め，保護することが必要である。

仮に Adamson が誤った解釈を示したことで合意違反に当たるとしても，検察官は第１級謀殺で訴追して再審理する権利を持つとはいえない。法廷意見も認めるように，アリゾナ州 Supreme Court が合意について検察側の解釈を取ると判断してすぐ，Adamson は証言をする準備と意思があるとの手紙を送っているのである。商事契約でさえ契約不履行によって損害を受ける当事者はにもかかわらず損害を最小化するための合理的な措置をとらなければならないとされている。本件における検察官の行為の不公正は根源的で，憲法のもとにおいてはなおさら受け入れがたいものである。

法廷意見は，Adamson が二重危険の保護を放棄しているというが，判例上も，論理的にも，裏付けられない。権利放棄は，一般に任意かつ知悉してなされたときのみ効力を持つ。しかし，合衆国最高裁は，一定の状況下において，こうした基準を満たしていなくとも二重危険に関する権利放棄を認めている。

Scott は，United States v. Dinitz, 424 U.S. 600 (1976) のロジックを「公訴事実に関する事実的有罪や無罪とは無関係の根拠で」公訴棄却の申立てをし，奏功した場合にまで拡張した。この判断を支える根拠は二つある。第１は *Dinitz*

のように，被告人が公訴棄却を選択した場合には手続を制御する権限を保持していることである。第2は，公訴棄却は，審理無効と異なり，終局判決をもたらし，通常再度の訴追を禁止するにもかかわらず，手続が公判途中で終了するため，陪審や裁判官の有罪，無罪の判断を受けていないことである。

法廷意見は本件において，*Scott* の第1の理由付けのみに注目する，Adamson が合意違反の意味を完全に理解し，合意に反することを自分の意思で選んだのだから，その選択の結果を引き受けているとするのである。

Scott のみではこの判断は支えられない。まず，Adamson は自己の手続をコントロールしていたとはいえない。たとえ Adamson の行為が後から見れば厳格には合意違反に当たるとしても，合意違反に当たると分かっている行為を実行してはいなかったのである。したがって，Adamson が二重危険の保護を放棄していたという法廷意見の説明は説得的ではない。また，本件は，被告人が公判途中で公判手続を打ち切ろうと試みた事件ではない。*Dinitz* や *Scott* と異なり，Adamson は二重危険の権利の放棄を主張する前に裁判所から有罪判決を受けている。有罪に関する終局判決の保護という Adamson の利益は重要である。Adamson はこの終局判決の完全性を覆すような行為を故意に行ったとはいえない。たとえ合意違反の場合に二重危険の保護を黙示に放棄する内容を合意条項が含んでいたとしても，Adamson はこの保護を放棄したとはいえない。

《**解　説**》

1．問題の所在

本件は，「被告人が証言を拒否し，あるいは虚偽の証言をした場合，合意の全部が無効となり，当初訴因での訴追が自動的に再開する」という定めのある答弁取引を結んだ被告人が合意の履行をせず合意違反に至った場合，二重危険上の権利を放棄するものとみなすことができるかが問われた事件である。本件の争点は，① 当該条項は合意違反が権利放棄に当たることを黙示に意味するものと解釈できるか，② 本件被告人は合意違反によって権利放棄をしたものといえるかの二つである。

原審 Court of Appeals は ①，② を否定し，権利放棄をしていないから二重危険条項の保護が及ぶと判断した。これに対し，本件法廷意見は①，② とも肯定し，権利放棄があったとする。反対意見は ① を肯定しながらも ② を否定し，本件答弁取引は合意違反があった場合に二重危険の権利を放棄することを意味するが，被上告人の行為は合意違反に当たらないから，二重危険の保護は失われておらず，重罪の再訴追は許されないとしている。法廷意見と反対意見は ① の点では一致があるが，② の点で解釈が分かれている[1)]。

2．合意違反と権利放棄

刑事被告人は，法や合衆国憲法上の規定により，様々の権利を保護されている。合衆国憲法第 5 修正の二重危険条項も，その一つである。

通常，検察官がこれらの権利を侵すことは許されない。一方で被告人は自らの意思で権利を放棄することができる。そのような場合には，たとえ合衆国憲法上の権利侵害に当たるような手続が行われたとしても，憲法に反しない。

本件において被上告人は検察側と答弁取引をしている。答弁取引は，被告人と検察官の契約であると解されており[2)]，どのような答弁取引を結ぶかは当事者の自由が広く認められている。当事者が合意しているのであれば，権利放棄を内容とする取引を結ぶことも可能である[3)]。二重危険上の権利をこの例外と考える理由はない。

反対意見も指摘するように，本件では権利放棄を内容とする合意は直接には結ばれていない[4)]。しかし，「裁判所において，連邦と州を問わず，正当な権限のある当局の要求により，Ｂの謀殺に関与した者に対する十分かつ完全な証言

---

1)　*See* Bradford C. Mank, *Broken Promises and Involuntary Confessions : May a State Introduce Incriminating Statements Made by a Defendant as a Result of Promises in a Plea Bargain Agreement if the Defendant Breaches That Agreement*, 36 Clev. St. L. Rev. 423, 437 (1988).

2)　Puckett v. U.S., 556 U.S. 129, 137 (2009).

3)　*See* U.S. v. Mezzanatto, 513 U.S. 196, 209 (1995).

4)　Rickett v. Adamson, 483 U.S., at 14 (Brennan, j. dissenting).

を」しなければならず，「被告人が証言を拒否し，あるいは虚偽の証言をした場合，合意の全部が無効となり，当初訴因での訴追が自動的に再開する」という約束はあった。これは合意違反があった場合に「合意の全部が無効となり，当初訴因での訴追が自動的に再開する」ことを認めるものである。

つまり，証言拒否をして合意義務に反した場合，取引が白紙になり，第１級謀殺での訴追が再開することになる。このとき，第１級謀殺の再訴追が適法であることは当然の前提になっているといえよう。そのように解さなければ，「証言義務があるとの合意条項の定めにもかかわらず証言を頑なに拒否したとしても，第１級謀殺の訴追を再開することはできない」こととなり，無意味な契約をしたことになってしまう。

それゆえ，被上告人は二重危険の主張をしないことに当然同意していたという，二重危険の権利の放棄を意味していたと解することができるのである。反対意見もこの結論に異論を挟んではいない。

３．合意違反の解釈

法廷意見と反対意見で結論を左右したポイントは，被上告人が合意に違反していたかである。

反対意見は，合意違反があったとはいえないとし，その理由を契約法とデュープロセスに見る。つまり，契約法の観点からすれば，証言義務が消滅したと考えて協力を拒否するという通知は不履行の意思表示には当たらない。デュープロセス上，検察官の一方的な合意解釈権を認めることはできないから，契約の解釈を争う機会を認めるのは相当である。被上告人の行為は契約解釈を示すにとどまり，またその解釈に合理性がないとはいえず，正当性があるから，合意違反には当たらないとするのである。

一般に，答弁取引は，契約であるから，原則としてその解釈に当たっては契約法が当てはまる。そこで，答弁取引における合意の不履行の解釈に当たっても，まず契約法が参照されるべきであるとされている。契約法を厳格に適用して合意違反には当たらないとする反対意見は，答弁取引の取引的性格に忠実な解釈をしているといえよう。

これに対し，法廷意見は被上告人の合意違反の有無それ自体を，問題にすることはそもそもできないと考えている。すなわち，原則として合衆国最高裁が管轄権を持つのは連邦法上の問題についてであって，州法に従って解釈される契約ないし答弁取引解釈の誤りは審査できないのである。本件では，答弁取引条項の解釈は州法上の問題であり，アリゾナ州 Supreme Court によって被告人に合意違反があったと判示されている以上，改めてこの問題に立ち入ることはできないとされている[5]。被上告人の合意違反の有無は，アリゾナ州 Supreme Court の判断に服さなければならないとするのである。そうすると，被上告人が合意に違反したことはもはや動かしがたい。

一方で法廷意見は，そこから直ちに被告人が二重危険の利益を放棄したと結論してはいない。法廷意見は，被告人の合意違反が権利放棄の要件を満たしているといえるかに着目する。権利放棄は，放棄不可能な利益を対象とするのでない限り，いかなる利益であっても失うという強力な効果を生じるから，任意かつ知悉して放棄したといえる場合にのみ認められる[6]。答弁取引による権利放棄も任意性と知悉性の要件は満たさなければならない。任意性，知悉性は主観的要件であり，被告人の意図や認識に左右される[7]。たとえ被告人が合意違反のあったときには当初訴因での訴追が許されるという条件で取引をし，実際に合意違反をしても，主観的にはなお権利放棄の要件を満たしていないことがありうるのである。

そうであるからこそ法廷意見は「Court of Appeals はまた，本件で被上告人に２度の証言義務があるといえるかには争いがあり，義務の範囲が確定するまでは二重危険の防御を任意かつ知悉して放棄することは不可能だと判断したが，説得的ではない［傍点引用者］」[8]とし，被上告人の任意性と知悉性が本件

5） Adamson, 483 U.S., at 5 n. 3.

6） Johnson v. Zerbst, 304 U.S. 458, 464 (1938)；Adamson, 483 U.S., at 23 (Brennan, j. dissenting).

7） *See* Boykin v. Alabama, 395 U.S. 238 (1969).

8） Adamson, 483 U.S., at 10.

事案で認められるかを意識していると見られる。とりわけ本件では，合意違反の意図があったといえるかが疑わしい。しかし，法廷意見は，結論として，被上告人は証言拒否を任意で選択し，かつ自己の解釈に誤りがあれば当初訴因が復活する結果を知悉していたから，任意性と知悉性に欠けるところはないとする。この解釈を支える根拠になっているのが，二重危険の先例である *United States v. Scott* である[9]。

Scott は，被告人のした公訴棄却の申立てを第1審裁判所が認容した場合には，検察官が上訴しても二重危険の侵害に当たらないと判断した事件である。この事件では，公訴に至るまでの遅滞を理由に公許棄却を認めたDistrict Courtの判断に検察官が上訴したことが二重危険侵害に当たり，禁止されるかが争点となった。Court of Appealsが当時の先例である *Jenkins*（U.S. v. Jenkins, 420 U.S. 358 (1975)）に従い，検察官上訴を認めなかったのに対し，*Scott* は判例変更をし，二重危険の権利を侵害するものではないと判示したのである。

Scott の法廷意見は，二重危険法理の原理には二つのことがあるとする。一つは証拠の十分性以外の根拠で有罪判決に対する上訴が奏功したときは，事件を差し戻して再度の公判審理に付すことが禁止されていないことであり[10]，もう一つは事実認定者が被告人の無罪を判断したあとの上訴は許されず，2度目の公判を提起しても必要的に破棄され，手続は終了するということである[11]。両者の違いを生じるのは，無罪判決後の再審を繰り返せば検察側とのリソース量の違いから，被告人が追い詰められ，無実の者を処罰する可能性が生じるのに対し，上訴に成功して当初の手続を覆した被告人に再審を認めても，検察側からこのような圧迫を生じるとはいえず，それゆえ二重危険条項による保護を図らなければならないとはいえないことに求められる。この理は，上訴に限らず，公訴棄却の場合にも当てはまる。被告人が事件の実体面と関わらない理由

9） United States v. Scott, 437 U.S. 82 (1978).

10） *Id.* at 91-92.

11） *Id.* at 92.

に基づいて，手続を終了させることを選んだ場合には，検察側の上訴を認めても二重危険の侵害はないとする[12]。被告人は最初の事実認定者の面前で有罪か無罪かを判断してもらう権利を控えることを自ら選択したといえるから，複数回の訴追によって被告人を追い込むことを防止する二重危険条項の保護が当てはまらないのである[13]。

このような *Scott* の判示をうけて，本件法廷意見は，被上告人が合意違反に当たるリスクを負って証言を拒否することを選んだのは，大陪審起訴にかかる二つの訴因の取消しを主張し，陪審の選任前に手続を終了させるよう求めたことと同様に，自発的な選択だったとする。

法廷意見のような *Scott* の理解は成り立つのだろうか。反対意見は，成り立たないと批判する。反対意見によれば，*Scott* が公訴棄却による上訴に対して二重危険が当てはまらないとしたのは，被告人が，第１に意図的に手続を終結させており，第２に被告人が裁判所の事実認定に服する前に手続を終わらせているからである。にもかかわらず，法廷意見は第１の理由づけにのみ依拠し，第２の理由を看過しているから，*Scott* を不当に解釈したとする。つまり本件は，*Scott* と異なり，被告人が公判途中で手続を中止することを意図した事件ではなく，*Scott* の判示は当てはまらないとするのである。

このような反対意見の解釈は，*Scott* に関する限り，的を射ている。*Scott* は，公訴棄却や無効審理の申立てによって被告人が公判審理の進行を途中で打ち切った場合の検察官上訴は，無罪判決後の検察官上訴とは異なり，二重危険侵害に当たらないとしたのであるが，前者と後者で結論に差を生じてよいとするのは，第２の理由付けが大きく，二重危険の適用範囲を解釈するに際してこの点を無視することはできない。

しかし，少なくとも本件の文脈では，反対意見の批判は正当ではない。というのも，本件は *Scott* のように二重危険の保護範囲が問題となった事件ではないからである。あくまで争点となっているのは，被告人が二重危険の権利を放

12） *Id.*

13） *Id.* at 93-94.

棄したといえるかであり，任意性，知悉性を考えるための素材として法廷意見は *Scott* を用いたと考えられる。権利放棄の要件は任意性と知悉性であり，またそれがあれば足りる。自己の意思で証言拒否を選択し，合意違反の帰結を十分理解しているといえれば任意性と知悉性は満たされるのであり，それ以上の検討をする必要はない。「仮に解釈が間違っていれば合意違反となり，当事者双方が当初の地位に戻ることを認識しつつ，なお自己の合意の解釈に基づいた立場」を「自発的に選択した」といえることそれ自体が重要なのである。法廷意見は被上告人に任意性と知悉性があったことの補強として *Scott* を参照しているのであり，*Scott* の正当化根拠のうち第二を援用していないのもそのためだと解される。

もっとも，*Scott* は権利放棄を理由に二重危険条項の適用がないとした事案ではなかった。*Scott* の法廷意見もこのことははっきりと判示している[14]。それゆえ，任意性や知悉性との関係で *Scott* を援用することに問題がないわけではなく，法廷意見の判示には適切でないところがあったといえよう。

4．まとめ

本件は，当事者が合意に違反したときは合意前の状態に戻り，当初訴因での訴追を再会する旨の答弁取引が結ばれていた場合，二重危険に関する黙示の権利放棄条項が結ばれていると解することができること，被告人側が合意違反に至ったときには，自らの意思でそれを行い，合意違反から生じる帰結を認識していたといえる限り，適法な権利放棄をしており，二重危険違反に当たらないと判示したことに意義がある。

（吉田　有希）

14) *Id.* at 92.

35. United States v. Broce, 488 U.S. 563 (1989)

始期や客体の異なる二つの談合の共謀について有罪答弁した場合，それぞれの犯罪事実は独立であると認めたことになり，二重の危険の主張が受動的に放棄されると判断した事例。

《事　案》

被上告人 Broce とその会社（Broce Construction Co., Inc.）はキャンザス州高速道路事業に入札し，落札したうち 2 件の契約で入札談合の共謀をしたとしてシャーマン法違反により大陪審起訴された。第 1 の公訴は，1978 年 4 月のころの談合 ① を，第 2 の公訴は，1979 年 7 月ころの談合 ② を訴追している。Broce らは，答弁取引の合意において，それぞれの公訴事実について，別々の量刑（separate sentence）の対象となることを認め，有罪答弁をした。District Court は，Broce にそれぞれの訴因で 2 年の同時刑と 5 万ドルの罰金を，会社に計 150 万ドルの罰金を言い渡した。

Broce らが有罪答弁をしたのと同日，キャンザス州高速道路事業の入札談合 ③ について，訴外 B らが大陪審起訴された。しかし，B らは，公判審理を選び，その結果，無罪となった（B-1 事件）。これを受けて，新たなシャーマン法違反の事実が訴追されたが，B らは公訴棄却を主張した。当該公訴事実は 25 年間にわたるキャンザス州高速道路建設をめぐる談合に関する共謀の一部をなすものであり，同じくその共謀の一部をなす B-1 事件で無罪になったのだから二重危険に当たるというのである。District Court は B の主張を認めて公訴を棄却した（B-2 事件）。価格競争をなくすという目標が参加者に共有されていたこと，談合をまとめるのに共通した方法が取られていたこと，業界内で共通のジャーゴンが使われていたこと，高速道路事業を落札した者の間では，相互に依存した義務を負っていたことが認定され，これをもとに District Court は前記の判断をしている。

B 事件を受けて Broce らは，連邦刑事規則 35 条(a) に基づき，第 1 の公訴と第２の公訴は一つの共謀にかかる事実を訴追しているとし，第２の公訴について量刑破棄を求めた。District Court は申立てを棄却し，Broce らは共謀が二つであることを有罪答弁で認めているから，これと反対の新しい主張は封じられるとした。これに対し，Court of Appeals for the Tenth Circuit は大法廷で *Blackledge*（Blackledge v. Perry, 417 U.S. 21 (1974)）と *Menna*（Menna v. New York, 423 U.S 61 (1975)）を引用し，二つの訴追が一つの共謀に関する事件であることを示す証拠を提出する権利があるとして証拠審問のために事件を差し戻した。

差戻し後，District Court は，第１の公訴と第２の公訴が同一の共謀を訴追していると判断し，第２の公訴にかかる判決と量刑を破棄した。Court of Appeals は，*Ricketts*（Ricketts v. Adamson, 483 U.S. 1 (1987)）を参照して，二重危険の保護は権利放棄の対象となるとしながらも，なお本件有罪答弁で二重危険の権利放棄は生じていないとし，District Court の判示に明確な誤りはないとして，上訴を棄却した。

《判　旨》

原判決破棄

１．Kennedy 裁判官の法廷意見

有罪答弁に基づく有罪判決が絡局判決に至ったあとに，被告人が判決の放棄を求める場合，その審査は有罪答弁が弁護人の関与のもと任意に行われているかに限られる。これらが満たされているならば，原則として間接的攻撃は封じられる。例外は裁判所に有罪判決をし，刑の量定をする権限がないと記録に照らしていえるときである。

有罪答弁は自白を超えるものである。公訴事実に書かれたそれぞれの行為をしたというだけでなく，実体法上有罪であることを認めるのである。一つの訴因について有罪答弁をした被告人はその特定の犯罪について有罪であることを認めたことになるように，事実上別個の犯罪とされた二つの訴因について有罪答弁した被告人は二つの犯罪について有罪であることを認めたことになる。被上告人は二つの異なる談合で訴追されている。第1はある高速道路事業に関する1978年4月の談合であり，第2は別の高速道路事業に関する1979年7月ころの談合である。Court of Appealsは，これらの訴追は別の共謀であることを明らかにしたものではないから，それぞれの事実で有罪答弁したとしても，これらが別々の事実であると認めたことにはならないというが，誤りである。異なる時期にした，別々の目的を持つ二つの合意を内容とする二つの共謀の訴追について有罪答弁をしたとき，二つ別々の犯罪について有罪であることを認めているのである。

被上告人は有罪答弁の代わりに，公判に準じた手続で，当該大陪審起訴の根拠を争い，一つの共謀のみが存在することを示すことができた。それを選ばなかったのだから，権利がやむを得ず受動的に放棄（relinquish）している。先例が示すように，有罪答弁をすることが自分に有利な最善の方法ではなかったと後から気づいたとしても，有罪答弁を破棄する理由にはならない。*Brady*（Brady v. United States, 397 U.S. 742 (1970)）で，被告人は，当時の合衆国法典第18編1201条(a)違反である誘拐の事実で訴追された。被告人は有罪答弁をしたが，その9年後に，当裁判所は，*Jackson*（United States v. Jackson, 390 U.S. 570 (1968)）で，陪審の勧告がある場合にのみ死刑を科す1201条(a)は違憲であると判断した。しかし，Bradyはその恩恵を受けられない。なぜなら，公判に進んだ場合の量刑の見込みを誤って有罪答弁をしたといいうることは，有罪答弁を無効にするものではないからである。同様に，*McMann*（McMann v. Richardson, 397 U.S. 759 (1970)）でも，弁護人の援助を受けている被告人は，自白の許容性について見当を誤ったことを理由に，有罪答弁を間接的攻撃で争うことはできないとしている。*Tollet*（Tollet v. Henderson, 411 U.S. 258 (1973)）も同様である。

当裁判所は，有罪答弁によって防御方法の受動的放棄を生じるために，意図的な，能動的放棄（waiver）が必要であるとはしていない。「*Brady* 三判例において，有罪答弁は，先行する憲法違反の主張に関する直接の審査を遮断するとされたように，本件でも同じく，被上告人の有罪答弁は大陪審の選任にかかる人種差別の主張について，独立の調査を排除する」のである（Tollett, 411 U.S., at 266）。

受動的放棄は，防御方法に関する被告人個人の主観的な理解を確認することによって生じるのではなく，任意性のあるの有罪答弁に当然付随する有罪の自認によって生じるものである。公判裁判所は，連邦刑事規則 11 条に従い，有罪答弁によって被告人が罪を認め，公判に関する諸権利を放棄（waiver）することを伝えている。*Mabry*（Mabry v. Johnson, 467 U.S. 504 (1984)）で説いたように，「弁護人の助言のもと，被告人が任意かつ知悉して行った有罪答弁は，間接的攻撃をすることができない」のである。

間接的攻撃を禁じるという原則の例外は，*Blackledge* や *Menna* で認められている。しかし，本件には当てはまらない。*Blackledge* では上訴権を行使した者に報復的行為をしたといいうることは，検察官にそのような立場に置かれた被告人に対し重い犯罪事実で訴追することの禁止を要するほど，深刻なデュープロセス上の問題を生じると判断している。*Brady* や *Tollett* とは異なり，*Blackledge* で当裁判所は，被告人の権利が，「重罪の犯罪事実によって法廷に引き立てられない権利」だったから，有罪答弁によってその後の申立てが閉ざされなかったのである。*Menna* は，*Blackledge* を引用して，「合衆国憲法により被告人を訴追し，裁判に付すことができない場合には，弁護人の援助を受けて有罪答弁していったとしても，連邦法上，有罪判決を破棄しなければならない」とした。しかし，そこには，ある重要な制限がある。つまり，「当裁判所は，二重危険の主張は放棄されないというのではない。単に，ある訴追に対する有罪答弁は，当該訴追が憲法上，許されないものであるという――表面上判断されるところの――主張を放棄するものではないと判示しているにすぎない」というのである。*Blackledge* でも *Menna* でも，被告人は新証拠を提出して記録を拡充するための手続を求めていない。両事件では，第 2 の公訴ができないとの判断は，有罪答弁の時点で，裁判官が記録に基づいてすべき判断だった。*Blackedge* と *Menna* は，記録を超えて事実関係を改めなくても解決することが可能だったのである。反対に，本件被上告人は，一見して別々の共謀を内容とする大陪審起訴に有罪答弁をしている。被上告人の主張は，大陪審起訴や記録に基づいて立証することはできない。実際，前述したように，これらの大陪審起訴に矛盾することなくその主張を立証することはできず，有罪答弁に内在する自認によってその機会は閉ざされたのである。Court of Appeals の判断を破棄する。

2．Stevens 裁判官の同意意見

私は法廷意見に賛同するが，そもそもの前提として被告人の二重危険の主張の根拠が疑わしい。25 年以上にわたって浸透している，カンザス州高速道路事業者の談合への継続的かつ協力的な尽力は，一つのシャーマン法違反に当たる共謀である。しかし，そのことは，違法な総合計画を進める別々の談合の合意は，別々に訴追できないということを意味してはいない。

3．Blackman 裁判官の反対意見（Brennan，Marshall 各裁判官参加）

法廷意見のいうように，*Blackledge* も *Menna* も被告人の二重危険の主張のために証拠審問を開いてはない。しかし，*Blackledge* と *Menna* が，これらの判例の示した憲法上の一般原理が，二重危険の主張が証拠審問を開かなくとも記録上明らかであったという偶然によって決まると判示した箇所はない。法廷意見は，先例の事案を読み込んだ結果，証拠審問の必要により有罪答弁の効果が変動せざるを得ず，また黙示に意味しているとする点で，偶然の事情にすぎないものに憲法上の意味を与え，不適切な区別をしている。法廷意見はまた，*Menna* の脚注の「ある訴追に対する有罪答弁は，当該訴追が憲法上，許されないものであるという——表面上判断されるところの——主張を放棄するものではないと判示しているにすぎない」という判示を重視する。法廷意見はこの判示を公訴事実や記録だけで主張が証明できる場合にのみ被上告人は救済を得られるという意味にとらえている。しかし，もっと適切な解釈は，「主張」という語に力点を置くことである。つまり，検察官に訴追権限がないという主張が公訴事実や記録から一見したところうかがえる場合には，当該主張が放棄されていると考えるべきではなく，本案の審査に移らなければならないということである。

《解　説》

1．問題の所在

答弁取引の合意に違反した場合，*Ricketts* は，被告人が二重危険の保護を放棄（waiver）したといいうる場合があることを明らかにした[1)]。本件は，これとは異なり，合意違反がないにもかかわらず提起された公訴について，有罪答弁をした後に二重危険の主張をすることはできないと判断した事件である。

有罪答弁は，有罪の自認であると同時に，公判審理権などの諸権利を放棄（waiver）するものである[2)]。事実面の争いをしない決断をすることで，その争いを被告人が処分するのであり，たとえば合理的疑いを超える証明の有無など，放棄した権利にかかる手続の違法を争うことはできなくなる[3)]。もっとも，こうした権利放棄が有効であるためには任意性と知悉性が必要である[4)]。つまり，被告人が任意かつ知悉して権利を放棄しなければならないのであり，その意味で権利放棄は能動的なものである。裁判官は，有罪答弁を受理する前に，被告人が任意かつ知悉して有罪答弁およびそれに伴う権利を放棄していることを必ず確認しなければならない[5)]。

他方，有罪答弁は，意識的には放棄していない権利に関する憲法上の主張も遮断することが知られている。すなわち，ひとたび有罪答弁をすれば，それに伴って，憲法上の主張がやむを得ず放棄（relinquish）されたとみなされることがありうるのである。このような受動的放棄は，通常の権利放棄とは異なり，被告人が特段のアクションを取っていなくとも自動的に権利を失わせる。被告人が意図して放棄するときには，権利の存在・内容を十分に認識して，自らの意思でこれらの権利を慎む決断をすることが必要であるのに，受動的放棄

1） Ricketts v. Adamson, 483 U.S. 1 (1987).

2） Brady v. United States, 397 U.S. 742, 748 (1970).

3） See, e. g. United States v. Willis, 992 F. 2d 489, 491 (4th Cir. 1993) ; See also Santobello v. New York, 404 U.S. 257, 264 (Douglas, J. concurring).

4） Johnson v. Zerbst, 304 U.S. 458, 464 (1938) ; Ricketts v. Adamson, 483 U.S., at 23 (Brennan, J. dissenting).

5） McCarthy v. United States, 394 U.S. 459 (1969).

は，こうした意思決定がなくとも自動的に生じるのである[6)]。

もっとも，有罪答弁をしたからといって被告人のあらゆる権利が受動的に放棄されるとはいえない。最高裁は，「検察側が被告人を訴追し，裁判に付すことが排除されている場合」には受動的放棄は生じないとしている。二重危険の保護は，そうした権利の代表であった[7)]。ところが，本件は，二重危険の保護が受動的放棄の対象となると判断している。そこで，先例との違いが問題になるのである。

2．先　例

受動的放棄は，もっぱら判例によって認められてきた。その嚆矢となったのは 1970 年のいわゆる *Brady* 3 判例である[8)]。

まず，*Brady* は，陪審裁判を経た場合にのみ死刑が科されうる当時の誘拐罪の規定が，陪審裁判を受ける権利を害することを主張して救済を求めた事件である。合衆国最高裁は，そのような権利侵害は被告人の有罪答弁の任意性を損ねるものではないと退けている。次に，*McMann* は，取調官の自白強要があり，そうした自白があることを理由にした有罪答弁は任意性を欠くという主張について，たとえ自白に任意性がなく，有罪答弁の動機づけになったとしても，そのことによって救済を得られることはないとしている[9)]。このほか，*Parker*[10)] は，*Brady* と *McMann* の争点を合わせた事案であり，両事件と同じように被告人の申立てには理由がないとする。

これら 3 判例は憲法上の権利侵害にもかかわらず，有罪答弁は有効であり，

---

6) Peter Westen, *Away from Waiver : A Rationale for the Forfeiture of Constitutional Rights in Criminal Procedure,* 75 Mich. L. Rev. 1214.

7) Blackledge v. Perry, 417 U.S. 21, 30 (1974) ; Menna v. New York, 423 U.S. 61 (1975).

8) Stephen A. Saltzburg, *Pleas of Guilty and the Loss of Constitutional Rights : The Current Price of Pleading Guilty,* 76 Mich. L. Rev. 1265, 1268 (1978) ; *See also* Tollett v. Henderson, 411 U.S. 258, 262–264 (1973).

9) McMann v. Richardson, 397 U.S. 759 (1970).

10) Parker v. North Carolina, 397 U.S. 790 (1970).

判決の正統性に影響を与えないことを判示したといえる。もっとも，この時点では，権利の受動的放棄を生じることまでは明らかにされていなかった。有罪答弁が憲法上の主張を排除することを明示的に示したのは，*Tollett* である。

Tollett は次のような事案である。被告人は第1級謀殺で訴追され，有罪答弁をして量刑の言い渡しを受けて拘禁された。それから何年も経ったのち，大陪審の選任から黒人が機械的に除外されていたという差別的取扱いがあったと主張して救済を求めた[11)]。本件では，被告人も弁護人も，差別的取扱いがあった事実を当時には知らなかった[12)]。このため，被告人には権利の知悉性がなく，権利放棄があったとすることはできない[13)]。

合衆国最高裁は，にもかかわらず，本件において当該憲法上の主張はできないと判断する。それは，「有罪答弁が，先行する憲法違反の主張に関する直接の審査を遮断する」からであり[14)]，「有罪答弁は刑事手続上先行する出来事の連鎖を切断する」ものだからである[15)]。こうした有罪答弁の性質から受動的放棄の効果が生じるのであって，それゆえ能動的放棄のような任意性や知悉性がなくともかまわないとされるのである。

このような *Tollett* の判示に従えば，被告人が有罪答弁をした場合，それ以前に生じた憲法上の主張はすべて自動的に失われるかのように思える。しかし，この権利喪失ルールには，重大な例外がある。それが *Blackledge* と *Menna* である。

まず，*Blackledge* は，被告人が検察側の報復的訴追について有罪答弁したのち，デュープロセス違反を主張したという事案である。被告人は軽罪で訴追され，公判を経て有罪となり，上訴した。ノースカロライナ州法では，地方裁判所で有罪となった場合，上訴審は覆審となることが定められていた。そのた

11） Tollett, 411 U.S., at 259-260.

12） *Id.* at 260.

13） *Id.* at 266.

14） *Id.*

15） *Id.* at 267.

め，被告人が上訴すると，有罪判決がいったん無効となり，新しい訴訟活動が開始される。検察官はこの上訴審の手続が開始される前に，軽罪と同一の行為を重罪で訴追した。被告人はこの重罪の訴追について有罪答弁したが，その後にデュープロセス違反であるとしてデュープロセス違反を主張したため，有罪答弁により憲法上の主張が除外されるかが問題となった[16)]。

合衆国最高裁は，この場合，*Tollett* 等と異なり，憲法上の主張が許されるとする。それは，「*Tollett* や *Brady* 3 判例で提出された主張は，憲法上のものであったが，いずれも被告人を裁判に付す検察側の権限について述べたものではない」ことを理由とする[17)]。つまり，本件は「Tollett とは異なり，『先行する憲法上の違反』や『有罪答弁前に生じた憲法上の権利侵害』について不服を述べているのではな」[18)]く，むしろ，「重罪の公訴事実で裁判に付されない権利で」を内容としている[19)]。たとえば，*McMann* は，強要によって自白が採取されているものの，自白がなければ訴追できないとはいえない[20)]。*Tollett* のように大陪審起訴の手続に違法がある場合も，陪審員を適切に選任し直せば「治癒」が可能である[21)]。これに対し，*Blackledge* のような場合，上訴審で，より重い犯罪事実で被告人を裁判に付すことはいかなる手続によってもすることができない。この点に *Tollett* や *Brady* 3 判例との違いが認められるとする。

Menna は，有罪答弁によって二重危険違反の主張をすることは妨げられないと判断した。被告人は大陪審手続で，証言を拒否したため，裁判所侮辱に当たるとして民事拘禁を言い渡されたが，その後，同じ証言拒否の事実で大陪審起訴された。このような訴追は二重危険に当たると主張して公訴棄却を求めたが，奏功しなかったため，有罪答弁し，刑の宣告を受けたあと，上訴して二重

16） Blackledge, 417 U.S., at 23.
17） *Id.* at 30.
18） *Id.*
19） *Id.*
20） *Id.*
21） *Id.*

危険違反を主張をした[22]。

合衆国最高裁は，本件主張は有罪答弁によって遮断されないと判断した。それは，「合衆国憲法により，検察側が被告人を訴追し，裁判に付すことができない場合には，弁護人の援助を受けて有罪答弁していたとしても，連邦法上，有罪判決を破棄しなければならない」ためである[23]。有罪答弁は，先行する憲法上の違反すべてを必ず破棄するのではなく，事件の実体面に関する争いを遮断するのであり」[24]「当該訴追が憲法上，許されないものであるという——表面上判断されるところの（judged on its face）——主張を放棄するものではない」のだとしている[25]。

このように，*Menna-Blackledge* は，細部の表現に違いはあるものの，おおむね「憲法上の瑕疵により，被告人を裁判に付す権限がない場合」，その違法性を争うことは受動的放棄の対象にはならないとしたものといえる。

もっとも，これらの判例が厳密にはいかなる根拠で受動的放棄を認めるのかは明らかではない。「裁判に付すことができない」場合かで受動的放棄の有無を決めたとしても，*Tollett*，*Blackledge*，*Menna* を整合的に解釈するには難しさが残る。特に *Tollett* は，「憲法上の瑕疵により，被告人を裁判に付す権限がない」事案に該当し，*Menna-Blackledge* 法理を率直に当てはめれば受動的放棄が生じないにもかかわらず，被告人の主張を審査しなくてよいとしており，*Tollett* と *Menna-Blackledge* で平仄の合わない点がある。*Menna-Blackledge* 法理は判決の当時から一貫しないと指摘されており，理論的な問題が尽きることはなかった[26]。

3．本件の検討

被上告人は，*Menna* と同様に，二重危険を主張して有罪判決の破棄を求め

22） Menna, 423 U.S., at 61–62.

23） *Id.* at 62.

24） *Id.* at 63 n. 2.

25） *Id.*

26） *See* Westen, *supra* note 6；Saltzburg, *supra* note 7.

ている。*Menna* に照らせば，その主張は有罪答弁によっても受動的放棄の対象にはならないはずである。ところが，合衆国最高裁は，本件では *Menna* と異なり，受動的放棄が生じるとする。有罪判決を言い渡したり，刑の宣告をしたりする権限が「記録に基づいて」なかったといえる事案ではないからである。

つまり，合衆国最高裁によれば，*Menna-Blackledge* 法理は，「憲法上の瑕疵により，被告人を裁判に付す権限がない場合」には必ず受動的放棄から保護するわけではなく，「有罪答弁時の記録に基づき」憲法上の主張の存否を判断できることが必要である[27]。その根拠は，*Menna* が，「単に，公訴事実に対する有罪答弁は，——表面上判断されるところの——検察側が憲法上訴追することが許されないという主張を権利放棄するものではないとするにすぎない」と判示したことに求められる。「表面上判断されるところの」とは，有罪答弁時の記録に基づき，判断できることと理解するのである。*Menna-Blackledge* では，有罪答弁時に存在する記録に基づいて，第 2 次訴追をすることはできないという決定が，裁判官によってなされるべきであった」のであって，「この記録以上の事実を渉猟する必要なく解決できる」。これに対し，本件は，「被上告人が，一見して別々の共謀を示す大陪審起訴事実について有罪答弁した」から「大陪審起訴事実や記録に基づいて，主張を立証することができない」[28]。被上告人の公訴事実は，① 1978 年 4 月以降の共謀，② 1979 年 7 月の共謀であり，それぞれが一つの共謀を意味するため，2 個の共謀罪が行われたと評価することができる。公訴事実の記載のみからでは同一の犯罪事実とはいえず，二重危険があったという徴憑を読み取ることはできない。憲法に反する二重危険の事実が記録上明らかではない点で *Menna-Blackledge* とは異なることになる。

こうして，合衆国最高裁は，*Menna-Blackledge* と本件の間に線を引いた。このような整理は，本件の解決ということのみならず，*Tollett* と *Brady* 三判例も含めて，受動的放棄の規範を統一的に把握するという意図もあったかもしれな

27） Broce, 488 U.S., at 571.

28） *Id.* at 576.

い。

従来の判例法理の困難は，前述したように，とりわけ，*Tollett* との関係にあった。「憲法上の瑕疵により，被告人を裁判に付す権限がない」場合には受動的放棄は生じないという *Menna-Blackledge* 法理は *Tollett* を説明できないという困難を抱えていたのである。しかし，有罪答弁時の記録に基づき解決できることも受動的放棄の例外となるために必要なのだとすれば，別途証拠審問を開いて差別的選別があったかを決めなければならなかった *Tollett* がこの要件を満たさないことは説明がつく。

このように，受動的放棄の例外には，① 憲法上の瑕疵により，被告人を裁判に付す権限がないこと，② 有罪答弁時の記録によって解決できること，という二つの要件が必要なのだとすれば，*Brady* 3 判例と *Tollett*，*Menna-Blackledge* は区別することができる。

もっとも，合衆国最高裁は，② の要件がいかなる理由で必要となるのかを説明していない。有罪答弁時の記録によって解決できることが，受動的放棄の例外のためにどうして重要なのか，判例から読み取ることは困難である。

この点，まず考えられるのは，主張内容となっている事実の存否を判断できないと，事後審査をすることが事実上できないから，結果としてその主張が退けられるというものである。しかし，反対意見が指摘するように，有罪答弁時に違反事実に関する記録の有無は，当該事実の有無を審査するために証拠審問（evidentiary hearing）を開く必要があるかを左右する事情にすぎない。証拠審問は，争点に関する事実を認定するための手続であり，habeas corpus や合衆国法典第 28 編 2255 条など，間接的攻撃では，権利侵害が実際にあったかを確認するのに証拠審問を開くことができる。証拠審問を開かなくてよいのは，救済の権利がないことが決定的に示されている場合に限られるのであって[29)]，記録だけでは主張を支える事実が示されていないとしても証拠審問を開かなくてよいとは必ずしもいえないから，受動的放棄の発生を左右する理由にはならな

29） Fontaine v. U.S., 411 U.S. 213 (1973)； Machibroda v. U.S., 368 U.S. 487, 514 (1962).

いというべきだろう。

そこで，最高裁が有罪答弁時の記録によって解決できることを要件としたのは，*Menna* が記録を重視しているように見えることに従ったという形式的な理由によることになろう。しかし，*Menna* は，「記録に基づいて」判断することが必要であると判示したものではない。*Menna* は被告人の主張について「表面上判断されるところの」としているのであるが，これは反対意見も指摘するように，有罪答弁時の記録に基づいて判断できることを重視しているのではなく，被告人の主張通りの事実を認定できるかが定かではないため，仮に被告人の主張が正しいと仮定すれば憲法上訴追することが許されない場合に当たることを意味するに過ぎないと見るべきだろう。受動的放棄の有無は本案の審査をする前の前提条件なのだから，*Menna* では被告人の主張する事実を認定して，当該事件で裁判に付す権限がないといえるかの判断にはまだ踏み込んでいないからである。

このように，訴訟記録上明らかである場合にのみ受動的放棄が生じないとする理論的根拠は明らかではないというべきである。

4．その後の展開

なお，*Broce* の判示について，近時，合衆国最高裁は *Class*[30] でも引用し，記録に基づき解決可能な主張のみが受動的放棄を生じないという図式を維持している。しかし，なぜ記録に基づき解決できることが重要であるかはこの判例によって示されたとはいえず，受動的放棄を生じる範囲に関する問題はなお残る。

（吉田　有希）

30） Class v. United States, 583 U.S. ___, 138 S. Ct. 798, 804 (2018).

36.　Currier v. Virginia, 585 U.S. 493 (2018)

同一の機会に実行された3個の犯罪事実の内の1個を他の2個と分離して審理することに同意した被告人が，先行審理された2個の事実の併合審判で無罪判決を受けた場合，残りの1個の事実についての後行審理することが合衆国憲法第5修正の二重危険禁止条項に違反しない旨判示された事例。

《事実の概要》

申請人 Currier は，① 違法目的侵入（burglary），② 高額の現金等が在中の金庫の不法領得（larceny），③「重罪実行中の銃器所持」の3個の事実で起訴された。申請人は，これら3個の犯罪事実を併合して審理がなされた場合，証拠調べされる証拠の中に，③ の罪の同種前科である不法目的侵入及び重窃盗の前科の存在を示す証拠も含まれ得るために，①② の事実の罪責を認定する過程で陪審が申請人に不利益な予断を抱く虞があること等に鑑み，公判審理を分離し，①② の審理を先行させ，その判決後に ③ を審理することに同意した。Virginia 州事実審裁判所は，上記合意に達した両当事者の求めに応じ，③ の審理に先行して ①② の併合審理を行う旨の決定をした。①② では，(1) 実行犯として起訴された被害者の甥による「自己の共犯者として，申請人も本件各犯罪に関与していた」旨の供述，(2)「本件犯行時刻頃に被害者宅から走り去る自動車に乗っていたのが申請人であることを目撃した」旨の被害者宅の隣人による犯人識別供述等の証拠が提出されたが，申請人が上記両名による各供述の信用性を争った結果，陪審は無罪評決を下し，これを受けて無罪判決が宣告された。その後，申請人は，③ について後行的に審理することが合衆国憲法第5修正の二重危険禁止条項により禁止される等の主張をした。しかし事実審裁判所は，これを斥けて当初の予定どおり ③ の審理し，申請人は有罪判決を受けた。この判断は，州 Cour of Appeals で確認され[1]，更に州最上級裁判所でも確

1)　Currier v. Commonwealth, 65Va. App. 605, 609-613, 779 S. E. 2d 834, 836-837 (2015).

認された[2]。

《判旨・法廷意見》

原判断確認。

1．Gorsuch 裁判官執筆の法廷意見（尚，(2)については3名のみが参加）[3]

(1) 公判審理の分離に対する被告人の同意について

合衆国憲法第14修正を媒介して州に対しても適用される第5修正の二重危険禁止条項は，「同一の犯罪」に関して被告人を複数回の審理に晒されない旨を規定する。申請人が審理の分離に同意した以上は，同人に対する③に係る審理は「同一の犯罪」の再訴追を禁止した二重危険禁止条項に違反するものではない。

刑事事件以外の審理における争点阻止効は同一の社会的行為（the same transaction）の下で働くが，刑事事件の審理においては，構成要件要素の共通性（the same statutory elements）が認められる場合に働くものである。申請人が援用する *Ashe*（Ashe v. Swenson, 397 U.S. 436 (1970).）[4]の法理により，「同一の犯罪」についての2度目の審理に匹敵するものとして二重危険禁止条項で審理が禁止されるのは，前訴の陪審の無罪判断の中に，後訴の審理対象事実を有罪とする上で不可欠な事実が含まれていた場合である。本件がその場合に当たると仮定したとしても，本件において申請人は，当初から2個の審理を受けることに同意している。そうした場合に，同人が自ら選択したとおりに2個目の審理を受けることは，当裁判所の先例に照らして二重危険禁止条項に反するとはいえない。*Jeffers*（Jeffers v. United States, 432 U.S. 137 (1977).）[5]が判示す

---

2) Currier v. Commonwealth, 292 Va. 737, 798 S. E. 2d 164 (2016).

3) Roberts 首席裁判官，Thomas 裁判官，Alito 裁判官参加。尚，Kennedy 裁判官が一部のみ参加。

4) この紹介・解説として，岩瀬徹・アメリカ法1972年2号352頁，中野目善則『二重危険の法理』（中央大学出版部，2015年）97-101頁等がある。

5) この解説・紹介として，荒木伸怡・アメリカ法1978年2号260頁，中野目・前掲注4）104-107頁等がある。

るように，包含関係に立つ犯罪について包含される方の犯罪での審理を先行させ，包含する方の犯罪での審理を後行させる旨の被告人の選択が，長きにわたって二重危険禁止条項の核心にあるとされてきた法意を損なうものだとしても，本件において申請人が同意した事実は，*Ashe* で提示された枠組みに基づく二重危険禁止条項違反である旨の主張が認められないものだと解される。二重危険禁止条項は，有罪判決後の再訴追も無罪判決後の再訴追も禁止するが，どちらの状況にも等しく同条項が適用される以上，被告人による「同意」もまた，いずれの状況においても等しく作用すると考えるべきである。被告人の任意の「選択」にそうした効果を認めないとすれば，被告人の申立てに基づき公訴が棄却された後の再訴追が二重危険禁止条項に反しないとした *Scot*（United States v. Scott, 437 U.S. 82 (1978).）[6]，及び，被告人の申立てに基づき審理無効が宣告された後に行われた再訴追が二重危険禁止条項に反しない旨を判示した *Dinitz*（United States v. Dinitz, 424 U.S. 600 (1976).）とも整合性がない。申請人が主張の根拠となる先例として引用する判例は，いずれも，被告人が2回目の審理に同意している事案について判断したものではないので，本件とは事案を異にする。

申請人は，1個の併合審判での手続の終結ではなく，審理を分離する途を選んでいる。それは，申請人にとって利益にも不利益にもなり得る二つの選択肢の中から一方を選択したというだけである。難しい選択をしなければならないということは，選択の余地がないこととは異なる[7]。

⑵ 争点阻止効と二重危険禁止条項の関係について

Blockburger（Blockburger v. United States, 284 U.S. 299 (1932)）[8]に従って，

---

6) この解説・紹介として，渥美東洋編『米国刑事判例の動向Ⅰ』261頁（中野目善則担当）（中央大学出版部・1989年）等がある。

7) 本件の紹介として知り得たものに，小川佳樹代表「英米刑事法研究㊱」（小島淳担当）比較法学53巻1号152-154頁がある。尚，松田龍彦「合衆国最高裁判例四半世紀の動向からみる二重危険禁止法理」法学新報129巻6・7号381頁も本件に言及している。

8) この法理の展開について，中野目・前掲注4）136-171頁。

裁判法理において再訴遮断の問題が扱われてきた。二重危険禁止条項に基づき再訴の遮断を求めるためには，被告人において，前訴と後訴で審理対象となっている犯罪事実の構成要件要素に相当程度の重複があることを証明しなければならないのであって，刑事事件以外の審理において用いられる争点阻止効の考え方を本件に持ち込むべきではない。

2．Kennedy 裁判官の結論賛成の補足意見

合衆国憲法第5修正の二重危険禁止条項は，政府の圧政から保護することを目的とするのであって，任意に分割的審理を選択した被告人を救済するものではない。法廷意見の結論には賛成するが，本件の事実関係を前提にするならば，合衆国憲法第5修正の二重危険禁止条項，及び，*Ashe* の意義を改めて検討することを要しない。

3．Ginsburg 裁判官の反対意見[9)]

合衆国憲法第5修正の二重危険禁止条項は，複数回の訴追からの包括的保護を目的とするものであり，歴史的には同一の犯罪を複数回訴追されない権利を保障してきた。2個の犯罪がここに言う「同一」の犯罪に該当するか否かについて，*Blockburger* は構成要件要素に着目し，別個の犯罪として法定された数罪の一方の訴追は，他方を後に訴追することを妨げるものではない旨判示した。しかしながら，規定形式によっては「同一」の犯罪事実が複数の別個の犯罪事実として規定される可能性も否定し得ない。また，公判審理の分離に被告人が同意したという事実は，先行審理に対する無罪判決に基づき後行審理における争点阻止効をも放棄したことを直ちに意味するものではない。本件においても，前訴において証明し得なかった争点を後訴において証明することは許容されるべきではない。

《解　説》

1．法廷意見（一部は4名のみによる意見）と反対意見とは，着眼点を異に

9） Sotomayor 裁判官，Kagan 裁判官，Breyer 裁判官参加。

する。法廷意見は，申請人が自らの選択で審理を分離した場合には，前訴と後訴の争点に共通する事実が含まれていたとしても*Ashe*の射程が及ばないこと，また，前訴の判断の結果，後訴が遮断されるのは共通の争点があるのみならず，前訴と後訴との構成要件要素が相当程度重複する場合に限られる旨判示した[10]。これに対し，反対意見は，前訴と後訴の審判対象を単一とするか数個とするかは立法者による規定形式次第で左右されるのだから，本件においても*Ashe*で判示された争点阻止効を及ぼすべき旨説いている[11]。

2．申請人が論拠とする*Ashe*は，強盗事件の被害者の一部に対する強盗について被告人の犯人性立証が奏功せず，無罪判決を受けた後，前訴と同一の日時・場所における別の被害者への強盗事件審理が行われ，前訴と概ね同一の証人が出廷したにも拘わらず，証言内容の証明力が強くなっていたため，後訴では被告人の犯人性立証が奏功し，有罪となったという事案である。被告人の人身保護申請を合衆国最高裁判所が認め，犯人性について争点阻止効が及ぶ旨を判示したものである。確かに，*Ashe*に従って合衆国憲法第5修正の二重危険禁止条項による遮断効を導くのであれば，複数の審理における審判対象の構成要件要素が相当程度重複し，まさに再訴と言えるか否かが問われることになる筈である。このように解すれば，単に，前後の複数の審理を通じて事実関係に共通する部分があることのみを根拠に争点阻止効が導かれ，後行的審理を阻止することにはならないと言えよう。

また，法廷意見が引用する*Jeffers*では，同一の社会的行為から生じた2個の犯罪が大小関係にある場合に，一方の犯罪に対する公判審理により他方の犯罪についても被告人は危険に晒されるため，二重危険禁止条項により後訴は阻止

10) これを支持する見解として，Joseph J. DeMott, *Rethinking Ashe v. Swenson from an Originalist Perspective*, 71 Stan. L. Rev. 411, 456–459 (2019)；Russell L. Weaver, *Double Jeopardy and Issue Preclusion*, 53 Texas Tech L. Rev. 85, 95–97 (2020).

11) 法廷意見の立場は，*Ashe*を骨抜きにするものである等として批判的な見解として，Isac Qasim, *Navigating the Trunks and Spars: The Jury-Preservation Theory of Double Jeopardy*, 24 New Criminal L. Rev. 518, 556–559 (2021).

されるのが原則であるとしつつも，① 小さい方の犯罪事実に対する公判審理の開始時点までに，十分な捜査を尽くしたにも拘わらず，やむを得ない事情により，大きい方の犯罪の構成要件事実を認知し得なかった場合は例外となること，また，② 被告人が２個の犯罪事実につき別々の公判審理を求めた場合は例外となる旨判示している。二重危険禁止条項は，一方で処罰のための十分な証明の機会を訴追側に付与しつつ，被告人を不安定な地位から解放し，自由を保障するものであることに鑑みれば，被告人の任意の選択が重視されることになるので，本件で法廷意見が依拠したものと思われる。

３．*Jeffers* が前提とする *Blockburger* は，「一方の構成要件要素として証明される事実が，他方の構成要件においても証明されるべき事実であるという関係にあるか否か」を問うものである。それ故，立法者がいかなる処罰意思を有し刑罰法規を制定したのかが基準となる。その結果，反対意見が懸念するように，類似事案の結論が規定形式次第で分かれる可能性がある。複雑な社会の中で，様々な種類の多数の刑罰規定が制定されている中で，看過し得ない指摘であるとも言える。

（清水　真）

Ⅸ 救　済

37. Morris v. Mathews, 475 U.S. 237 (1986)

二重危険禁止に違反することが明白な加重謀殺罪による有罪を，二重危険禁止に違反しないことが明白な謀殺罪による有罪に変更することは，二重危険禁止違反に対する適切な救済策であると判示された事例。

《事実の概要》

被申請人 Mathews と Daugherty は，オハイオ州の銀行に強盗に押し入った。車両追跡の後，警察は，この２名が農場内の家屋にいるところを突き止めこの家屋を取り囲んだ。その後すぐに，その家屋の中から銃声が聞こえ，被申請人が家屋から出てきて警察に投降した。警察官が家屋に立ち入ったところ，頭部と胸部を１発ずつ打たれて死亡している Daugherty を発見した。さらに，食料貯蔵庫に隠されていた，銀行から強奪された紙幣を発見した。

身柄拘束後，被申請人は，以下のような供述を行った。すなわち，まず第１に，Daugherty と別の男が，被申請人に対し，強盗に協力するよう強制し，さもなければ被申請人と彼の恋人を殺すと脅した，と主張した。被申請人は，Daugherty の銃撃を否認した。また，第２に，同日，被申請人は，再度，Daugherty の銃撃を否認したが，他の者は強盗に関与しておらず，被申請人と Daugherty のみで強盗を計画し実行したことを認めた。

２日後，被申請人は，再度，銀行強盗を自白し，被申請人と Daugherty が本件家屋に到着した後，被申請人は奪った金を取りに本件自動車に戻り，家屋に戻る途中，被申請人は家屋内から銃声を聞いたと供述した。捜査の結果，被申請人は Daugherty が自ら頭部を撃ったのを発見したということが判明した。

Daugherty の死を自殺と判断した，検屍官の当初の判断に基づいて，検察官は，Daugherty の死について被申請人を訴追しなかったが，被申請人は加重強盗罪で大陪審起訴された。被申請人は有罪答弁を行い，７年から 25 年の収監刑が言い渡された。有罪答弁が提出された２日後，被申請人が Daugherty を撃ったことを認めたため，銀行強盗に基づく加重謀殺罪で大陪審起訴された。

州公判裁判所は，合衆国憲法第５修正の二重危険禁止に違反するとの被申請人の申立てを却下した。陪審は被申請人を加重謀殺の罪で有罪とし，被申請人は終身刑を言い渡された。

被申請人は，加重強盗罪についての有罪後に加重謀殺罪で公判に付されることは，二重危険禁止条項に違反するとして上訴したが，オハイオ州第５裁判区 Court of Appeals（以下，「オハイオ州 Court of Appeals」という。）は，有罪を確認した。オハイオ州最高裁判所は，オハイオ州 Court of Appeals の判断を破棄し，差し戻した。

差戻しの審理において，オハイオ州 Court of Appeals は，被申請人を加重謀殺罪で有罪とすることは二重危険禁止条項違反となると判示した上で，加重謀殺罪についての有罪を被包含犯罪である謀殺に変更し，量刑についても，15年から終身までの収監刑に短縮した。

被申請人は，再度，オハイオ州最高裁判所に上訴したが，その申立ては却下された。

被申請人は，Federal District Court に habeas corpus を請求したが，Federal District Court は，この申立てを却下した。

第６巡回区 Court of Appeals は，Federal District Court の判断を破棄したが，その中で，新たな公判が常に必要とされるとの結論は否定し，被告人が二重危険禁止違反によって不利益を受けたとの「合理的可能性」を立証した場合には，二重危険禁止条項に違反して下された有罪を変更することはできないとし，その立証は極めて僅かなもので十分であると判示した。第６巡回区 Court of Appeals は，謀殺罪の公判においては許容されない証拠が加重謀殺罪の公判において許容されたとの被申請人の主張に同意したように思われ，陪審はそのような証拠によって予断を抱いた虞があると述べて，謀殺罪についての新たな公判を正当とする不利益の可能性を被申請人は十分に立証していると結論付けた。

合衆国最高裁判所は，サーシオレイライを認容した。

《判旨・法廷意見》

破棄・差戻し

1．ホワイト裁判官執筆の法廷意見（バーガー首席裁判官，レンクィスト，スティーヴンズ，オコナー各裁判官参加）

(1) 本件において示されている問いは，州の控訴裁判所は，二重危険禁止に抵触する有罪をそれに抵触しないより軽微な被包含犯罪の有罪に変更することによって，合衆国憲法第5修正の二重危険禁止条項違反に対する適切な救済を行ったといえるか否かである。

被申請人は，加重謀殺罪についての公判は開始されるべきではなかったのであるから，二重危険禁止条項により，州は，二重危険禁止に抵触する有罪をより小さな犯罪である謀殺罪の有罪に変更することによって，二重危険禁止の抵触する有罪の利益を得ることは阻止されると主張する。被申請人は，不利益の立証の有無にかかわらず，新たな公判が認められなければならないと主張する。

被申請人は，*Price*（Price v. Georgia, 398 U.S. 323 (1970)）に強く依拠しているが，それは見当違いである。*Price* は，謀殺罪についての公判であり，被包含犯罪である故殺罪について有罪判決を受けた事案である。故殺罪での有罪が上訴で破棄された後，謀殺罪についての別の公判が開始され，より小さな犯罪である故殺罪についての別の有罪判決が下された。当裁判所は，第2の有罪は有効ではないと判示したが，その理由は，被告人 Price は第1の公判において謀殺罪については黙示的に無罪とされており，謀殺罪について再度公判を開始することは許されないというものであった。

Price における当裁判所の判示は，被告人が二重危険禁止に抵触する犯罪で公判に付され，被包含犯罪で有罪となった場合には常に自動的に再度の公判に付すとの法理を課したものではなかった。むしろ，当裁判所は，故殺罪の有罪が謀殺罪の公判によって影響を受けた可能性に依拠したものであった。

本件において，被申請人に対する不利益を認定すべき，または推定すべき根拠は示されていない。陪審は，より大きな犯罪である加重謀殺罪について被申請人を無罪とはせず有罪と認定し，さらには，より小さな犯罪である謀殺罪についても有罪としている。

Benton（Benton v. Maryland, 395 U.S. 784 (1969)）も，二重危険禁止に抵触した訴追により被申請人を公判に付することによって，被包含犯罪の有罪が汚染されたということを立証しなければならないということを強く示唆している。被告人Bentonは，窃盗罪と不法目的侵入罪で公判に付されたが，陪審は，窃盗罪の訴因については無罪とし，不法目的侵入罪については有罪とした。この有罪は，陪審が不適切な宣誓をさせられたとの理由で破棄されたが，再度両訴因について公判に付され，第2の陪審は，両犯罪について彼を有罪とした。Maryland Court of Appealsは，二重危険禁止違反はなかったと判示したが，当裁判所は，二重危険禁止条項により，窃盗罪の有罪は破棄されると判示した。

被告人Bentonは，不法目的侵入罪についても破棄を求めたが，その理由は，第2の公判で許容された証拠の中には，不法目的侵入罪のみの公判では許容されないものがあったからというものであった。その証拠は陪審に予断を与え，その結果，不法目的侵入罪の有罪判断に影響を及ぼしたと彼は主張した。当裁判所はその主張を否定し，不法目的侵入罪の有罪判断が二重危険禁止違反によって影響を受けたということは記録上明らかではなく，州裁判所による考察が先んじて存在するといった助力もなく，そのような証拠上の判断を行うべきではないと判示し，Maryland Court of Appealsの判断を破棄し差し戻した。

*Benton*も*Price*もともに，二重危険に抵触する訴追が行われた場合には，二重危険禁止に抵触しない犯罪の有罪が本質的に汚染されるということを示唆したものではない。そうではなく，両事案は，新たな公判が求められるのは被告人が不利益について信頼に足る推論を示す場合のみであるということを示唆しているのである。当裁判所は，本件において，この考え方から逸脱すべき根拠はないと思料する。謀殺罪が，別の起訴内容ではなく，加重謀殺罪の訴追に包含されるより小さな犯罪行為であったということを除いては，二重危険禁止の目的という観点においては，本件と*Benton*の間に差異はない。

したがって，当裁判所は，二重危険禁止違反となる有罪が，二重危険禁止違反とならない被包含犯罪の有罪に変更された場合には，二重危険禁止違反となる犯罪の存在がなければ，二重危険禁止違反とならない犯罪で有罪となることはなかったであろうとする合理的蓋然性を立証する負担が被告人に転換されることになると判示する。本件の事情においては，当裁判所は，「合理的蓋然性」とは結果に対する信頼を掘り崩すのに十分な蓋然性であると思料する。このような事案においては，陪審が，被告人の行為は被包含犯罪の要件を充足していると必然的に評決するということが明らかな場合には，二重危険禁止条項違反を治癒する手段として，さらに別の公判を行うよう命じることは不適当なものとなる。

⑵　第6巡回区 Court of Appeals のいう「合理的可能性」の基準は，極めて僅かな立証によって充足され得るものであり，要件を示す基準として十分なものとはいえない。

また，第6巡回区 Court of Appeals は，公判において許容された一定の証拠は謀殺罪についての別の公判においては許容されないとする被申請人の主張に同意したように思われるが，第6巡回区 Court of Appeals は明示的にそのように述べている訳ではなく，オハイオ州のいかなる当局にも指示していない。

本件が，謀殺罪についての別の公判においては疑義のある証拠の許容性が問題となるものであるとすれば，その争点については下級裁判所による，より徹底した検討がなされるべきものと思料する。

疑義のある証拠の許容によって，陪審が予断を抱いた虞があったとする第6巡回区 Court of Appeals の見解は，争点となっている証拠が謀殺罪についての別の公判において陪審に示されなければ，被申請人は有罪とはならなかったであろうとする合理的蓋然性があったという，熟慮の上での結論とは程遠いものである。

habeas corpus を命じる第6巡回区 Court of Appeals の示す法律上及び事実上の根拠には重大な瑕疵があるため，当該判断を破棄し，本件を差し戻す。

2．ブラックマン裁判官執筆の結論賛成意見（パウエル裁判官参加）

第6巡回区 Court of Appeals が適用した基準は正しいが結論においては誤っ

ている。したがって，法廷意見の結論には賛成するが，本件における問いを判断するに当たり，伝統的且つ確立された基準からの逸脱を正当化する根拠は見受けられず，法廷意見には参加しない。

被申請人は，加重謀殺罪から単純謀殺罪へ変更することでは，二重危険禁止違反は到底治癒されないと主張する。しかしながら，二重危険禁止条項は州が公判を行うことを禁止しているのではなく，加重謀殺罪での有罪を求めることのみを禁じているのである。公判を開始することが瑕疵なのではなく，範囲の広範さが不適切なのである。すなわち，単純謀殺罪に加えて，加重謀殺罪についても，被申請人を公判に付していることが許されないことなのである。問題となっている訴追行為は，単に，公判の結果への潜在的な影響ではなく，被告人に試練を課すことを理由として禁止されているのである。結果として，被申請人の量刑を減軽したとしても二重危険禁止違反の傷がなくなるわけではなく，加重犯罪の訴追により被申請人に課されるいかなる精神的苦痛をも補償することにはならない。とはいえ，これらの考察からしても，二重危険禁止条項の目的の一つが同一犯罪について複数の公判を回避することによる終局性を促進することであることからして，適切な救済策が常に全体の有罪を破棄することであり，さらにもう一つの公判を開くことでなければならないということにはならない。

したがって，第6巡回区 Court of Appeals は，二重危険禁止違反により不利益を受けたとの合理的可能性を立証した場合にのみ謀殺罪についての新たな公判を受ける権利があると判示した。本件法廷意見はその基準を否定し，被告人は不利益について信頼に足る推論を立証しなければならないと判示する。これは，被申請人が，謀殺罪で有罪となることはなかったであろうとする合理的蓋然性を瑕疵なく立証しなければならないということを意味するものである。すなわち，本件のような事案において勝訴するためには，被告人は，二重危険禁止に抵触する訴追内容を包含するという不適切なことがなければ，かなりの確率で訴訟結果は異なっていたであろうということを立証しなければならない。これら法廷意見のいう基準が第6巡回区 Court of Appeals の適用した合理的可能性基準と異なっている限りでは，その基準は先例のないものであり，不適当なものである。

法廷意見は，本件は無害の瑕疵の事案ではないとするが，本件は無害の瑕疵の事案である。州裁判所による救済策が憲法上適切であるということは，単に，州の行った侵害はより軽微な被包含犯罪により被申請人を有罪とすることに関しては無害であるとみなすということである。*Chapman*（Chapman v. California, 386 U.S. 18 (1967)）において，当裁判所は，憲法違反がなければ無害であるという主張を否定した。憲法上の権利の中には公正な公判を行うために非常に基本的であるため，その権利を否定した場合には自動的に破棄されることになるものもあるが，最終的な有罪が二重危険禁止に抵触する犯罪を理由としたものではない場合には，本件のような二重危険禁止違反はこれに含まれないとする，当裁判所の見解に同意するものである。

また，法廷意見は，「合理的蓋然性」という基準の根拠として，*Strickland*（Strickland v, Washington, 466 U.S. 668 (1984)）に言及している。*Strickland* は同一の文言を用いているが，憲法違反に対して提供されるべき救済策の適切性に関する事案ではない。*Strickland* における問いは，そもそも憲法違反の有無である。当裁判所は，弁護人の誤りが評決を変えたとの「合理的蓋然性」，すなわち結果の信頼性を掘り崩すのに十分な蓋然性がある場合にのみ，弁護人による法律専門家としての不合理な誤りによって第6修正の求める効果的な弁護が行われなかったことになると判示したのである。

本件においては，二重危険禁止条項にいう被申請人の権利が侵害されたのは，オハイオ州が被申請人を加重謀殺で公判に付した時点である。問題は，州が第6修正またはデュー・プロセス条項に違反したか否かではなく，州が二重危険禁止条項違反から生じた被害を十分に食い止めたか否かであり，また，その違反が単純謀殺罪の有罪までも汚染したか否かである。

本件のような事案における被告人は有罪を無効にすべき不利益の合理的可能性を超えるものを証明しなければならないとの判示により，法廷意見は，二重危険禁止違反を他のいかなる憲法上の瑕疵よりも容易に免責できるようにしてしまっている。二重危険禁止条項違反は，他の憲法上の保護に対する違反に劣らず重大なものである。それら憲法違反については同一の基準にて判断されるべきものであり，法廷意見は，本件のような違反に対して，特別に寛大な対応をすべき説明を何ら示していない。

本件における適切な問いとは，州は加重謀殺罪の訴追は単純謀殺罪による被申請人の有罪に寄与しなかったということを合理的な疑いを入れない程度に立証したか否かである。違法収集証拠が法廷に提出された場合や検察官が法廷で禁止発言を行った場合には，そこで生じる危険はその違法な証拠や発言が陪審に影響を与えることになるというのが共通認識である。しかしながら，本件においては，被告人がどのような手段行為により不利益を受けたかが明らかではない。二重危険禁止に抵触する犯罪についての有罪は，それに抵触しないより軽微な被包含犯罪の有罪に減軽されている。本件では，より大きな犯罪について有罪と評決しているので，陪審員間での妥協による評決の可能性もなく，被申請人の公判で，加重要素の立証のために許容された強盗に関する証拠が単純謀殺罪の公判において許容されなかったであろうと思料すべき根拠は何ら存在しない。

これらすべてを考慮すると，被申請人には，単純謀殺罪での訴追がなされた場合に公判が被申請人にとってどれほど有利に進行したかといった特異性を詳細に説明する義務が生じる。しかしながら，被申請人はそのような義務を果たさず，単に，あらゆることが異なっていたかもしれないといった推測を行っているに過ぎない。

したがって，法廷意見の結論には賛成するが，本件のような問いを判断するに当たり，伝統的且つ確立された基準から逸脱すべき正当性はないと思料する。

3．ブレナン裁判官執筆の反対意見

加重強盗罪の起訴とその後の加重謀殺罪の起訴はともに同一の社会的行為または事象から生じたものを訴追している。これらの事情においては，加重謀殺罪による州の訴追及びオハイオ州 Court of Appeals によるその後の単純謀殺罪についての有罪への変更は第５修正違反となる。第５修正は，極めて限定的な場合を除いて，一つの犯罪行為，出来事，事象，社会的行為から生じる，被告人に対するすべての訴追を１回の手続において訴追すべきことを要求するものであると思料する。したがって，Federal District Court の判断を破棄した第６巡回区 Court of Appeals の判断を確認する。

ただし，被申請人が不利益を受けたとの「合理的可能性」を立証した場合には，新たな公判を求める権利があるとするブラックマン裁判官の結論賛成意見の理由づけに同意する。また，「合理的可能性」基準は充足されているとの第６巡回区 Court of Appeals の認定は支持されるべきであるとするマーシャル裁判官にも同意する。

４．マーシャル裁判官執筆の反対意見

被申請人が不利益を受けたとの「合理的可能性」を立証した場合には，新たな公判を求める権利があるとするブラックマン裁判官の結論賛成意見の理由づけに同意する。この基準は，当裁判所が採用してきた見解と合致するものであり，現実の不利益の蓋然性を立証しようとする被告人が直面する困難性により正当化される。ただし，ブラックマン裁判官とは異なり，第６巡回区 Court of Appeals には被申請人が不利益を受けたとする結論を再考すべき理由はないと思料する。

《解　説》

１．本件における問いは，州控訴裁判所は，二重危険禁止に抵触する有罪をそれに抵触しないより軽微な被包含犯罪の有罪に変更することによって，合衆国憲法第５修正にいう二重危険禁止条項違反に対する適切な救済を行ったといえるか否かである。

まず，被申請人である Mathews は，*Price*[1]を根拠に，加重謀殺罪について

1） Price v. Georgia, 398 U.S. 323 (1970). *Price* については，中野目善則『二重危険の法理』（中央大学出版部，2015 年）91 頁参照。

の公判は開始されるべきではなかったのであるから，二重危険禁止条項により，州は，二重危険禁止に抵触する有罪をより小さな犯罪である謀殺罪の有罪に変更することによって，二重危険禁止の抵触する有罪の利益を得ることは阻止されると主張している。この主張に対して，法廷意見は，*Price* は，被告人が第1の公判において謀殺罪については黙示的に無罪とされており，謀殺罪について再度公判を開始することは許されないというものであり，故殺罪の有罪が謀殺罪の公判によって影響を受けた可能性に依拠したものであったからであるとする。

その上で，法廷意見は，本件においては被申請人に対する不利益を認定すべき，または推定すべき根拠は示されておらず，陪審は，より大きな犯罪である加重謀殺罪について被申請人を無罪とはせず有罪と認定し，さらには，より小さな犯罪である謀殺罪についても有罪としているとして，被申請人の主張を否定した。

ブレナン裁判官の反対意見は，第5修正は，極めて限定的な場合を除いて，一つの犯罪行為，出来事，事象，社会的行為から生じる，被告人に対するすべての訴追を1回の手続において訴追すべきことを要求するものであるので，加重強盗罪の起訴とその後の加重謀殺罪の起訴はともに同一の社会的行為または事象から生じたものを訴追しているという本件事情の下では，加重謀殺罪による州の訴追及びオハイオ州 Court of Appeals によるその後の単純謀殺罪についての有罪への変更は第5修正違反となるとする。この立場は，二重危険禁止条項は，被告人には一度の裁判で手続を終了させてもらう権利があり，1度の手続で終了させることができるように配慮すべき義務が政府と裁判所にあると解する立場といえよう。

また，法廷意見は，*Benton*[2)]に言及した上で，両事案からは，新たな公判が求められるのは被告人が不利益について信頼に足る推論を示す場合のみであるということを示唆していると解されるとした。

2） Benton v. Maryland, 395 U.S. 784 (1969).

ところで，二重危険禁止条項違反に対しては，通常の救済策は第２の有罪の破棄であると解されているが，時として裁判所は，単にその有罪を二重危険禁止条項に違反しない別の犯罪に変更して量刑につき減軽するといった救済を採用する場合がある。本件の差戻し審理におけるオハイオ州 Court of Appeals の判断は，正にそれに該当するものであるといえる[3)]。

法廷意見は，本件のような変更が適切な救済策であると判示しており，その意味では合衆国最高裁判所としての最初の判断といえよう。

２．さて，法廷意見は，上記のような変更は二重危険禁止条項違反に対する適切な救済策であることを肯定した上で，変更があった場合には，二重危険禁止違反となる犯罪の存在がなければ二重危険禁止違反とならない犯罪で有罪となることはなかったであろうとする立証の負担（挙証責任）は被告人に転換されることになると判示する。

他方，第６巡回区 Court of Appeals は，被告人が二重危険禁止違反により不利益を受けたと立証した場合には，二重危険禁止条項に違反して下された有罪を変更することはできないとし，さらに，その立証負担の基準を「合理的可能性（reasonable possibility）」であるとした[4)]。

法廷意見は，この点につき，「合理的可能性」では不十分であり，「合理的蓋然性（reasonable probability）」でなければならないとする。

法廷意見は，「合理的蓋然性」につき，*Strickland*[5)]に言及し，「合理的蓋然性」とは結果に対する信頼を掘り崩すのに十分な蓋然性であるとして，第６巡回区 Court of Appeals のいう「合理的可能性」の基準は，極めて僅かな立証によって充足され得るものであり，要件を示す基準として十分なものとはいえないとして，この基準の採用を否定した。

これに対してブラックマン裁判官の結論賛成意見は，*Strickland* は憲法違反

3） Tapp v. Lucas, 658 F. 2d 383 (5th Cir. 1981), Graham v. Smith, 602 F. 2d 1078 (CA2 1979) 参照。

4） 第６巡回区 Court of Appeals は，前掲注３）*Graham v. Smith* を引用している。

5） Strickland v. Washington, 466 U.S. 668 (1984).

に対して提供されるべき救済策の適切性に関する事案ではないため，この基準は採用されるべきでなく，第6巡回区 Court of Appeals のいう「合理的可能性」基準が妥当であるとする。しかしながら，本件において，被申請人は「合理的可能性」基準さえも充足していないので，破棄は免れないのであり，その意味で，法廷意見の結論には賛成であるが，法廷意見の採用する「合理的蓋然性」基準は誤りであり，法廷意見には参加しないとしている。

ブラックマン裁判官の結論賛成意見は，州が加重謀殺罪の訴追は単純謀殺罪による被申請人の有罪に寄与しなかったということを合理的な疑いを入れない程度に立証すべきなのであって，被申請人（被告人）に対して，有罪を無効にすべき不利益の合理的可能性を超えるものを証明しなければならないといった高い要件を課すべきではないとしていると思われる。

確かに，第6修正違反についての事案である *Strickland* において示された基準を持ち出して，本件のような第5修正上の二重危険禁止違反，しかもその違反に対する救済策の適切性の基準として採用するとの判断は，やや唐突的な印象を受けるものともいえようか。

また，ブラックマン裁判官の結論賛成意見のいうように，法廷意見は「合理的可能性」の基準は，極めて僅かな立証によって充足され得るものであり不十分であるとしているが，何故そのような立証の程度では不十分かについては，その根拠の説明としては十分ではないとも思われる。推測ではあるが，本件のように陪審の下した有罪評決を覆すことは軽々に行われてはならないため，「合理的可能性」の基準のように，極めて僅かな立証によって充足され得るものではなく，「合理的蓋然性」という，結果に対する信頼を掘り崩すのに十分な蓋然性が必要であると考えたようにも思われる。さらには，具体的な訴訟においては，この二つの違いは必ずしも容易に発見し得るものではないようにも思われる。

3．本件は，アメリカ合衆国における訴訟構造の下で示された問題であり，我が国における事情とは異なる。裁判員裁判においては，一般市民が事実認定及び量刑についての判断に参加するが，その判断には裁判官も参加するものであり，証拠の評価についても裁判員のみによる評価が行われるものではない。その意味では，我が国の刑事裁判への示唆は，かなり限定的なものである。強いて言えば，刑事訴訟法379条にいう「判決に影響を及ぼすことが明らか」の意義についてとの比較であろうか。すなわち，「影響を及ぼす」とは，当該違反がなければ現になされた原判決と異なる判決がなされたであろうという因果関係があることをいい，「明らか」とは相当高度の蓋然性の認められることをいうとされており，因果関係の存在の挙証責任は控訴理由主張者に負わされると解されている[6)]。判例も，訴訟手続の法令違反が判決に影響を及ぼす「可能性」があるというだけでは控訴理由とすることはできず，その法令違反がなかったならば現になされている判決と異なる判決がなされたであろうという「蓋然性」がある場合でなければ，同条の法令違反が判決に影響を及ぼすことが明らかであるとはいえないとしている[7)]。単純な比較はできようもないが，判決を覆すにはやはりそれ相当の根拠が必要であるとの点では同様であり，第6巡回区Court of Appealsのいう「可能性」基準では，要件としてのハードルが低すぎるようにも思われる。

本件のような変更措置は二重危険禁止条項違反に対する救済策として適切であるとの判断は示されているが，被告人に転換される立証上の負担の基準については，僅差での判決であるため，今後も合衆国最高裁判所の判断の動向を注視していく必要があると思われる。

（檀上　弘文）

6） 松本時夫ほか編『条解　刑事訴訟法〔第5版〕』（弘文堂，2022年）1134頁参照。

7） 最大判昭和30年6月22日刑集9巻8号1189頁参照。

38. Jones v. Thomas, 491 U.S. 376 (1989)

重罪殺人罪と強盗未遂罪の両方の刑を科された事案において，強盗未遂罪の有罪及び量刑を取り消して，当該刑期分を重罪殺人罪の刑期に通算した州裁判所の救済措置は，二重の危険を禁止される権利を保護するとされた事例。

《事実の概要》

被上告人は，1972年にミズーリ州セントルイスの部品店に強盗に入り，店内で銃を引き，そこにいた者に対して手を上げろと通知した。客の一人が銃を持っており，強盗に対抗しようとしたところ，被上告人はこれを射殺した。被上告人は，1973年，ミズーリ州セントルイス市の巡回裁判所の陪審によって，強盗を実行する過程における殺人に対して，強盗未遂と第1級重罪殺人で有罪とされた。一審において，被上告人は，強盗未遂についての15年の拘禁刑と，重罪殺人についての終身刑という連続した刑期の量刑を受け，15年の刑が先行した。ミズーリ州控訴裁判所は，直訴に対して被上告人の有罪は適切であると判示した。

1977年，被上告人は有罪判決後の救済を求めて，重罪殺人と基礎となる重罪とを分けた量刑を行った点で一審は不適切であると異議を申し立てた。この訴えが一審に係属中に，ミズーリ州最高裁判所は，無関係の事案において，この争点を受け，重罪の殺人についての法律において，処罰を分けることをミズーリ州法は企図していなかったと判示した。

1981年6月，被上告人の有罪判決後の救済申立が係属中のまま，ミズーリ州知事は，被上告人の強盗未遂での15年間の量刑を，6月16日で刑期満了とした。被上告人は殺人の刑で服役中であった。1982年，一審は，被上告人の強盗未遂の有罪と15年の量刑を無効とし，被告人に両方の刑を受刑させることはできないと判示して，強盗未遂で科された刑期分を重罪強盗の量刑に通算した。ミズーリ州控訴裁判所は，刑を無効とする命令を肯定したが，直ちに放免される権利があるとの被上告人の主張は退けた。被上告人は，短い方の刑期を満了している以上，長い刑の方で拘禁を継続されていることは憲法第５修正の禁ずる二重の危険に該当する（から，殺人の量刑が無効にされるべきである）と主張した。しかし，被上告人が受けた拘禁刑の刑期分は終身刑から控除されているので，被上告人の権利は一審の判断によって侵害されていないという理由で，被上告人の主張はミズーリ州控訴裁判所によって退けられた。

その後，被上告人は，ミズーリ州の合衆国東部地区裁判所に人身保護令状の申立てを行ったが，二重の危険条項は，立法者意思より重い刑を命じることを裁判所に禁じているのみであり，被上告人は州裁判所に認められた救済の結果として立法者意思より重い刑に服していないから，二重の危険違反を被っていないという理由で，当該地区裁判所は，被上告人の救済を否定した。しかし，合衆国第８巡回区（控訴）裁判所の３名の裁判官からなる委員会は，① 州知事の減刑の結果，法律上科され得る二つの刑の内一つを満了した以上，被上告人に残りの刑を科すことを要求することはできないとした上で，更に，② 州が重罪でない殺人罪という，より軽度の犯罪で，申立人の量刑をやり直せば，重罪の殺人とその基礎にある重罪を救済することができる（二重の危険の違背は治癒される）と述べて，条件付きの人身保護令状を発することを認め，事件の差し戻しを命じて，地区裁判所の判示を覆した。

事件を再審理し，裁判官全員出席・大合議の上，第８巡回区（控訴）裁判所は，被上告人は強盗未遂で刑を受けており，これ以上の処罰はできない（二重の危険に違背する）と判示し，被上告人の無条件釈放を命じた。

これに対して上告がなされ，合衆国最高裁判所によりサーシオレアライが認容された。

《判旨・法廷意見》

原審破棄・差戻し

１．ケネディ裁判官執筆の法廷意見（レーンクィスト，ホワイト，ブラックマン，オコーナー裁判官参加）

憲法第５修正は，何人も，「同一の犯罪について，重ねて生命または身体の危険に晒されることはない。」と定めている。本条項は，刑事被告人について，三つの保護を付与する。無罪放免後，また有罪判決後に，2度の訴追を受けないように保護すること，二重処罰に対する保護である。本事例における憲法的問題は，認められた違反を治癒するために，いかなる救済が必要であるかということである。

この問題に対する回答は，二重の危険条項が保護しようとしている利益に委ねられる。本件では，二重処罰の文脈において，総体としての処罰が，立法府が認めた内容を超えないように担保する点に当該利益は限定される。本件においては，被上告人の重罪殺人と強盗未遂の有罪は，ミズーリ州議会が重罪殺人と基本にある重罪の有罪判決及び処罰を許容していなかったというだけの理由から，二重の危険の関心を惹起した。

本件においても，二重の危険条項は，量刑裁判所が，議会の意図以上に大きな処罰を行うことを防ぐ以上のものではなく，州裁判所の救済は，二重の危険条項における被上告人の権利を充分に保護している。ミズーリ州裁判所は強盗未遂の有罪及び量刑を無効とし，被上告人が当該有罪によって受けた刑期を重罪殺人の残刑期に算入したが，この算入による救済は，他の文脈における二重処罰問題に対する当裁判所のアプローチと一致している。被上告人は，今や重罪殺人のみで有罪とされており，単一の犯罪に対する単一の刑のもとで継続して拘禁されているということは，二重の危険ではない。

適法に科すことができない二つの連続した刑の内，二重の危険条項は，短い方に服した受刑者の即時解放を要求するという主張については，被上告人は，控訴裁判所同様，当裁判所の見解に依拠している。*Ex parte Lange*（Ex parte Lange, 85 U.S. (18 Wall.) 163 (1873)）[1)]と *In Re Bradley*（In re Bradley, 318 U.S. 50 (1943)）における当裁判所の判示は，法のみが強制する代替的な処罰の一つを被告人が受ければ，それ以上処罰するという裁判所の権能は失われるという趣旨の言い回しを含んでいる。但し，本件事案への当て嵌めに際しては，先

1)　本件については，小島淳「アメリカ合衆国における二重の危険の発展過程(2)」『早稲田法学』77巻2号（2002年）67頁以下など。

例に強く拘束される訳でも，何らかの二重の危険の準則に支えられるものでもない。

Lange においては，被告人は郵便袋の窃盗，200 ドルの罰金または刑期 1 年の連邦犯罪で有罪とされたが，一審は 200 ドルの罰金刑及び拘禁刑 1 年の量刑を行い，被告人は，人身保護令状を請求する迄に罰金を支払い，5 日の刑期を経過していた。一審は最初の量刑を無効とし，判示の日より 1 年の拘禁刑を被告人に科した。当裁判所は，被告人が釈放される権利がある旨判示した。もし，第 2 番目の刑が執行されたら，被告人は 200 ドルの罰金を支払い，5 日に加えて 1 年の刑期を受刑することになったであろうが，この処罰は明らかに議会の認める程度を超えていたと思われる。このようにして，*Lange* において，二重の危険法理は，議会によって認められた刑を超える処罰を禁じているという理論を表すことになった。

Bradley は，本件により近い。罰金ないし拘禁刑しか定めていない法の下で，被告人は侮辱罪で 500 ドルの罰金刑及び 6 カ月の拘禁刑の量刑を受けた。被告人は刑務所に収容され，2 日後に罰金を支払った。一審はここで誤りを認識し，罰金刑を取り消して 6 カ月のみの拘禁刑とすることで，量刑命令を修正した。当裁判所は，*Lange* を引用し，被告人には釈放される権利があると判示した。

Bradley における選択刑は，罰金刑と拘禁刑という異なる種類の刑罰であった。議会は，個々の選択刑を個々の事案毎に適切と判断しているため，*Bradley* のような真に選択的な刑の事例においては，一の処罰ないし他の処罰が議会で意図されていたということは難しいであろう。しかし，本件では，重罪遂行中に殺人を犯した者に対して，議会は明確に二つの結果中，一を意図していた。当該被告人は，重罪殺人で有罪とされるか，重罪と非重罪殺人に分離して有罪とされるかのいずれかである。強盗未遂を殺人の代替処罰として十分と議会が考えていたと真剣に提案することはできない。

スカリア裁判官によれば，二重の危険法理は，立法者意思を超えて処罰することを防ぐだけでなく，終局性に対する被告人の正当な期待を覆すような刑を後続の手続において追加することをも防ぐ。しかし，本件においては，反対意見から推測される情況（15 年から終身刑を認める立法のもとで，裁判官が 15 年の刑を科し，再考し，取り消して別の 10 年の刑を科すという情況）は当て嵌まらない。被告人の量刑のやり直しが実際に追加刑の賦課なのか，単一の公判において賦課される刑の不適切な総体の適正な救済なのかという点をここで決定しなければならない。

スカリーア裁判官の，終局性に対する被告人の正当な期待の議論は，要約すると *Bradley* に行き付くから，本件検討には独自の貢献はしていない。被告人は，ミズーリ州一審で有罪の判決を受けた時，強盗未遂の刑のみを受刑するという期待は，全く持っていない。被告人が量刑を受けた時点における期待は，二つの連続刑を受けることであった。ミズーリ州法が両方の刑の賦課を許さない点が確立されると，被告人は，（一つの刑あたりで）刑期 15 年乃至生命刑（他の刑あたりで）のいずれかを受刑するという期待を有した。議会意思は，二重の危険条項に対するミズーリ州裁判所による保護を評価する基準を提示していると確信している。

二重の危険条項に対する違背は，その他の憲法保護に対する違背同様に深刻・重大である。しかし，二重の危険条項もその他の憲法条項も，正当化されない果実を提供するために存在しているのではない。受けた刑期を算入・控除した上で被告人の量刑を重罪殺人の単一刑へ変更した，ミズーリ州裁判所の対応は，被告人の二重の危険を適切に保護するものであった。

控訴裁判所の判断を破棄し，被告人の申請を却下，差し戻す。

２．ブレナン裁判官の反対意見（マーシャル裁判官参加）

私は，締め括りの注を除いて，スカリーア裁判官の反対意見に参加する。二重の危険条項は，極めて限定された情況を除いて，一つの犯罪取引における被告人は一つのトライアルで審理されるべきであることを要求しているという点を支持する。従って，州は，本件において，二重の危険で禁止されていない，より低い刑が含まれている犯罪での被告人の再審理を自由に行うことが出来るという主張に賛成しない。

3．スカリーア裁判官の反対意見（スティーブン裁判官参加，ブレナン裁判官，マーシャル裁判官一部参加）

被告人が，二つの選択刑中一つの刑を満期受刑したことで，裁判所は，後続の手続で，2番目の刑を科すことができなくならないかという問題は，初めて検討が求められる問題ではない。*Lange* 事件は，二重処罰に対する二重の危険による保護を認識した最初の事案であるが，申立人は郵便局から郵便カバンを盗んだ罪で有罪とされ，法律によれば1年を限度とする拘禁刑ないし200ドルを限度とする罰金刑とされた。主宰した裁判官は，誤って両方の刑の最高刑を科した。申立人が罰金を支払い，刑務所で5日受刑した後，裁判官は自己の誤りに気付き，前者の判決を取り消し，申立人の拘禁刑を1年にやり直す命令を発した。当裁判所は，当該犯罪に対して法が定めている，選択刑の一つを満了しているので，当該犯罪に対して裁判所が処罰する権能は終了していると述べた。裁判官の第2の命令は二重の危険条項における申立人の権利に違背していると判示して，申立人は解放されるべきであると裁判所は命じた。

より最近では，*Bradley* において，地区裁判所裁判官は，申立人に侮辱罪を認定し，6カ月の拘禁刑と500ドルの罰金刑を科した。申立人は拘禁刑の服役を開始し，彼の弁護士は3日後に罰金を支払った。後日，関連法律が拘禁刑・罰金刑のいずれかを許すが両方は許していないことを発見し，裁判所は，罰金を取り消すように量刑を改める新たな命令を発し，申立人に500ドルを返還するように指示した。当裁判所は，この命令を無効と判示した（罰金が申立人のために受領されて，申立人は，適法に科された刑の割当分に応じた。裁判所の判決は，法定の二つの選択刑を満了するために，このように執行されたので，裁判所の権能は終了した）。

本件は，*Lange* や *Bradley* と区別することができない。本件では二つの選択刑の一つを当該行為に適法に科すことができ，被告人は二つの刑の内の一つを満了した。ミズーリ州法のもとでは，被告人の行為については，武装強盗未遂で，最長15年の拘禁刑，または重罪殺人で最長終身刑で，州によって有罪を科されてもやむを得なかった。州は，両方の刑で被告人を有罪にすることも，処罰することもできない。従って，法によってのみ科せられる選択刑の一つを被告人が満了した場合，それ以上裁判所が処罰する権能はない（Lange）。本件では，*Bradley* のように，州は2番目の手続において，被告人が代替刑を満期で受刑した結果として被った損失を——既に受けた強盗予備罪の15年の量刑を，量刑を受けた2番目の終身刑に算入することで——返そうと試みた。しかし，*Bradley* において，返済を許す以上に算入を許す理由は，私には見出せない。二重の危険条項の他の事例と同様に，陪審員が選定されてからの，訴追の誤りの場合，被告人は無罪放免となる。

Bradley を厳格に適用すれば，被告人に15年の刑期服役の後に終身刑の服役を要求することは二重の危険条項に違背するという結論になると，当裁判所は率直に認めている。しかし，当裁判所は，厳格な適用が回避され得る理由を説明するための，三つの関連する主張を提示している。私はいずれも説得力を感じない。

第1に，二重の危険条項は，立法者意思遂行確保のための道具ではなく，逆に立法者意思を阻害する手段であることが多い。立法者意思に関する問題は，ミズーリ州法が殺人に対して武装強盗を意図していたかどうかではなく，重罪殺人の量刑と武装強盗未遂の量刑の両方を同じ犯罪に科すことができるという点を立法が意図しているかどうかである。ミズーリ州最高裁は，否定の判断をした。それゆえ，適法に科すことができる二つの選択刑の一つに被告人が服した場合，他の刑に服することを命じることはできない。

第2に，当裁判所は，選択刑として罰金刑と拘禁刑が異なる類型である点を理由に，*Bradley* と区別しており，従って，服役された刑期を，まだ服役されていない刑期に算入することはできないであろう。しかし，二重の危険条項に関する限り，通算と（*Bradley* で行われた）払戻しの区別に憲法上の次元の問題があると考えることは困難である。無論，*Bradley* は，二つの刑罰の性質上の違いに依拠しておらず，その内の一つが完全に満了していたという単純な事実のみに依拠している。裁判所の判決は，法定の選択刑の一つを満了させるために遂行されるのであるから，裁判所の権能は終了した。

最後に，二重処罰の文脈において，二重の危険条項は，法の意図するよりも重い刑を量刑裁判所が科すことを禁じる以上のものではないと当裁判所は述べている。これが本当ならば，手続が，我が刑事法の伝統とは全く違うものになるであろう。例えば，法が 15 年から終身刑期の拘禁刑を許容している中で，裁判官が 15 年の刑期を科した場合，二重の危険条項に関する当裁判所の理解の限りでは，裁判官は，被告人が当該刑期を服役した後で，再考して，あと 10 年の刑を科すことができたことになる。そのようなことが可能とは思えない。我々が繰り返して来たのは，一つの公判で科される刑の総体については，二重の危険条項は，法が意図している以上に大きな刑罰を量刑裁判所が科すことを防止すること以上の内容は行わないということである。

追加された刑が，立法で認められているにせよ，後の手続で科されたものである場合，二重の危険条項が制約となる。本件事案では，被告人が既に刑期満了した 15 年に刑期を追加する第 2 の手続である。これらの情況においては，二重の危険に関する基準は，法によって認められる刑の総体が限度を超えていたかどうかのみならず，刑の追加が，元の刑における終局性に対する被告人の正当な期待を動揺させるかどうかである。*DiFranchesco*（United States v. DiFranchesco, 449 U.S. 117 (1980)）において，我々は，特別危険犯罪者に対する一審裁判所の量刑を不適当として政府の上訴を認める法律が二重の危険を構成しないと判断した。被告人には元の刑における終局性に対する正当な期待は存在しないという理由からである。

DiFranchesco と *Goldhamme*（Pennsylvania v. Goldhammer, 474 U.S. 28 (1985)）からは，刑が第 2 の手続きにおいて増える場合に，二重の危険条項の適用は，終局性に対する被告人の期待の程度及び正当性を刺激することは明らかである。もし，被告人の終局性に関する期待が正当であれば，当該刑を増やすことは禁止される。

DiFranchesco と *Bozza*（Bozza v. United States, 330 U.S. 160 (1947)）を本件に適用すると，被告人が勝訴することは確かと私には思える。裁判所が 15 年の拘禁刑を科す権限を持っており，被告人が終局性の正当な期待を持っていたこ

とは確かである。

《解 説》

1．本件は，裁判所による科刑が，同一犯罪に対する二重処罰（multiple punishments）に該当して二重の危険禁止条項違反となるための判断のメルクマールを明らかにした点，同時に，裁判所による最初の科刑をどのように救済すれば二重の危険が発生しないかについて連邦最高裁判所が検討した点に意義がある。

2．(1) アメリカ合衆国憲法第5修正の二重の危険禁止条項（何人も，「同一の犯罪について，重ねて生命または身体の危険に晒されることはない。」）は，3種類の憲法上の保護を定めているとしばしば言われる。即ち，① 無罪放免後の同一犯罪に対する再度の訴追，② 有罪判決後の同一犯罪に対する再度の訴追，③ 同一犯罪に対する二重処罰の3点に対する保護である[2)]。

(2) このように，被告人を同一犯罪を理由に再度裁判に巻き込んではならない理由は，正義の要求を実現するために犯罪者を処罰する政府の利益と，裁判に巻き込まれることによって焦燥感・不安にかられ，経済的に困難な事態に直面し，スティグマを押され，生活の安定を害されるという被告人の不利益とを衡量する結果，同一犯罪行為を理由に被告人を再度刑事裁判に巻き込むことが，被告人に対する迫害・圧政となり，被告人が無辜の時には，無辜の者を有罪とする危険を高めてしまう点に求められる[3)]。

3．(1) かかる二重の危険禁止条項の趣旨からは，前の有罪，前の無罪に再訴が許されない点は自然に導かれる一方で，量刑については，二重の危険禁止条項が禁ずる政府による迫害・圧政は原則として該当しないことになる。

即ち，アメリカ合衆国連邦最高裁は，刑の言渡しには無罪判決に相当する終局性が与えられていない点を踏まえて，量刑に対する政府の上訴は二重の危険

2） North Carolina v. Pearce, 395 U.S. 711 (1969).

3） 中野目善則『二重危険の法理』（2015年，中央大学出版部）3-4頁。

禁止条項に違反しないと判示している[4)]。事実認定に対する検察官上訴を認めれば，政府が同一の事実を再度争うことを許すことになり，二重の危険の基本的な狙いに反する結果となるけれども，これと異なり，量刑不当を理由とする検察官上訴においては，有罪とされている以上，既に処罰の必要性と合理性は担保されており，裁判を長引かせ，重い刑を言い渡されるかも知れないという被告人に課される心理的負担よりも，政府の利益の方が上回るという理論構成によって，二重の危険の趣旨からも説得力を持っていると理解されていると言えよう[5)]。

⑵　だが，政府の上訴に基づく刑の加重が，同一の犯罪に対する二重処罰または過度の刑罰に該当する場合には，事情が異なることになる。既に触れたように，*Lange* は，200 ドルの罰金または 1 年の拘禁刑で処罰可能な犯罪で被告人が有罪とされたが，裁判官は 200 ドルの罰金及び 1 年の拘禁刑を科したという事案であった。被告人が罰金を納付し，5 日間服役してから，事実審は最初の判示を取り消して，この 2 度目の判示の時点から 1 年の拘禁刑を科した。しかし，罰金は国庫に納付され返還不能となったため，被告人は結局 200 ドルの罰金及び 1 年と 5 日の拘禁刑に服した。以上について，連邦最高裁は，このような被告人への処罰は，二重処罰であり，第 5 修正の二重の危険禁止条項に違背すると述べた。

⑶　かかる *Lange* の判示は，議会で認められた程度を超えて処罰することを二重の危険禁止条項は禁じており，処罰が過度とされているのは，被告人が，法の認めていない罰金及び拘禁刑に科せられた点と，法によって認められ

---

4)　United States v. DiFranchesco. supra. 本件の解説として，鈴木義男編『アメリカ刑事判例研究 第二巻』（1986 年，成文堂）24 事件（関哲夫），渥美東洋編『米国刑事判例の動向 I』（1989 年，中央大学出版部）29 事件（中野目善則担当）。

5)　中野目・前掲書 7）12 頁以下。また，アメリカ合衆国では，1960 年代以来，被告人に上訴権を認めるだけでは不当に軽い刑が放置されてしまい量刑の均衡が達せられないため，検察官にも上訴権を認めるべきであるとの論議が展開されており，このような政策的配慮が背景にあるという点を指摘するものとして，関・前掲 149 頁。

ている刑期より長い期間拘禁されたという意味においてであると理解されている[6]。

⑷　そして，この *Lange* の判示は，特に，被告人が最初の判示に関して既に服役していた5日の刑期を裁判官が算入しなかったという点で，*Pearce* における最高裁の判示に影響を与えている。*Pearce* において，被告人は，有罪宣告を受けて，量刑に関して12年から15年の刑期で科刑された。服役中，被告人は有罪に異議を唱えて再審理を受け，再度有罪とされた。ここにおいて，公判裁判官は，被告人に8年の拘禁刑を科し，これが被告人が刑務所で既に服役していた刑期に加算されたため，最初に科された刑期よりも通算して長期の刑期となった。そして，被告人が異議を申し立てている間に服役した刑期分を公判裁判官が控除しなかった点を，連邦最高裁は二重の危険禁止条項に違背すると述べたのである。*Pearce* によれば，被告人が2度目の有罪において当該刑罰の最高刑を科せられた場合には，服役した刑期の控除が当然に認められるべきであり，控除されなければ，議会によって許されている程度を超過した刑を科されたことになり，*Lange* に明白に違背するということになるであろう。

4．⑴　このような裁判例の動向の中で，一審が被告人に二つの犯罪について連続した刑期を科し，被告人が，刑が低い犯罪の短い方の刑期を満了したところ，その後一審裁判官が刑が低い方の犯罪を取り消して，服役された刑期を，重い方の犯罪についての残存する長い方の刑期に通算したというのが本件の事案であった。一審裁判所は服役された刑期を控除したため，*Lange* と異なり，本件においては二重の危険は認定されず，科された刑の総体は議会が許可した程度を超えていないという点が明確にされた。本件判示は，*Lange*, *Pearce* などの各判示の射程をより明確にする意味があるものと思われる。

⑵　即ち，*Lange* については，1870年代の判示ということもあって，裁判所による量刑のやり直しのそれなりの部分が憲法上禁止されてしまうのではな

---

6)　See, e. g., Joshua Dressler, Alan C. Michaels, *Understanding Criminal Procedure : Adjudication 4th editon*, 2006, Matthew Bender & Company, Inc., 339.

いかといった懸念も寄せられていたところである。*Lange* においては，既に触れたように，罰金が納付されることで選択刑の一つが満了となり，刑が執行されて判示に終局性が発生したことを前提に，刑のやり直しが，議会の認める刑罰と比較して度を超えているかが主なメルクマールとなっていたと言えようが，後続の裁判例は，このメルクマールの射程を限定・明確化する努力を行ったと言えよう。

(3) 具体的には，まず，*Bozza* は，従前示された量刑を法が認める必要的最低限の範囲に適合させるべく，量刑を増やした一審を最高裁が支持した事案であるが，一審は元の刑を宣告してから数時間以内，且つ被告人が刑に服するために刑務所に運ばれる前に誤りを改めたという点で，量刑がまだ科されていない事例と解することができるとされている7)。

次に，年代的には *Bozza* より少し前になるが，上記の *Bradley* は，被告人が最初に言い渡された刑の一部を満了していたという点で *Bozza* と異なる事案である。法律上は罰金刑または拘禁刑と定められていたが，一審で罰金刑及び拘禁刑の両方を誤って科されたという事例で，被告人が罰金を納付して 2 日後に，一審は誤りに気付き，量刑命令を訂正，罰金刑を取り消した。罰金は返還され，一審の量刑命令の最高刑は法の認める限度を超えていなかったけれども，連邦最高裁は，*Lange* を引用しつつ，被告人の放免を認めた。元の刑の適法な選択条件を被告人は満了している（罰金を返還しても満了は覆らない）ので，一審はこれ以上刑罰を科す権限がないというのが，その理由である。以上の裁判例は，*Lange* の二重処罰の禁止は，元の刑の執行に緊密に結び付いており，最終的に科される刑の量のみで決まる訳ではない点を示唆していると言えよう。

(4) ところが，その後の連邦最高裁は，二重処罰のメルクマールとして，議会が許可する刑の程度との比較にやや重点を移行しているように思える。

---

7) See, e. g., Wayne Lafave, Jerold Israel, Nancy King, Orin Kerr. *Criminal Procedure, 5th edition*. 2009. West Publishing Co., 1286.

DiFranchesco において，連邦最高裁は，*Lange* と対比して，「被告人が罰金を納付し，５日間服役してから，事実審は最初の判示を取り消して，この２度目の判示から１年の拘禁刑を科したけれども，罰金は国庫に納付され返還不能となったため，被告人は結局 200 ドルの罰金及び１年と５日の拘禁刑に服した」という，*Lange* に見られる事情は本件にはなく，従って二重処罰に関する *Lange* の先例は本件に適用されず，刑の言渡しには終局性がない旨述べた。また，*Hunter*（Missouri v. Hunter, 459 U.S. 359 (1983)）における連邦最高裁は，二重処罰に関する二重の危険の制約は，同じ行為に対する二重の法律による処罰を通じてより厳しい処罰を行うことを議会に対して禁じている訳ではない旨述べたが，これらの事例において，*Lange* の二重処罰禁止は，議会に許可された程度を超えて刑を科すことを基本的に指しているとも解せるからである[8)]。

(5)　このような判例の動向の中で，本件において，連邦最高裁は，一審の刑のやり直しについて，その修正された量刑は，議会により認められた程度を超えるものでないから，二重処罰違反は生じていないと述べた。本件においては，二重処罰は，議会によって認められた限度を超えるか否かというメルクマールに重点が置かれている。法廷意見は，*Bradley* が，議会の許容する範囲内に刑を適合させるために刑の通算を行っている点で本件に近いとする。この点，*Bradley* では，被告人が犯した犯罪は単一の犯罪であり，そこに類型の異なる選択刑（罰金刑と拘禁刑）が科されたのに対し，本件においては，被告人（被上告人）は異なる犯罪に対し，拘禁刑を科されているという違いがあり，*Lange* との対比で，本件にとって本当に類似性が高いかには異論もあり得よう。しかし，ともかくも，法定意見は，*Lange* の二重処罰禁止を，主として過度な刑罰の観点から把握した上で，*Bradley* を経由して本件に当て嵌めた。本件では，選択刑が拘禁刑と同類型であるから，*Pearce* におけるように刑期の通算を行うことが可能となり，そのため，元の刑の執行という点に厳密にこだわる必要がなくなって，全体としての刑が妥当な範囲に収まるかという観点が出て

---

8)　See, e. g., Wayne Lafave, Jerold Israel, Nancy King, Orin Kerr. supra at 1287.

きやすくなったということが可能であろう。このことは，同時に，元の刑の執行が終わったから被告人が直ちに放免されなければならなくなるという観点を後退させやすくするものと思われる。科された刑における終局性に対する被告人の正当な期待という観点を，法廷意見が全く否定する訳ではないであろうが，反対意見のような形で重視している訳ではないという点は，以上を反映しているものと考えられる。科された元の刑における終局性に対する被告人の正当な期待の実質的な内容にも，法がどの程度の刑を許容しているのかという観点が反映されて行くように思われる。

(6) 以上のような形で，本件は，1870年代に判示され，その射程が広く及ぶことが懸念の対象となっていた*Lange*の適用が限定され，二重の危険禁止条項が謙抑的に発動されて行く傾向の中に位置付けることが可能と考えられる[9]。

（鈴木　一義）

9) See, e. g., Anne Bowen Poulin, "Double Jeopardy and Multiple Punishment: Cutting the Gordian Knot" 77 UNIVERSITY OF COLORADO LAW REVIEW 595-, 627 (2006).

初 出 一 覧

5. Martinez v. Illinois, 572 U.S. 833 (2014)
    「アメリカ刑事法の調査研究（150）」（担当　三明　翔）
    『比較法雑誌』50 巻 4 号（2017）145 頁

7. Lockhart v. Nelson, 488 U.S. 33 (1988)
    「アメリカ刑事法の調査研究（41）」（担当　山内香幸）
    『比較法雑誌』23 巻 2 号（1989）121 頁

21. Kansas v. Hendricks, 521 U.S. 346 (1997)
    「アメリカ刑事法の調査研究（79）」（担当　早野　暁）
    『比較法雑誌』33 巻 1 号（1999）217 頁

22. Hudson v. United States, 522 U.S. 93 (1997)
    「アメリカ刑事法の調査研究（77）」（担当　田村泰俊）
    『比較法雑誌』32 巻 3 号（1998）115 頁

28. Sattazahn v. Pennsylvania, 537 U.S. 101 (2003)
    「アメリカ刑事法の調査研究（101）」（担当　松田龍彦）
    『比較法雑誌』38 巻 3 号（2004）259 頁

編者紹介

堤　和通

中央大学総合政策学部教授，法学博士

略歴

1983 年　中央大学法学部卒業

1990 年　中央大学大学院法学研究科博士課程後期単位取得修了

中央大学総合政策学部専任講師，助教授を経て，現職。日本被害者学会理事。刑事法，法政策が主要な研究分野。

主な著書

『米国刑事判例の動向Ⅷ』（編著，中央大学出版部，2022 年）

『刑事司法の展開』（信山社，2022 年）

執筆者紹介（執筆順）

伊藤徳子　岩手県立大学総合政策学部講師
松田龍彦　松山大学法学部准教授
麻妻和人　桐蔭横浜大学法学部教授
三明　翔　中央大学法学部准教授
麻妻みちる　中央大学法学部兼任講師
山内香幸　NY 州弁護士
安井哲章　中央大学法学部教授
堤　和通　中央大学総合政策学部教授
川澄真樹　琉球大学法科大学院准教授
柳川重規　中央大学法学部教授
小木曽　綾　中央大学法科大学院教授
山田峻悠　中京大学法学部講師
伊比　智　中央大学法学部兼任講師
早野　暁　日本赤十字豊田看護大学
田村泰俊　岩手県立大学　客員教授
中村真利子　中央大学国際情報学部准教授
中野目善則　中央大学名誉教授
中村良隆　大東文化大学非常勤講師
吉田有希　信州大学先鋭領域融合研究群社会基盤研究所助教
清水　真　明治大学法科大学院教授
檀上弘文　亜細亜大学法学部教授
鈴木一義　中央大学法学部兼任講師

米国刑事判例の動向 IX　　日本比較法研究所研究叢書（136）

2025年3月31日　初版第1刷発行

編著者　堤　　和　通

発行者　松本雄一郎

発行所　中央大学出版部
〒192-0393
東京都八王子市東中野742-1
電話 042(674)2351・FAX 042(674)2354

ISBN978-4-8057-0836-1　　㈱TOP印刷

日本比較法研究所研究叢書

No.	著者	書名	判型・価格
1	小島武司 著	法律扶助・弁護士保険の比較法的研究	A 5 判 3080円
2	藤本哲也 著	CRIME AND DELINQUENCY AMONG THE JAPANESE-AMERICANS	菊 判 1760円
3	塚本重頼 著	アメリカ刑事法研究	A 5 判 3080円
4	小島武司・外間寛 編	オムブズマン制度の比較研究	A 5 判 3850円
5	田村五郎 著	非嫡出子に対する親権の研究	A 5 判 3520円
6	小島武司 編	各国法律扶助制度の比較研究	A 5 判 4950円
7	小島武司 著	仲裁・苦情処理の比較法的研究	A 5 判 4180円
8	塚本重頼 著	英米民事法の研究	A 5 判 5280円
9	桑田三郎 著	国際私法の諸相	A 5 判 5940円
10	山内惟介 編	Beiträge zum japanischen und ausländischen Bank- und Finanzrecht	菊 判 3960円
11	木内宜彦・M・ルッター 編著	日独会社法の展開	A 5 判（品切）
12	山内惟介 著	海事国際私法の研究	A 5 判 3080円
13	渥美東洋 編	米国刑事判例の動向 I	A 5 判（品切）
14	小島武司 編著	調停と法	A 5 判（品切）
15	塚本重頼 著	裁判制度の国際比較	A 5 判（品切）
16	渥美東洋 編	米国刑事判例の動向 II	A 5 判 5280円
17	日本比較法研究所 編	比較法の方法と今日的課題	A 5 判 3300円
18	小島武司 編	Perspectives on Civil Justice and ADR : Japan and the U. S. A.	菊 判 5500円
19	小島・渥美・清水・外間 編	フランスの裁判法制	A 5 判（品切）
20	小杉末吉 著	ロシア革命と良心の自由	A 5 判 5390円
21	小島・渥美・清水・外間 編	アメリカの大司法システム(上)	A 5 判 3190円
22	小島・渥美・清水・外間 編	Système juridique français	菊 判 4400円

日本比較法研究所研究叢書

No.	著者	書名	判型・価格
23	小島・渥美 清水・外間 編	アメリカの大司法システム(下)	A5判 1980円
24	小島武司・韓相範編	韓国法の現在(上)	A5判 4840円
25	小島・渥美・川添 清水・外間 編	ヨーロッパ裁判制度の源流	A5判 2860円
26	塚本重頼 著	労使関係法制の比較法的研究	A5判 2420円
27	小島武司・韓相範編	韓国法の現在(下)	A5判 5500円
28	渥美東洋 編	米国刑事判例の動向Ⅲ	A5判 (品切)
29	藤本哲也 著	Crime Problems in Japan	菊判 (品切)
30	小島・渥美 清水・外間 編	The Grand Design of America's Justice System	菊判 4950円
31	川村泰啓 著	個人史としての民法学	A5判 5280円
32	白羽祐三 著	民法起草者 穂積陳重論	A5判 3630円
33	日本比較法研究所編	国際社会における法の普遍性と固有性	A5判 3520円
34	丸山秀平 編著	ドイツ企業法判例の展開	A5判 3080円
35	白羽祐三 著	プロパティと現代的契約自由	A5判 14300円
36	藤本哲也 著	諸外国の刑事政策	A5判 4400円
37	小島武司他 編	Europe's Judicial Systems	菊判 (品切)
38	伊従寛 著	独占禁止政策と独占禁止法	A5判 9900円
39	白羽祐三 著	「日本法理研究会」の分析	A5判 6270円
40	伊従・山内・ヘイリー編	競争法の国際的調整と貿易問題	A5判 3080円
41	渥美・小島 編	日韓における立法の新展開	A5判 4730円
42	渥美東洋 編	組織・企業犯罪を考える	A5判 4180円
43	丸山秀平 編著	続ドイツ企業法判例の展開	A5判 2530円
44	住吉博 著	学生はいかにして法律家となるか	A5判 4620円

日本比較法研究所研究叢書

日本比較法研究所研究叢書

No.	著者	書名	判型・価格
67	藤本哲也 編著	諸外国の修復的司法	A5判 6600円
68	小島武司 編	ADRの実際と理論Ⅱ	A5判 5720円
69	吉田 豊 著	手付の研究	A5判 8250円
70	渥美東洋 編著	日韓比較刑事法シンポジウム	A5判 3960円
71	藤本哲也 著	犯罪学研究	A5判 4620円
72	多喜 寛 著	国家契約の法理論	A5判 3740円
73	石川・エーラース グロスフェルト・山内 編著	共演 ドイツ法と日本法	A5判 7150円
74	小島武司 編著	日本法制の改革：立法と実務の最前線	A5判 11000円
75	藤本哲也 著	性犯罪研究	A5判 3850円
76	奥田安弘 著	国際私法と隣接法分野の研究	A5判 8360円
77	只木 誠 著	刑事法学における現代的課題	A5判 2970円
78	藤本哲也 著	刑事政策研究	A5判 4840円
79	山内惟介 著	比較法研究 第一巻	A5判 4400円
80	多喜 寛 編著	国際私法・国際取引法の諸問題	A5判 2420円
81	日本比較法研究所 編	Future of Comparative Study in Law	菊判 12320円
82	植野妙実子 編著	フランス憲法と統治構造	A5判 4400円
83	山内惟介 著	Japanisches Recht im Vergleich	菊判 7370円
84	渥美東洋 編	米国刑事判例の動向Ⅳ	A5判 9900円
85	多喜 寛 著	慣習法と法的確信	A5判 3080円
86	長尾一紘 著	基本権解釈と利益衡量の法理	A5判 2750円
87	植野妙実子 編著	法・制度・権利の今日的変容	A5判 6490円
88	畑尻 剛 工藤達朗 編	ドイツの憲法裁判 第二版	A5判 8800円

日本比較法研究所研究叢書

No.	著者	書名	判型・価格
89	大村雅彦著	比較民事司法研究	A5判 4180円
90	中野目善則編	国際刑事法	A5判 7370円
91	藤本哲也著	犯罪学・刑事政策の新しい動向	A5判 5060円
92	山内惟介 ヴェルナー・F・エブケ 編著	国際関係私法の挑戦	A5判 6050円
93	森勇 米津孝司 編	ドイツ弁護士法と労働法の現在	A5判 3630円
94	多喜寛著	国家（政府）承認と国際法	A5判 3630円
95	長尾一紘著	外国人の選挙権　ドイツの経験・日本の課題	A5判 2530円
96	只木誠 ハラルド・バウム 編	債権法改正に関する比較法的検討	A5判 6050円
97	鈴木博人著	親子福祉法の比較法的研究Ｉ	A5判 4950円
98	橋本基弘著	表現の自由　理論と解釈	A5判 4730円
99	植野妙実子著	フランスにおける憲法裁判	A5判 4950円
100	椎橋隆幸編著	日韓の刑事司法上の重要課題	A5判 3520円
101	中野目善則著	二重危険の法理	A5判 4620円
102	森勇編著	リーガルマーケットの展開と弁護士の職業像	A5判 7370円
103	丸山秀平著	ドイツ有限責任事業会社（UG）	A5判 2750円
104	椎橋隆幸編	米国刑事判例の動向Ｖ	A5判 7590円
105	山内惟介著	比較法研究　第二巻	A5判 8800円
106	多喜寛著	STATE RECOGNITION AND *OPINIO JURIS* IN CUSTOMARY INTERNATIONAL LAW	菊判 2970円
107	西海真樹著	現代国際法論集	A5判 7480円
108	椎橋隆幸編著	裁判員裁判に関する日独比較法の検討	A5判 3190円
109	牛嶋仁編著	日米欧金融規制監督の発展と調和	A5判 5170円
110	森光著	ローマの法学と居住の保護	A5判 7370円

日本比較法研究所研究叢書

No.	著者	書名	判型・価格
111	山内惟介著	比較法研究 第三巻	A5判 4730円
112	北村泰三・西海真樹編著	文化多様性と国際法	A5判 5390円
113	津野義堂編著	オントロジー法学	A5判 5940円
114	椎橋隆幸編	米国刑事判例の動向Ⅵ	A5判 8250円
115	森勇編著	弁護士の基本的義務	A5判 6930円
116	大村雅彦編著	司法アクセスの普遍化の動向	A5判 6710円
117	小杉末吉著	ロシア-タタルスターン権限区分条約論	A5判 5610円
118	椎橋隆幸著	刑事手続における犯罪被害者の法的地位	A5判 4950円
119	椎橋隆幸編	米国刑事判例の動向Ⅶ	A5判 7920円
120	70周年記念叢書編集委員会編	グローバリゼーションを超えて	A5判 6600円
121	鈴木彰雄著	刑法論集	A5判 3960円
122	畑尻剛著	ペーター・ヘーベルレの憲法論	A5判 2530円
123	只木誠・グンナー・デュトゲ編	終末期医療、安楽死・尊厳死に関する総合的研究	A5判 6930円
124	植野妙実子著	男女平等原則の普遍性	A5判 7590円
125	山内惟介著	国際会社法研究 第二巻	A5判 6490円
126	堤和通編著	米国刑事判例の動向Ⅷ	A5判 8140円
127	畑尻剛著	Inzidente und konzentrierte Verfassungsgerichtsbarkeit	菊判 1980円
128	奥田安弘著	国際私法と隣接法分野の研究・続編	A5判 4950円
129	山内惟介著	憲法と国際私法	A5判 10450円
130	丸山秀平著	続・ドイツ有限責任事業会社(UG)	A5判 3850円
131	早田幸政著	グローバル時代における高等教育質保証の規範構造とその展開	A5判 7480円
132	山内惟介著	気候危機とドイツ国際私法	A5判 7040円

日本比較法研究所研究叢書

133	鈴 木 博 人 著	親子福祉法の比較法的研究 II	A 5 判 1870円
134	マーク・デルナウア 奥 田 安 弘 編著	欧米諸国から見た日本法	A 5 判 3850円
135	只 木 誠 著	臨死介助および承諾についての比較法的考察	A 5 判 2530円

＊表示価格は税込みです。